U0554062

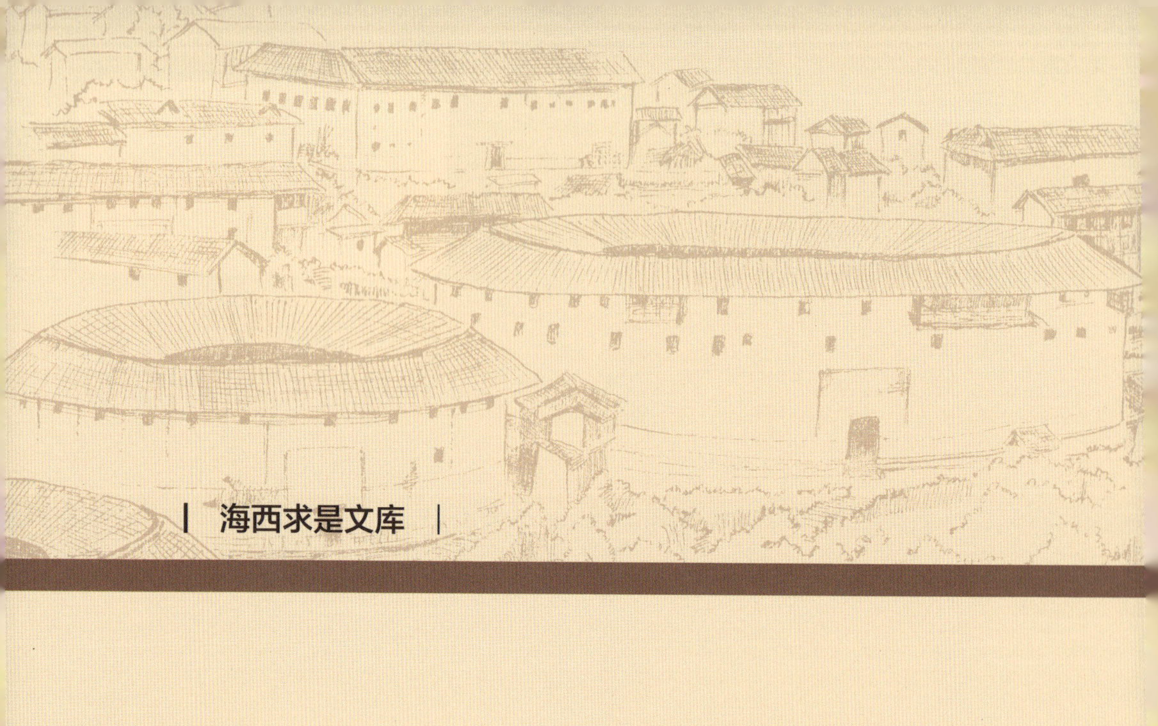

海西求是文库

海西求是文库

城市社会养老服务递送

基于福建的田野调查

严志兰 /著

SOCIAL AGED CARE SERVICES DELIVERY in URBAN AREAS

BASED on FUJIAN'S FIELD STUDIES

SSAP 社会科学文献出版社
SOCIAL SCIENCES ACADEMIC PRESS (CHINA)

总　序

党校和行政学院是一个可以接地气、望星空的舞台。在这个舞台上的学人，坚守和弘扬理论联系实际的求是学风。他们既要敏锐地感知脚下这块土地发出的回响和社会跳动的脉搏，又要懂得用理论的望远镜高瞻远瞩、运筹帷幄。他们潜心钻研理论，但书斋里装的是丰富鲜活的社会现实；他们着眼于实际，但言说中彰显的是理论逻辑的魅力；他们既"力求让思想成为现实"，又"力求让现实趋向思想"。

求是，既是学风、文风，也包含着责任和使命。他们追求理论与现实的联系，不是用理论为现实作注，而是为了丰富观察现实的角度、加深理解现实的深度、提升把握现实的高度，最终让解释世界的理论转变为推动现实进步的物质力量，以理论的方式参与历史的创造。

中共福建省委党校、福建行政学院地处台湾海峡西岸。这里的学人的学术追求和理论探索除了延续着秉承多年的求是学风，还寄托着一份更深的海峡情怀。多年来，他们殚精竭虑所取得的学术业绩，既体现了马克思主义及其中国化成果实事求是、与时俱进的理论品格，又体现了海峡西岸这一地域特色和独特视角。为了鼓励中共福建省委党校、福建行政学院的广大学人继续传承和弘扬求是学风，扶持精品力作，经校院委研究，决定编辑出版《海西求是文库》，以泽被科研先进，沾溉学术翘楚。

秉持"求是"精神，本文库坚持以学术为衡准，以创新为灵魂，要求入选著作能够发现新问题、运用新方法、使用新资料、提出新观点、进行新描述、形成新对策、构建新理论，并体现党校、行政学院学人坚持和发展中国特色社会主义的学术使命。

中国特色社会主义既无现成的书本作指导，也无现成的模式可遵循。

思想与实际结合，实践与理论互动，是继续开创中国特色社会主义新局面的必然选择。党校和行政学院是实践经验与理论规律的交换站、转换器。希望本文库的设立，能展示出中共福建省委党校和福建行政学院广大学人弘扬求是精神所取得的理论创新成果、决策咨询成果、课堂教学成果，以期成为党委政府的智库，又成为学术文化的武库。

马克思说："理论在一个国家实现的程度，总是取决于理论满足这个国家的需要的程度。"中共福建省委党校和福建行政学院的广大学人应树立"为天地立心、为生民立命、为往圣继绝学，为万世开太平"的人生境界和崇高使命，以学术为志业，以创新为己任，直面当代中国社会发展进步中所遇到的前所未有的现实问题、理论难题，直面福建实现科学发展跨越发展的种种现实课题，让现实因理论的指引而变得更美丽，让理论因观照现实而变得更美好，让生命因学术的魅力而变得更精彩。

中共福建省委党校　福建行政学院

《海西求是文库》编委会

序

严志兰是我的博士生。2014 年，在复旦大学做博士后研究期间，严志兰出版个人专著《大陆台商的社会适应与社会认同研究：基于福建的田野调查》，这本书源于她的博士论文，我很高兴为她的第一本学术专著作序。七年后，她的第二本专著《城市社会养老服务递送——基于福建的田野调查》即将出版，这本书脱胎于她的博士后出站报告，我很欣慰为她的专著再次作序。

严志兰从做大陆台商研究转向做社会养老服务研究，我一度为她担心。她在大陆台商和两岸关系研究领域已经有了较好的积累，用跨学科的研究视角与社会学实证研究方法，做出了较有特色的研究成果，这些成果对深刻理解与持续推进当前两岸关系融合发展，也有较好的参考价值。我希望她能沿着这条路径，持续深入研究下去。但她接下来选择的研究方向是社会养老服务递送，这是一个有着浓厚社会学色彩的研究领域，也几乎是另起炉灶的研究。我一度担心她能否做出有独立思考的研究成果。好在也是在 2014 年，严志兰关于社会养老服务递送研究的选题获得了国家社科基金一般项目立项，我为她稍微松了一口气。等严志兰告诉我项目顺利结项的时候，已经是 2020 年的暑假。再看到拟出版书稿的时候，已经到了 2021 年的暑假。我这才放下心。

严志兰在城市社会养老服务递送的研究中，更加娴熟地运用了社会学质性研究方法，在长达 6 年的田野调查中，去熟悉各级各类社会养老相关政策出台与贯彻实施的细节，再结合大量的文献研究，发现：2013 年以来，密集出台的社会养老相关政策，是推动机构养老服务与居家社区养老服务发展的主导因素，但这两种服务的递送有着不同功能地位，遵循着不同的实践规律。这个发现，对老龄化社会加速推进过程中，我们更有针对性地完善社会养老服务体系建设、不断提高老年群体对养老服务的获得感、幸福感，有一定的启发意义。更难能可贵的是，严志兰将两岸社会养老产业交流与合作视角也纳入到提升社会养老服务递送能力的思考框架中来。两岸养老产业的交流合作是两岸融合发展的一个具体面向，其中孕育着两岸交流、融合的更多可能。

严志兰在博士毕业后10年内，完成两个国家社科基金项目研究，出版两本学术专著，我为她的成长感到由衷的高兴。祝愿严志兰在今后的学术研究中，继续脚踏实地做好实证调查研究，发扬实事求是、独立思考的精神，推出更多具有现实价值、时代意义的研究作品，成为一位优秀的历史记录者、书写者。

是为序！

邓伟志于上海

2021年8月26日

目 录

Contents

第一章
绪　论

一　研究背景

进入现代社会后，人口老龄化已经成为全球性的发展趋势和社会发展的常态。19 世纪晚期以来，世界各国陆续进入老龄化社会，联合国 2005 年一份数据报告显示，全球只有 18 个国家和地区尚未进入老龄化社会。[①] 世界范围内的人口老龄化趋势不可避免，并成为 21 世纪最重要的人口社会现象之一。到 2017 年底，全球 60 岁及以上人口比重达到 13%，据预测，全球 60 岁以上老龄人口将在 2050 年达到 21 亿，占除非洲外全球人口总数的将近 25%，2100 年更是达到 31 亿，增长的老年人口中有 65% 都在亚洲，[②] 而亚洲的人口老龄化又主要出现在东亚。[③] 据国家统计局公布数据，截至 2018 年末，中国 60 岁及以上人口为 24949 万人，占 17.9%，其中，65 岁及以上人口为 16658 万人，占 11.9%，中国人口老龄化程度继续加

① Lisenkova Katerina，Mc Quaid Ronald & Wright Robert E. Introduction：Economics of an Aging World［J］. 21st Century Society，2010（3）：229-231.

② United Nations. World Population Prospects：The 2017 Revision（Key fingdings & Advance tables）［EB/OL］.（2019-03-25）［2019-09-21］. https：//population. un. org/wpp/Publications/Files/WPP2017_KeyFindings. pdf.

③ 杨菊华，谢永飞编著．人口社会学［M］. 北京：中国人民大学出版社，2015：168.

深。[①] 另据预测，中国将是21世纪上半叶世界上老年人口最多的国家，占世界老年人口总量的1/5；[②] 2030-2050年间，中国人口总抚养比和老年人口抚养比将分别达到60%-70%和40%-50%，[③] 届时中国人口老龄化形势最为严峻，社会赡养老年人负担加重，“年轻”的社会一去不返。人口老龄化是社会发展的必然结果，不会是一个短期现象，并将成为人类社会的常态，更成为未来社会的一个基本特征。[④]

人口老龄化正在改变国家和社会的发展基础。社会老龄化对一个社会的经济、政治、文化、日常生活等方方面面都会带来重大影响，老龄社会几乎是一个全新的社会形态。[⑤] 人口老龄化从本质上讲并没有好坏之分，但会对经济社会发展带来深刻影响，对人们的传统观念、生活方式产生冲击，甚至造成人口年龄结构与现有社会制度之间的矛盾，进而对社会发展方式、国家治理方式带来新的挑战。社会老龄化对国家的治理模式形成新的要求，是影响国家治理的新变量。老龄化的发展进程与中国特色社会主义进入新时代相同步，并始终伴随“两个一百年”奋斗目标的实现过程。[⑥] 老龄化社会背景下国家治理体系和治理能力现代化与老年群体的社会福祉产生密切关联。老年人生活稳定的问题，成为关系到整个社会稳定与安全的一个根本性因素。[⑦] 老年稳，则社会稳。

老龄社会需要面对的首要问题是社会养老服务需求日益扩张的压力。中国通过持续投入社会养老服务体系建设来应对，但社会养老服务深刻的供需矛盾依然困扰着社会治理过程。老年人群对美好生活的向往与现实之间的明显落差，这种现象背后反映了什么问题？是社会政策的问题，还是经济层面的问题？发展养老产业，社会养老服务走市场化道路，如何发挥市场配置资

---

① 国家统计局：老龄化程度加深 劳动年龄人口数量连降7年［EB/OL］.（2019-1-24）［2019-03-25］. http://www.cncaprc.gov.cn/contents/2/188549.html.

② 彭希哲主编．六十年：人口与人口学［M］．上海：上海人民出版社，2009：139.

③ 全国老龄工作委员会办公室．中国人口老龄化发展趋势预测研究报告［EB/OL］.（2007-12-17）［2019-03-25］. http://www.cncaprc.gov.cn/contents/16/11224.html, 2007-12-17.

④ 彭希哲，胡湛．公共政策视角下的中国人口老龄化［J］．中国社会科学，2011（3）：121-138.

⑤ 彭希哲，郭德君．孝伦理重构与老龄化的应对［J］．国家行政学院学报，2016（5）：35-42.

⑥ 胡湛，彭希哲．应对中国人口老龄化的治理选择［J］．中国社会科学，2018（12）：134-156.

⑦ 杨燕绥主编．中国老龄社会与养老保障发展报告（2014）［M］．北京：清华大学出版社，2015，序.

源的作用，提高社会养老服务供给效率？又如何避免市场化养老服务可能出现的市场失灵现象？养老服务市场失灵现象表现之一就是：养老服务提供主体责任错位和界限不清，即本应由政府提供的普惠性社会养老服务却由市场提供，本应由家庭成员完成的养老服务却由政府或市场完成。简言之，在应对社会养老服务中的供需矛盾的过程中，同时出现了如何激发社会力量参与积极性和如何体现社会公共服务属性的问题。这也是导致人民群众对不断提升中的社会养老公共服务水平有感程度不高的可能原因。

党的十八大以来，中国的社会养老服务领域发生了复杂而深刻的变化。首先是在人口老龄化日渐深化的背景下，中央和各省市年年推出养老相关政策，政策促进社会养老服务发展的发动机效应越来越明显。作者以《大陆和台湾地区社会组织参与社会养老服务递送的比较研究》为题的研究计划，获得2014年国家社会科学基金一般项目立项资助。此后，作者以自己主要居住和工作的福建省为主要田野调查地点，对省内主要养老服务机构、社会组织、企业展开了长期跟踪观察，与许多运营机构和组织的负责人建立了个人之间的密切联系。为了深入了解和亲身感受民政系统如何通过制定、执行各种养老相关政策，引导、推动全省社会养老服务业发展，作者分别在2015年和2018年到福建省民政厅和泉州市开展长期驻点调研活动，在这个过程中，与基层从事养老工作的各级干部和工作人员也建立了较为密切的联系。几年来，作者沉浸在田野调查过程中的同时，也在不断思考：党的十八大以来，中央推出了上百份养老政策，各省也制定了相应的实施方案，这些政策究竟沿着怎样的思路和逻辑在发展？福建省内养老服务的市场化进程可谓千军万马竞渡，行业发展日新月异，每一年每个月都不断有新的养老服务企业、养老服务组织冒出来。丰富的政策与实践，带来了学术研究的繁荣，几年来有关养老服务方面的学术研究成果也是异常丰富。[①] 因此，作者试图勾勒出党的十八大以来福建省养老服务

---

① 2019年10月1日，作者以“社会养老服务”为主题词，在CNKI上搜索研究文献，共得到2839条结果，其中社科基础研究类文献1573篇、社科政策研究类文献519篇。2012年以后成果数量明显增多，2010年仅54篇，到2014年达到409篇；截至2018年，2014年后有关“社会养老服务”的学术研究论文每年都在300篇左右。研究内容涉及中国政治、行政学和国家行政管理、服务业经济、社会学及统计学、贸易经济、农业经济、保险、投资、宏观经济、人口学、医药卫生方针政策与法律法规研究、民商法、财政与税收、建筑科学与工程、政党及群众组织、金融等领域。

业发展的若干基本特征，对福建省养老服务的递送规律做出基本判断，却发现这并不是一件容易的事。按照最初的研究设想，社会组织和台湾地区的发展经验将是作者展开研究的两个切入点。一方面，党的十八大以来，社会养老服务政策供给的增加已经极大改变社会养老服务的社会与市场环境。越来越多的市场主体成为社会养老服务递送的主体，而能提供多元化社会养老服务的社会组织在庞大的服务需求面前却显得捉襟见肘，不能独立承担递送职责。另一方面，进入深水区后的两岸关系发展更加曲折，两岸关系形势趋于严峻。两岸在包括养老在内的社会和民生领域的交流合作也受到一定的影响。尽管如此，大陆在 2018 年以后着力建构两岸融合发展公共政策体系，率先单方面向台湾开放养老产业市场空间，鼓励台湾青年和养老行业资本人才到大陆谋求发展。随着本研究结项最后截止日期的临近，作者大致可以确定的是：基于对福建省社会养老服务业发展的实证研究经验，2017 年后，福建省社会养老服务体系顶层设计大体成型，大方向已定，社会养老服务行业则仍处于较为激烈的发展变动中。如何让人民群众在养老服务领域有更多的获得感、安全感、幸福感，还需要持续将社会养老服务发展的实践进展与政策相结合，就二者互动关系展开研究。

正是基于上述分析判断，本研究最后将主题确定为城市社会养老服务递送问题；将研究重点放在党的十八大以后社会养老服务政策与养老服务业发展实践的描述和分析上；将分析的层次定位在中观层面，试图勾勒出现在和未来一段时间内中国社会养老服务发展的逻辑框架。

二　研究思路

相比宏观角度着重思辨的逻辑，微观角度注重细节的分析，本研究选择中观视角，围绕社会养老服务递送这一具体社会政策实践和社会生活领域，试图将对养老政策的解读分析融入到作者从田野调查和深度访谈中得到的经验体会中去。

基于上述定位，本研究同时展开对中国社会养老服务体系建设的实践逻辑和理论与政策逻辑的梳理，以两个逻辑相向而行的思路寻找党的十八大以来中国社会养老服务递送发展的规律。本研究试图回答的基本问题是：随着中国特色社会主义进入新时代，我国社会的主要矛盾发生变化，中国的社会养老服务体系建设如何走出一条中国特色公共政策创新之路？目前社会养老服务递送的实践遵循着怎样的运作规律？两岸社会养老服务递送实践又对大陆社会养老公共政策调整有着怎样的启示意义？具体研究思路如图 1-1 所示。

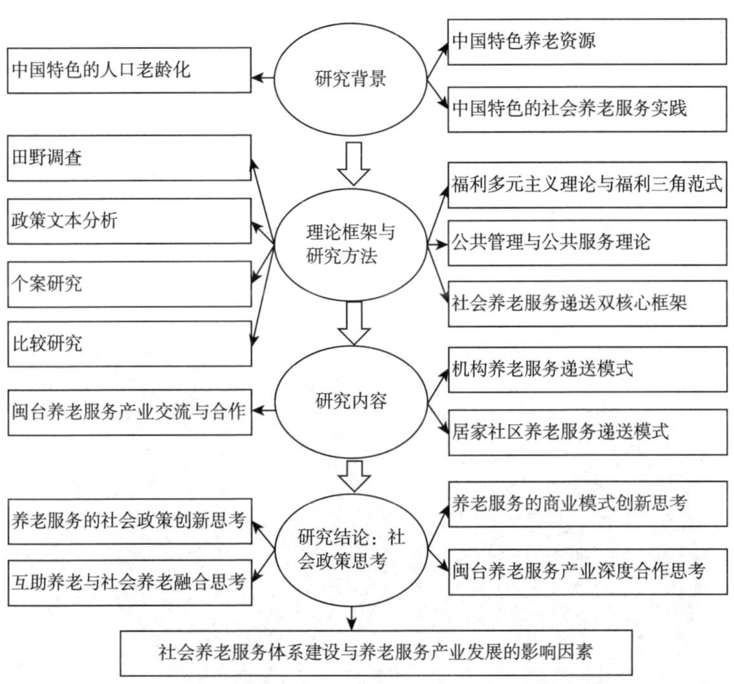

图 1-1 “城市社会养老服务递送问题”研究思路

三 研究方法

（一）资料搜集方法

本研究的主要观点建立在质性研究基础上，主要采用田野调查、深度访谈的方法搜集第一手研究资料。基于研究时间成本、经费限制和现实条件的综合考量，本研究将田野调查地点重点放在福建省，并以上海市和台湾地区的零星田野调查经验作为比较研究的参考系。田野调查的主要展开过程简述如下。

2012 年 8 月，作者进入复旦大学公共管理与公共政策研究国家哲学社会科学创新基地博士后流动站工作，确立了社会养老服务研究方向，2016 年 8 月完成博士后出站报告《社会养老服务递送方式研究：兼论台湾经验》。在博士后工作研究基础上，作者获得 2014 年国家社会科学基金一般项目立项，自 2013 年起至今，作者坚持在上海、福建和台湾地区进行长时段田野调查。其中，较为集中的田野调查包括以下五次。

2013 年 6-12 月，在上海集中调研从事社区养老服务的专业社工组织发展及其运作情况。其中，上海浦东新区乐耆社工服务社通过购买服务，自主独立开展居家和机构养老服务。作者对乐耆的 6 个居家养老服务项目点和 1 个机构养老服务项目点进行了实地走访，对 7 个项目点负责人进行了访谈。

作者在上海市四平街道敬老院调研（2013 年 12 月）

2014 年 11 月到 2015 年 11 月，经中共福建省委党校（福建行政学院）组织安排，赴福建省民政厅福利慈善处学习锻炼一年，集中参与福利慈善处负责的全省社会养老各项政府工作，了解作为省级政府重要工作内容的养老事业相关政策的拟定、出台、下发、执行和考核过程。在此期间，多次参与全省养老调研、服务质量督导检查、实地走访等活动。

2016 年 10 月 18 日到 2017 年 1 月 17 日，受台湾政治大学邀请，赴台

作者在龙岩市社会福利中心同心圆（香港）护理院调研（2015 年 11 月）

访学三个月，在台期间集中展开以社会养老服务为主题的实地调研、深入访谈和查阅资料活动。

作者在台北市居家养老服务供应商“宜记之家”调研（2016 年 11 月）

2018年10月到2019年10月，经作者所供职的中共福建省委党校（福建行政学院）协调安排，在泉州开展长期驻点调研。作者充分利用本人在工作过程和田野研究中建立起来的私人联系网络，集中在闽南（泉州、厦门和漳州）地区，展开田野调查、焦点座谈和深度访谈。田野调查对象涵盖养老服务相关的机构负责人、居家社区养老照料中心负责人、基层从事养老相关工作的干部、社会服务组织负责人、居委会干部、村委会干部等人群。

作者参加福建省养老助老行业协会会员大会（2018年4月）

2019年6-10月，在有长期联系的田野调查对象中，作者进一步筛选出十余名对象进行半结构化深度访谈。这十余名深度访谈对象涵盖两岸养老机构负责人、居家社区养老服务公司负责人、地方民政局局长、开展养老服务的两岸社工机构负责人、养老服务社会组织负责人，以及省内从事老年护理学、老年社工、老年社会福利等专业研究的科研院所同行研究专家。

在田野调查过程中，综合采用无结构访谈、半结构访谈和问卷调查方法搜集第一手研究资料。在持续五年的田野调查过程中，研究者与各类研究对象建立起较为密切的私人关系，无结构访谈是在日常生活与交流互动中随机展开的，交流话题适当根据当时具体的情景而定，交流双方的时间和空间都较为宽松，双方能围绕具体问题持续探讨真实想法和观点。半结

作者在漳州市社会福利中心调研（2019 年 12 月 26 日）

构访谈是作者根据研究具体需要，与各类研究对象事先约定时间、地点，围绕事先拟定的访谈大纲展开的访谈，访谈过程中，还会离开访谈大纲用追问的方式将话题探讨推向深入。

（二）研究资料类型及其分析

本研究所使用的研究资料包括以下四类。

1. 深度访谈资料

在长时期的田野调查过程中，作者在着手动笔写作的前夕，筛选出具有代表性和一定思考与表达能力的访谈对象，根据访谈对象方便的时间和地点，陆续展开密集的访谈研究。访谈采取一边访谈一边记录的方式，访谈结束后，作者对访谈记录稿进行初步的错字、病句校订，在不改变文本原意的基础上，对记录稿的文字表达进行必要的调整，使得记录稿的逻辑条理更加清晰。然后，将初步整理出的访谈记录通过电子邮件的方式，发给接受访谈者本人，经其审阅校订后定稿。最后，整理出 12 份深度访谈记录文本。

2. 实地观察资料

2013 年至今，作者尽可能保持与福建省主要的养老机构和社区居家养老服务组织的长期联系，不定期实地观察。这种长期的实地观察和调研，形式多样。有的是跟随民政系统开展的调研，有的是本人有目的组织的调研；有的观察和调研有明确的主题，有的观察则是参与式的，不设观察目标。观察平台涵盖主题调研、个案追访、养老服务行业会议及养老研究相关学术会议等多个渠道。每一次与养老服务相关的实地观察，作者都在事后尽可能撰写田野调查笔记。这些笔记资料也是作者推进研究的珍贵资料。

3. 养老政策文本资料

从政府部门、政府门户网站等渠道获取中央及省、地市各级政府及民政系统与养老相关的政策文件、档案等相关资料。

4. 专业研究文献资料

作者在海量的社会养老服务相关研究中，筛选出与本研究具体研究方向吻合，对作者有启发的重点专业学术论文、学术专著，精读和泛读相结合，理论观点与实践体验相结合，建构本人对社会养老服务理论研究的认知框架。

作者尽自己所能充分搜集与研究相关的各种类型资料，以研究问题的推进，带动资料搜集范围的扩张。在反复琢磨、消化吸收上述资料的基础上，用政策文本分析方法、比较研究方法、扎根理论方法、个案研究方法开展资料分析。

四　研究主要内容和创新点

（一）研究主要内容

首先，在相关研究文献梳理的基础上，拟定本研究的理论基础与分析框架。本研究以社会养老服务递送双核心结构为主要理论框架，安排全书的写作和观点呈现。

其次，以文献研究为主，结合深度访谈资料，归纳人口老龄化、社会养老资源及其实践探索的中国特色。中国特色的老龄化人口结构是养老服务政策与实践的出发点。中国特色养老资源着眼于突出中国的社会养老是在怎样的文化、政治、经济和社会背景中展开、发展的。中国特色的养老实践则聚焦于探讨如何开发利用中国特色的养老资源。

接着，以第一手实证研究资料为主，以机构养老服务和居家社区养老服务为重点，分别分析了两种递送模式的规律。本研究结合作者 5 年来在福建和台湾地区的田野调查和深度访谈经验资料，对机构养老服务递送和居家社区养老服务递送政策及其实践的发展情况进行了具体的描述分析。分别分析了政府和社会组织在这两种养老服务递送模式中发挥的作用及其在服务递送中的功能地位。试图回答：社会养老服务体系的两大构成部分——机构养老和居家社区养老，它们的发展轨迹各自呈现出什么特点？在社会养老服务体系中分别扮演着怎样的角色、承担怎样的功能、遵循怎样的递送规律？

然后，结合两岸关系研究视角和理论，进一步论述了闽台养老服务产业交流合作议题。分析了一水相隔的福建与台湾，在两岸融合发展背景下，推进养老服务产业交流合作的意义和价值，规范闽台养老服务产业合作的相关政策，以及在过去的闽台交流中又积累了怎样的合作经验？

最后，回归社会养老服务递送主题，总结和升华前述研究发现的社会政策意义。系统分析了影响现阶段社会养老服务体系建设和养老服务产业发展的因素，以此思考承前启后，分别从社会养老服务递送双模型思路、养老服务的有效供给思路、探索中国特色社会养老之路思路、两岸融合发展思路出发，进行社会养老服务社会政策创新与商业模式创新思考。

（二）研究创新之处

1. 研究方法创新：主要用质性研究方法展开社会养老服务研究

适应社会治理现代化需要，中国的社会养老服务发展逻辑在党的十八大以后有了非常显著的变化。作者的田野调查经验贯穿了这一变化的全过程。这一长时段的田野调查经验也奠定了作者在 2019 年集中展开的深度访谈研究的基础。为了尽可能全面、深入了解社会养老服务政策与实践展开的逻辑，作者涉猎的具体学科领域、关注的具体领域层面也是跨界式的。对社会养老服务主题研究资料的搜集和知识观点吸收，以人口学、社会学和公共管理学为主，同时涉猎建筑规划、社会心理、哲学伦理学、商业贸易、金融与经济管理等领域。作者接触的调查研究对象则覆盖了产业行业主体、政府职能部门和学术研究部门三个主要层面。因此，本研究采用的实证研究方法有沉浸式研究、跨界式研究特点。

2. 主要研究发现和观点创新

一是对社会养老的中国特色思考。本研究提出，中国特色的社会养老道路有三个层面的意涵：首先，分析把握中国特色的老龄人口结构是基础；其次，从纵向的历史文化、横向的政治制度、现实的经济社会发展轨迹三个角度，梳理蕴藏其中的中国特色养老资源。最后，从几年来的中国社会养老服务业发展实践中，提取中国特色的实践经验。

二是从服务需求者的居住地点出发，提出社会养老服务递送双核心结构。本研究认为，社会养老服务递送是联结养老服务供给与养老服务需求满足的中间环节。基于此，紧扣服务递送这一视角，将视线向前后延伸至社会养老服务的需求和供给两端，考察影响社会养老服务递送的因素究竟是什么。

三是从两岸关系研究视角，深入探讨两岸社会养老服务交流合作议题。从两岸关系研究视角，剖析了闽台社会养老服务产业交流合作的意义。结合大陆对台融合发展政策分析，分析了闽台养老服务产业深入合作、谋求融合发展的模式。

四是从理论研究发现的逻辑出发，提出提升社会养老服务递送能力的社会政策思考。本研究提出了四个逻辑出发点，即社会养老服务递送的双核心结构逻辑、社会养老服务有效供给逻辑、中国特色社会养老服务发展道路逻辑以及两岸关系融合发展的逻辑，据此提出了关于社会政策创新与商业模式创新的具体思路。

五　田野调查地点简介

福建省，简称“闽”，是中华人民共和国省级行政区，省会福州，位于中国东南沿海，东北与浙江省毗邻，西北与江西省接界，西南与广东省相连，东南隔台湾海峡与台湾地区相望，福建省陆地总面积 12.14 万平方千米。福建地势呈“依山傍海”态势，地势西北高，东南低，境内山地、丘陵面积约占全省总面积的 90%；地跨闽江、晋江、九龙江、汀江四大水系，属亚热带海洋性季风气候。截至2021年2月，福建省下辖福州、厦门、泉州、漳州、莆田、龙岩、三明、南平、宁德9个地级市，共有11个县级市，42个县，31个市辖区。根据《2020年福建省国民经济和社会发展统计公报》，2020年，福建省实现地区生产总值43903.89亿元，其中第三产业增加值20842.78亿元，占比47.5%；人均地区生产总值91197元；全省居民人均可支配收入37202元，其中，农村居民人均可支配收入20880元，城镇居民人均可支配收入47160元。年末参加城镇基本养老保险人数1200.57万人，比上年增加63.23万人，其中参保职工991.6万人，参保的离退休人员208.97万人，企业参加基本养老保险离退休人员为159.34万人，全部实现养老金按时足额发放；全省参加基本医疗保险人数3840.48万人，其中参保职工893.13万人，参保的城乡居民2947.35万人。年末各类养老床位数24.75万张，每千名老人拥有养老床位37.1张。建立社区服务中心（站）16661个。2020年，全年销售社会福利彩票30.61亿元，筹集福利彩票公益金10.16亿元。

2017年是福建省老龄事业发展具有里程碑意义的一年。福建省委十届三次全体会议把发展养老事业作为补齐民生事业短板重大举措进行研究部署，省十二届人大五次会议表决通过新修订的《福建省老年人权益保障条例》，省政府召开养老工作会议部署补短板工作。按照党的十九大报告提出“积极应对人口老龄化，构建养老、孝老、敬老政策体系和社会环境，推进医养结合，加快老龄事业和产业发展”的要求，2017年，省委省政府出台涉老政策文件10份，省直部门出台涉老政策文件30多份，省级财政（含中央）累计投入52亿元以上，保障老年人老有所养为主的多种需求。①2018年，福建省开展基本公共服务均等化行动，全省民生相关支出占一般公共预算支出的77%，27件省委省政府为民办实事项目全面完成。城乡居民基本养老保险参保率达98.4%。

在福建省2020年的《政府工作报告》中，福建省委省政府提出“扎实推进健康福建建设”“健全重特大疾病医疗保险和救助制度”“强化中医药服务体系内涵和能力建设，加大全科医生培养力度”；“规范完善企业职

① 福建省老龄工作委员会. 关于印发2017年福建省老龄事业发展统计公报的通知［Z］. 2018年4月23日.

工基本养老保险省级统筹制度，推进社会保险参保扩面。发展居家社区养老托育服务，推动医养结合，新增养老床位 1 万张以上。提供更多智能化适老产品和服务，认真解决老年人运用智能技术的困难。健全社会救助体系，关心关爱空巢老人、残疾人等特殊群体”。在积极探索海峡两岸融合发展新路方面，提出：“推进‘小四通’项目建设，促进厦金、福马率先融合发展。加大平潭对台先行先试力度。落实惠台利民政策措施，扩大台湾地区职业资格采认，在更大范围、更宽领域为台胞台企提供同等待遇。加强民间基层交流交往，支持台湾青年参与闽台乡建乡创、工业设计研发，持续办好海峡论坛、海峡青年节等品牌活动，促进两岸同胞心灵契合。”

第二章

文献综述、理论基础与分析框架

本章将围绕“社会养老服务递送”这一主题，首先理清界定本研究中使用的几个主要概念；接着介绍评析近年来国内外学界对社会养老服务及其递送的主要研究发现；在此基础上，进一步阐述本研究的理论基础与分析框架。

一 核心概念界定

（一）社会养老服务

无论是政府文件还是媒体宣传，目前关于社会养老服务的概念莫衷一是，“老龄服务”“护理服务”“照护服务”“长期照顾服务”“照料服务”“长期照料服务”“为老服务”“为老社会服务”“老年社会服务”等各种名称满天飞，各个概念的内涵与外延在不同的语境中也各有侧重与差异。

本研究从养老服务提供主体角度使用“社会养老服务”这一概念。“社会养老服务”与家庭养老服务相对，主要指由家庭成员以外的主体提供的养老服务。社会养老服务的类型，既包括福利性质的服务，也包括市场化方式的服务；既包括机构养老服务，也包括社区和居家养老服务。党俊武教授主张使用“老龄服务”这一概念，他认为老龄服务是构成老龄产业的四大板块之一，老龄服务有十大类型，即：日常生活类、经济理财服务类、健康服务类、医疗服务类、康复护理类、旅游交往类、精神文化类、法律服务类、临终关怀类、长期照护服务类。在他看来，在老龄社会条件下，老龄服务体系就是以养老、医疗和长期照护保障制度为前提，以老年人和家庭自我服务为基础，以社区居家服务、日间照料、公寓服务等多种形式为主干，以院舍型老龄服务为支撑，以邻里互助和社会慈善等服务为补充，以社会化和产业化为运行机制的大系统。[①]

本研究采用《国务院办公厅关于印发社会养老服务体系建设规划（2011-2015 年）的通知》中对社会养老服务的构成及其具体内容的界定。在该通知中，社会养老服务体系主要由居家养老、社区养老和机构养老三个部分组成。其中，居家养老服务涵盖生活照料、家政服务、康复护理、医疗保健、精神慰藉等，以上门服务为主要形式。社区养老服务是居家养老服务的重要支撑，具有社区日间照料和居家养老支持两类功能，主要面向家庭日间暂时无人或者无力照护的社区老年人提供服务。机构养老服务以设施建设为重点，通过设施建设，实现其基本养老服务功能，老年养护机构和其他类型养老机构根据自身特点，为不同类型的老年人提供集中照料等服务。这一规定成为此后中国各地贯彻社会养老服务政策及发展社会养老服务业的重要依据。在实际社会养老服务推进实践中，社区养老服务和居家养老服务往往是同一个主体递送的，在当前政策体系中，主要是通过发展社区服务业来提供社区养老服务和居家养老服务。[②]

与社会养老服务相关的两个概念还有老年服务业和社会养老服务体系。乌丹星教授认为老年服务业是一个劳动力密集型行业，是老年产业的重中之重，是老年产业的灵魂和核心竞争力之所在。老年服务业的产业链上游是人才培养和技术储备，中游是养老机构或老年服务提供商，下游是老年市场。[③] 社会养老服务体系则是指满足老年人居家养老、社区养老和机构养老的家政服务、护理服务和精神慰藉服务的，医养结合的，研发、

---

① 吴玉韶，党俊武主编．中国老龄产业发展报告（2014）［M］．北京：社会科学文献出版社，2014：4-17.

② 例如，在 2019 年李克强总理所做政府工作报告中，提出“要大力发展养老特别是社区养老服务业，对在社区提供日间照料、康复护理、助餐助行等服务的机构给予税费减免、资金支持、水电气热价格优惠等扶持”。参见：李克强．政府工作报告——2019 年 3 月 5 日在第十三届全国人民代表大会第二次会议上［EB/OL］．（2019-3-16）［2019-10-01］．中国政府网，http：//www.gov.cn/premier/2019-03/16/content_5374314.htm.

③ 乌丹星．老年产业概论［M］．北京：中国纺织出版社，2015：18.

生产、派送供给一体化的制度安排。社会养老服务体系建设需要老龄事业和老龄产业的支持。[①]

本研究认为，中国目前的社会养老服务主要由机构养老服务和社区居家养老服务两大类构成，分别遵循不同的递送机制，有不同的递送内容。发展老年服务业，构建完善的社会养老服务体系，是不断提升社会养老服务供给能力与水平的主要途径。

（二）服务递送

有研究者指出，解决社会养老服务问题，多以居住方式为政策设计的出发点，这种公共政策设计存在诸多缺陷。因此，应转向从服务递送的视角来发展社会养老服务，将养老服务政策的形成和实施统合起来，克服以往仅关注政策制定环节的不足。[②] 从福利管理角度（公共行政）看，福利包括资金与服务，其输送过程往往被视为一项技术，即如何选择高效的输送方式。[③] 什么是社会服务递送，学术界并没有给出明确的界定。有学者认为，服务递送是社会政策实施的重要构成，它是一个从政策决定到服务需求满足的连续过程，这一过程常常是一个由一般的社会服务工作者或专业的社会工作者来执行的。[④] 由此，政府承担了社会服务政策的生产与提供；社会工作者则是社会服务的重要承担者。还有学者认为，社会服务递送不是一个简单的自上而下、自然而然的政策落实过程，而是一个“合作生产”的过程。[⑤] 由此，社会服务递送是一个“合作互动”的复杂过程，既包括服务递送主体之间（主要包括提出服务要求的政府和承担服务任务的社会组织、企业等）的互动，也包括服务递送者与服务对象之间的互动。从社会工作角度看，社会服务是现代国家解决社会问题而衍生的一种政策体系和制度安排，社会服务的递送是在社会政策框架下进行的。因

① 杨燕绥主编．中国老龄社会与养老保障发展报告（2014）［M］．北京：清华大学出版社，2015：2.

② 姚俊．“多支柱”社会养老服务政策的理念与设计研究——基于服务递送的视角［J］．现代经济探讨，2015（7）：48-52.

③ ［英］Pete Alcock Margaret May Karen Rowlingson，彭华民主译．解析社会政策（下）：福利提供与福利治理［M］．上海：华东理工大学出版社，2017：101.

④ 王思斌．社会政策实施与社会工作的发展［J］．江苏社会科学，2006（2）：49-54.

⑤ 邓锁．社会服务递送的网络逻辑与组织实践［J］．社会科学，2014（6）：85-86.

此，社会服务递送者扮演着资源链接人的重要角色，为服务接受者链接资源，这些资源存在于各级行政工作及其提出和执行的政策体系中。至于服务递送者和服务对象之间的互动，甚至是服务递送成功的关键因素。[①] 另外，国外研究者指出，对福利递送效率的追求，推动战后福利国家打破官僚体制，引入市场化的运作方式，扩大自愿组织在福利提供中的作用。福利递送从国家向市场的转型，已经非常广泛。其中，国家作为福利提供的筹资者、设计者和管理者仍然发挥着非常重要的作用；各级政府普遍采用竞标（bids）的方式选出潜在的服务提供者，以期降低成本，提高服务质量；服务体制围绕内部市场重新建设起来，服务的购买者和提供者、委托人和代理人直接做了划分，服务的提供采用契约管理的方式。[②]

在本研究中，服务递送视角关注的焦点不是社会政策的制定，而是社会政策的落实与服务需求的满足。社会养老服务的递送机制从服务需求者的居住地点出发，以养老服务递送效率和服务质量为研究目标，对参与服务递送的各个主体的功能定位、价值导向、行为方式及其社会政策意涵等展开具体分析。

（三）社会组织

民政部将社会组织界定为社会团体、民办非企业单位、基金会、涉外社会组织四种类型。社会大众将“社会组织”作为一个较为宽泛的概念来使用，泛指“不属于政府组织、经济组织之外的组织”，在现实指称中，常常是与“非营利组织”“非政府组织”“民间组织”等混淆在一起使用。[③] 狭义的社会组织指政府着力培育的“公益慈善类、城乡社区服务类社会组织”，特别是以社会工作者为主体的社会工作专业机构。章晓懿用“民间组织”指称“社会组织”，指其具有非营利性、不同于政府与市场组

---

① 陈肇第．社会服务传递视角下社会工作专业性研究——以武汉市 H 区青少年暑期托管工作为例［D］. 华中师范大学硕士学位论文，2017：7.

② 〔英〕Pete Alcock Margaret May Karen Rowlingson 主编，彭华民主译．解析社会政策（下）：福利提供与福利治理［M］. 上海：华东理工大学出版社，2017：106.

③ 徐永祥，曹国慧．“三社联动”的历史实践与概念辨析［J］. 云南师范大学学报（哲学社会科学版），2016（2）：54-62.

织的、具有提供公共服务的特定使命与目标，与第三部门的含义基本一致。①

本研究采用徐永祥、曹国慧提出“新型社会组织”概念，② 以区别于传统社会组织。它不同于官办的社会组织，也不同于文体活动团队类互惠型组织，更不同于追逐经济理性的利益代表型组织，是追求社会理性，提供非营利的社会服务或社会支持的、具有独立法人资格的社会团体。

二 国内外社会养老服务及服务递送相关研究综述

（一）养老方式研究

所谓养老方式是指一切有利于老年人生活和满足老年人需求的方法、途径、形式和手段。进一步而言，对老年人供养的主要内容是指对老年人提供经济帮助、生活照料和精神慰藉三个方面。③

1. 养老方式的类型

基于养老的外界支持力来源不同，学界将主要的养老方式划分为两种即家庭养老和社会养老，自我养老作为第三种养老方式，也开始受到关注。④ 当代中国社会所发生的一系列巨大社会变迁对传统的家庭养老方式造成深远影响，学者们从不同理论、不同视角、不同侧面对各种养老方式进行了深入研究，如社会公平原理、代际伦理关系原理、个人消费选择理论、福利多元主义理论、社会资本与社会网络视角等。尽管对家庭养老和社会养老在养老方式中的地位、作用存在争议，如有学者认为家庭养老是人类社会的本能所系，养老走向社会化是一个误区。⑤ 但学界普遍认为随着社会经济的发展，传统家庭养老的功能会弱化；大力促进社会化养老，

① 章晓懿．政府购买养老服务模式研究：基于民间组织合作的视角［J］．中国行政管理，2012（12）：48.

② 徐永祥，曹国慧．“三社联动”的历史实践与概念辨析［J］．云南师范大学学报（哲学社会科学版），2016（2）：54-62.

③ 陈功．我国养老方式研究［M］．北京：北京大学出版社，2003：41.

④ 陈芳，陈建兰．我国“自我养老”模式研究述评［J］．学术论坛，2013（1）：90-95.

⑤ 戴卫东．家庭养老的可持续性分析［J］．现代经济探讨，2010（2）：22-26.

从家庭养老向社会养老过渡，是我国养老方式发展的必然趋势。[①]

2. 养老方式的差异性

中国老年人口的养老需求和养老供给存在较大的城乡、区域、性别、群体性差异。[②] 就个体而言，在生命历程不同阶段，人们的养老方式、养老需求也不同，学者们对上述诸多差异也进行了探讨。从中国现阶段的养老问题来看，在社会保障体系不健全、社会保障能力脆弱的背景下，人口老龄化、高龄化和少子化使养老问题更加突出。[③]

3. 代际关系、性别与人口流动视角下的养老方式研究

学者们从代际关系、人口迁移流动、性别视角等角度对养老问题进行的诸多实证研究，有助于更好地理解中国当前的养老现状，进而构建未来符合社会发展规律的养老方式。[④] 从代际关系视角看养老方式，中国学者普遍认为，养老的实质就是代际交换，也可谓是“育小养老”。[⑤] 在现代社会，在家庭养老机制中，作为养老支持网络组成部分的代际关系是一个重要的研究视角，而中国的代际关系与西方代际关系有着很大的区别。当代中国家庭中，以代际反馈为特征的家庭养老模式仍有相当分量，但已经开始出现了断裂和失调，子女并不能给予老年人对等的“反哺”，事实上老年人的付出总是远远大于子女的回报。从性别视角下看养老方式，一方

---

① 陈赛权．中国养老模式研究综述［J］．人口学刊，2000（3）：30-36；陈功．我国养老方式研究［M］．北京：北京大学出版社，2003；林宝．养老模式转变的基本趋势及我国养老模式的选择［J］．广西社会科学，2010（5）：124-127.

② 丁志宏．中国老年人经济生活来源变化：2005~2010［J］．人口学刊，2013（1）：69-77；顾梦洁．我国城市女性社会养老服务体系发展研究［J］．劳动保障世界（理论版），2013（1）:37-40；郭艳茹，张琳．保姆换养老：收入、健康对中老年女性再婚的影响［J］．世界经济文汇，2013（1）：24-40.

③ 姚远．中国家庭养老研究述评［J］．人口与经济，2001（1）：33-43；石金群．中国当代家庭养老的困境与出路［J］．中央民族大学学报（哲学社会科学版），2013（4）：62-67.

④ 杨善华，贺常梅．责任伦理与城市居民的家庭养老——以“北京市老年人需求调查”为例［J］．北京大学学报（哲学社会科学版），2004（1）：71-81；范成杰．代际失调论：对江汉平原农村家庭养老问题的一种解释［D］．华中科技大学博士学位论文，2009；罗丹．城市独生子女家庭养老问题研究综述［J］．老龄科学研究，2013（5）：62-69；赵继伦，陆志娟．城市家庭养老代际互助关系分析［J］．人口学刊，2013（6）：41-46；罗芳，彭代彦．子女外出务工对农村“空巢”家庭养老影响的实证分析［J］．中国农村经济，2007（6）：21-27；龙书芹，风笑天．城市居民的养老意愿及其影响因素——对江苏四城市老年生活状况的调查分析［J］．南京社会科学，2007（1）：98-105.

⑤ 童欣．我国家庭养老方式的演变与选择［D］．吉林大学硕士学位论文，2006：5.

面，在各种养老方式中，女性承担了更多的责任。在传统的社会分工中，女性以牺牲就业或事业的方式成为老年人照料的主要提供者。但是，在急速变迁的社会中，女性承担养老角色与其自身的需求与能力冲突日益加剧；核心家庭数量的增多，也使得女性一方面在社会的要求下积极外出就业的同时，其所承担家庭养老责任也无法推卸或转嫁。[①] 另一方面，老龄化问题呈现出性别特征，“老龄化中的女性化”问题明显，但现有的社会养老服务供给缺乏性别视角，无法满足女性老龄人口对社会养老服务的需求。[②] 从人口迁移流动角度看养老方式，子女外出务工对“空巢”家庭养老的诸多方面，例如经济供养、生活照料、精神慰藉，产生了显著影响。

（二）社会养老服务的属性、需求与供给研究

养老方式的变化引起社会养老服务需求的结构性变化。家庭养老能力不足是生产与供给社会养老服务的基本动因，通过多元化的社会支持力量，以期重修或恢复家庭养老功能。[③] 国家政策层面对社会养老服务体系建设更加重视，将其确立为重大战略性问题。[④] 例如，上海市以“9073”养老服务格局为载体，加强社会养老服务体系建设，[⑤] 但是社会养老服务供需矛盾仍然突出。[⑥]

1. 社会养老服务的社会政策属性和产品属性

社会服务是社会福利和社会政策体系的重要组成部分。各国社会服务

---

① 李鑫宇．女性在农村家庭养老中的角色转变研究：以长春市Z村为个案［D］．吉林大学社会学硕士论文，2012.

② 钟波，楚尔鸣．性别差异与女性养老问题研究［J］．求索，2015（7）：25-29.

③ 周德禄．农村独生子女家庭养老保障的弱势地位与对策研究——来自山东农村的调查［J］．人口学刊，2011（5）：74-82；赵向红．我国家庭养老方式变迁与功能优化［J］．理论探讨，2012（5）：168-170.

④ 窦玉沛．加快推进社会养老服务体系建设［J］．社会福利，2011（12）：4-6；王素英．中国社会养老服务体系建设现状及发展思路［J］．社会福利，2012（9）：2-7.

⑤ 上海市民政局社会福利处．上海市《社会养老服务体系建设规划（2011-2015）》实施情况报告［J］．社会福利，2013（8）：28-30.

⑥ 刘晓梅．我国社会养老服务面临的形势及路径选择［J］．人口研究，2012（5）：104-112；许佃兵，孙其昂．完善我国社会养老服务体系的深层思考——基于江苏养老服务现状的考察分析［J］．学海，2011（6）：92-95.

模式差异趋向缩小，开始形成混合福利型的社会服务国家模式。[①] 社会养老服务还是一种具有竞争性和拥挤性的准公共物品，还具有非排他性。[②] 还有学者提出，社会养老服务属于中高技术行业，而不是简单的生活服务行业。[③]

2. 社会养老服务需求内容

现有的各种社会养老设置，存在忽视“情感照料”的现实，[④] 满足精神和文化层面的养老需求有助于提升养老社会服务层次、扩大养老产业发展空间。[⑤] 根据不同标准，社会养老服务内容还可以划分为多种类型（见表 2-1）。另外，从发展养老服务产业角度看，社会养老服务需求还存在有效需求不足的问题，具体表现为老年人口收入水平不高，购买力不足；居民收入水平较低，子女从经济上帮助父母的力量有限；传统代际财产转移观念抑制了老年人群的服务消费欲望；鼓励老年人消费的政策支持不够等。

表 2-1 社会养老服务内容分类

分类标准	类别	备注
服务对象	健康老年人服务	
	半失能老年人服务	老龄服务次重领域
	失能老年人服务	老龄服务的当务之急，优先领域和重中之重
服务内容或服务项目	日常生活类	主要是家政服务以及就餐、日间照料、购物、陪伴、住房维修等
	经济理财服务类	主要指老年人的经济理财服务
	健康服务类	包括健康咨询、健康教育、健康管理、慢病预防和干预、抗衰老、体育健身指导等

① Heise Arne and Lierse Hanna. Budget Consolidation and the European Social Model: The Effects of European Austerity Programmes on Social Security Systems [Z]. working paper from: library. fes. de/pdf-files/id/ipa/07891. pdf, 2011.

② 章晓懿，沈崴奕. 政府补贴对非营利养老机构发展影响研究——基于上海 H 区社会办和政府办养老机构运营状况比较 [J]. 中国第三部门研究，2013 (1): 27-49.

③ 吴玉韶，党俊武主编. 中国老龄产业发展报告 (2014) [M]. 北京：社会科学文献出版社，2014: 16.

④ 王玉桥. 中国的社会养老与情感照料研究 [D]. 中共中央党校硕士学位论文，2010.

⑤ 梁义柱. 养老产业化的发展路径选择——从物质养老到精神养老 [J]. 东岳论丛，2013 (3): 186-189.

续表

分类标准	类别	备注
服务内容或服务项目	医疗服务类	包括就医就诊、住院康复护理服务、疾病后期治疗指导、紧急救护等
	康复护理类	主要包括出院后康复护理、日常康复护理、紧急救护等
	旅游交往类	主要包括老年人旅游、婚恋交友、社会活动拓展等
	精神文化生活类	主要包括退前教育、老年教育、老年文化活动拓展、心理咨询、心理慰藉等
	法律服务类	主要包括法律咨询、法律纠纷司法服务、法律援助等
	临终关怀类	主要包括舒缓治疗、喘息式服务、心理咨询、家属心理援助及殡葬服务、祭奠服务等
	长期照护服务类	主要包括生活照料、康复护理、精神慰藉和临终关怀等
服务主体或提供者以及服务场所	老年人自我服务	老年人是老龄服务的首要主体
	家庭服务	服务资源包括老年人的配偶、子女、亲属、朋友以及邻里
	居家服务	主要指社区中的居家服务机构入户为老年人提供的服务。服务主体有社区卫生服务站、居家老龄服务机构、日间照料机构等
	社区老年公寓	提供的服务介于居家服务和院舍型老龄服务机构之间
	社区老年护理院服务	在社区兴建，主要接受失能老年人，为他们提供长期照护服务
	院舍型老年服务机构的综合性服务	包括住养院、老年护理院、休闲住养机构三类
服务方式	入户服务	包括巡诊服务、巡护服务
	就地服务	为本机构老年人提供服务
	异地候鸟式服务	联营服务模式
服务性质	私人品	纯粹为老年人及其家属私人购买的服务，老龄服务存在的主要形态
	公共品	政府或公益组织购买的服务
	混合品	发生在提供环节或购买环节，公益组织和政府都可提供

续表

分类标准	类别	备注
劳动、技术含量和资本	高劳动、高技术和低资本老龄服务	主要是入户式居家照护服务，人力投入大，资本投入小
	高劳动、中技术和中资本老龄服务	主要是老年公寓提供的服务
	高劳动、高技术和高资本老龄服务	主要是社区老年护理院、院舍型老龄服务机构等

资料来源：根据《中国老龄产业发展报告（2014）》内容整理而成。参见吴玉韶，党俊武主编．中国老龄产业发展报告（2014）［M］．北京：社会科学文献出版社，2014：11-17.

3. 社会养老服务供给

虽然社会养老服务体系日趋健全，但服务供给仍存在两个结构性问题。一是社会养老服务供给中的“供给失衡”。社会养老服务存在大量无效供给，造成养老服务使用效率低。无效供给表现为：服务内容“避重就轻”“挂羊头卖狗肉”“删繁就简”；服务质量不高，“得过且过”。养老机构服务供给出现结构性失衡（如护理型床位不足，普通床位过剩，公办和民办养老机构价格扭曲等），导致无效服务供给，主要体现为养老床位“一床难求”和床位空置现象同时并存。因此，需要通过供给侧改革解决上述无效供给问题。[①] 二是社会养老服务供给中的“公共性缺失”。与公共物品不同，公共服务的“公共性”更多强调公共服务的可及性、公平性、公正性和均等化等。[②] 从 20 世纪 90 年代开始，中国公共服务供给尝试不同程度的民营化；2000 年以后，政府在居家养老、医疗卫生、社工服务等领域广泛开展购买服务。公共服务民营化以及购买服务制度的推广随后也出现了不同程度的问题，集中体现在公共服务中的“公共性缺失”。造成这一问题的主要原因是民营化后政府公共财政责任淡化，推行购买服务后政府在监管与实施环节上缺位。根据塔勒布非对称风

① 林宝．养老服务供给侧改革：重点任务与改革思路［J］．北京林业大学学报（社会科学版），2017（6）：11-16.

② 梅锦萍，杨光飞．从公共服务民营化到政府购买公共服务——基于公共性视角的考察［J］．江苏社会科学，2016（4）：140-148.

险理论,[①]“公共服务公共性缺失”根源于利益与责任的不匹配。为了解决公共服务“公共性”缺失的问题，政府在公共服务供给中的责任要加强，作为掌舵者，政府在公共服务供给中应担任四种角色：总体调控者、政策制定者、监管者和改革的组织者。

（三）社会养老服务递送研究

1. 社会养老服务递送中存在的问题

由于服务递送主体竞争环境缺失，服务递送中出现了种种问题。在服务递送过程环节存在的问题，使得服务供给与使用之间出现差距。[②] 在服务递送组织内部，存在处理好社会组织的独立性与自主性及与政府关系问题,[③] 需要建构政府与递送服务的社会组织之间真正的伙伴关系，以推动社会组织健康发展，激发服务递送组织活力和递送能力。[④] 在服务递送组织外部，存在诸多因素制约社会组织服务递送的开展，如养老设施建设用地难落实、建设资金的信贷和融资受制约、养老服务人员难招难留等。[⑤]

以 NGO 递送服务为例，服务递送组织与政府关系处理上的问题具体表现在三个方面。[⑥] 一是承接服务的专业机构“去志愿化”。承接政府购买服务的 NGO 变得日益正式化、职业化，同时在机构的服务中减少志愿者的作用。这会损坏擅长公益服务的 NGO 所具有的自主灵活与接近社区居民等品

---

① 塔勒布认为，当一个人获得一些利益而没有承担相应的风险的时候，就是不对称性。不对称问题的表现之一就是代理人问题，即：代理人帮你处理一些事务，从中获利，而这些事情无论对你造成获利或者损失，代理人都不承担风险。不对称问题还有一个表现就是顾问问题，即：如果别人给你建议，而这个建议对他自己而言没有任何风险的话，你就永远不要相信这样的建议。因此，要共享利益，共担风险。参见：〔美〕纳西姆·尼古拉斯·塔勒布（Nassim Nicholas Taleb）. 非对称风险［M］. 北京：中信出版集团，2019.

② 陈岩燕、陈虹霖. 需求与使用的悬殊：对社区居家养老服务递送的反思［J］. 浙江学刊，2017（2）：31-36.

③ 王诗宗，宋程成. 独立抑或自主：中国社会组织特征问题重思［J］. 中国社会科学，2013（5）：50-67.

④ 李国武，李璐. 社会需求、资源供给、制度变迁与民间组织发展：基于中国省级经验的实证研究［J］. 社会，2011（6）：74-102.

⑤ 闫青春. 社会组织是发展老龄事业和产业的生力军［J］. 理论视野，2013（10）：76-77.

⑥ 岳经纶，郭英慧. 社会服务购买中政府与 NGO 关系研究——福利多元主义视角［J］. 东岳论丛，2013（7）：5-14.

格，这些品格也是他们作为服务递送者最吸引人的地方。① 二是承接服务的专业机构“非专业化”。拿到订单的NGO在人力成本上倾向于使用低酬工作人员，同时倾向于让非专业的社区工作者负责专业个案服务，专业社工则主要负责一些文娱康乐类小组或社区活动。三是服务递送上投机化。其典型就是“案主奶油化”，指服务提供者在选择服务对象时，倾向于挑选那些服务成本最低或最容易治疗的案主，以此证明其成本效益或对成效进行美化。②

2. 社会养老服务的递送机制

社会养老服务的递送途径并不是统一的，递送机制也在探索形成中。有研究者从公共服务递送的角度，归纳了三种服务递送的途径：以政府为主导、自上而下、以福利功能为取向；以市场为主导、自下而上、以增长至上为取向；以社区为主导、多向互动、以伙伴关系为取向。③

3. 社会养老服务递送的组织形式

作为服务递送的重要主体，社会养老服务的递送组织，除了各种民办非企业组织，各种志愿者组织、非政府/非营利组织以及邻里互助组织都在社会养老服务递送中发挥不同作用。④ 其中，社会企业是社会养老服务递送机制创新的成果。社会养老服务递送的组织运作机制，比较流行的是政府公共服务外包或政府购买服务。通过政府购买服务，以社会组织为服务平台和联系纽带，构建综合性公共养老服务供给体系已经在多地开展。⑤ 这一机制带来服务递送机制和模式创新的制度空间。⑥ 更进一步分析，政府购买服务，产生了政府与社会资本的合作，由此推动了社会企业——一

① Kramer, Ralph M. Voluntary Agencies and the Contract Culture: Dream or Nightmare? [J]. Social Service Review, 1994 (1): 33-60.

② Van Slyke, D. M. The Public Management Challenges of Contracting with Nonprofits for Social Services [J]. International Journal of Public Administration, 2002 (4): 489-518.

③ 唐德龙．资源依赖、合作治理与公共服务递送——以深圳市阳光家庭综合服务中心项目运作为例［J］．华东理工大学学报（社会科学版），2014（3）：88-97.

④ 周海旺，沈妍．老龄化时代城市养老的时间储蓄与公益志愿——以上海为例［J］．上海城市管理，2013（1）：69-77；唐咏，徐永德．中国社会福利变迁下养老服务中非营利民间组织的发展［J］．深圳大学学报（人文社会科学版），2010（1）：74-78.

⑤ 王浦劬，〔美〕莱斯特·M．萨拉蒙等．政府向社会组织购买公共服务研究：中国与全球经验分析［M］．北京：北京大学出版社，2010.

⑥ 颜素珍，蔡盟生．政府公共服务外包——慈善组织发展新选择［M］//彭华民，〔日〕平野隆之主编．福利社会理论、制度和实践．北京：中国社会科学出版社，2016：236.

种新型社会养老服务递送主体的出现和成长。OECD 在 1994 年将社会企业界定为：既利用市场资源又利用非市场资源以使低技术工人重返工作岗位的组织。[①] 递送养老服务的社会企业是一种处于纯慈善（非营利组织）与纯营利（私人企业）之间的连续体，[②] 是一种超越传统企业和非营利组织的新型组织形式，具有社会属性与经济属性双重性质。[③] 社会企业的核心要义是以企业运作方式来实现社会目标，“运用商业策略解决社会问题”。由此，社会企业具有三个特征：目标公益性、经营商业性、服务专业性。[④] 在上述特性基础上，社会企业还展现了较高的服务递送效率优势，研究者进一步分析了社会企业的四大效率机制，[⑤] 即：服务资金来源的多元化、市场收入的稳定化、服务竞争激烈化和内部管理的企业化。社会企业在递送服务方面的特性有助于其摆脱对政府公共财政和各类捐赠的被动依附。

（四）社会养老服务政策研究

政策文件是政府处理公共事务的真实反映和行为印迹。社会养老服务的实践进展不是政策的按图索骥，但党的十八大以来政府社会养老政策对实践的发动机效应是显而易见的。因此，对国家养老政策的分析有助于理解社会养老服务生长的规律、特征和趋势。传统的政策解读方法以研究者为工具，依赖研究者的知识、能力和价值立场。数据时代，随着政府信息公开的广度和深度不断延伸，计量和量化研究方法开始在公共政策研究领域得到运用。[⑥] 就社会养老政策的计量和量化分析而言，研究者们从政策文献结构要素和具体的语义内容两大方面获得如下发现。

---

① 潘小娟．社会企业初探［J］．中国行政管理，2011（7）：20-23.

② Dees. J. Gregory. New Definitions of Social Entrepreneurship：Free Eye Exams and Wheelchair［EB/OL］．（2003-03-04）［2019-10-01］．http：//www. fuqua. edu/admin/extaff/news/faculty/dees_2003. htm.

③ 钟慧澜，章晓懿．激励相容与共同创业：养老服务中政府与社会企业合作供给模式研究［J］．上海行政学院学报，2015（9）：31-40.

④ 李静．合作治理视域下社会企业介入社会服务的路径研究：逻辑、优势及选择［J］．人文杂志，2016（6）：120-125.

⑤ 章萍．政府和社会资本合作模式下社会企业介入养老服务路径研究［J］．现代管理科学，2017（6）：85-87.

⑥ 黄萃，任弢，张剑．政策文献量化研究：公共政策研究的新方向［J］．公共管理学报，2015（2）：129-137；李江，刘源浩，黄萃，苏竣．用文献计量研究重塑政策文本数据分析［J］．公共管理学报，2015（2）：138-144.

1. 社会养老政策及其发布主体

尽管不同的研究者纳入量化分析的政策文本涵括的时间段和历年文本数量有差异,[①] 但研究者一致认为，2012 年以后，国家养老政策数量开始爆发式显著增长。一直到 2018 年，每年都有相当数量的养老政策发布。政策数量变迁符合新制度经济学的需求—供给理论,[②] 即遵循了养老需求与政策供给正相关的规律。

在政策发布主体方面，联合行文增多与政策制定核心领导部门缺乏现象同时存在。社会养老服务政策发布主体迄今涉及国务院、民政部、国家发改委、国土部、教育部等 26 个部门，但社会养老服务政策的制定与执行的核心部门仍主要由民政部、卫生部[③]、国家发改委等部门承担。在机构改革中并入国家卫生与健康委员会的"全国老龄工作委员会"，则是由 32 个部门组成。单独发文数量最多的四个主体是：国务院、国务院办公厅、民政部及国家卫生计生委办公厅。社会养老政策受到越来越多的重视，表现在发布主体上，除了发布政策的核心部门层级越来越高，到"十三五"期间，习近平总书记也亲自参与政策制定。还有研究者认为养老政策越来越跨政府、跨组织、跨部门，涉及的利益主体、利益诉求越来越多元，已经形成了一个"养老政策网络"。[④]

2. 社会养老政策文种

主要包括法律和行政法规、意见、通知、通告、决定、公告、函和批

---

① 如孙兰英等选取了 1949 年 10 月 1 日到 2016 年 12 月 31 日间中央政府养老政策文本 112 份进行内容分析，参见：孙兰英，苏长好，侯光辉．政策工具视阈下中国养老政策分析与思考［J］. 天津大学学报（社会科学版），2018（4）：289-295；吴宾、刘雯雯选取了 1994-2016 年 38 份中央政府养老服务业政策文件为分析文本，参见：吴宾，刘雯雯．中国养老服务业政策文本量化研究（1994-2016 年）［J］. 经济体制改革，2017（4）：20-26；何振宇、白玫、朱庆华分析了 2013 年 2 月到 2017 年 11 月间 106 份中央养老政策文件文本，参见：何振宇，白玫，朱庆华 . 2013-2017 年我国养老政策量化研究［J］. 信息资源管理学报，2019（1）：21-29；汪波、李坤基于 2000 年 1 月至 2017 年 8 月中央政府及其部门颁布的 203 份养老政策文本，进行数据比较分析，参见：汪波，李坤．国家养老政策计量分析：主题、态势与发展［J］. 中国行政管理，2018（4）：105-111。

② 〔美〕诺思著，陈郁译．经济史中的结构与变迁［M］. 上海：上海三联书店、上海人民出版社，1995：212.

③ 国家卫生部 1985 年成立，2013 年更名国家卫生与计划生育委员会，2018 年更名为国家卫生与健康委员会。下文涉及相关部委名称时，以相关内容涉及部门当时所用名称为准。

④ 汪波，李坤．国家养老政策计量分析：主题、态势与发展［J］. 中国行政管理，2018（4）：105-111.

复、规划纲要等文种，其中通知、意见等形式的政策数量较多。政策文种主要涉及法律文件和规范性文件两个政策层级。

3. 社会养老政策议题

主要涉及老年社会保障类、老年工作基础和规划实施类、养老服务体系类、老年消费市场建设类、老年健康支持体系类、老年宜居环境建设类、老年精神文化生活类、老年合法权益类、老年社会参与类等内容。在不同时间、阶段，国家养老政策议题投放的重点有所区别，比如2000年以后，老年社会保障类政策一度为养老政策主体；2012年以后，产业类养老政策迅速增加，养老服务体系和老年健康支持体系两个方面的政策投放也呈持续增加态势。

4. 社会养老政策类别

有研究者提出了保障类、福利类和产业类三种社会养老政策划分类型。保障类养老政策一度为养老政策主体，20世纪90年代以后，福利类养老政策得到丰富和发展，到2012年以后，产业类养老政策迅速发展，政府除了投入资金、建设养老基础设施，还通过出台行业规范等方式促进以营利为目的的养老服务业的发展，各种形式的养老产业蓬勃生长。

5. 社会养老政策工具类型

根据Rothwell和Zegveld提出的环境型、供给型、需求型政策工具分类方法，[①] 中国养老服务业政策工具以环境型为主，其次为供给型，需求型最少（见表2-2）。环境型政策工具中，使用比较多的是目标规划、法规管制；金融支持工具开始引起政府重视；税收优惠占比较低。供给型政策工具中，基础设施建设和人才培养方面的政策最多；信息支持政策开始出现，但占比明显偏少。需求型政策工具与前两个相比，显得严重不足，海外机构管理、政策采购、服务外包等工具的使用都很少。这种政策工具结构带来的问题是：（1）以环境型工具为主要政策工具，易导致政策模糊化。以目标规划和策略措施为主要形式的环境型工具，属于顶层设计，操作细则缺乏、引导和规范养老产业走向市场化的专业化工具匮乏，容易导致地方选择性执行中央政策，造成“模糊政策”现象。（2）供给型政策工

① Rothwell R., Zegveld W. Reindustrialization and Technology [M]. London: Longman Group Limited, 1985: 83-104.

具手段缺乏系统性。在供给侧改革大背景下，养老业政策供给偏重资金投入和基础设施建设，人才培养和投入滞后。（3）需求型政策工具无法在保障、福利和产业三类养老产业中有效释放政策红利。当前阶段需求型政策工具以公建民营、公办民营、政府购买服务、政府和社会资本合作（PPP）等方式为主，社会资本不愿意进入利润不高的保障类和福利类养老领域。

表 2-2　社会养老的政策工具类型

政策工具类型	对养老服务业发展的作用	政策涉及具体内容	政策举例
供给型养老政策	推动力	科技支持、信息支持、人才培养、资金投入、基础设施建设、公共服务	2017 年 9 月 24 日中共福州市委福州市人民政府印发《关于加快养老事业发展的实施方案》的通知；2017 年 11 月 27 日福州市人民政府办公厅《关于进一步推进居家社区养老服务照料中心建设工作的意见》
环境型养老政策	影响力	目标规划、金融税收、法规管制、行业规范、策略措施	2014 年 1 月 19 日福州市人民政府《关于加快发展养老服务业的实施意见》
需求型养老政策	拉动力	服务外包、服务采购、市场塑造、海外交流、观念改造	2018 年 2 月 11 日福州市人民政府办公厅《关于印发全面放开养老服务市场提升养老服务质量实施方案的通知》

资料来源：作者整理绘制。

（五）社会养老服务及其递送的台湾经验

根据台湾地区行政主管部门 2015 年发布的“高龄社会白皮书”，台湾地区在 1993 年正式进入老龄化社会。与大陆相较，台湾地区的社会养老服务体系服务更加专业、分工更加细致、协调整合机制更为完善。

1. 台湾地区的社会养老服务政策与规范

台湾与大陆同属中华文化圈，养老方式基本相同，但在社会养老政策方面有较大不同。① 台湾地区 1995 年 3 月开始实行全民健保制度，2008 年

① 徐昊楠．两岸养老政策的比较分析——以台湾与福建省为例［J］．黑龙江科学，2016（16）：148-152.

实行“国民年金制度”，2015 年 6 月同时通过“长期照顾服务”有关规定和“长期照顾保险”有关规定，其中“长期照顾服务”有关规定于 2017 年 7 月正式开始执行。另外，作为台湾地区因应人口老龄化的第一个政策架构，“老人福利”有关规定于 2015 年 12 月再次修正，从老年经济安全保障、老年医疗保障、老年照护、老年保护、活跃老化这五个领域规范老年社会福利。① 这些都是台湾地区老年人群社会福利保障中最重要的规范。此外，台湾地区的“护理人员法”有关规定对从事社会养老服务行业的护理人员和护理机构相关行为进行了规范。②

2. 台湾地区的社会养老服务体系构成

台湾地区的社会养老服务体系也主要是由居家、社区、机构三种类型构成。与大陆相较，其制度设计有三个特色。

一是在长照制度中，失智老人照顾服务由身心障碍福利机构负责，有单列的服务项目，由失智照顾型机构和“团体家屋”分别提供机构式和社区式服务，③ 因此，失智老人及其家属可以寻求帮助的社会资源包括：医院、居家护理、居家服务、私人看护、日间托老、护理之家、养护机构，以及获得重大伤病卡、残障手册、老人住宅补助和中低收入老人生活津贴、获得生活辅助器材、送餐到家等福利服务等。④

二是支持式和联结式服务也被单列出来，分别突出家庭照顾和政府协调整合服务资源及辅助服务功能。台湾地区的社会养老服务体系制度设计中，将家庭视为非正式照顾系统中福利供给的最基本单位和最重要供给者。⑤ 因此，支持家庭养老的政策设计是台湾地区社会养老服务体系的一个特色。如长照制度体系中的喘息服务，通过补助天数的增加及居家式、

① 简志文，廖又生，黄敏亮．老人政策与法规［M］. 新北市：全华图书股份有限公司，2014：149.

② 陈美兰，洪樱纯，黄琢嵩，吕文正．老人居家健康照顾理论与实务［J］. 新北市：扬智文化事业股份有限公司，2017：55-57.

③ 陈美兰，洪樱纯，黄琢嵩，吕文正．老人居家健康照顾理论与实务［J］. 新北市：扬智文化事业股份有限公司，2017：8-12.

④ 台湾内政事务主管部门策划，公共卫生学会执行，台湾家庭照顾者关怀总会编．痴呆症老人照顾教育手册系列之六：痴呆症老人照顾者之自我调适与社会资源运用［Z］. 台北市：台湾家庭照顾者关怀总会，2011 再版：16-22.

⑤ 陈燕祯．老人福利服务：理论与实务［M］. 上海：华东理工大学出版社，2018：250.

机构式混合搭配使用的弹性，减轻照护者压力。[①] 与支持家庭照顾老人相关的制度还有辅具购买、租借及居家无障碍环境改善服务、老人餐饮服务、交通接送服务等。社区式养老服务所提供的家庭托顾、临时住宿和团体家屋服务等多样化服务方式，都有助于减轻家庭照顾者压力。

三是随着社会经济发展，台湾地区老年人群享受的福利服务和社会养老服务水平也不断提高。以安宁疗护服务（也称临终关怀）为例，1990年，马偕医院淡水分院设立台湾第一家安宁病房；1996年，台湾地区卫生和福利事务主管部门开始推行安宁居家照护，同年7月将此服务纳入健保按日计酬试办计划；2000年，将安宁住院服务纳入“健保按日计酬试办计划”；2004年试办“安宁共同照护”模式；2006年开始，安宁居家及住院正式纳入健保给付；2014年，全民健保开始给付社区安宁照护，建立社区安宁照护体系。[②] 再如，2005年财团法人新光人寿慈善基金会将“个人化服务”引入台湾，通过一对一服务，落实以人为中心的照顾理念。个人化服务方式在机构、社区和居家都有拓展。[③]

3. 台湾地区的社会养老服务递送

非营利组织在台湾地区的社会养老服务递送系统中具有重要作用。[④] 参与社会养老服务递送的非营利组织主要包括：以社会福利基金会为代表的财团法人，如弘道老年人福利基金会；以社会服务慈善团体、小区发展协会及志愿服务队为代表的社团法人，如社团法人台湾护理之家协会、台湾长期照护专业协会、台湾失智症协会、台湾社会工作专业人员协会等。

社区照顾关怀据点也是一项较有成效的服务递送制度设计。这项制度自2005年起开始推动，旨在提升服务递送的便利性，主要服务内容是在社区内为老人提供餐饮服务、关怀问安及健康促进等初级预防照顾服务。[⑤]

---

① 简志文，廖又生，黄敏亮．老人政策与法规［M］．新北：全华图书股份有限公司，2014：149.

② 刘淑娟，林宜璁等．长期照顾跨专业团队整合暨案例分析［M］．新北：华杏出版股份有限公司，2017：365.

③ 杨培珊．台湾地区社区与居家服务中“个人化服务模式”的实践［M］//民政部，全国老龄办养老服务体系建设领导小组办公室编．国外及港澳台地区养老服务情况汇编．北京：中国社会出版社，2010：125-131.

④ 伍小兰，曲嘉瑶主编．台湾老年人的长期照护［M］．北京：中国社会出版社，2010：85.

⑤ 简志文，廖又生，黄敏亮．老人政策与法规［M］．新北：全华图书股份有限公司，2014：149.

台湾社会养老服务产业（或称“老人照护产业”）被台湾经济主管部门列为六大新型产业之一，因而制定了“养生照护产业发展推动计划”。在台湾地区的研究者看来，这是一个“跨行业”的新兴服务产业，需要从业者创新观念，整合各主体资源，设立一个新的老人福祉单位和跨领域团队。[①]

三 社会养老服务递送机制研究的理论基础

（一）社会养老服务递送机制的理论基础：福利多元主义理论与福利三角范式

1. 福利多元主义、福利三角范式理论和福利社会概念

社会养老服务属于准公共服务产品，具有社会福利的性质。根据 Rose 提出的福利多元组合理论，一个社会中的福利来源于三个部门：家庭、市场和国家。一个现代社会福利的总量等于家庭中生产的福利，加上通过市场买卖而获得的福利，再加上国家提供的福利。[②] Johnson 在 Rose 理论基础上进一步提出，社会福利由四个部分构成，即由国家部门、商业部门、志愿部门（voluntary sector，如自助、互助组织，非营利机构，压力团体，小区组织等）和非正规部门（informal sector，如亲属、朋友、邻里等）提供的福利，实现福利的途径是分权和参与。[③] Gross 也指出，志愿部门提供的对老人的照顾是解决老人照顾问题的重要方式。[④]

Evers 将 Rose 提出的多元福利理论演绎为福利三角范式，认为国家、市场和家庭共同组成福利整体，有对应的组织、价值和社会成员关系，福利三

---

① 陈燕祯．老人福利服务：理论与实务．［M］．上海：华东理工大学出版社，2018：40-41.

② Rose，R. Common Goals but Different Roles：The State's Contribution to the Welfare［M］// Mix. in Rose，R. &R. Shiratori. The Welfare State East and West. Oxford：Oxford University Press，1986.

③ Johnson，N. The Welfare State in Transition：The Theory and Practice of Welfare Pluralism［M］. Brighton（England）：Wheatsheaf，1987；Johnson，N. Mixed Economies of Welfare：A Comparative Perspective［M］. London，New York：Prentice Hall Europe，1999.

④ Gross，A. M. Shifts in the Welfare Mix and Social Innovation in Welfare Polities：A Case Study in Israel［M］// In Evers，A. &I. Svetlik（eds.）. Balancing Pluralism：New Welfare Mixeds in Care for the Elderly. A ldershot：Avebury，1993.

角彼此互动，各自提供的福利份额相互影响，并此消彼长地相互补充。[①]

日本学者武川正吾提出福利社会概念，它包括两方面含义，即“尊重福利的社会”和“作为福利主体的社会”。前者是指，宏观经济的发展并不必然自动带来全部国民福利的改善，而是主张通过有意识地改善政策环境来谋求增进福利；后者是指包括居民、NPO 在内的市民社会的力量来建设福利事业。在中国，“福利社会的萌芽”正以各种形式萌发开来，尤其表现为“社区福利”“社区服务”等与日本的地域福利相似的动向以及 NPO 这样的组织都出现了。[②]

2. 福利三角范式下的社会养老服务体系与服务递送

彭华民教授运用福利三角范式具体分析了社会养老服务体系建设问题。[③] 她认为，福利三角范式最重要之处在于三角部门的总供给或福利总量是大致相同的，但三角之间所承担的份额不同。福利三角理论还告诉我们：人民的福利可以通过就业从劳动力市场上获得，也可以来自他们生活的家中的非正规福利。在市场失效和家庭出现问题的时候，国家也可以承担解决危机的作用，三者互为补充。比如，中国在社会转型过程中，社会福利制度安排发生了深刻变化，家庭在提供老人照顾方面的问题越来越突出，需要社会政策予以响应，并与家庭制度和经济制度相协调，以构建能满足社会成员需要的社会福利制度。

彭华民进一步提出以需要为本的组合式普惠型社会福利改革思路，认为必须采取多元主义视角，采取国家、市场、社区和家庭高度参与、共担风险的积极福利的社会需要满足策略；强调社会成员获得需要满足物的权利与提供需要满足物的责任的对等平衡，强调福利的接受与贡献的关系，强调社会资源分配与正义的共存，提倡建立一种权利和个人责任紧密联系

① Evers，A. &I. Svetlik（eds.）. Balancing Pluralism：New Welfare Mixeds in Care for the Elderly ［M］. A ldershot：Avebury，1993；Evers，A. Shift in the Welfare Mix：Introducing a New Approach for the Study of Transformation in Welfare and Social Policy ［M］// In Evars，A. &H. Wintersberger（eds.），Shifts in the Welfare Mix：Their Impact on Work，Social Services and Welfare Policies. Eurosocial，Vienna，1988.

② 〔日〕武川正吾．东北亚福利国家与福利社会关系的重构［M］//彭华民，〔日〕平野隆之主编．福利社会理论、制度和实践．中国社会科学出版社，2016：50-54.

③ 彭华民．福利三角：一个社会政策的分析范式［J］. 社会学研究，2006（4）：157-168；彭华民．论中国社会福利转型：迈向基于需要的组合式普惠［M］//彭华民，〔日〕平野隆之主编．福利社会理论、制度和实践．中国社会科学出版社，2016：23.

型的社会福利制度；建立积极福利制度，以创造就业机会代替救济性福利保障，为有能力工作的人提供工作机会，为无工作能力的人提供保障，减少传统福利救济的受益范围等。还有研究者指出，如果不能建构一个能够融合政府、社区、企业、家庭和个人资源的、制度型老年人福利服务体系，在经济市场化、人口老龄化、老龄人口高龄化和家庭小型化等多重压力下，家庭养老责任将变得难以承受。代际关系紧张、衰弱老年人生活质量的持续下降以及其他相伴随的社会问题将难以避免。①

（二）社会养老服务递送的内涵与外延

从服务递送视角研究社会养老服务，需要从多学科视角出发，但理论基石是公共管理学科理论。服务递送内涵主要关注三个方面：一是服务递送过程，相比政策制定，更关注政策实施，进一步说，就是聚焦政策实施中的流程管理；二是服务递送机制；三是服务递送效率。服务递送外延则应包括递送主体、递送内容、递送流程、递送体系等内容。

1. 服务递送过程研究

服务递送过程是社会养老服务中比较重要的环节，有研究者对此展开了相应的实证研究。朱浩将社会养老服务递送过程划分为四个环节、六大要素。② 社会养老服务的四个环节是指：服务生产、服务定价、渠道构建和服务接受；社会养老服务的六大要素是指：输入、输出、活动、关系、客户和价值。

从递送生产流程环节来看，作为递送主体之一的各种社会组织、营利性组织及参与养老服务的重要主体——社区，生产能力不足，特别表现为专业化能力不足，降低了服务递送的质量和效率。从递送服务定价环节来看，存在两个市场，即以政府购买方式为主、以特殊老年人为对象的“社会市场”和以市场购买方式为主、以普通老年人为对象的“经济市场”。③ 两个市场都存在不同程度的价格扭曲现象，在“社会市场”，消费者受

① 谢泽宪．中国城市社区老年福利服务体系转型［M］//彭华民，〔日〕平野隆之主编．福利社会理论、制度和实践．中国社会科学出版社，2016：263.

② 朱浩．城市社区养老服务递送机制研究：以杭州市为例［M］．北京：中央编译出版社，2017：60-68.

③ 朱浩．城市社区养老服务递送机制研究：以杭州市为例［M］．北京：中央编译出版社，2017：261.

到刺激过度使用；在“经济市场”，消费者受到价格因素抑制，发育不足。从递送渠道建构环节来看，信息网络平台已经成为养老服务递送的主流渠道和新机制，但在适应老年人不同生命周期需要，以及“线上线下一体化”方面存在不足，使得养老服务需求的便捷性、可获得性还需要进一步提升。从递送服务接受环节来看，服务接受者的满意度是流程管理的最终目标，但当前阶段老年人从市场购买的消费观并没有形成，对家庭养老服务、政府公共服务的依赖，也会弱化服务接受者的满意度评价意愿。

2. 服务递送机制分析

社会养老服务递送机制建构的驱动力主要来自社会服务民营化。社会福利服务供给问题已经成为西方各国学界和政府广泛讨论的主要议题之一。[①] 研究者将社会福利模式划分为机制模式和补缺模式两种，认为机制模式下高福利的瑞典、补缺模式下的美国，在应对人口老龄化过程中，都形成了较为成熟的老年福利递送机制，老年福利服务提供应走多元主体合作的社会化养老服务递送之路。[②] 西方国家和台湾地区近年来倾向于将服务供给的责任逐渐从公共部门向商业组织和第三部门转移，政府则专注于政策规划和财政支持，并通过合同外包和内部市场来提高服务效率和质量，[③] 例如美国面对家庭服务需求高但供给不足的问题，改革由州或地方政府组成的服务递送体系，建立由政府和外包机构（私人机构、独立机构）组成的新服务递送体系，将服务递送网络深入到社区。[④] 福利多元主义下，社会服务走向民营化，这是推动社会组织参与社会服务递送的主要驱动力。比如，撒切尔夫人就主张社会福利服务民营化，以压缩政府责任。她认为，要推动慈善团体、志愿服务团体等非正式部门服务的发展，扩大营利主义企业的活动范围，鼓励家庭主妇专业化，以照顾儿

① ESN. Social Services in Transition-towards a European Social Services Information System [Z]. (2018-06-07) [2019-10-01]. working paper from: http: //citeseerx. ist. psu. edu/viewdoc/download? doi=10. 1. 1. 462. 4570&rep=rep1&type=pdf, 2002.

② 夏艳玲．老年社会福利制度：补缺模式和机制模式的比较——以美国和瑞典为例［J］. 财经科学，2015（1）：125-127.

③ Daly M. and Lewis J. The Concept of Social Care and the Analysis of Contemporary Welfare States [J]. British Journal of Sociology, 2000 (51): 281-298.

④ 何欢．美国家庭政策的经验与启示［J］. 清华大学学报（哲学社会科学版）. 2013（1）：147-156.

童、老人或残障者。在 1980-1996 年的社会保障制度中，纯粹由国家和私人提供资金与服务的领域分别由 54%下降至 49%、25%上升到 30%，其余为合营性质。①

社会养老服务递送的民营化、市场化的动力又来自一个“四核驱动系统”。研究者在对瑞典、英国、澳大利亚等国养老服务市场化改革过程的分析中发现：这些国家通过“私有化”“个性化”“去机构化”和“非正式化”，推动市场化养老服务体系的建立，② 故称之为养老服务递送市场化的“四核驱动系统”。这个解释框架可以用来理解中国的社会养老服务体系及递送机制建构过程中存在的问题。比如：以养老券、高龄津贴为主的“个性化”支持工具补助力度较小，不足以支持老年人购买服务；“私有化”表现为政府购买服务的推广，但形式购买多，竞争性购买较少，机构养老中公办与民办的结构性矛盾突出；“去机构化”改革缺乏家庭照料者政策支持配合，社区居家养老的吸纳作用还不是很明显。因此，当前中国社会养老服务体系建设仍处于“私有化”一核驱动阶段，“个性化”“去机构化”“非正式化”政策工具的作用尚未完全发挥出来。

服务递送系统的机制和体制性环节如果出了问题，就会造成服务递送部门的分割性、服务提供的不连续性、各部门之间缺乏问责性以及服务的不可及性。③ 不同研究发现，筹资和质量控制这两个制度环节存在问题，是导致低水平服务供给的重要原因。④ 以社区服务递送和 NGO 递送服务为例，首先具体分析服务递送的筹资环节存在的问题。社区服务递送“权责不明、资源提供者多变”的问题长期存在，社区服务所需的资源保障无法满足。从服务递送主体 NGO 角度看，现有资助制度导致 NGO 永远处于获取资助状态，而不是服务状态。NGO 为了取得稳定的资助，机构选择了

① 撒切尔夫人的社会福利思想和政策评析［J］. 人大复印资料·社会保障制度 . 2013（5）：封底.

② 钟慧澜，章晓懿 . 从国家福利到混合福利：瑞典、英国、澳大利亚养老服务市场化改革道路选择及启示［J］. 经济体制改革，2016（5）：160-165.

③ N. Gilbert. Dimensions of Social Welfare Policy［M］. Allyn & Bacon，Inc.，2004.

④ 岳经纶，郭英慧 . 社会服务购买中政府与 NGO 关系研究——福利多元主义视角［J］. 东岳论丛，2013（7）：5-14；张欢，蔡永芳，胡静 . 社区服务创新的制度性障碍及体制挑战［J］. 四川大学学报（哲学社会科学版），2013（2）：103-111；唐芸霞 . 医疗服务递送机制中主体利益关系及扭曲矫正——基于政府职能的视角［J］. 当代财经，2012（7）：31-40.

“竞标前合作”行为策略，或不断的寻标、应标；NGO 的管理者逐渐成为获取捐赠及资助合同的专家，成为一个售货员、说客，甚至是一个气象预报员，他们持续监控各级政府社会服务优先权的政治方向。[①]

接着具体分析质量控制环节存在的问题。服务递送质量控制不足和过度控制的问题，本质上是政府职能缺位与越位的问题，在当前公共服务递送机制中同时存在。一方面，递送质量控制不足突出表现在社区服务递送场景中。在社区服务流程中，对服务递送主体的激励机制缺乏，服务积极性不高。另一方面，质量控制过度突出表现在 NGO 递送服务场景中。在建立在政府购买服务制度基础上的 NGO 递送服务流程中，政府由以前的对直接服务递送的管理转向对合同的管理，这个转变过程提出的问题对缺乏经验的购买者而言都是全新的挑战。为了成为一个“精明的买主”，政府倾向于加强对承接服务机构的直接文字汇报，以及合同指标的跟进。而机构应对的策略，首先是将专业社工与一般工作人员进行分工，前者负责“写”，后者负责“做”。在服务递送中，机构也倾向于以指标为导向，而不是以服务使用者的需要为本。最终 NGO 可能会因此丧失独立的组织身份及与政府机构相比更为灵活的运作优势，而变成千篇一律而冗长的官僚化流程。医疗服务递送质量控制也存在同样的问题。学者们已经达成共识，在医疗服务的递送方面，政府主要负有规划、监管、筹资与购买责任。[②]但在医疗服务递送过程中，政府职能缺位与越位并存。上述对社区养老服务、NGO 递送服务、医疗服务等场景服务递送机制问题的分析，对剖析社会养老服务递送机制有一定借鉴。

3. 服务递送主体分析

把社会养老服务当作一种社会福利，那么社会养老服务递送遵循的是公共服务递送的逻辑。美国公共政策学者萨拉蒙提出第三方管理理论，他在解释美国联邦政府提供具体的社会服务的时候，指出美国更多依靠非营利组织等第三部门实现政府公共服务职能的落实。中国基层政府职能繁多且庞杂，给政府“减负”的焦点就集中在公共服务和社会管理方面，依靠

---

① Kramer, R. M., Grossman, M. Contracting for Social Services: Process Management and Resource Dependencies [J]. Social Service Review, 1987 (61): 33-35.

② 唐芸霞. 医疗服务递送机制中主体利益关系及扭曲矫正——基于政府职能的视角 [J]. 当代财经, 2012 (7): 31-40.

第三方供给就是“减负”方式之一。中国现行制度下，非营利组织的建立多少离不开“经济实力”（企业支持）与“官方背景”（登记与业务主管单位）。由非营利组织等第三方提供社会养老公共服务，易获得官方信赖、民众认可，发挥政府与公民个人之间的纽带作用。[①] 非营利组织等第三方组织由此成为社会养老服务递送的重要主体之一。

公共服务递送的主体发生了从国家到私人的逻辑转变，其背后的动力可能来自基本社会福利标准的设立以及公共服务的民营化、市场化。从社会福利生产角度看，社会福利是一个社区及其对于成员关心的基本社会标准的表达，这在不同的文化及社会中可能具有普遍性。[②] 由设立基本社会福利标准的想法引出的问题之一是融资问题即税收问题……主要承诺保持基本的福利标准，每个国家都可能自由地选择最好的与目标最适合的方法。这样就可以从国家直接提供福利和服务到由国家管理下的私人供给。[③] 随着公共服务递送主体私人化，公共服务开始走向民营化和市场化，英国率先，到 20 世纪 80 年代，几乎 OECD 所有成员国都推行公共服务民营化政策。[④]

4. 服务递送类型分析

公共服务递送主体的多元化，带来了服务递送价值取向的差异和不同的责任定位。根据公共服务递送主体的不同，研究者发现了三种服务递送取向，即：以政府为主导、自上而下、以福利功能为取向；以市场为主导、自下而上、以增长至上为取向；以社区为主导、多向互动、以伙伴关系为取向。[⑤] 还有研究者提出，社会养老服务的类型化结构特点，决定了递送机制的类型化（见表 2-3）。[⑥] 国家、市场、家庭形成社会养老服务递

① 杨天威．浅析非营利性公益组织与基层政府职能转变——以中益老龄事业发展中心为例［J］．社会科学前沿，2017（6）：659-666.

② Doyal，L. and Gough，I. A Theory of Human Need［M］. London：Macmillan，1991：223.

③ 〔加〕R. 米什拉著，郑秉文译．社会政策与福利政策［M］．北京：中国劳动社会保障出版社，2007：118.

④ 梅锦萍，杨光飞．从公共服务民营化到政府购买公共服务——基于公共性视角的考察［J］．江苏社会科学，2016（4）：140-148.

⑤ 唐德龙．资源依赖、合作治理与公共服务递送——以深圳市阳光家庭综合服务中心项目运作为例［J］．华东理工大学学报（社会科学版），2014（3）：88-97.

⑥ 侯慧丽．社会养老服务类型化特征与福利提供者的责任定位［J］．中国人口科学，2018（5）：83-93.

送三角。对于基本需求类社会养老服务，应由国家和政府承担起普惠性公共服务责任；对于情感性需求类社会养老服务，应支持和鼓励家庭成员来完成；对个性化需求类社会养老服务，应培育和激励社会力量运用市场化方式来提供。

表 2-3 社会养老服务的类型与社会养老服务递送的类型

社会养老服务类型	社会养老服务具体内容	社会养老服务递送类型
基本需求类社会养老服务	上门看病、法律援助和老年服务热线等	福利型递送
情感需求类社会养老服务	上门探访等	家庭型递送
个性化社会养老服务	上门做家务及老年饭桌服务等	市场型递送

资料来源：作者整理绘制。

5. 服务递送体系分析

在新公共管理的福利契约化背景下，社会养老服务递送的逻辑逐渐从管理转向网络，服务递送体系由此走向网络化。近半个世纪以来，西方国家在社会政策运行层面呈现多维度混合福利的特点，国家的角色从传统的福利“提供者”向“规制者”和“审计者”转变。① 1996 年，美国改革了福利制度，福利支出权下放到各州，福利部门和机构享有更多自主权。由此，导致美国的社会服务递送从管理逻辑向网络逻辑转变；社会服务项目更强调产出和效果，对机构服务质量的监督、管理和要求成为普遍趋势，工作者提供服务的能力和服务效果受到更多重视。社会公共服务递送的网络逻辑更强调提供服务的社会组织之间在服务递送上的连接及服务整合，强调组织围绕特定社会服务领域的网络合作。② 人们也越来越认识到，政策结果取决于政策实施过程中组织网络的连接、互动及合作关系。③ 战后西方国家社会服务的模式强调整合地方资源，特别是社区层面进行组织网络化合作，实现服务连接与发送的社会服务整合。④

① 〔英〕马丁·鲍威尔编，钟晓慧译．理解福利混合经济［M］．北京：北京大学出版社，2010.

② 邓锁．社会服务递送的网络逻辑与组织实践［J］．社会科学，2014（6）：84-92.

③ Rhodes R. A. The New Governance: Governing Without Government［J］. Political Studies, 1996（44）：652-667.

④ 姚俊．“多支柱”社会养老服务政策的理念与设计研究——基于服务递送的视角［J］．现代经济探讨，2015（7）：51.

社会养老服务递送组织间形成网络化合作关系。在大多数欧美发达国家，私营企业、非营利组织和政府部门，尤其是地方政府机构组成各类跨组织的合作网络，并广泛参与政策执行和向社会提供公共服务的治理过程中。组织间合作网络概念源自 20 世纪 80 年代新制度主义理论在社会学和组织行为学中的应用和发展，① 是西方国家传统政府组织机构在新公共管理运动中转型的结果，② 有助于政府机构应对日趋扩大和复杂化的公共服务职能。在公共服务参与主体的合作治理框架下，社会养老服务递送体系走向网络化，实现了服务递送系统的整体性、一致性和连贯性，进而有助于提高服务供给的高品质、高效率和高获得性。与政府和市场独占服务供给模式相比较，网络化的社会公共服务体系建构了一个合作治理框架，各参与主体达成伙伴关系，各主体拥有的资源通过双向或多向流动，缓解自身资源的脆弱，从而在合作递送服务时，资源能得到优化配置，实现公共服务的递送可持续发展。③

在跨组织合作网络的理论框架下，社会养老服务递送组织形成三种合作关系，实现四类合作网络功能。美国学者 Richard Feiock 和 John Scholz 提出机构集体行动框架（Institutional Collective Action Framework），④ 关注合作关系的复杂性以及合作关系如何产生，分析在日趋碎片化的政府体系中，有效集体行动的困境。这种理论框架将组织间的合作关系分为三类：一是嵌入型关系（Embeddedness），此类合作关系多为自发的；二是合约关系（Contracts），政策网络中的不同机构组织通过合约的形式来促进合作和集体行动；三是授权关系（Delegated Authority），在此类情境中，地方政府或更高一级的政府机构通常通过统一计划和集权的模式来统一协调政

① Isett K，Mergeli，Lerouxk，Michenp，Rethemeyer R. Networks in Public Administration Scholarship：Understanding Where We Are and Where We Need to Go［J］. Journal of Public Administration Research and Theory，2011（21）：i157-i173.

② O’Toole L. J. R. Treating Networks Seriously：Practical and Research-based Agenda in Public Administration［J］. Public Administration Review，1997，57（1）：45-52.

③ 唐德龙．资源依赖、合作治理与公共服务递送——以深圳市阳光家庭综合服务中心项目运作为例［J］. 华东理工大学学报（社会科学版），2014（3）：88-97.

④ Feiock R. Metropolitan Governance and Institutional Collective Action［J］. Urban Affairs Review，2009，44（3）：356-377；Feiock R. The Institutional Collective Action Framework［J］. Policy Studies Journal，2013，41（3）：397-424；Feiock，Scholz J. Self-organizing Federalism：Collective Mechanisms to MitigatingInstitutional Collective Action Dilemmas［M］. New York，NY：Cambridge University Press，2010：3-32.

策网络中不同组织的集体行动。这种理论框架提出政策网络能否促进合作和实现有效的政策执行，取决于政策网络的交易成本以及合作的难度。[①] Agranoff 和 McGuire 以及 McMuire 还将合作网络功能划分为四类：一是信息网络（Information Networks），在合作管理的过程中提供整个网络内与公共政策和公共服务相关的信息共享；二是发展网络（Devlopment Networks），侧重为网络成员提供关于执行政策和公共服务的专业知识和相关培训；三是外联网络（Outreach Networks），促进组织成员与公众之间的互动；四是执行网络（Action Networks），负责执行政策决定以及提供公共服务。[②] 学者们发现合作网络有利于促进公司部门的合作从而提高效率，降低政府成本；积极参与合作网络的组织比孤立的组织往往能获得更多外部资源，如财政拨款或其他财政资源、人力资源，有较为明显的信息传播效应，扩散和传播新知识、新服务模式。

四　社会养老服务递送研究的分析框架

根据福利多元主义理论，在社会养老服务中，服务供给与递送的主体主要有四类：国家、市场、家庭和志愿组织。在福利三角范式下，研究者们提出了社会养老服务递送机制的四种类型：社会化递送机制、市场化递送机制、福利化递送机制和混合递送机制。面对日益扩张的社会化养老需求，养老服务供给方式的实践发展路径是针对不同类型的服务需求建立不同类型的服务递送机制。上述养老服务递送模式是一种横向思维分类模式，有助于全面把握不同养老服务递送模式成立的条件。但这种分类方式在实际运用中，没能做到有机融合，服务递送资源碎片化、分散化，甚至有的场景下会互相牵制。由此，社会养老服务领域供需不平衡、不匹配的问题依然十分突出。

还有研究者从社会治理视角，分析了我国养老模式变迁的过程，归纳

---

① 朱凌．合作网络与绩效管理：公共管理实证研究中的应用及理论展望［J］．公共管理与政策评论，2019（1）：3-19.

② Agranoff R，McGuire M. Collaborative Public Management：New Strategies for Local Governments［M］. Washington，DC：Georgetown University Press，2003：43-46；McGuire M. Collaborative Public Management：Assessing What We Know and How We Know About It［J］. Public Administration Review，2006，66（Special Issue）：33-43.

出养老模式的不同类型。[①] 不同的养老模式变化对应不同的需求结构和供给方式；不同养老模式还对应不同社会结构变迁和政府职能转变下的社会治理情境，需要不同的机制去整合政府与社会掌握的养老资源。家庭养老模式对应传统威权治理情境，以道德整合机制分配养老资源，是农业社会最主要的养老模式。国家养老模式对应行政整合治理情境，新中国成立后，国家承担了个体养老的全部责任，以单位整合机制分配养老资源，形成以国家保障为主导的养老模式。养老保险模式对应契约整合治理情境，改革开放后，以制度整合机制分配养老资源，逐步建立完善社会养老保险制度，形成了与市场经济相匹配的社会化养老模式。社区养老模式对应治理现代化情境，十八届三中全会提出“推进国家治理体系和治理能力现代化”的全面深化改革总目标后，开始探索以制度整合机制分配养老资源，建立既能发挥政府统领作用，又能发挥群众的主体性及社会协同性作用的社区养老模式。上述养老模式分类有助于从逻辑角度把握我国养老方式变迁的政治经济社会发展大背景，是一种纵向分类思维模式。但对在老龄化社会深入发展过程中社会政策和制度设计如何更好适应社会需求变化，仍需更为细致的分析思考。

作者基于自己 2013 年至今在社会养老服务领域的深度沉浸式田野调查经验和个案研究发现，提出社会养老服务递送双核心分析框架。[②] 这一双核心分析框架，放弃了已有的研究框架中以服务需求类型为导向来思考服务递送机制的路径。以服务需求主体居住地点的不同为导向，提出机构养老服务递送模式和居家社区养老服务递送模式，这两种服务递送模式遵循着完全不同的运作逻辑。再以社会养老服务递送的双核心结构为起点，分析这两种不同的递送模式的理论内涵、在实践中的不同表现及其社会政策意涵（见表 2-4）。

---

① 付舒，韦兵．合理存在与认同危机：社区养老模式发展困境及出路［M］．社会科学战线，2018（7）：241-247．

② 密歇根大学斯科特·佩奇教授提出多模型思维方式，这是一种能够根据环境，抛弃固有经验，切换思考模型的能力。受到多模型思维概念启发，作者认为在对社会养老服务递送机制进行理论概括时，应树立多模型结构思考路径。参见：〔美〕斯科特·佩奇著，贾拥民译．多样性红利：工作与生活中最有价值的认知工具［M］．杭州：浙江教育出版社，2018．

表 2-4　社会养老服务递送双核心分析框架

	机构养老服务递送模式	居家社区养老服务递送模式
功能定位	养老安全预期	更高生活质量追求
建设任务	服务体系完善	服务体系创新
价值导向	福利价值	市场价值
社会组织的作用	辅助性递送主体，新型专业力量，作用不可或缺	主要递送主体，满足个性化服务需求
政府职责	重要责任人。基础设施建设；机构运营和专业人才培养；服务质量监管	辅助支持人。基础设施建设；以购买服务、服务补贴等手段引导市场主体成长；服务供需信息平台建设；市场主体信用管理
社会政策意涵	1. 服务价格福利化； 2. 政府对机构稳定发展承担支持责任，履行全面监管职责； 3. 以鼓励和支持养老机构提供居家社区养老服务，作为提升养老机构服务质量的激励手段	1. 服务价格及服务环节主要由市场调控； 2. 政府承担居家社区养老服务市场培育责任，履行维护公平有序市场环境职责； 3. 引导居家社区养老服务市场主体发挥主导作用和组织功能，整合国家、社会和家庭提供的服务资源

资料来源：作者整理绘制。

第三章

中国特色的社会养老服务递送实践探索

养老问题的中国特色是什么？中国特色的人口老龄化，是思考这个问题的逻辑起点。中国特色的养老资源，是思考这个问题的主线。如何发展中国特色的养老产业，是现在和未来都要面对的实践与理论问题。本研究试图通过广泛的文献阅读、聚焦的实证调查和个案研究、多元的数据分析，对上述问题提出自己的思考、分析和解答。

一　中国特色的人口老龄化是探索中国特色社会养老服务递送道路的前提

人口老龄化是人类经济社会发展的必然趋势，人口老龄化不必然带来老龄问题，但如果应对不当，就会影响经济健康运行、社会良性发展。老龄问题的核心是养老问题。中国社会养老困境日趋明显，了解中国特色的人口老龄化结构是思考应对中国社会养老困境的前提。中国特色的人口老龄化有如下五个特点。

（一）未富先老，绝对规模大

中国“未富先老”特征表现在两个方面。一是与发达国家比，中国未富先老。人口老龄化取决于社会经济发展水平，但中国在经济发展尚处于世界中下水平的时候，老龄化程度已经提前进入发达国家行列。[①] 法国在1866 年 65 岁及以上人口比重达到 7%，成为世界上第一个进入老龄化社会的国家。1940 年以前，世界上 10 个老龄化国家全都在欧洲，包括法国、挪威、瑞典、英国、德国、奥地利、瑞士、丹麦、意大利、荷兰，[②] 它们都是发达国家。20 世纪下半叶，这些国家的老龄化程度进一步加快。至今为止的全球人口老龄化浪潮中，发达国家人口老龄化情况最严重。1999 年，中国 60 岁及以上老年人口比重达到 10.3%，从此进入老龄化社会。但此时中国人均国民生产总值仅 856 美元，刚迈过世界银行定的 745 美元低收入门槛。到 2018 年底，中国人均国内生产总值达到 64644 元，[③] 折合 9628 美元，虽迈入中上收入国家行列，但仍不是经济强国。二是与东部沿海发达地区比，中西部地区未富已老。中国的人口老龄化呈现从东部沿海地区向中西部地区扩散的趋势。

中国老龄人口绝对规模大。据国家统计局公布数据，截至 2018 年末，60 岁及以上人口为 24949 万人，占 17.9%，其中，65 岁及以上人口为 16658 万人，占 11.9%，人口老龄化程度继续加深。[④] 另据预测，中国将是 21 世纪上半叶世界上老年人口最多的国家，占世界老年人口总量的 1/5，21 世纪下半叶，中国老龄人口规模仅次于印度。[⑤]

未富先老，绝对规模巨大的老龄人口将对社会养老带来严峻挑战。据预测，2030-2050 年间，中国人口总抚养比和老年人口抚养比将分别达到 60%-70%和 40%-50%，[⑥] 届时中国人口老龄化形势最为严峻，社会赡养老年人负担加重。未富先老意味着全社会可供分配的养老金，面临人多钱少问题。社保养老金不足，如何发展社会养

---

① 杨菊华，谢永飞编著 . 人口社会学［M］. 北京：中国人民大学出版社，2015：172.

② 刘长茂主编 . 人口结构学［M］. 北京：中国人口出版社，1991：37-38.

③ 国家统计局 . 2018 年国民经济和社会发展统计公报［EB/OL］.（2019-2-28）［2019-3-25］. http：//www. stats. gov. cn/tjsj/zxfb/201902/t20190228_1651265. html.

④ 国家统计局：老龄化程度加深 劳动年龄人口数量连降 7 年［EB/OL］.（2019-1-24）［2019-03-25］. http：//www. cncaprc. gov. cn/contents/2/188549. html.

⑤ 彭希哲主编 . 六十年：人口与人口学［M］. 上海：上海人民出版社，2009：139.

⑥ 全国老龄工作委员会办公室 . 中国人口老龄化发展趋势预测研究报告［EB/OL］.（2007-12-17）［2019-10-01］. http：//www. cncaprc. gov. cn/contents/16/11224. html.

老?[①] 日趋严重的社会养老金不足问题又将如何应对?

(二) 速度快,持续时间长

65 岁及以上老龄人口比重从 7%增长到 14%,即从“老龄化社会”过渡到“老龄社会”,西方发达国家平均花了 100 年左右,[②] 其中法国 130 年,瑞典 85 年,澳大利亚和美国 79 年。[③] 相比而言,中国预计到 2025 年前后 65 岁及以上人口比例将达到 14%,[④] 2037 年将达到 19.9%,几乎是“跑步式”从“老龄化社会”到“老龄社会”,再到“高龄”社会。中国的老龄化除了速度快,还有阶段性,老龄化过程持续半个多世纪。有人口研究学者将中国人口老龄化划分为五个阶段:2000-2005 年为人口老龄化起步发展阶段,这一阶段 60 岁及以上老年人口年均增长 254 万人;2006-2021 年为人口老龄化加快发展阶段,这 15 年间 60 岁及以上老年人口年均增长约 623 万人;2022-2034 年为人口老龄化高速发展阶段,这 12 年间 60 岁及以上老年人口年均增长约 1048 万人;2035-2042 年为人口老龄化缓慢发展阶段,这 7 年间 60 岁及以上老年人口年均增长约 174 万人;2043-2050 年为人口老龄化新一轮快速发展阶段,这 7 年间 60 岁及以上老年人口年均增长约 572 万人。[⑤] 中国人口老龄化的阶段性是人口增长队列效应的表现,是 1940-1990 年出生人口在 60 年、65 年以后的一个变化结果。早在 2007 年全国老龄工作委员会就得出结论,认为 21 世纪中国的人口老龄化将是一个不可逆转的必然趋势。

快速、持续的老龄化,给中国应对老龄社会问题带来的挑战是:人口老龄化准备的窗口期短,持续应对时间长。应对老龄化挑战,既有紧迫

---

① 2017 年 11 月 18 日,国务院正式对外公布《划转部分国有资本充实社保基金实施方案》,为划转部分国有资本充实社保基金设定了具体路线图和时间表。“划转国有资本充实社保基金”在十八届三中全会就有明确要求,2015 年中央企业的划转量已达 2563 亿元。通过国有股权的减持政策,从 2000 年到现在,这一部分钱占社保基金财政性收入的 35%。该方案在确保养老保险制度持续健康运行的同时,更大的意义在于避免将基金缺口,以增加税收、提高在职人员养老金缴费率等方式,转移给下一代人。

② 魏华林,金坚强. 养老大趋势 [M]. 北京:中信出版社,2014:7.

③ 杨菊华,谢永飞编著. 人口社会学 [M]. 北京:中国人民大学出版社,2015:172.

④ 李本公. 中国人口老龄化发展趋势百年预测(中方案)[M]. 北京:华龄出版社,2007.

⑤ 穆光宗. 银发中国:从全面二孩到成功老龄化 [M]. 北京:中国民主法制出版社,2016:36-37.

性，又要做好长期应对准备。

（三）老龄化程度城乡倒置

城乡倒置的老龄化主要表现为，农村人口的老龄化速度和程度均高于城市。2000 年人口普查资料显示，农村 60 岁以上人口比重 10.92%，比城市高出 1.24%。据预测，城乡老龄化人口比重差距将持续拉大。农村 65 岁以上人口比重将从 2010 年的 9.75%（城市为 7.4%）增长到 2040 年的 24.64%（城市为 21.06%），城乡老龄人口比重差距从 2010 年的 2.35%扩大到 3.58%，至此之后，城乡老龄人口比重差距才开始缩小。[①]

城乡倒置的老龄化，给应对老龄化社会问题带来的挑战是：进一步放大未富先老带来的经济社会发展矛盾；同时，农村社会养老出现马太效应，即越是需要养老资源的农村，越缺乏社会养老资源。农村社会养老成为社会养老短板中的短板。

（四）老龄化区域非均衡发展

同老龄化城乡倒置现象一样，区域非均衡发展的老龄化也属于老龄化不均衡发展问题，具体表现为：老龄化程度东西部不同，具有明显的由东向西的区域梯度特征。1979 年上海最早步入老龄化社会行列，2000 年中国 60 岁以上老年人口比重达到 10%，2012 年宁夏也进入老龄化社会，成为老龄化最迟的地区，上海与宁夏步入老龄化社会的时间跨度长达 33 年。

非均衡发展的老龄化，给应对老龄化社会问题带来的挑战是：老龄化社会问题的地域化特征突出，应对策略复杂性大大增加，相应的公共政策对策思路要兼顾地方特点，执行上也不适于一刀切。同时，不均衡老龄化也为后进入老龄化社会的地区，提供学习先进入老龄化社会地区的政策和实践经验的机会，提高后进入老龄化社会地区的应对水平。

（五）高龄老龄化、空巢（包括失独）老龄化

中国老龄化还有高龄化、空巢化特征。根据国家卫计委发布的《中国家庭发展报告（2015 年）》，中国家庭中核心家庭占六成以上，且以 2 人、

---

① 李本公．中国人口老龄化发展趋势百年预测（中方案）［M］．北京：华龄出版社，2007.

3 人的小型家庭为主体。空巢老人占老年人口总数的一半，其中独居老人又占老年人总数的近 10%。预计到 2030 年，空巢老人家庭比例将达到 90%，将近 2 亿的空巢老人。这其中，还有一个十分特殊的空巢老人家庭群体——失独老人家庭。2010 年中国独生子女总量约为 1.5 亿人，预计 2050 年将达到 3.1 亿人。据《2010 年中国卫生统计年鉴》统计，中国每年新增 7.6 万个失独家庭，目前失独家庭总数已经超过百万个。据推算，1975-2000 年出生的 2.18 亿独生子女中，有超过 1000 万会在 25 岁前死亡，这意味着将有 2000 万位父亲和母亲不仅将孤独终老，还要承受巨大的心理创伤和养老压力。高龄化也是中国老龄化显著特征之一，中国 80 岁以上高龄老人规模居世界之首，且呈明显上升趋势。据联合国预测，80 岁以上高龄老人占 65 岁以上老人总数比重将从 2010 年的 16.36%持续上升到 2050 年的 29.61%，规模从 1800 万增加到 9800 万。① 高龄老人失能失智风险要高于低龄和中龄老人。据中国老龄科学研究中心《全国城乡失能老年人状况研究》数据，2010 年末全国城乡部分失能和完全失能老年人约 3300 万人，占总体老年人口的 19%。②

高龄化、空巢化的老龄化，给应对老龄化社会问题带来的挑战是：老年群体的养老服务是绝对刚需且复杂，政府和社会都要对此给出及时、系统的应对措施。

此外，中国独特的政治体制、文化传统、家庭观念、人口经济大国等是我们在应对人口老龄化挑战时也必须关注的特征。中国特色老龄社会问题的应对思路应建立在深刻理解上述特征的背景下展开。中国特色老龄社会问题的核心和首要问题是老年人的生活照料。中国特色的老年人生活照料方式正处于由传统社会以家庭操持为主向家庭社会相结合的方式转变。在已经初步形成的社会养老服务体系中，生活照料服务主要以社区居家养老的方式提供。因此，中国特色社区居家养老服务体系建设，对于大多数老年人日常生活中养老服务需求的有效满足具有重要的现实意义。如何提高社区居家养老服务的供给能力和供给水平，又是当前阶段社会养老服务体系建设的一个重点问题。

---

① 魏华林，金坚强．养老大趋势［M］．北京：中信出版社，2014：18.

② 唐钧．中国有多少失能老人［J］．中国社会保障，2016（12）：38-40.

二 开发中国特色的养老资源是探索中国特色社会养老服务递送道路的方向

中国特色的老龄化同时对社会养老保障制度、医疗保障制度和服务保障体系带来影响和挑战。彭希哲教授指出，中国特殊的政治体制、文化传统、家庭观念、人口经济大国等，是我们在应对人口老龄化挑战时必须关注的特征。[①] 下面从家庭与孝道文化、中国特殊的政治体制、互联网+经济、中医中药四个方面，论述养老服务保障体系建设可以开发运用的中国特色养老资源。

（一）家庭与孝道文化涵养的养老资源

家庭千百年来一直是中国人最重要的养老资源，传统孝道文化对家庭养老方式的延续发挥约束和规范作用。对于中国老人来说，即使是在社会化养老方式开始普及之后，“花儿女的钱”和“花国家的钱”依然有着截然不同的含义，而通过家庭获得情感和心理上的满足更是任何专业的社会服务都无法取代的。有研究者深刻地指出，家庭始终是中国社会的中坚力量，中国家庭对代际责任和代际公平的诉求会在消化吸收社会转型成本的同时保持社会稳定，这将为我们应对老龄社会提供独特的优势和资源。[②] 以孝道为核心的传统文化因素是家庭能在养老中起到重要作用的文化密码。尊老、敬老、养老是我国优秀的传统文化，对人们的行为方式有着重要的约束和规范作用，是解决养老问题的思想基础。[③] 传统养老文化以“孝”为核心，尊重老年人的社会地位，提倡崇老敬老，主张物质与精神养老的统一。[④]

随着中国老龄化社会发展，家庭越来越难以承载传统的养老功能，甚至存在家庭养老“照护枯竭”的风险。随着现代社会家庭结构的变化，女

---

① 彭希哲．应对人口老龄化要有中国思考［J］．中国社会工作，2018（3）：27.

② 胡湛，彭希哲．应对中国人口老龄化的治理选择［J］．中国社会科学，2018（12）：134-156.

③ 李振纲，吕红平．中国的尊老敬老文化与养老［J］．人口学刊，2009（5）：27-31.

④ 袁景．传统养老文化视角下中国特色养老体系构建研究［J］．广西社会科学，2016（10）：159-161.

性参加社会劳动的比例提升以及人均寿命的提高，以及人口及计划生育政策的巨大影响，[①] 家庭养老负担显著增加的同时，家庭的养老功能日益削弱，中国自古以来建立起的以孝为核心的家庭伦理随之受到剧烈冲击。再加上我国现有的家庭政策及项目存有诸多缺陷，大体上呈现“去家庭化”与“再家庭化”相博弈的矛盾特征，不利于家庭在应对老龄化中发挥作用。[②] 如果外部支持不能有效介入老人家庭照护，将有可能面对“照护枯竭”的风险。[③]

应以现代社会价值为导向，在汲取传统孝道文化精髓的基础上，扬弃创新传统孝道文化，积极修复和增强破损的家庭养老功能。首先，现代社会养老责任主体是一个多系统结构。工业化是西方产生福利国家的背后推动力，日本和韩国这类东亚国家的福利制度变迁动力则不然，以老龄化为核心特征的人口因素被认为是重要因素，在这一背景中，国家与家庭的责任调整居于核心位置。无论是日本还是韩国，家庭不再是老年人照顾的唯一主体，国家、市场与社会开始逐步登上舞台；家庭也不再仅是责任主体，也是权利主体，是社会政策予以支持的对象。[④] 但对家庭的责任承担的鼓励仍是东亚福利意识形态中的重要组成部分。“社会福利不可逆”规律也是持续维护、增强家庭养老功能的另一个理由，要在大力发展社会养老中探索中国特色的“寻家之路”。[⑤] 因此，接下来需要做的是明确各养老主体责任边界，扩展或延续家庭养老功能，在政府、市场、社区等与家庭合作的框架下，整体统筹这些不同社会系统的作用。[⑥] 至于如何发挥和整

---

① 陈社英．人口老化与社会政策：中国人的“家”与养老研究［J］．人口与社会，2017（1）：63-72.

② 胡湛，彭希哲．应对中国人口老龄化的治理选择［J］．中国社会科学，2018（12）：134-156.

③ 罗小茜，周艳，宋敏敏等．老老照护的研究现状及其干预对策［J］．护理学杂志，2015（9）：110-112.

④ 楼苏萍，王佃利．老龄化背景下东亚家庭主义的变迁——以日韩老年人福利政策为例［J］．公共行政评论，2016（4）：88-103.

⑤ “社会福利不可逆”是指针对这一代的养老问题所制定的特别强调社会养老及国家责任的政策思路，在将来因为过时而造成政府负担过重，陷入福利国家曾经跌入的陷阱而不得不再来一次“后福利国家”的变革。参见：陈社英．人口老化与社会政策：中国人的“家”与养老研究［J］．人口与社会，2017（1）：63-72.

⑥ 胡湛，彭希哲．应对中国人口老龄化的治理选择［J］．中国社会科学，2018（12）：134-156.

合不同养老系统的作用，更需要不断地实践探索与理论总结。

其次，将传统孝道文化的合理成分融入现代社会道德价值体系中。传统孝道文化在现代社会不可避免会遭遇认知与行为的矛盾与冲突。以机构养老方式为例，作为家庭养老之外的一种新的养老方式，它生动体现了人们的孝道认知与孝道文化心理的变迁过程。虽然人们养老的行为方式改变了，但是深层次的养老观念层面，传统的孝道仍然在控制和影响着人们的具体行为和感受。有关机构养老的实证研究表明：住进养老机构的父母，首先会对什么是孝的行为进行调整和重新归纳，否认住进养老院是子女不孝这一观点。父母在养老机构生活的子女，则存在明显的矛盾心理，一方面认为自己没有回报父母的养育，另一方面恐惧外部舆论力量。[①] 但不管是父母还是子女，都在努力建构与传统孝道不同的新的认知。因此，作者提出，无论是家庭层面还是国家层面，养老的前提都是孝老和敬老，“孝道”的心理基础都是“善待父母”，“孝道”的行为表现可以不同。家庭道德和文化建设是激活家庭细胞，提高养老、孝老、敬老水平的重要路径。[②] 2012 年，全国妇联老龄工作协调办、全国老龄办等机构发布了《“新二十四孝”行动标准》，也是一个在新的历史条件下传承孝道文化、增强家庭养老功能的积极尝试。“新二十四孝”，在内容和形式上都和传统“二十四孝”不同，增加了反映现代健康观念和家庭伦理的“定期带父母做体检”“和父母一起锻炼身体”等条款。[③] 2017 年，在《国务院关于印发“十三五”国家老龄事业发展和养老体系建设规划的通知》中，提出通过国家的力量，弘扬敬老养老助老社会风尚，“将敬老养老助老纳入社会公德、职业道德、家庭美德、个人品德建设，纳入文明城市、文明村镇、文明单位、文明校园、文明家庭考评”。

最后，不断提升老年群体自我养老水平，鼓励社会化互助养老，缓解家庭养老功能弱化与社会养老供给不足带来的压力。作者认为，现代社会中的自我养老模式、社会化互助养老模式，都是以家庭为主要生活场景，

① 风笑天，江臻．机构养老与孝道：南京养老机构调查的初步分析［J］．哈尔滨工业大学学报（社会科学版），2014（5）：45-51.

② 王胜今，舒莉．积极应对我国人口老龄化的战略思考［M］．吉林大学社会科学学报，2018（6）：5-15.

③ 潘大为．“二十四孝”中的病人、家庭与医生—— 一个患病相关行为的医学社会学考察［J］．开放时代，2015（1）：109-117.

应是家庭养老模式的延伸。庞书勤等人在对福建省老年群体的实证研究中发现，居家养老老年人幸福度与居住状况、子女数相关，来自家庭成员的情感支持对居家养老生活质量有很大影响，大多老年临终患者会选择居家临终，家属是患者最重要的社会支持系统；[①] 城市老人养老行为的特点是自我养老，福建地区老年人自我养老能力属于中上水平，居家高龄老人的生活自理能力也高于全国平均水平，[②] 应通过提高自我养老能力，发展和推行自我养老模式；通过发展社会化互助养老，使其成为居家养老的重要补充。[③]

平均一周一次看望老人的子女有30%，半个月一次的有20%，剩下的都是20天以上才来看一次。根据我多年的经验，入住ZL的老人与子女的互动算是偏高的。一个是子女在外地，忙，甚至在国外的，没有时间过来。我们给每个老人都建了一个家属群，老人有什么事，每天的动态、照片和视频，家属都知道。也有四分之一的老人自己有手机，跟子女互动比较方便。鼓励老人和子女互动是我们提高服务质量的一种重要方式，效果也很明显。（深度访谈001-20190624-SD）

（在养护院管理上，实行）病房家庭化。XLF养护院病房严格按照医疗病房标准配置和管理，如配备医疗设备带（氧气、负压）、医疗护理床、抢救设备、呼叫铃等，并按照医院院感要求进行病房消毒、垃圾分类、衣物洗涤等。在此基础上，我院还加上家庭韵味的配套，比如中国结、生活照、老人习惯使用的生活用品、根据老人信仰

---

① 陈芳，庞书勤等．321名居家养老老人幸福度及影响因素分析［J］．护理学报，2017（8）：59-62；王宝莲，庞书勤等．老年临终患者家属照护需求的执行研究［J］．解放军护理杂志，2016（33）：11-15.

② 郑丽秀，庞书勤等．居家高龄老人自理能力及照护需求的调查［J］．护理管理杂志，2016（7）：476-478.

③ 梅阳阳，庞书勤．老年人自我养老能力测评指标体系的建立［J］．中国全科医学杂志，2019（11）：1346-1350；庞书勤，梅阳阳等．老年人自我养老能力问卷的编制与信效度检验［J］．护理学杂志，2018（7）：4-8；梅阳阳，庞书勤．青年人养老志愿服务认知与服务时间意愿的调查分析［J］．护理学报，2016（6）：1-4；吴异兰，王晗，梅阳阳，庞书勤．福建地区老年人自我养老能力及其影响因素调查分析［J］．临床护理，2017（3）：222-225.

悬挂的毛主席像、耶稣像等。同时，我们还在门口贴对联，墙上允许贴家庭照片，整个病房更温馨、更有家的味道。许多老人说，这里很舒服，我哪里也不去了，这就是我最后的家！（深度访谈 011-20190818-CZ）

还是有很多老人选择让子女赡养。很多人因为经济的压力，因为家庭架构的变化，不愿意把经济分摊到养老身上。老人（机构）养老的观念还没有建立……令我印象深刻的事情，就是子女对父母的态度是两个极端，孝顺的非常孝顺，天天过来看，不孝顺的子女，一年到头看不到人，老人送医情况下，都不愿意承担照顾，拒绝医治。这几年，志愿者团队、义工，愿意走进养老机构，关心老人，跟老人互动。跟高校、中小学做共建，各种形式越来越多的人愿意参与到老人照顾中来。所以，养老观念从小就应该建立。（深度访谈 010-20190816-ZYH）

（二）人口大国背景下的制度优势产生的养老资源

中国是一个人口大国，经济社会发展不平衡这是基本国情。新时代中国特色社会主义制度，逐渐产生积极应对人口老龄化问题的制度优势。中国有集体主义思想传统，实行社会主义民主集中制，这是集体主义思想在政治学说角度的体现。[①] 习近平总书记在个人利益和集体利益关系方面，提出人民利益第一位的观点，让人民有“获得感”；在集体主义的表现形式方面，提出党的团结和统一的重要性，强调民主和集中、集体领导和个人负责的统一。[②] 新时代中国特色社会主义制度在推动积极应对人口老龄化事业方面具有独特优势和魅力。[③] 下面以中国养老保障制度的变迁为例来说明。胡湛、彭希哲认为，中国有强大而稳定的政府，其组织能力和资

① 集体主义与个体主体相对，可以从道德原则、哲学思想、财产制度思想、政治学说四个角度理解。传统家庭养老观念可视为是中国人集体主义传统的表现。参见：罗国杰．罗国杰文集（第 2 卷）[M]．保定：河北大学出版社，2000：58-59.

② 冯国芳，陈婧．论习近平系列重要讲话的集体主义思想［J］．邓小平研究，2017（1）．113-119.

③ 原新．积极应对人口老龄化是新时代的国家战略［J］．人口研究，2018（3）：3-8.

源配置能力使其在应对养老金等复杂议题时具备较大的灵活性和创新可能性。[①] 2014 年城乡养老保险制度“并轨”。2018 年 5 月，商业保险公司承办的个人税收递延型商业养老保险试点在上海市、福建省和苏州工业园区等地实施。2018 年 6 月，国务院宣布建立基本养老保险基金中央调剂制度。与此同时，2018 年 5 月，国家正式组建医疗保障局，统一管理城镇职工医保、城镇居民医保、新农合，全国性医保整合迈出历史性一步。自 2019 年 5 月 1 日起，我国降低城镇职工基本养老保险单位缴费比例，单位缴费比例原高于 16%的省份可降至 16%。为保证养老金按时足额发放，2019 年中央财政安排企业职工基本养老保险补助资金 5285 亿元，同比增长 9.4%，地方财政也将安排相应的补助资金。[②] 国有资本划转充实社保基金更是制度优势在养老议题上的鲜明体现，2017 年 11 月，《国务院关于印发划转部分国有资本充实社保基金实施方案的通知》发布，作为保障和改善民生的重要举措，国资充实社保基金规范化、常态化、制度化，体现了中央调配养老资源的组织能力和灵活性。

中国养老制度安排兼具社会问题“应急”处置和推动经济社会“发展”双重属性，是制度优势的重要体现。中国的养老问题不仅直接关系民生，更涉及中国发展模式的转变，我们所需要的也不仅仅是人道主义的关怀，更需要考虑如何在老龄化的前提下保证中国经济社会发展的可持续性。[③] 而后者显得更为重要。一方面，中国的养老制度安排有可能做到兼顾财政的可持续。税收主体减少所导致的财政收入下降和老年人口增加带来的老年事业领域对财政投入需求快速增加的矛盾，是中国政府必须要面对的问题。西方福利国家追求福利水平改善和财政可持续的平衡；中国的可持续的财政发展模式必须充分考虑人口老龄化特点和金融、经济形势。[④] 一项针对江苏省公共养老服务改善前后财政支出效率的定量研究结果，有助于思考在中国这样一个人口大国，如何解决上述平衡的问题。该研究的数据分析结果显示，公共养老服务改善在苏南、苏中和苏北产生不同的财

① 胡湛，彭希哲．应对中国人口老龄化的治理选择［J］．中国社会科学，2018（12）：134-156.

② 李心萍．民生安全网兜得牢［N］．人民日报，2019-9-12.

③ 胡湛，彭希哲．发展型福利模式下的中国养老制度安排［J］．公共管理学报，2012（3）：60-72.

④ 付伯颖．人口老龄化背景下公共财政政策的选择［J］．地方财政研究，2008（10）：25-29.

政支出效果，苏南地区财政投入改善公共养老服务产生债务风险的可能性较大，在苏中和苏北则基本不会影响财政的可持续健康发展。[①] 这一研究结果带来的启示是：中国作为一个人口大国，地区之间、省份内部广泛存在社会养老发展和经济社会发展不平衡，这也提供了解决问题的腾挪空间，通过创新财政运行体制、灵活调整财政支出结构，达到逐步、分层次实现均衡发展的目标。另一方面，中国养老产业巨大的发展空间是刺激中国经济持续增长的待开发资源。社会养老作为公共服务，要考虑财政支出可持续的问题；如果作为产业，则是待开发的能带动经济增长的资源。作为世界第二大经济体，中国还拥有绝对数量规模最大的老龄人口，巨大的老龄人口服务和商品消费需求、养老产业发展吸引了越来越多的社会资源投入。宏观经济学规模报酬递增理论认为，在一定条件下，生产或经济规模扩大，收益会递增，相应的成本下降，利润增加。由此推断，中国养老产业发展有着广阔的发展空间，有可能从中国特有的经济和人口规模特征中受益。养老产业的健康发展又会进一步推动中国经济发展的转型升级。

（三）“互联网+”养老模式积蓄的后发资源

不断深化互联网技术与模式在养老领域的应用是历史的必然。互联网技术及建立在互联网基础上的现代商业模式极大地解放了生产力。由于“健康、养老资源供给不足，信息技术应用水平较低，难以满足人民群众对健康、养老日益增长的需求”。[②] 与西方发达国家不同，中国是在信息化、网络化的时代背景下进入老龄社会的，为中国积极应对老龄化提供了空前的契机与资源，[③] 中国老龄化长期进程还与实现社会主义现代化强国进程基本同步。可以说，“互联网+”养老是互联网时代、老龄化时代和中国现代化进程交织的产物，是互联网和养老两个领域的深度融合。互联网

---

① 裴育，史梦昱．江苏省公共养老服务改善与财政可持续发展研究［J］. 南京审计大学学报，2017（3）：1-10.

② 工业和信息化部、民政部、国家卫生计生委关于印发《智慧健康养老产业发展行动计划（2017-2020 年）》的通知（工信部联电子〔2017〕25 号）［EB/OL］.（2017-02-06）［2019-10-01］. http：//www. gov. cn/xinwen/2017-02/20/content_5169385. htm#allContent.

③ 胡湛，彭希哲．应对中国人口老龄化的治理选择［J］. 中国社会科学，2018（12）：134-156.

给中国养老事业的发展带来了难得的历史机遇，“互联网+”养老将会是我国经济和社会发展的新兴战略点。“互联网+”养老就是要用互联网思维、技术和商业模式改造传统的养老产业和养老模式，把互联网元素融入养老服务产品研发、设计、生产、营销以及养老服务管理的每一个环节中，提高养老服务的供给效率和质量，降低养老服务供给成本，增强老年人的幸福感和获得感。①

“互联网+”养老使建立在传统养老方式基础上的“智慧”养老方式兴起。“互联网+”养老先后经历数字化养老、信息化养老、科技养老、网络化养老、智能养老后，到达“智慧”养老阶段。“智慧”养老方式从主要依靠力量、养老空间、老人的主体地位、服务内容、服务供给效率、服务供给主导力量等方面，更新了传统养老服务模式的内涵。“智慧”养老是积极养老理念的时代体现，智慧地传承了为老服务的“传统”与“现代”，成为协助老年人独立、安全生活的有效途径。②

“互联网+”养老在居家社区养老服务领域的应用，最能体现“智慧”养老这种新兴养老服务供给的优点。研究者归纳了智慧社区养老服务平台具有的六大基本功能：全程记录功能、评估功能、收费查询功能、统计分析功能、深度开发功能、服务人员多媒体培训功能。③ 与传统居家社区养老服务模式相比，智慧居家养老服务模式有如下特点：（1）扩大了服务范围，使普惠式养老服务成为可能；（2）提高居家社区养老服务的便捷性与可及性的同时，还有不断降低服务生产成本和消费支出的空间；（3）通过提高社会养老服务资源的整合程度，提升居家社区养老服务质量和专业化水平；（4）通过服务需求与供给信息的高效对接，使得个性化服务成为可能；（5）通过信息平台积累的大数据，为相关决策提供客观、科学的依据。④

（四）中医药中蕴藏的独特健康养老资源

党和国家领导人多次肯定中医药在健康养老等方面的独特作用。2013

① 孙建娥，张志雄．“互联网+”养老服务模式及其发展路径研究［J］．湖南师范大学社会科学学报，2019（3）：47-54.

② 陈虹霖，吴晓薇．适老化科技的社会工作回应［J］．社会工作，2019（1）：99-109.

③ 陈莉，卢芹，乔菁菁．智慧社区养老服务体系构建研究［J］．人口学刊，2016（3）：67-73.

④ 余晓艳，赵银侠．以政策支持体系助推智慧居家养老服务发展——以西安市为例［J］．陕西行政学院学报，2018（1）：30-34.

年，国家主席习近平在会见世卫组织总干事陈冯富珍时说："我们将迎难而上，进一步深化医药卫生体制改革，探索医改这一世界性难题的中国式解决办法。"2014年3月，李克强总理在政府工作报告中提出，"扶持中医药和民族医药事业发展……为了人民的身心健康和家庭幸福，我们一定要坚定不移推进医改，用中国式办法解决好这个世界性难题"。在当年的重点工作部门分工中，对"扶持中医药和民族医药事业发展"做出安排。2014年10月，刘延东副总理指出，"中医药是我国独特的卫生资源、潜力巨大的经济资源、具有原创优势的科技资源、优秀的文化资源、重要的生态资源，挖掘利用好中医药资源，具有重大现实和长远意义"。2015年和2016年国务院先后印发了《中医药健康服务发展规划（2015~2020年）》和《中医药发展战略规划纲要（2016~2030年）》，持续开发、落实中医药的独特作用，维护人民健康、推动经济社会发展。

中医药在健康养老方面能全方位发挥独特作用。中医药是我国在数千年医疗实践中积累的宝贵财富，在健康养老中具有预防、医疗、保健、文化等全方位价值。[①] 中医药能运用的范围涵盖养老服务的各个层面，除了包括中医治未病预防保健、中医情志调理、中医运动导引、中医适宜技术、中医康复理疗、中医养生、健康体检、疾病医疗等多项综合中医医疗照护服务外，[②] 还能服务于老年人群的日常起居、衣食住行、精神文化与心理健康。比如，研究者们归纳了中医适宜技术的临床应用范围。中医适宜技术通常是指安全有效、成本低廉、简便易学的中医药技术，又称"中医药适宜技术"，[③] 大致可以分为6大类，即：针法类，灸法类，手法类（如按摩疗法），中医外治疗法类，中医内服法类（包括方药应用等），中药炮制适宜技术（包括中药材、中药饮片和中成药三种）。又比如，中医主张的养生保健方法在运动保健、饮食营养保健、按摩保健和情志调摄保

---

① 司富春，宋雪杰等．我国中医"医养结合"养老模式探析［J］．中医研究，2016（8）：1-3.

② 李婧，徐凤芹等．中医医养结合养老模式探索［J］．世界最新医学信息文摘，2019（60）：26-28.

③ 王一珉．中医适宜技术在社区"居家养老"中应用效果初探［J］．中国卫生产业，2016（27）：190-192.

健等方面都具有积极意义。[①] 这些中医特色技术、方法和资源，经过规范化以后，简便易行，设备要求不高，取材容易，且服务成本低，不良反应少，易于推广。[②]

老年人群有着旺盛而多样化的中医药健康服务需求。中医药尤其在老年群体中有着深厚的感情基础，中医养生保健、治疗康复都能完美融合在日常生活起居中，因此中医健康养老服务有着坚实的群众基础。一项对江苏省老年群体中医康养服务需求的实证研究[③]显示：97.8%的老人希望获得中医适宜技术服务（包括艾灸、拔罐、耳穴贴压、推拿等）和中医饮食指导，94.6%的老人希望学习部分中医适宜技术，92%的老人希望获得规范的中医养生运动指导，90%的老人希望获得正确的中药煎煮与服用指导，98%的老人希望社区开展中医养生知识文化活动，10.3%的老人希望开办中医药老年学校，56.7%的老人希望拥有适龄的、科学的、便捷的中医药健康知识公众平台。另一项实证研究结果[④]则显示，社区中医护理服务最受欢迎，占56.50%，远高于门诊咨询的24.0%和健康讲座的19.5%。

因中医药自身特质，在降低老年医疗消费支出、缓解紧张的居家养老服务供需矛盾方面的作用尤其突出。首先，老年人患病特点及其医疗消费特点与中医药特质有一定的互补关系。老年人患病最突出的特点之一就是多病共存；患病老人体质弱，往往攻药反伤身；老年人情志低迷，常常内生引外疾。老年人群还有老年病、慢性病发病率高的特点。据中国老年医学学会统计，70%以上的老年人患有慢性病，76.5%的老人患有共病，80岁以上的老年人共病更是高达80%。而且慢性病、共病常导致老年人身体多系统受累，最终引发多器官衰竭，这是导致老年人死亡的最主要原因。[⑤]

---

① 徐倩，熊振芳等．“智慧社区”养老模式下中医养生保健服务的开展思路与方法［J］．湖北中医杂志，2018（2）：64-66.

② 杨莉莉，孙秋华，何桂娟．中医护理在医养结合养老模式中的应用优势与发展对策［J］．中医药管理杂志，2018（2）：9-11.

③ 王秋琴，黄芳．江苏省社区老年人对中医药健康养老服务的认知与需求调查［J］．江苏科技信息，2018（35）：78-80.

④ 朱正刚，陈燕，蒋新军．社区居民对中医护理需求的调查分析［J］．护理实践与研究，2013（5）：1-3.

⑤ 李木元．第二届中国老年医学与科技创新大会在石家庄召开［N/OL］．人民政协报，2016-4-27.（2016-05-21）［2019-10-01］．http：//epaper. rmzxb. com. cn/index. aspx?date=2016-04-27&verOrder=05&banzi=4&paperType=rmzxb.

另据2015年《中国卫生统计年鉴》，65岁以上人口两周就诊率、住院率和慢性病患病率分别为28.8%、19.9%和53.99%，而这三个指标在45~54岁组仅为13.7%、7.3%和23.54%。[①] 老年人消耗的医疗费是全部人口平均消耗卫生资源的1.9倍，其中65岁以上的老年人耗费近30%的医疗总费。[②] 可见，“老有所医”是老年人养老问题中最核心的一个问题；而其中的失能老人、半失能老人、空巢老人、残障老人、慢性病老人等这类老人群体，是对医疗、康复、护理服务资源需求最大的群体。其次，居家社区养老服务供需矛盾日渐加剧。居家社区养老是社会养老服务体系的重要组成部分，承担绝大多数老人群体“老有所养”公共服务职责。现代社会居家社区养老服务需求内容也随着经济社会发展发生了变化，不仅有日常生活照料服务需求，还有医疗卫生保健服务需求。[③] 而对于后者，专业护理人力资源供给远远满足不了庞大的现实需要。据统计，目前中国城市社区医护比约为1∶1.87，每名护士服务6006人。这与国际上提出的医护比1∶4，每名公共卫生护士服务2600人的标准还有一定距离。[④] 再以照护人员与失能老人1∶3的比例计算，全国至少需要养老护理人员1100万人，是全国在岗护士的4倍。但是，目前养老护理员仅有22万人，其中，取得养老护理职业资格的人员仅2万多人。[⑤] 再次，康养服务供给应将“社会服务”从“医疗服务”中剥离出来，不断提升护理人力资源供给水平，持续提高护理服务效率。对于老年人口中的绝大部分而言，最为迫切需要的并不是以诊断、治疗和手术为主的医疗服务，而是日常生活照料和非治疗性康复护理（如延缓慢性病发展或维持生理机能等），即“长期照护服务”。因此，学者们建议，应将其定位于“社会服务”而非“医疗服务”。[⑥]

---

① 邓敏，杨莉，陈娜．医养结合下老年人医疗消费行为影响因素分析——以南京市为例［J］．中国卫生政策研究，2017（1）：52-57.

② 詹洪春，刘志学．助力“健康中国”，让中医药完善养老服务模式——访全国政协委员、中国中医科学院广安门医院院长王阶教授［J］．中国医药导报，2016（8）：3-4.

③ 杨文杰．中国特色医养结合服务模式发展研究［J］．河北大学学报（哲学社会科学版），2017（5）：138-144.

④ 王一珉．中医适宜技术在社区“居家养老”中应用效果初探［J］．中国卫生产业，2016（27）：190-192.

⑤ 方黎明．养老护理人员供需矛盾的形成机制和开发策略研究［J］．老龄科学研究，2013（1）：56-64.

⑥ 胡湛，彭希哲．应对中国人口老龄化的治理选择［J］．中国社会科学，2018（12）：134-156.

老年护理学的研究者也认为，通过对长期照护内容分类，只有康复训练和医疗性护理由护士提供专业性照护，其他照护内容完全可以由短期培训的一般社会人员替代。[①] 西方发达国家的大量实践已表明，对于同样的服务内容，“社会服务”能比“医疗服务”降低30%左右的费用。[②] 应看到，上述“社会服务”大多是在居家社区服务场景中提供的。最后，将中医药知识技术融入居家照护服务，有助于降低老人照护成本，提升“社会服务”水平。中医药和中医护理运用传统中医适宜技术诊疗疾病，由内而外，由表及里，将五脏、六腑、七情联系起来，通过了解整体以达到内部脏腑之间的平衡，从而实现未病先防、已病防变、瘥后防复的目的，具有“简、便、廉、效、验”的特点，[③] 在慢性疾病防治和康复中具有独特作用，[④] 可以提高一些常见病的治疗效果，明显促进老年人健康，降低老年人再次入院率。[⑤] 中医药简便易学，将中医护理技术融入居家养老，能够达到比传统意义上的照顾和照料更专业的效果，因此中医居家照护服务可以实现以“预防、康复、保健、精神关怀、心理慰藉”为核心的医疗护理和社会照顾的有机结合。[⑥] 但现实是，居家护理服务缺少专业护理介入，居家老人接受的都是低级的保姆式生活照护，中医护理技术尚未系统开展。[⑦] 因此，有研究者提出构建医疗、护理、康复、保健、生活照料、临终关怀等一体化服务政策体系，[⑧] 更好地发挥中医药在这些领域的独特

---

① 庞书勤，赵红佳等．中国老龄失能老人长期照护策略［J］．中国老年学杂志，2016（19）：4928-4930.

② 唐钧．中国老年服务的现状、问题和发展前景［J］．国家行政学院学报，2015（3）：75-81.

③ 刘书华，王红梅，王传凤等．中医护理环节质量评价体系的构建与应用［J］．护理学报，2014（6）：18-20；孙朦．浅析中医全科医学在居家养老服务中的作用［J］．中医药临床杂志，2019（1）：19-21.

④ 张素秋，周姣媚，陈丽丽等．中医护理学科发展现状调研分析与思考［J］．中国护理管理，2015（6）：642-645.

⑤ 刘书华，王红梅，王传凤等．中医护理环节质量评价体系的构建与应用［J］．护理学报，2014（6）：18-20.

⑥ 石溪溪．中医护理技术融入居家养老移动服务模式中的构想［J］．护理研究，2017（19）：2364-2366.

⑦ 朱正刚，陈燕，蒋新军．社区居民对中医护理需求的调查分析［J］．护理实践与研究，2013（5）：1-3；王莉莉．基于“服务链”理论的居家养老服务需求、供给与利用研究［J］．人口学刊，2013（2）：49-54.

⑧ 詹洪春，刘志学．助力“健康中国”，让中医药完善养老服务模式——访全国政协委员、中国中医科学院广安门医院院长王阶教授［J］．中国医药导报，2016（8）：3-4.

作用。

最后应该看到，中医药资源在养老服务中的运用还存在许多问题和障碍。思考如何发挥中医药在健康养老服务中的独特作用，首先面对西医为医疗服务主流、看病难看病贵、优质医疗资源稀缺及其所带来的“重医不重康”“长寿不健康”的现实。目前在健康养老业中发挥中医药的独特作用，存在的主要问题和障碍包括：社区卫生服务中心用于中医药卫生健康服务的设施配备不足；在各种养老服务机构中合理规划中医资源配置的能力不足；[①] 适宜中医药养老服务技术和方法挖掘不够；中医技术规范和标准缺乏；中医药文化宣传普及力度及程度不够；中医药专业人才严重缺乏等。[②] 当代医学模式由“疾病医学”向“健康医学”转变，“局部医学”向“整体医学”转变，[③] 中医所特有的整体观念、辨证论治的理论体系使得中医药能够综合考虑、整体把握老年人健康养老服务，这些都为思考“用中国式办法破解世界性难题”提供契机。

三　积极应对人口老龄化的中国特色实践与道路探索

习近平总书记在党的十九大报告中指出，“中国特色社会主义进入新时代，我国社会主要矛盾已经转化为人民日益增长的美好生活需要和不平衡不充分的发展之间的矛盾”。新时代社会主要矛盾表现在养老问题上就是：老年群体日益增长的美好生活需要和不平衡不充分的发展之间的矛盾。为此，党的十九大报告提出，“积极应对人口老龄化，构建养老、孝老、敬老政策体系和社会环境，推进医养结合，加快老龄事业和产业发展”。人口老龄化成为中国社会的常态，老龄社会的治理选择应基于“中国特征”并将其转化为“中国优势”。[④] 下面以中国特色的政治制度与智慧养老为例，解析积极应对人口老龄化的中国特色实践和道路探索。

---

① 杨莉莉，孙秋华，何桂娟．中医护理在医养结合养老模式中的应用优势与发展对策［J］．中医药管理杂志，2018（2）：9-11.

② 蔡秋杰，苏庆民．中医药在健康养老中的优势和策略探析［J］．中医药管理杂志，2017（14）:1-2.

③ 傅文第．中医养老产业人才培养机制研究［J］．经济研究导刊，2017（35）：79-81.

④ 胡湛，彭希哲．应对中国人口老龄化的治理选择［J］．中国社会科学，2018（12）：134-156.

（一）社会养老制度探索

随着人口老龄化发展，政府在社会养老制度运行中的职责日趋细化和完善。在此过程中，养老制度安排与经济社会发展水平相适应程度不断提高，政府在提高社会养老水平、改善养老服务质量方面的主导作用更加清晰。进入老龄化社会以来，社会养老成为家庭养老之外的主要养老方式。基于现代社会保障理念，中国政府在养老服务中的职责不断被强化，国家基本公共服务制度权利责任主体地位确立。1996 年 10 月 1 日颁布的《中华人民共和国老年人权益保障法》，填补了中国老年人权益保障方面的立法空白。此后又经过 2009、2012 和 2015 年三次修订，全面明确了政府的养老职责，即：国家对家庭养老负有支持职责，对老年人的养老同时负有经济职责和服务职责。通过社会保障体系的建设和完善履行养老经济职责，通过社会养老服务体系的建设和完善履行养老服务职责。1999 年，全国老龄工作委员会正式成立，这标志着老龄事业发展有了真正意义上的专门组织者、领导者和顶层政策设计者。从 2001 年开始到 2017 年，连续颁布实施了国家老龄事业发展的“十五”“十一五”“十二五”和“十三五”规划。2011 年 9 月，国务院印发《中国老龄事业发展“十二五”规划》，标志着老龄工作从一个政府部门的具体工作上升为国家层面的任务，政府在社会养老制度建设方面的顶层设计功能开始加强。“十二五”期间，国务院还印发了《社会养老服务体系建设规划（2011-2015 年）》和《国家基本公共服务体系“十二五”规划》。党的十八大以来，从基本公共服务制度完善出发，政府进一步细化了养老服务职责。国务院先后印发了《“十三五”推进基本公共服务均等化规划》《“十三五”国家老龄事业发展和养老体系建设规划》和《国务院办公厅关于制定和实施老年人照顾服务项目的意见》。由此，基本公共服务清单制成为国家基本公共服务制度的核心，社会养老服务走向适度普惠化。从以上论述可知，政府在支持家庭养老功能、提供养老基本经济安全、顶层规划社会养老服务体系和营造养老产业发展环境方面，发挥着主导作用，而且这作用也是市场、社会组织、社区等其他社会养老主体无法替代的。

下面以作者在福建省的田野调查资料为例，具体分析政府进行社会养老的制度探索。下文深度访谈资料，是两位从事养老事业的受访者分别从自己工作的角度谈国家和政府是如何发挥主导作用的。

> 养老关键在政府。政府引导，才有公信力。TJ 区以后要设计自己的 logo，这是政府背书。党委政府在养老事业发展中起着关键性作用，如果没有省委补短板文件出来，不可能有今天全省养老事业发展的局面。（深度访谈 005-20190712-LYS）

> 2013 年后，我感到国家要大力发展养老服务业，对管理的压力更大了，要起到标杆作用，要做的事情很多，要发挥公办养老机构的示范引领作用……2002 年刚来（福州市社会福利院）的时候基础比较差……到了 2004 年，两年时间里，院里 110 床慢慢住满……到 2011 年上半年，知名度有了，出现了需要排队入住的情况，一直持续到现在。2013 年我们参与了养老机构护理标准制定，我们把前几年的经验融进了地方标准，后来又参与了 2 个国家的标准化试点工作，我们的专业化水平得到提高，服务水平也得到提升。2008 年我们福利院成为民政部社工人才建设试点单位，2012 年成为省级标准化试点单位，2014 年成为民政部养老服务标准化试点单位，2015 年成为国家级公共服务和社会管理标准化试点单位。（深度访谈 003-20190703-HMQ）

本书的附录一是福建省民政厅 2019 年 7 月公布的一份省级“养老服务扶持政策措施清单”（以下简称“清单”），这是落实《民政部办公厅关于印发社会救助和养老服务领域基层政务公开标准指引的通知》的举措。这份清单生动阐释了地方政府如何支持养老服务业发展、精准贯彻养老服务发展政策、解决政策执行最后一公里的问题。

首先，养老政策是社会养老制度安排的主要工具。党的十八大以后，国家有关养老政策密集出台的同时，政策如何落实也有了制度安排。

其次，政府以“扶持”政策的方式鼓励、支持社会养老服务业发展。“清单”对“扶持”政策措施的依据、具体负责落实的主管部门、需要落实政策的具体内容，都给予明确规定。扶持政策类型包括财政补贴、税费减免、用地用房、投融资、人才培养五个方面，养老产业发展所需的主要生产要素环节基本都涵盖了。扶持政策对象既有养老机构，也有居家社区养老服务照料中心；既有公办养老机构，也有民办养老机构；既有城乡养老服务机构和组织，也有符合条件的社保保障对象，还有包括护理员、医护人员在内的各种养老服务从业人员。扶持政策涉及主管部门包括发改委、民政、财政、卫健、税务、国土、住建、物价、金融、人社及街道（乡镇）等多个重要政府部门。

最后，2013 年后，政府加快了社会养老制度探索步伐和社会养老政策执行力度。“清单”中的政策依据全部都是 2013 年及以后颁布的政策，政策具体内容主要包括加快养老服务业发展、促进养老机构健康发展、加快推进居家社区养老服务发展、高龄补贴、鼓励社会资本投资养老服务、医养结合、全面放开养老服务市场、普惠养老服务 8 个方面。

（二）智慧养老道路探索

智慧养老是中国积极应对人口老龄化最有特色的实践探索领域之一。在中央政策的引导和推动下，中国开启了智慧养老模式探索，尤其在居家社区养老服务体系建设中取得丰富实践经验。

1. 推动“互联网+”养老的政策探索

李克强总理在 2015 年的政府工作报告中，首次提出“互联网+”行动计划。当年 4 月，国家发改委、民政部、全国老龄委三部门发文，提出养老领域推进“互联网+”行动方案，目的是为老年人“提供个性、高效的智能养老服务”。同年 7 月，国务院又提出了推进“互联网+”行动的指导意见，将“互联网+养老”列为新兴服务业，提出了“促进智慧健康养老产业发展”的具体方向。2017 年，工业和信息化部、民政部和国家卫生计生委又联合印发了《智慧健康养老产业发展行动计划（2017-2020 年）》（以下简称“智慧健康养老行动计划”），这是指导智慧养老发展的一个完整框架。此后，国务院、国家发改委等部门陆续从“十三五”规划、服务业创新发展、养老服务业发展角度推出的系列政策，都是对“智慧健康养老行动计划”的补充和完善。

2. “互联网+”养老服务体系建设的实践探索

“互联网+”养老思路下发展起来的智慧养老，具体在哪些方面得到应用和推广呢？有研究者指出，“互联网+”养老是个新兴的跨界概念，在宏观上形成了经济社会发展的新形态，在中观上构建了各个行业的新生态，在微观上向消费者提供了创新的产品和服务。① 智慧养老主要内涵包括智慧养老设备、系统开发和平台建设这三个类型，② 在安全监护、健康服务、生活关怀等功能实现方面体现出其独特的优势。③ 智慧养老产业发展新模式，首先是应用大数据建设养老信息平台，如老人在家庭、健康、医疗等方面的基本信息、老人医疗信息的开发使用等。其次是运用互联网创新金融工具，拓宽养老产业筹资、融资渠道。最后是协助服务老人的硬件智能设备、设施研发。比如用于看护老人的智能手环、地面安全传感器、厨房安全传感器等，用于协助老人日常活动的助便助浴器械，用于老人社交的手机 APP 和智能机器人等。④

“互联网+”思维和模式在居家社区养老服务领域得到了较多应用。在中央政策的引导下，2017 年 8 月，中共福建省委十届三次全会通过的决定中提出：创新居家社区养老服务模式，实施“互联网+”养老工程。⑤“互联网+”技术和思维在社区居家养老服务体系建设中的应用，主要体现在社区居家养老服务综合信息平台的搭建及运营，也有一些地区探索将“饿了吗”“美团”等互联网服务组织接入社区居家养老服务，为社区老人提供送餐服务。⑥ 互联网技术和手段也越来越多地用于居家养老人群中的安全监测、医疗护理、风险救助等场景，能够提供位置定位、提醒服务、日间照料、医疗监测、紧急救助、双向通话、代购缴费等多种形式的服务。⑦ 全国各地都在开展智慧居家养老服务道路探索，一些易实施、可持续的模式逐渐成形。比如，青岛是国家智慧城市技术和标准双试点城市，在智慧

---

① 陈莉，卢芹，乔菁菁. 智慧社区养老服务体系构建研究［J］. 人口学刊，2016（3）：67-73.

② 陈虹霖，吴晓薇. 适老化科技的社会工作回应［J］. 社会工作，2019（1）：99-109.

③ 单忠献. 智慧居家养老服务的实践模式与发展对策——以青岛市为例［J］. 老龄科学研究，2016（8）：60-65.

④ 马俊. “互联网+”背景下养老产业发展的机遇与挑战［J］. 市场周刊，2017（3）：50-52；高健，杨乃坤. 论中国特色社会养老服务共同体的现实构建［J］. 沈阳工业大学学报（社会科学版），2017（6）：559-564.

⑤ 中共福建省委关于加快社会事业发展补齐民生短板确保如期全面建成小康社会的决定［EB/OL］.（2017-08-03）［2019-10-01］. http：//www.fujian.gov.cn/xw/fjyw/201708/t20170807_1701343.htm.

⑥ 付舒. “互联网+”城市社区居家养老服务体系建构研究［J］. 现代交际，2017（4）：3-4.

⑦ 张雷，韩永乐. 当前我国智慧养老的主要模式、存在问题与对策［J］. 社会保障研究，2017（2）：30-36.

居家养老服务方面目前主要实行政府主导和科技企业主导两种模式。[①] 西安市智慧居家养老服务涌现出五种服务模式：以政府为主导的“公建民营”模式，以企业为主导、政府支持建设运营的PPP模式，社会机构嵌入社区、以健康管理服务为重点内容的连锁自营模式，以市场为主导的健康管理服务企业模式和社区托养机构信息化管理模式。[②]

作者在福建的田野调查中，也发现了智慧养老的广泛运用。

> 第四，管理智能化。现在大家都在谈智慧养老，但真正落实的并不多。我们却实实在在做了一些事。
>
> 1. 监控。XLF养护院的监控，在充分保护老人隐私及征得家属同意的基础上，覆盖到每个房间，镜头与子女手机相连（智能化系统），子女可实时查看老人动态，监督工作人员服务。一旦出现纠纷，监控亦可为双方提供证据，起到保护作用。
>
> 2. 收费。养护院还提供多种缴费方式，比如微信、支付宝、对公转账、现金缴费等，给家属提供极大便利。
>
> 3. 提醒。由于我们的收费是按月缴纳，但因为子女繁忙等多种原因，往往出现忘记缴费或拖欠现象。为了解决这个问题，我们与信息科协商，设置欠费警戒线，在家属忘记缴费时，系统可自动生成信息，发送家属捆绑手机温馨提示，使欠费率大大下降，并减少了面对面催款的尴尬。
>
> 4. 服药。我们创新了养老状态下老人的给药模式，实行先给药，后付款。医养结合的老人，大都患有数种慢性病，需要长期服药。如果是住院状态，走医院大药房，非常便捷。但是，养老状态的用药，就复杂很多。我们养护院刚成立的时候，很多老人有自备药，药品的过期和管理问题复杂，安全隐患大。比如，有一次，有位患阿尔茨海默病老人，一次吃了一盒（7粒）的络活喜（降压药），吓得我们马上送去洗胃。后来，我们又尝试取消自备药，让护士充当家属，去医

---

① 单忠献．智慧居家养老服务的实践模式与发展对策——以青岛市为例［J］．老龄科学研究，2016（8）：60-65.

② 余晓艳，赵银侠．以政策支持体系助推智慧居家养老服务发展——以西安市为例［J］．陕西行政学院学报，2018（1）：30-34.

院开药、缴费、取药，但这又浪费了护士大量时间。多番探讨实践后，我们设立了门诊药房——让老人虚拟住院，用电脑将医嘱开在养老病历上，由药师统一按餐配药，月末再打出用药清单，向老人亲属结算。这种创新性的“先给药后付费”制度，极大提高了护士的工作效率，并降低了差错率，为老人们一日数餐的用药做好充分保障。等于我们用2名药师，就解放了全院60多位护士，很划算。

下一步，我们将引进智慧养老信息系统，目前已经联系多家软件公司，正在进行谈判，相信在系统投入使用后，我院的智慧养老将会踏上一个全新的水平。（深度访谈 011-20190818-CZ）

两岸（养老服务行业）的区别……然后是付费（方式）的不同。台湾是转账和收现金。大陆有刷卡，微信转账，收现金也可以，方式很多样，很方便。台湾的业者在收费的时候就比较累一点。（深度访谈 004-20190709-YZL）

智慧养老服务模式要成为未来社会养老服务递送的主要方式，还有很长的路要走。就智慧养老目前的发展情况而言，存在的主要问题有四。

第一，受到政府倡导和支持的智慧养老，由于“政策扰动”因素，存在“投资异化”的风险。[①] 就是说，政府出台鼓励支持政策后，众多商家闻风而动，从政府财政支出项目中寻找商机，由此而来的大量投资不是冲着养老服务本身来的，而是在所谓“利好”政策刺激下，逐渐形成了围绕政府政策和财政支出的盈利模式。不少通过政府购买服务建立起来的居家社区智慧养老服务信息平台，就存在这样的问题。

第二，智慧养老模式递送服务普惠化、个性化的特点不突出。政府购买的居家社区智慧养老服务项目，更侧重于为困境老人与普通老人的个别需求提供服务；企业或社会机构主导的智慧养老，则把服务重点瞄准了有健康需求的人群，这些需求有付费的空间，而对于盈利空间有限的服务项目，则较少考虑组织服务递送。

---

① 耿永志，王晓波．“互联网+”养老服务模式：机遇、困境与出路［J］．深圳大学学报（人文社会科学版），2017（4）：109-115.

第三，智慧养老基础设施建设还需要加强。建构符合智慧养老需要的信息平台，实现养老服务供需信息双向交流，属于推动智慧养老发展的基础设施，尚需各级政府加大投入。

第四，智慧养老硬件产品的“智慧”程度与适老化程度需要持续提升。比如，用于老年人的可穿戴设备准确度不高。有研究者进一步提出，老龄化科技产品不仅需要满足“人性化”的需求，更要满足“适老化”的心声。[①]

① 陈虹霖，吴晓薇．适老化科技的社会工作回应［J］．社会工作，2019（1）：99-109.

第四章

机构养老服务的功能反思及其递送政策创新思考*

机构养老是社会化养老服务的传统方式，也是重要组成部分。本章以近年来在福建省的社会养老服务田野调查经验和机构、组织个案研究为基础，以上海市、台湾地区的机构养老服务发展情况为参照系，对社会养老服务体系中的机构养老服务发展历程、服务内容、地位作用、递送方式、递送模式等进行具体剖析。在对机构养老服务历史发展过程的梳理中发现：机构养老服务递送背景、递送主体、递送对象、递送机制、递送性质等方面都发生了显著变化。由此，机构养老服务递送机制也应重新被认识。

一　机构养老公共服务发展的历史演变

机构养老是一种以机构为依托的集中养老方式，养老机构是机构养老的最主要载体。中国进入老龄化社会以来，养老机构数量迅速增加的同时，机构养老公共服务内容、方式、要求也在发生日新月异的变化，中国老年人的养老方式正在经历最剧烈的变革。①

---

* 本章主要内容以《论机构养老服务体系建设的价值取向及其社会政策意涵：基于闽台的田野调查和个案研究》为题发表，获福建省老年学学会 2020 年学术年会优秀论文评选一等奖。

① 杜鹏主编．回顾与展望：中国老人养老方式研究［M］．北京：团结出版社，2016：序言．

（一）进入21世纪以来，养老机构数量和服务质量都得到迅速发展

1. 老龄化人口结构与人口老龄化特征的变化是养老机构数量迅速增加的原动力

新中国成立70年来，中国的人口结构发生根本性的转变，从典型的“金字塔”型转变为“重檐庙顶”型。[①] 中国老龄人口结构也以激进的方式转变：一方面是老龄人口规模及比重在21世纪上半叶持续攀升（见图4-1、图4-2），60岁及以上老年人口规模2018年为2.49亿人，占总人口比重为17.9%；到2055年将达到峰值4.88亿人，占比35.6%。另一方面，中国人口老龄化速度加快，将以“跑步式”方式从高龄化社会进入超高龄社会，[②] 相比法国需要130年，中国仅需要27年。[③]

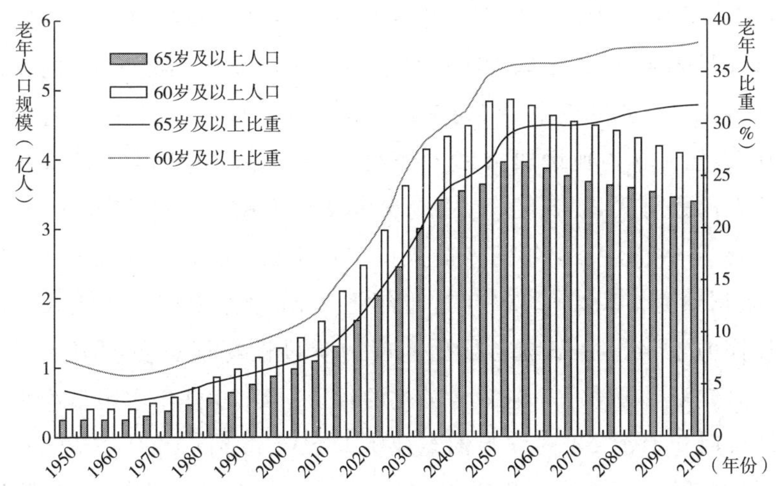

图4-1　1950-2100年中国老年人口规模及其比重变化

资料来源：数据来源于《世界人口展望（2019年）》中方案预测结果。转引自刘厚莲．世界人口展望2019：中国人口老龄化的趋势与应对［EB/OL］．（2019-06-20）．https：//mp.weixin.qq.com/s/G70pXi8uIMI02C0ZtrVTaQ.

---

① 魏华林，金坚强．养老大趋势［M］．北京：中信出版社，2014：3.

② 国际上将65岁以上人口占总人口比例达到7%、14%及20%分别称为高龄化（Aging）社会、高龄（Aged）社会及超高龄（Super-aged）社会。转引自陈燕祯．老人福利服务：理论与实务［M］．上海：华东理工大学出版社，2018：5.

③ 杨菊华，谢永飞编著．人口社会学［M］．北京：中国人民大学出版社，2015：168.

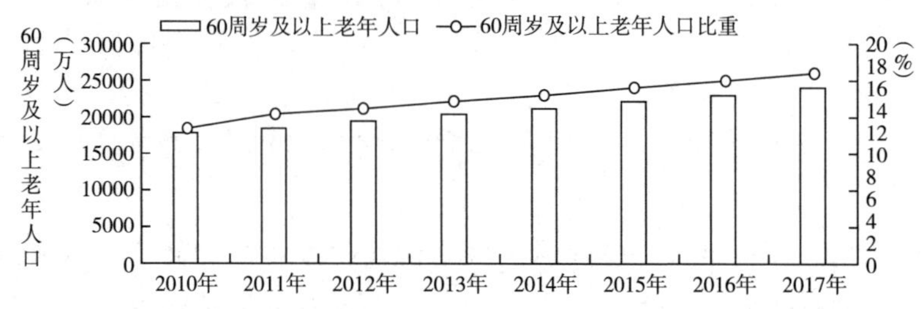

年份	2010	2011	2012	2013	2014	2015	2016	2017
60周岁及以上老年人口（万人）	17765	18499	19390	20243	21242	22200	23086	24090
60周岁及以上老年人口比重（%）	13.3	13.7	14.3	14.9	15.5	16.1	16.7	17.3

图 4-2　60 周岁及以上老年人口占全国总人口比重

资料来源：2017 年社会服务发展统计公报［EB/OL］.（2018-08-02）［2019-10-01］. 中华人民共和国民政部网站，http：//www. mca. gov. cn/article/sj/tjgb/.

不同时间段，中国人口老龄化的速度也不同。据人口学者的统计预测分析（见表 4-1），中国 60 岁以上人口数从 2010 年的 1. 71 亿（占比 12. 57%）上升到 2020 年的 2. 43 亿（占比 16. 96%），十年间老龄人口增加 0. 72 亿人（占比增加 4. 39 个百分点）；但从 2020 年到 2030 年，60 岁以上人口数则从 2. 43 亿（占比 16. 96%）迅速上升到 2030 年的 3. 55 亿（占比 24. 46%），十年间老龄人口增加 1. 12 亿人（增加 7. 5 个百分点）。根据预测，2020-2030 年这十年将是 21 世纪中国老龄化人口增长速度最快的十年。上海市老龄化速度的阶段性特征就更明显了。1979 年，上海成为中国第一个进入老龄化的省份，到 2000 年中国整体步入老龄化社会时，上海 60 岁以上的老年人口已经占到户籍人口的 18. 3%。2000-2010 年这一比重上升到 23. 4%；2010-2015 年，这一比重膨胀到 30. 2%。[①] 这意味着，上海市老龄化程度是呈加速度变化的，2010 年以后的 5 年老龄人口增量超过了此前 10 年的总和。

① 《大城养老》编委会编 . 大城养老——上海的实践样本［M］. 上海：上海人民出版社，2017：3-4.

表 4-1　2003 年国家计生委 2001-2050 年中国及福建省老年人口和老龄化程度预测

年份	中国 60 岁以上人口数（亿人）（TFR = 1.7）	福建 60 岁以上人口数（人）	中国人口老龄化程度（%）（TFR = 1.7）	福建人口老龄化程度（%）
2005	1.45	—	10.98	—
2010	1.71	3844144	12.57	10.58
2015	2.13	4719118	15.17	12.50
2020	2.43	5656061	16.96	14.70
2025	2.96	6843485	20.42	17.78
2030	3.55	8402484	24.46	21.86
2035	3.97	9861568	27.45	25.60
2040	4.11	10552494	28.63	27.39
2045	4.25	11064819	30.07	29.17
2050	4.50	11627096	32.73	31.61

资料来源：根据国家人口和计划生育委员会 2003 年人口预测的有关数据整理。转引自汤兆云．新中国人口政策研究［M］．北京：光明日报出版社，2015：181-182；汤兆云．全面两孩政策对人口结构的影响——以福建省为分析对象［J］．社会科学家，2017（5）：12-18.

据《2017 年福建省老龄事业发展统计公报》，到 2017 年末，福建省常住人口 3911 万人，其中：60 周岁及以上老年人口 555 万人，占总人口的 14.19%；65 周岁及以上老年人口 344 万人，占总人口的 8.80%。全省户籍人口中，80 周岁及以上高龄老人 91.46 万人，占户籍人口总数的 2.40%。全省老年人口抚养比为 20.5%。到 2018 年底，全省常住人口 3941 万人，其中：60 周岁及以上老年人口 571 万人，占总人口的 14.5%；65 周岁及以上老年人口 355 万人，占总人口的 9%。另据福建省第七次全国人口普查数据，截至 2020 年 11 月 1 日零时，全省常住人口（不含金门、马祖等岛屿的人口和在福建接受普查登记的港澳台居民以及外籍人员）为 4154.01 万人，其中：60 岁及以上人口为 663.79 万人，占 15.98%（其中，65 岁及以上人口为 461.00 万人，占 11.10%）；80 周岁以上的人口 93.78 万人，占比 2.26%。城镇人口 2855.72 万人，占比 68.7%。[①] 据人口学者

① 福建省第七次全国人口普查主要数据公布［EB/OL］．（2021-05-21）［2021-07-21］．https：//baijiahao.baidu.com/s? id = 1700356200960849139&wfr = spider&for = pc.

预测，福建省老龄人口增速最快的十年也将发生在2020-2030年，这十年福建省新增60周岁及以上老年人口近275万人。

“老”得太快，造成养老公共服务需求与供给之间的缺口越来越大。条件较好的公立养老机构，供不应求、一床难求。政府将机构床位建设纳入经济社会发展规划目标，通过纳入为民办实事项目清单等方式，不断推进每千人床位数建设，各类养老机构数量逐年加速度递增。就全国而言，据《2017年社会服务发展统计公报》，到2017年底，全国各类养老服务机构和设施15.5万个，比上年增长10.6%；[①] 各类养老床位合计744.8万张，比上年增长2%（每千名老人拥有养老床位30.9张）。[②]而在2010年，中国每千名老人床位数仅17.9张，与发达国家每千名老人占有50-70张床位数的水准相差甚远。[③] 就福建省而言，据《2017年福建省老龄事业发展统计公报》，到2017年底，全省有养老机构1046家。其中，公办养老机构710家，民办养老机构336家（公办民营109家）。全省拥有各类养老床位17.8万张，每千名老年人拥有床位约32张。到2018年底，福建省养老机1107个，其中公办481张，占比43.5%，民办养老机构626家，占比56.5%。全省共有各类养老床位19.2万张，每千名老年人平均拥有养老床位达33.6张。到2020年底，全省养老机构总数达到1141家，其中民办945家（含公建民营），公办196家。各类养老床位24.75万张，每千名老年人拥有床位约37.1张。

2. “社会福利社会化”是养老机构服务水平持续提升的直接推动力

中国的养老机构发展情况历史悠久，有研究者将之划分为四个阶段。[④]第一个阶段是古代时期，南北朝时期养老机构开始萌芽；经历唐、宋、元、明四个朝代的推动，养老机构开始成为政府的常规性制度性举措；清朝开始出现官民合办的养老机构。第二个阶段是民国时期，养老机构朝着现代社会福利制度建设方向发展，进入并开始了专业化的养老服务阶段。第三个阶段是1949-1999年，养老机构性质界定为福利机构；在社会福利

① 其中，注册登记的养老服务机构2.9万个，社区养老机构和设施4.3万个，社区互助型养老设施8.3万个。

② 其中，社区留宿和日间照料床位338.5万张。

③ 陈燕祯．老人福利服务：理论与实务［M］．上海：华东理工大学出版社，2018：431.

④ 王莉莉，杨晓奇，柴宇阳．中国养老机构发展现状［M］//杜鹏主编．回顾与展望：中国老人养老方式研究．北京：团结出版社，2016：57-74.

社会化理念的推动下，个人可以参与创办敬老院，各类养老机构不断增多；老年人入住养老机构的限制也逐渐放开。社会福利机构的入住率大幅提升；推动养老机构规范、健康发展的各类专项政策也纷纷出台。第四个阶段是2000年以后，党和国家对养老机构发展的重视力度不断增强，各类养老政策的创制力度明显增强；民间力量投入加大，社会力量成为养老机构建设主体；启动公办养老机构改制，逐渐转制为民营或企业，养老机构市场化进程快速发展。从以上养老机构发展历程的简单描述可见，养老机构在新中国建立后开始得到规范化稳定发展，并成为现代社会保障制度体系的一个重要组成部分。2000年以后，中国正式总体进入老龄化社会，养老机构更是获得空前的发展空间。

作者认为，社会福利社会化应是21世纪以来养老机构服务水平持续提升的直接推动力。在深化改革开放进程中，“社会福利社会化”成为社会福利机构改革的指导性理念；“社会福利社会化”启动了社会养老公共服务供给方式的变革。早在20世纪80年代中期，民政部门就提出了“社会福利社会办”的方针，探索社会福利社会化之路。2000年2月13日，民政部、国家计委等11个部门联合发布《关于加快实现社会福利社会化的意见》，提出“在供养方式上坚持以居家为基础、以社区为依托、以社会福利机构为补充的发展方向，探索出一条国家倡导资助、社会各方面力量积极兴办社会福利事业的新路子”。自此以后，政府办养老机构面向社会老人开放，以及动员各方面社会力量兴办养老机构，开始成为一项重要决策。

（二）进入21世纪以来，养老机构成为社会福利递送的重要载体

21世纪以来，机构养老服务的性质、要求，养老机构的建设方式、运营模式等方面都发生了深刻的变化，养老机构由此成为社会福利递送的重要载体。

1. 养老机构性质从特定群体的福利保障性向适度普惠的社会福利性转变

改革开放以来，政府部门提供的社会养老服务侧重于老年福利服务，主要针对城乡“三无”、五保、低保、特殊群体等，以及离退休老干部群体，以机构为主要服务载体。以包括军队在内的离退休干部的社会养老服务为例，从1978年6月国务院颁发的《关于工人退休、退职的暂行办法》

和《关于安置老弱病残干部的暂行办法》开始，我国的退休制度步入规范化、制度化的轨道。1982 年《中共中央关于建立老干部退休制度的决定》进一步确立了老干部的退休制度，明确提出为了统筹解决老干部离休退休方面的问题，各级党委的组织部门应当建立健全老干部工作机构，专司其事。作者称之为传统的社会养老服务体系，它有制度化的财政资金保障和自上而下的组织体系，能在较高程度上为特定群体提供基本社会养老服务保障。但随着社会发展水平的提高，老龄化程度的加深，传统的社会养老服务体系越来越不能适应人民群众追求更美好生活的需求。

进入 21 世纪以来，随着社会老龄化程度的加速，党和政府从“积极应对人口老龄化”角度加强社会养老服务工作，养老机构越来越多地提供适度普惠的社会福利服务。2012 年 11 月 8 日，党的十八大报告提出，“积极应对人口老龄化，大力发展老龄服务事业和产业”。2016 年 5 月 27 日，中共中央政治局第三十二次集体学习以“我国人口老龄化的形势和对策”为主题，提出“要构建居家为基础、社区为依托、机构为补充、医养相结合的养老服务体系，更好满足老年人养老服务需求”。2017 年 10 月 18 日，党的十九大报告在“实施健康中国战略”部分提出，“积极应对人口老龄化，构建养老、孝老、敬老政策体系和社会环境，推进医养结合，加快老龄事业和产业发展”。2019 年 4 月 22 日，习近平总书记在中央财经委员会第四次会议上提出，“要加快民生领域工作推进，加大对义务教育、基本医疗、住房和饮水安全、育幼养老等方面投入，解决好部分群众急迫的现实问题”。新时期社会养老工作的定位也进一步明确：我们既要为全面建成小康社会跑好“最后一公里”，又要乘势而上开启全面建设社会主义现代化国家新征程，实现“两个一百年”奋斗目标有机衔接。

2. 机构养老服务由供养型、粗放式服务向康复型、专业化服务转变

传统机构养老服务多属于粗放型管理模式，没有形成明显的专业分工，主要提供日常生活照料服务，属于供养型服务。养老方式社会化程度越深，养老服务需求的个性化、人性化、亲情化程度就越高，对服务专业化提出的要求也越高。机构养老服务类型中护理康复服务、临终照护和关怀服务，以及专门针对失智老人群体的服务，对养老机构的要求比较高，不仅需要专业化的护理人员，也需要专业化的社工人员。作者近几年在福建省内做田野调查时就发现，有越来越多的养老机构开始注重提供专业化

的机构养老服务，比如专门针对失智老人的服务模式、临终关怀专业人才培养等。同时，养老行业专业人才匮乏的问题也越来越突出，挑战着养老机构特别是民办养老机构的可持续发展能力。台湾地区早于大陆地区探索机构养老服务专业分工及专业化服务递送之路，可为大陆机构养老服务质量提升提供有益借鉴。

个案一：福州市 XLH 爱心护养院

2017 年，厦门 LH 医养集团在福州新拓展医院与医养结合养老机构。2018 年 4 月，福州市 XLH 爱心护养院正式成立。规划设置床位 595 张，一期编制床位 145 张，二期拟配置养老床位 450 张，是马尾区首家医养综合体。服务的对象多为高龄、空巢、半失能、失能、失智、临终关怀老人及重度残疾人，配有专职的医生、护士、护理员和社工，为老人提供医疗、养老、康复为核心的全方位服务，同时向社区和居家养老服务延伸。自 2018 年 4 月第一位长者入院以来，截至 2019 年 2 月，共计入院 120 人，现有在院 80 多人，为长者送终 24 人，康复返家 12 人，最高年龄 94 岁，平均年龄 75 岁。

爱心护养院传承厦门 LH 医疗养老集团 18 年医养结合探索经验，以二级综合医院为依托，配备医疗、康复、养老及娱乐设施，拥有一支初、中、高级职称的专业医护团队，可提供气管切开、鼻饲、导管、换药、压疮、心电监护等长照服务，执行医疗十八项核心制度，给予老人专业化、规范化、标准化的悉心照顾。成立于 2017 年 12 月的福州市马尾区 XLH 社会工作服务中心也为健全老年人提供精神关爱、心理疏导、危机干预服务网络，督促家庭成员加强对老年人的情感关怀和心理沟通，为老年人提供心理关怀和精神关爱，支持企事业单位、社会组织、志愿者等社会力量开展形式多样的老年人关爱活动。

人才紧缺，护理人员要求的特殊性，要有大爱情怀，特别是年轻人从事这项工作人越来越少，培养机构也少，新生力量的补充也将是制约福州市 XLH 爱心护养院发展的一个难题。（福建省社会养老服务田野调查笔记-20190310-福州市 XLH 爱心护养院）

个案二：福州市高新区 ZL 老年之家

专业的管理人才以及护理人员极为短缺。这其中有行业歧视、福利不高、工作挑战比较大等原因，彻底解决是一个比较复杂和漫长的过程，比如专业办学、校企合作、订单式培养、招生就业、时间银行等。我们当下可以做的就是将“福建省老年人权益保障条例”中提到的护理员补贴先做起来，这个相对简单些，比较可行，也是今年福建省养老工作会议上重点推行工作之一。3 月 27 日 Z 副省长来调研时，C 厅长也说有做试点的想法，我们高新区可以先行。（福建省社会养老服务田野调查笔记-20190405-福州市高新区 ZL 老年之家）

个案三：台北私立仁群·群仁老人养护所

台北私立仁群·群仁老人养护所创立于 1999 年 11 月 2 日，原名“台北私立仁安老人养护所”，现负责人 ZWR 为台北市社区银发族服务协会理事长，2006 年 1 月 10 日在原址改建并更名为“台北市私立仁群老人养护所”。4 月 19 日，在仁群老人养护所同址之 3、5、6 楼成立“台北市私立群仁老人养护所”。该养护所的照护团队整合医师、护理师、物理治疗师、营养师、社工、慈济及教会志工等跨专业服务领域，透过专业化、团队式的照顾服务，提供长者专业的评估、诊断、咨询与照护，同时关注长者身心灵的需求。主要为五类对象服务：（1）凡年满 65 岁以上老人或 50 岁以上身心障碍者。（2）全身或局部瘫痪致生活不能自理者。（3）中风、行动不便及日常生活起居需仰赖他人协助者。（4）装设鼻胃管、导尿管护理或洗肾等长期照顾病患。（5）罹患慢性疾病或老人失智症者。主要提供 6 项专业化服务，即：生活照顾服务、护理服务、医疗服务、复健服务、营养服务、社工服务。（台湾地区社会养老服务田野调查笔记-20161129-台北私立仁群·群仁老人养护所）

3. 养老机构运营模式由封闭型向开放型转变

进入 21 世纪以来，政府鼓励社会力量参与社会养老服务，通过政策引导，养老机构的运营模式也由封闭走向开放，主要体现在以下三个方面。

（1）投资养老机构的主体越来越多元化

2013年，国务院下发《关于加快养老服务业发展的若干意见》，明确提出“充分发挥市场在资源配置中的基础性作用，逐步使社会力量成为发展养老服务业的主体”。这一年也因此被中国业界称为养老产业发展元年。此后几年来，中央相关部门和省级政府部门也相继出台配套政策文件，引导社会力量参与社会养老服务。养老机构投资主体多元化局面开始形成。

首先，政府仍然是养老机构最重要、最主要的投资主体。政府在养老机构发展中的投资主体作用体现在以下四个方面。一是将发展养老事业列入年度财政预算，不断加大财政预算投入。通过床位补贴、运营补贴、机构建设补贴、以奖代补等方式推动社会养老服务设施硬件建设。二是因地制宜适时调整土地政策，不断加大各类养老机构建设用地供给。对非营利性养老设施用地，可以依法适用国有划拨土地；对营利性养老机构建设用地，可依法处理土地有偿出让手续；对农村养老服务设施建设用地，可适用农村集体建设用地。[①] 三是不断推出税收优惠和融资、投资政策，在推动养老机构民营化同时，实行民办与公办养老机构同等待遇，降低民办养老服务企业税收负担与融资门槛。四是创新人才和就业政策，不断提升社会养老服务行业专业化、职业化水平。

其次，各类企业投入养老产业市场的热情不断高涨。纷纷进入养老产业领域的企业包括：合众人寿保险有限公司、泰康保险集团股份有限公司、安邦保险集团、中国太平洋保险集团等大型险资企业；万科随园、远洋椿萱茂、绿城乌镇雅园、北星地产金融等大型房地产企业，据不完全统计，进入养老产业的品牌房地产企业已超过100家；正和磁系资本、逝意创投、招商局、蓝驰创投等风投资本。[②] 近年来，国企、外企投身养老产业的步伐也在加快。比如，上海市静安区区域企业凯成公司探索性地创建公建公营非事业型养老机构运营模式，积极探索国企“公益行项目市场化运作”经营之路。[③]

---

① 丁建定主编．中国养老服务发展研究报告（2018）［M］．武汉：华中科技大学出版社，2018：186.

② 张晶主编．80后的养老事业2.0：养老产业商业模式与跨界创新［M］．北京：中国经济出版社，2018：37.

③《大城养老》编委会编．大城养老——上海的实践样本［M］．上海：上海人民出版社，2017：14.

最后，以个人、社会组织和事业单位等为主体的中小微养老服务企业不断涌现。

> 在（福建省养老助老行业）协会工作的两年时间（2015－2016年），接触了很多想进入养老行业的社会人士。有的是有地想做养老，有的是正在做养老，找地扩张，有投资养老的，找机构并购的，还有做可穿戴设备和智能家居的，适老化改造的，各种护理设备，护理耗材，各式各样的人，接触非常多……各种各样行业的人，都想来做养老，找我咨询。（深度访谈 001－20190624－SD）

（2）养老机构从业人员多元化、内部分工协作专业化

传统社会养老服务体系中的养老机构，有制度化的财政资金保障和自上而下的组织体系，对从业人员的管理水平和专业技术要求与市场化经济组织有明显不同。进入 21 世纪以来，随着养老机构社会化程度推进，有各种不同从业背景和职业经历的人员开始在养老服务和养老产业领域深耕发展。越来越多的养老机构开始探索机构内部的专业分工，通过专业化、人性化服务，响应多元化服务需求。在此背景下，不论是公办还是民办养老机构，对专业管理人才的要求和需求越来越高；机构内部自发自动形成专业分工协作。上海市第一社会福利院提出了"六位一体"组团服务模式，提高重度照护老年人的服务质量。① 相比大陆而言，台湾地区养老机构内部的专业分工已经成为行业内的共识，趋向成熟，尤其值得大陆养老机构学习借鉴。

> 我的护工来自保育员、酒店服务人员、照顾过老人和自己父母的人，他们做了养老护工后，如果有了评级的标准，他们就像月嫂一样，他们就有了动力。我现在有 7 个照护员，照护比 1∶2。我的护工储备，现在已经可以做全护理了。（深度访谈 002－20190701－ZYX）

---

① 《大城养老》编委会编．大城养老——上海的实践样本［M］．上海：上海人民出版社，2017：15.

从阶段性来看，除了资金的压力，入住率没有达标，请不到强的运营，把ZL做得更强大，更精致。缺对外的形象包装。还有一些问题，是需要等待，比如门口的路一直在修。从运营本身来讲，我不担心，对ZL的未来，我也是有信心的。还有就是，员工素质不强，又没有钱请很好的师资过来培训。（深度访谈001-20190624-SD）

台湾（机构养老服务里）有各个专业的介入，我们叫“六师”，包括：医师、护理师、营养师、药师、康复师、社工师。在大陆，专业的服务只有医生和护士来做，而且介入都很表浅。台湾的专师，他们会在固定的时间出现在机构里，这是由评鉴标准决定的。机构里出现频率最高的是护理人员，但他是非常smart的，他知道什么时候专业人员该出现，知道什么情况下要叫什么人来，向什么人咨询。在大陆，护理人员的专业性有限，只是技术的执行，相当于台湾的护工。在大陆，药物整合是一个非常陌生的事情，药师的养成教育很薄弱。老年的营养师很重要，但现在被取消了，变成了健康管理师，但偏重健康检查，就不是去注重日常生活管理。（深度访谈004-20190709-YZL）

（3）养老机构运营模式多元化

一方面，养老机构运营的民营化、品牌化、连锁化发展趋势明显；另一方面，伴随行政领域的简政放权，养老机构设立条件宽松化、运营机制灵活化，对机构养老服务质量和监管的双重要求，推动了机构养老服务的标准化建设。党的十八大以来，养老机构的发展变化不是政策的按图索骥，但中央养老政策的发动机效应越来越明显。在国家政策的引导和鼓励下，公办养老机构改制为企业，以PPP方式推进养老机构公建民营成为主流模式，完全由政府投资兴办运营的事业型养老机构比重不断降低。早在2011年，国务院办公厅在《关于印发社会养老服务体系建设规划（2011-2015年）的通知》中就提出：“开放社会养老服务市场，采取公建民营、民办公助、政府购买服务、补助贴息等多种模式，引导和支持社会力量兴办各类养老服务设施。”到了2013年，国务院就在《关于加快发展养老服务业的若干意见》中进一步提出，“政府投资兴办的养老床位应逐步通过公建民营等方式管理运营，积极鼓励民间资本通过委托管理等方式，运营公有产权的养老服务设施”。2017 年，国务院在《关于印发“十三五”国家老龄事业发展和养老体系建设规划的通知》中明确提出，“政府运营的养老床位数占当地养老床位总数的比例不超过 50%”。不断提升养老机构的服务质量，成为政府部门、服务消费者和市场竞争者共同的要求。上海市长宁区在 2014 年就在区内 16 家养老机构采用 PDCAS 五步法，导入“OSM 现场精细化管理系统”（On-Site Management），2017 年向全区推广覆盖。[①] 2019 年，国务院办公厅《关于推进养老服务发展的意见》中明确提出：“支持在养老服务领域着力打造一批具有影响力和竞争力的养老服务商标品牌，对养老服务商标品牌依法加强保护”；“加快明确养老机构安全等标准和规范，制定确保养老机构基本服务质量安全的强制性国家标准，推行全国统一的养老服务等级评定与认证制度”。

二　机构养老服务的功能反思及其递送政策创新思路

进入 21 世纪后，人口老龄化成为一种世界性趋势，社会养老市场化也成为很多国家和地区解决众多老龄人口养老需求的主要途径之一。机构养老服务是社会养老服务的主要方式之一。养老机构古今中外皆有之，现代社会养老机构的快速发展，不仅体现在养老机构数量的持续增长、机构养老服务水平的持续提升上，还体现在机构养老服务覆盖人群、递送方式途径、机构运营的理念模式等方面的多元化发展上。

（一）机构养老服务功能反思

作者以田野调查中获得的经验，反思机构养老功能。通过对两个典型养老机构（一个是公办机构，一个是民办机构）[②] 的服务递送模式的比较（见表 4-2），得出如下结论。

① 《大城养老》编委会编．大城养老——上海的实践样本［M］．上海：上海人民出版社，2017：15-16.

② 按照资产性质，可以把养老机构划分为民办和公办两种。民办养老机构的资产属于私人、集体；公办养老机构则多由民政部门、卫生部门兴办，资产属于国有。养老机构的资产属性不同，其生产成本、支出结构也不同。

表 4-2 不同类型机构养老服务递送模式比较

机构性质	公建公营	民办公助
案例机构	福州市第一福利院	福州高新区 ZL 老年之家
服务资金筹集	基础设施、运营管理经费全额财政拨款，包括一般公共预算拨款、基金预算拨款和财政专户拨款	装修、设备、办公耗材等基础设施自筹，装修到投入使用，共投入 1300 万元；房屋租金、水电、员工工资、伙食费等运营费用自筹，每月平均约投入 33 万元，其中房租每月 11.5 万元。可以按规定申请床位补贴和运营补贴
服务规模	国有集体土地。院区最初有 110 床，即涵福楼。2009 年财政投入新建老年公寓，建筑面积 8300 平方米，一期床位数 248 张，二期床位数 258 张，目前有总床位数 506 张	租用旧厂房，经审批合格后改为养老用房，建筑面积 4000 平方米；目前有总床位数 90 张
服务定价	按照市物价局核定的收费标准进行收费。根据护理等级、床位类型不同，收费大致在每人每月 2400-6000 元	根据当地市场行情和经营定位，自行定价。 根据护理等级、床位类型不同，收费大致在每人每月 4300-9000 元
服务提供者来源与构成	包括事业单位编制人员（院长、副院长、办公室、财务室、食堂、护理部、医务室）和临时聘任人员（主要是护工）（管理团队有事业单位身份，由院长组建；护理人员通过市场招聘培训，工资由财政支出，招聘名额有限制） 事业编制员工平均工资 4500 元；护理人员工资 3500-5500 元不等	包括管理人员（院长、总务、业务、财务、社工、行政）和护理人员（包括医生、护士、护工） （管理团队由院长组建，长期培养；护理人员通过市场招聘培训，名额根据入住老人数量招收和储备） 管理人员平均工资 5000-7000 元；护工平均工资 5000 元
服务推广/销售渠道	最早源于 1945 年设立的福州市救济院，是全公办社会福利事业单位，不需要做营销广告	主要通过市场渠道推广，包括灏景梯视、报纸广告、电视广告、网络推广等渠道。 （网络渠道的效果最好，开业至今每月平均花在网络渠道的推广费用在万元以上）
服务对象来源与构成	优先保障对象和自费自愿入住老人。入住老人以福州地区为主，包括健康活力老人、半失能和失能失智老人三类	各种职业身份类型的老人都有，入住老人全部来自福州地区，收住的都是失能失智老人

资料来源：以上资料和数据全部来自作者所做的田野调查。

第一，公办养老机构和民办养老机构养老服务递送的差别主要在于生产资料投入的来源不同。这主要体现在两个方面：服务场所物业性质、服务资金来源。公办养老机构服务场所是公有的，民办养老机构服务场所来源多元，但物业多是私有的。公办养老机构实行收支两条线管理，收费按照政府部门规定价格收取，人员工资也由财政拨款支出，实行绩效管理。民办养老机构则按照市场规律，自主定价，自主支付人员工资。另外，对于新建的养老机构，在入住率没有稳定之前，还需要支出数额不等的广告营销费用。对于纯公办养老机构，则没有这方面的开支。

第二，公办养老机构和民办养老机构服务团队的构成、服务对象的构成大致是相同的。它们的服务团队都是由管理人员和护理人员两大块构成，内部的协作分工也大体相同。不管是公办机构还是民办机构，都是面向社会全体老人开放的；服务对象都是以半失能和失能、失智老人为主。略有不同的是，公办养老机构还有接收民政福利对象的责任。福州市社会福利院称之为三类优先保障对象，即：政府供养保障对象——城市特困人员；困境家庭保障对象——包括低保或低收入家庭中孤寡、失能、半失能、失独或高龄的老年人；优待服务保障对象——包括享受市级及以上劳动模范待遇人员、因公致残人员或见义勇为伤残人士等为社会做出突出贡献人员中失能或高龄的老年人。[①] 福利院目前接收了25位优先保障对象老人，政府支付给养老机构每人每月平均约1500元。

第三，公办养老机构和民办养老机构的收费标准虽有差别，但高标与低标收费之间的差距并不大，属于合理的差距。不管是公办机构还是民办机构，都要遵循市场规律，在投入产出之间求得平衡的同时，还要通过绩效管理保证服务的品质基本满足老人的需求。半失能、失能、失智老人的服务需求是各类养老服务需求中的刚需，排除家庭成员自行照顾的情况，机构养老的收费与老人通过各种途径购买市场服务的成本差别不大，多以当地社会雇佣一个保姆的费用来计算服务消费成本。因此，一个有长期照顾需求的家庭多从理性出发，只有当机构养老与雇佣保姆所需费用差不多，甚至前者还要低于后者时，消费者才倾向于选择机构养老。服务质量的考量多在价格考量之后。就福州市当地物价和消费水平而言，每月6000元是一个不能自理老人雇佣一个住家保姆所需要的最低支出标准，不难发现，无论公办还是民办机构，照顾一个失能失智老人的费用大体也在这个标准上下浮动。

---

① 参见福州市社会福利院关于修订《福州市社会福利院入住评估与轮候管理办法》的通知。

第四，公办养老机构和民办养老机构都面临同样的发展难题和瓶颈。公办养老机构和民办养老机构都对社会老人开放，在这一前提下，养老服务生产成本和投入产出的对应关系逐渐建立起来，管理绩效趋于一致。同时，不同的管理者和服务团队又会形成各自的运营风格。公办养老机构代表政府为社会提供养老公共服务，服务团队比较稳定，有稳定的运营资金，这些都有利于公办养老机构服务生产的稳定，服务质量相对也有保障。但缺点是，公办养老机构提升服务专业化程度、创新服务管理方式的激励机制相对较弱。民办养老机构对成本收益的压力更加敏感，因而能更快回应市场多元化的养老服务需求，根据自身的特点和实力调整经营策略，形成服务供给的多层次性。但缺点是，大多数民办养老机构属于高人力资源投入的轻资产运营模式，难以突破提升服务质量所需要的融资和专业人才瓶颈。民办养老机构和公办养老机构面对庞大复杂的养老服务需求，压力和难题是同样的，即都需要不断提高服务质量，都要寻求可持续发展之路。

基于上述个案的比较分析，作者认为：一方面，养老机构的功能作用不仅不能削弱，还要不断充实完善，以适应老龄社会发展的要求；另一方面，机构养老服务递送机制的完善应始终坚持以福利功能为主导向。

（二）机构养老服务递送政策创新思路

下面进一步阐释机构养老服务递送应坚持福利功能价值取向的理由。

1. 养老机构满足社会成员养老安全预期的本质特征始终没有变

现代社会是一个风险社会，社会保障制度设计的目的之一就是帮助社会成员应对风险。“风险”的反义词是“安全”，安全概念可以区分为传统安全和非传统安全，其中养老安全属于非传统安全领域。预防养老风险与保障养老安全是一致的，学者们提出养老安全需要提到国家安全的高度来认知与预防，而养老风险包括了收入保障风险、日常照料风险、失能失智风险、孤独抑郁风险等，首要的是收入保障安全问题。[①] 人口老龄化加快，使得养老基金已经出现了大的资金缺口，养老金替代率下降导致名义养老

① 穆光宗．银发中国：从全面二孩到成功老龄化［M］．北京：中国民主法制出版社，2016：304.

金减少，个人账户空账运行，表明养老金体系渐入困境。与人口老龄化相伴随的是人口少子化，严重的人口少子化意味着四个减少，即社会财富创造者减少、三产服务提供者减少、养老保险缴纳者减少和老年照料支持者减少。[①] 人口发展的代际失衡问题日趋突出。此外，基于老龄化是一个世界性的必然发展趋势，现在的青少年人口，也是未来的养老高风险人群。这些风险，都需要从社会政策的角度去思考应对。

现代社会的养老机构就承担了这样的风险应对功能。新中国成立以来，机构养老服务"托底"保障功能一直没有改变。不同的是，随着老龄化程度的加深，机构养老服务满足养老安全预期的"福利"功能开始增强。作者在福州市社会福利院[②]的田野调查中发现，作为一所纯公办的城市养老机构，已经有60年历史的福州市社会福利院，在福州市经济社会发展以及人口老龄化过程中，不知不觉地调整着自己的职能定位：服务对象从只服务于优先保障对象到面向符合条件的有需要的老人；服务内容从主要提供食宿服务到提供食住医娱等全方位服务；服务方法从没有专业分工到专业分工越来越细致。福州市社会福利院这所公办养老机构实际上满足了老人们对养老安全预期的期待。

2002年刚来（福州市社会福利院）的时候基础比较差，主要做政府供养对象……我自己也感觉，人在哪里都要工作，自己感觉这里的工作还是很有意义的，于是开始扎根做工作。开始从硬件设施改善做起，让每个老人房间有空调、有电视。伙食也管理起来，老人吃得满意。福利院慢慢发生了变化，管理上去了，入住率慢慢提高了，职工队伍跟上来了，能跟我们步调一致。到了2004年，两年时间里，院里110床就慢慢住满了。2007年，开始建老年公寓1号楼，2009年10月投用了246床，整个硬件上了新台阶。2009年3月开始做分级护理，把入院老人分为健康老人、半护理老人、全护理老人三类，然后在全院实行分区管理：全护理一个区，半护理一个区，失智专区。到

---

① 穆光宗．银发中国：从全面二孩到成功老龄化［M］．北京：中国民主法制出版社，2016：306.

② 福州市社会福利院最早源于1945年设立的福州市救济院，历经职能调整和更名，1979年，由福州市老幼福利院更名为"福州市社会福利院"至今。

2011 年上半年，知名度有了，出现了需要排队入住的情况，一直持续到现在。2013 年我们参与了养老机构护理标准制定，我们把前几年的经验融进了地方标准，后来又参与了 2 个国家的标准化试点工作，我们的专业化水平得到提高，服务水平也得到提升。2008 年我们福利院成为民政部社工人才建设试点单位，2012 年成为省级标准化试点单位，2014 年成为民政部养老服务标准化试点单位，2015 年成为国家级公共服务和社会管理标准化试点单位……目前，社会福利院入住老人 280 人，包括优先保障对象 25 人和自费入住老人。自费入住老人的条件是 60 周岁以上，无精神病、无传染病、无严重皮肤病、大陆户籍公民、有法定监护人，且自愿入住。（深度访谈 003-20190703-HMQ）

2. 公办和民营养老机构承担社会养老服务的公共责任相同

作者在田野调查中发现，不管是在民办养老机构，还是在公办养老机构，入住老人和他们的家属都将老人们受到的良好照顾最终归功于政府的“好政策”。作者将此现象解读为社会成员将社会养老天然视为政府责任，只不过福利服务输送的主体有所区别而已。随着党的十八大以来民办养老机构数量和比重不断攀升，民众会改变对养老机构本质功能的理解吗？事实上，政府和社会对养老机构的定性存在分歧，或以事业视之，或以产业视之，致使政策摇摆不定，养老机构发展不能健康有序，养老服务质量不尽如人意。作者认为，不论是公立还是私营养老机构，在组织目标、服务对象、服务方式、组织功能等方面存在同一性，都是社会养老公共责任的承担者。

（1）不管何种性质的养老机构，本质上都是典型的非营利组织

无论是公办养老机构，还是民办养老机构，都属于社会服务类组织，至少在三个方面存在共性。一是在社会功能上，致力于解决家庭及其家属难以解决的老年人照护问题。二是在价值理念上，通过以“善”为核心的社会伦理实践，通过住养和照护服务，满足老年人需求和社会各方面需求，追求社会最大程度的“善”，为全社会提供安全的养老预期。三是在服务性质上，养老机构的志愿精神和公益性始终贯穿管理服务始终，主要表现为：养老机构为有需要的老人提供照护服务，为全体社会成员提供安全的养老预期，为社会提供就业岗位，为机构创办者积累社会资本。在机

构工作的管理者和护理人员物质所得始终低于其付出。

（2）不管何种性质的养老机构，其赢利能力都体现着非营利性特征

不管何种性质的养老机构，都不在暴利行业范围内。除了公办养老机构（包括国有/集体养老机构），以养老服务为主营业务的民营（包括公办民营/公建民营）和民办（包括企业/民办非企业）养老机构也普遍不在暴利行业范围内。这是因为养老机构与普通企业不同，其收入来源非常有限，支出项目也都非常清楚。养老机构根据床位收取床位费、服务费，同时也不大可能随时提价，养老机构的盈利来源普遍通过提高入住率来实现，而入住率也是有上限的，因此养老机构的收入也是有上限的。需要指出的是，2013 年以后，社会力量参与养老服务业发展的积极性高涨，产生了大量不同于传统养老机构的运营模式，比如某些医养结合的养老机构、养老地产等。这些模式大多从机构养老服务介入，或打着养老旗号做营销，其盈利模式已经不来自单纯的机构养老服务，这类模式涉及的机构排除在作者所指的以提供机构内的养老服务为主的养老机构之外。总之，大多数养老机构既承担社会养老服务职责，也承担养老公共服务职责，其产出的社会效益明显高于经济效益。

高端养老机构仅通过为“高端”老人提供“高端”服务，也难以获得暴利。这是因为，有较高付费能力的老年人可以分为两类。一类是健康活力老人，这类老人有较高的物质精神文化需求，他们有消费能力，但没有消费习惯，更没有在养老机构购买服务的消费习惯。个中既有老年人消费观念的因素，也有服务供给方供给能力的因素。另一类是半失能、失能老人。这类老人主要是生理机能维护方面的基本需要，消费能力有限。即便有消费能力的“高端”老人选择在机构消费，也需要机构能提供相应的高端服务，目前阶段来看，单一化、单体化的养老机构难以提供成本较低的“高端服务”。

民办养老机构依靠管理和服务，不断提升市场生存和竞争能力获取利润，其性质也不属于暴利，而是与其付出相应的获得。营利性养老机构的特征非常符合国际社会非营利组织社会企业化趋势，即同时考虑任务和赚钱或是考虑社会目的和经济目的的双重底线。人力资源和人才队伍的培养与稳定，入住率的稳定提升，都会倒逼机构不断改善经营管理能力。因此，社会企业化的养老机构能实现赢利，应是其服务能力的体现，意味着

入住机构老人的生活质量有改善。[①]

因此，从较宽泛意义上看，无论是公立养老机构，还是私立养老机构，都属于较为典型的非营利组织，其管理体系的建立和完善应以老人满意度为核心，以更好地实现社会养老公共服务责任。还有研究者指出，社会服务的责信（accountability）时代来临，无论公部门还是私部门，在福利服务的输送过程中必须根据评鉴制度进行严谨的管理，“机构的品质和绩效管理已成为受重视的福利焦点”。[②]

三　社会组织成为机构养老服务递送的新型主体之一[③]

进入21世纪以来，越来越多的社会组织进入社会养老服务领域，成为社会养老服务递送的新兴主体。这种现象的出现，首先源于社会组织的公益属性与养老服务行业的内在气质有着一致性。其次是由于公共服务领域推行政府购买服务模式，养老服务领域的很多PPP（Public-Private Partnership）项目，其承接主体是各类社会组织。[④] 本研究中的社会组织是指追求社会理性、提供非营利的社会服务或社会支持的、具有独立法人资格的社会团体。很多中小型养老机构以民办非企业身份进行法人登记备案，在实践中则采用公司制管理方式。因此，作者将现实社会中递送养老服务的社会组织界定为除运营养老机构以外的、参与社会养老服务递送的各类民办非企业和社工服务类组织。以田野调查中观察、座谈和访谈得到的认

① 董红亚．非营利组织视角下养老机构管理研究［J］．海南大学学报（人文社会科学版），2011（2）：41-47.

② 陈燕祯．老人福利服务：理论与实务［M］．上海：华东理工大学出版社，2018：375.

③ 本标题下部分内容与第五章第三部分中社会组织递送居家社区养老服务的部分内容，已经整理成《社会组织在社会养老服务递送中的作用解析——基于福建的田野调查和个案分析》一文，发表在《中共福建省委党校（福建行政学院）学报》2020年第5期上。

④ 2019年6月6日，福建省民政厅、福建省财政厅关于印发《省级支持社会组织参与社会服务管理办法》的通知对社会组织参与社会服务进行了规范，同时废止了《福建省财政支持社会组织参与社会服务项目资金使用管理办法》。根据这一新的管理办法规定，参与社会服务的社会组织是指经各级民政部门登记成立的社会团体、基金会和社会服务机构等。社会服务参与的社会服务项目包括：扶老助残、关爱儿童、救孤济困、社会工作及登记管理机关和社会组织工作人员培训等。社会组织参与社会服务的具体方式是通过基层民政部门购买社会组织服务，购买服务资金来源于省级福利彩票公益金支持社会福利事业专项资金。

知和发现为基础，作者对福建省内各类社会（主要是社工）组织在参与机构养老服务递送中实际发挥的作用进行了梳理。

（一）社会组织递送机构养老服务的个案分析

自 2015 年起，作者就注意到泉州市在推动社会组织参与社会服务方面的实践和进展。2018 年 10 月 30 日到 2019 年 1 月 20 日，作者在泉州开展了为期近 3 个月的驻点调研，与泉州市主要社会组织负责人进行座谈交流，到购买了社工服务的养老机构实地调研参访。2019 年上半年重点跟踪了解泉州市养老服务组织孵化基地（简称“孵化基地”）的运营情况。

1. 泉州市社会组织及社工组织发展情况

泉州市社会组织与社工组织建设卓有成效，社会组织数量逐年增多，结构日趋合理，监督管理日益到位，社会组织运行不断规范。截至 2018 年 10 月 31 日，泉州市已登记社会组织 6190 个（其中市本级 804 个）。其中，社会团体 4103 个（其中市本级 594 个），民办非企业单位 2040 个（其中市本级 194 个），非公募基金会 47 个（其中市本级 16 个）。每万人拥有社会组织数已达 7.23 个。在泉州市登记的民办社工服务机构 59 家（其中市本级 13 家），拥有持证社工 1639 人，市级优秀社工 30 人，省级优秀社工 6 人，其中第三层次人才 3 名，第五层次人才 19 名，机构与人才总量均居全省第二，仅次于厦门。

泉州市政府和泉州市民政局从供给侧加大对泉州市社会组织与社工组织建设的支持力度。2014 年，泉州市政府出台《泉州市推进政府向社会力量购买服务暂行规定的通知》，泉州市民政局转发福建省民政厅《关于确定具备承接政府职能转移和购买服务资质的社会组织目录的指导意见》，进一步推进社会组织承接政府转移职能和购买服务。泉州市民政局制定社会组织等级评估体系，建立社会组织等级评估机制，进一步明确具有资质条件承接政府转移职能和购买服务的社会组织，并实行政府购买服务，社工机构通过购买服务项目、社工岗位购买等形式，承接包括养老、为老服务在内的各种专业社工服务项目，发挥了专业社工服务在社会管理创新中的积极作用。为了推动专业社工队伍的成长，泉州市民政局印发《关于进一步加快推进民办社会工作服务机构发展的实施意见》，加大对社工机构的扶持力度，建立健全社工人才培养体系和激励机制；结合社区服务站规范化建设，探索建立政府与社会组织、社区与社会组织、各社会组织之间的联动机制、联动渠道；通过优化社工备案登记、鼓励社工持证及参加专业培训、推进社工人才分类评价改革等方式，加强社工专业人才队伍建设；建立社会工作人才信息库，目前信息库已经上线运营。

泉州市还成立了专门的养老服务组织孵化基地。孵化基地由泉州市人民政府批准，泉州市民政局主办，市级财政支持，委托专业第三方组织运营，是福建省第一个养老类的服务组织孵化基地。孵化基地于2018年6月正式启动，10月17日正式投入运营，服务项目主要包括孵化培育、能力提升、合作交流、创新发展、风采展示等五个方面。2019年初泉州市养老服务信息网络平台正式建立，该信息平台主要展示泉州市最新养老信息，收录10家养老机构旗下养老院信息。信息平台开通了服务热线，市民可以直接拨打95060进行养老信息的咨询。孵化基地还为企业对接政府信息服务，更好地服务养老服务机构。据孵化基地负责人介绍，运营一年来，已入驻14家专业化养老机构，新增运营中养老机构22家，3000多张在营床位，相对初建期在营床位增长了10倍，为50家社会养老院提供了运营咨询，每天平均有20人次的养老服务信息咨询。

2. 泉州市社工机构递送机构养老服务情况与特点

根据泉州市民政局社会组织管理科提供的资料，作者梳理了2012-2017年泉州市社工机构承接各级政府购买养老服务项目。为方便对比分析，以承接服务的社工机构为主要归类标准，作者将泉州市社工机构承接的所有为老服务项目放在一张统计表中。表4-3显示的是2012-2017年泉州市社工机构承接的所有政府购买机构养老服务项目情况。

根据表4-3，泉州市社工组织递送机构养老服务有如下特点。

第一，晋江市民政局和石狮市民政局是政府购买机构养老服务的两大主体。与政府购买社区居家养老服务相比，政府购买机构养老服务并不普遍，这体现在购买主体和购买项目数量的相对偏少两个方面。

第二，乡镇敬老院和市社会福利中心是社工组织服务的主要需求单位。这从侧面反映政府购买社工服务并未延伸到民办养老机构。

第三，晋江市启航社工服务中心、晋江市亿家社工事务所、晋江市益善社工服务中心、晋江市益心社工服务中心和石狮市众诚社工服务中心是承接机构养老服务的主要社工组织。相比较而言，能够在机构开展养老服务的社工组织数量有限。

第四，购买机构养老服务项目的级别局限在县级。市、省、部级的购买机构养老服务项目一个都没有。政府每年为每个敬老院或福利中心购买社工服务的经费也十分有限，一个乡镇敬老院一年的购买社工服务经费普遍在50000元以内。

表4-3 2012-2017年泉州市社工机构承接政府购买机构养老服务项目统计

购买主体	项目名称	试点单位	承接机构	服务对象	经费（元）	级别
晋江市民政局	晋江市民政局“桑榆晚情”养老机构社工服务项目	安海镇云水寺慈静敬老院、龙湖镇尚善养老院、磁灶镇大埔村敬老院	晋江市启航社工服务中心	敬/养老院的老人	134900	县
晋江市福利院	晋江市福利院购买社会工作服务岗位	晋江市福利院	晋江市启航社工服务中心	配合福利院开展社会孤老、残疾人员等民政福利对象救助工作	22920	县
晋江市民政局	2017晋江市民政局养老机构购买社工服务协议	蔡厝敬老院	晋江市亿家社工事务所	院内老年人	50000	县
晋江市民政局	晋江市民政局养老机构购买社工服务（2016.05-2017.05）	龙湖镇尚善养老院、金井镇天泉敬老院、英林镇南湾敬老院	晋江市益善社工服务中心	院内长者	200000	县
晋江市民政局	晋江市民政局养老机构购买社工服务（2017.05-2018.05）	晋江市金井镇天泉敬老院	晋江市益善社工服务中心	金井镇天泉敬老院院内长者	50000	县
晋江市民政局	晋江市民政局养老机构购买社工服务（2017.05-2018.05）	晋江市英林镇南湾敬老院	晋江市益善社工服务中心	英林镇南湾敬老院院内长者	50000	县
晋江市民政局	晋江市民政局养老机构购买社工服务（2017.05-2018.05）	晋江市龙湖镇尚善养老院	晋江市益善社工服务中心	龙湖镇尚善养老院院内长者	50000	县

续表

购买主体	项目名称	试点单位	承接机构	服务对象	经费（元）	级别
晋江市民政局	晋江市民政局养老机构购买社工服务（2017.05-2018.05）	青阳街道普照社区敬老院	晋江市益心社工服务中心	普照社区敬老院院内长者	50000	县
石狮市社会福利中心	石狮市社会福利中心购买社工服务	石狮市社会福利中心	石狮市众诚社工服务中心	院内老人	75000	县

资料来源：作者整理绘制。

（二）以社工为典型的社会组织是递送机构养老服务的新型专业力量

近年来，养老机构负责人普遍认识到了社工作为一支专业力量，对提高机构服务质量作用显著，是一支传统养老机构分工中没有的服务资源。因此，有一些地方民政部门开始提供面向机构养老的社工购买服务项目。

作者在与晋江市社工组织负责人的座谈中了解到，成立于 2015 年 8 月的晋江市益善社工服务中心，2016 年开始承接晋江市民政局购买服务项目，曾进驻龙湖尚善养老院、金井天泉养老院、英林南湾敬老院 3 家养老机构。他们认为，养老机构中的失能老人越来越多，但普通的机构养老服务大多只提供生活照料服务，在没有专业评估老人需求的情况下，更不可能了解到老人不同层次的需求。此外，养老机构也难以关注到护理人员的工作情绪变化对服务的影响。社工在递送机构养老服务中的专业作用①主要体现在以下三个方面。

第一，以常规沟通交流服务，协助机构日常管理顺利进行，帮助老人在机构正常生活。从问题预防与事后补救出发，社会工作者通过与住在机构的老人及其家属深度沟通，及时反馈建议，反映问题，化解矛盾。对已

① 2017 年 11 月，作者在泉州市民政局的安排下，到晋江市社会组织孵化基地调研，与孵化基地主要社工组织负责人座谈。这部分研究发现，是基于晋江市益善社工服务中心提供的《晋江市益善社工服务中心关于养老事业调研座谈的汇报材料》、晋江市益心社工服务中心提供的《泉州市人民政府养老工作调研座谈会汇报材料》及座谈记录，以及与从事机构养老服务的社工专业人士的深度访谈资料撰写而成的。

经发生的问题进行事后分析补救，消除产生问题的环境因素，恢复被破坏的功能或寻找新的替代功能。

第二，以专业的社工个案或小组工作，为机构老人提供直接深度服务。以专业社工理念，与机构老人及其家属深度互动、沟通，全面了解造成老人难以正常生活的详细情况，寻找造成问题的症结，设计问题解决的思路和方案，最终缓解或解决老人的问题。

第三，以专业的服务手法，为老人增能，激发老人自助互助意识。通过开展团体康乐活动，发展社会支持网络，在团队中提高老年人的自助互助意识。通过链接各种社会资源，提高老年人应对困难的能力。比如，为贫困或重大疾病老人争取各种政策支持，为他们提供物质和经济上的帮助；对在机构、家庭、社会中受虐待的老人，进行干预，为他们提供法律和权益上的帮助与保护。

（三）宗教社会组织为社会小众群体提供不可或缺的机构养老服务

宗教组织作为一种特殊的社会组织，历来就是提供养老服务的主体之一。进入 21 世纪以来，以佛教寺庙为代表的宗教养老方式也引起了宗教管理部门和民政部门的注意。在福建省内的田野调查中，作者注意到一位出家师父初心不忘、坚持创办佛教安养院的个案。作者通过不定期多次跟踪调研观察，结合相关专业学术文献研究成果，在此基础上，形成了宗教社会组织递送机构养老服务的基本认知。

1. 宗教社会组织参与社会养老服务的动力来源

宗教社会组织参与社会养老服务有两大现实动力来源：一是宗教界人士群体的养老基本需求需要得到满足；二是国家对社会组织参与社会养老服务在政策上提供了越来越多的支持。[①] 宗教组织提供社会养老服务是宗教公益慈善事业的重要组成部分，具有其他社会力量难以比拟的优势。[②] 制度规定宗教界要以民办非企业（即社会组织）身份提供养老服务，才能

---

① 景军，高良敏．寺院养老：人间佛教从慈善走向公益之路［J］．思想战线，2018（3）：37-47.

② 李沫．对宗教界参与养老服务的思考［J］．中国宗教，2015（2）：61-63.

享受与普通社会养老服务机构和组织同等待遇,[①] 受到政府监管，以及得到合法性认同。

以佛教界介入社会养老服务领域为例，以佛教寺庙和居士林为主体的佛教界人士注册登记社会养老服务组织在 2012 年以后取得政策突破，南方佛教界在建立佛教安养院的努力中遥遥领先；人间佛教思想的传播及回潮中国与当代中国寺庙养老实践有着密切联系,[②] 作者认为，这应该是佛教社会组织介入社会养老服务领域的内在精神依据。

2. 宗教社会组织递送机构养老服务的特殊优势

基于佛教社会组织能在政府、市场、社区之间建立纽带，成为连接“人间”与“佛教”、世俗化与宗教化的枢纽，宗教组织在递送机构养老服务方面的鲜明特点或特殊优势体现在以下三个方面。

第一，佛教安养院为入住老人提供额外的“宗教福利”。“法定福利”由政府公共部门提供，“宗教福利”则由宗教组织提供，为宗教人士和信众提供一种特殊的社会保障或社会支持。“宗教福利”来源于建立在宗教信仰之上的养老服务更具自律性，终极关怀更加人性化。此外，基于宗教信仰的社会养老服务还有宣扬社会互助至高境界的示范作用。

第二，佛教安养院有较强的资源募集与社会动员能力，有较高的社会公信力。这一特征为佛教组织参与社会养老服务递送奠定了优越的经济和物质基础。一方面，宗教组织的筹款能力比其他世俗公益慈善组织具有明显的比较优势。[③] 另一方面，佛教组织能将分散的民间资源凝聚于佛教慈善组织周围。比如，佛教组织的志工团队是一个不断蔓延、边界模糊的宽阔的私人关系网络。这一特征为佛教组织参与社会养老服务递送提供了源源不断的优质人才队伍和人力资源。

---

① 2012 年 2 月中华人民共和国国家宗教事务局联合中共中央统战部、国家发展和改革委员会、民政部、财政部及国家税务总局联合印发《关于鼓励和规范宗教界从事公益慈善活动的意见》，表示支持宗教团体作为“民办非企业单位”，申办非营利性的医疗机构，以及为老年人、残疾人提供养护、康复、托管等服务的社会福利机构，在机构注册成功后，可享受国家的税收优惠政策和政府资助补助，包括针对水电收费标准的优惠规定。参见：崔月琴，孙艺凌．转型期宗教慈善发展的困境及路径选择［J］. 思想战线，2014（6）：72-77.

② 景军，高良敏．寺院养老：人间佛教从慈善走向公益之路［J］. 思想战线，2018（3）：37-47.

③ 邓国胜．宗教类 NGO：宗教社会服务的新模式［J］. 中国宗教，2007（8）：42-43.

第三，佛教安养院拥有丰富的依附于宗教思想的灵性资本，[①] 能转化为从事养老服务实践的巨大优势。比如，“佛教安养院鼓励的生死观念和相关往生说教，发挥着医务机构或俗世养老院难以为之的作用”。[②] 在运营佛教安养院方面，目前形成了三种运用灵性资本的实践或模式。第一种模式是寒山寺模式，特征是以接受社会上层人士为主；第二种是南山讲寺模式，特征是以接受居士为前提；第三种是显密吉祥寺模式，以接受孤寡贫困老人为主，包括没有居士证的老人。[③]

3. 宗教社会组织递送机构养老服务是一种面向小众的服务模式

以作者在田野调查中接触到的佛教组织为例，宗教社会组织提供的养老服务面向的人群虽然是全体老人，但还是有选择性，要求入住老人素食是最基本的要求。各个寺庙接受老人入住的条件各不相同，比如，有的寺庙养老机构只接收出家人，有的寺庙养老机构要求入住老人的家属是居士。无论是宗教社会组织选择的养老服务对象，还是开展养老服务的方式手段，都带有或多或少的宗教气质或宗教色彩。因此，究其实质，宗教社会组织递送的机构养老服务，是一种面向小众的服务模式。

宗教组织递送机构养老服务之所以是一种小众化的服务模式，还缘于递送服务的宗教组织自身带有的若干特征。首先，递送机构养老服务的宗教组织难以取得合法身份。[④] 宗教组织传统上归口于政府宗教事务部门管理；宗教组织参与社会养老服务要合法化，需要注册成立相应的社会组织法人机构，但对应哪个主管部门，目前尚无明确的规定或做法。其次，宗教养老机构难以享受社会养老服务领域的优惠政策。由于难以取得合法身份，不具备法人地位和主体资格，政府部门鼓励社会力量参与社会养老服务的政策红利难以惠及宗教养老组织。但作者的田野调查经验显示，对很多提供机构养老服务的寺庙而言，政府的优惠政策并不是他们参与社会养

---

① 乌媛．近年来国内灵性资本研究概述［J］．湘潭大学学报（哲学社会科学版），2013（4）：91-95.

② 景军，高良敏．寺院养老：人间佛教从慈善走向公益之路［J］．思想战线，2018（3）：43；钟洪亮，吴宏洛．佛教慈善组织养老服务递送能力的探索性研究［J］．中国农业大学学报（社会科学版），2013（4）：89-101.

③ 景军，高良敏．寺院养老：人间佛教从慈善走向公益之路［J］．思想战线，2018（3）：43-45.

④ 钟洪亮，吴宏洛．佛教慈善组织养老服务递送能力的探索性研究［J］．中国农业大学学报（社会科学版），2013（4）：89-101.

老服务的直接动因，对寺庙养老组织的激励作用并不明显。再次，宗教养老机构提供的养老服务相对来说专业化水平不高。与社会办养老机构相比，宗教组织提供的养老服务以宗教生活方式和临终关怀为主要服务内容。入住老人的日常生活，多由宗教养老机构的负责人出面组织入住老人自助互助。按照一位出家师父的说法，“来寺庙养老的老人们，看重的不是物质生活条件，而是师父给他们提供的吃斋念佛环境”。作者调研的寺庙养老机构，硬件环境不“高端”，服务设施不“高端”，服务项目不“高端”，服务收费更不“高端”（多为免费）。这样的服务供给特色，并不是所有人都会接受的。

4. 宗教养老机构服务递送个案

福州福满人间居士安养院院长 HZ 师父是福州齐安 GY 寺住持，居士安养院就设在 GY 寺内。作者对 HZ 师父开展了两年多的田野调查追访，见证了 HZ 师父创办的福州第一家佛教安养院从无到有的过程。下面作者根据田野调查笔记和访谈记录，梳理福州福满人间居士安养院的成立缘起与发展过程。

（1）HZ 师父的养老情结

HZ 师父是个 80 后，毕业于上海佛学院。在佛学院读书期间，师父派他去松江一家佛教安养院实习，那是他第一次接触到养老。松江佛教安养院的老人对师父的精神依赖，令人难忘又感动。从此，HZ 师父就萌生了一个想法，就是要用自己的方式为佛教做贡献，亲身去实践人间佛教理念。

佛学院毕业后，班上的同学大多留在了上海和周边地区，只有他和另一位同学一个去了北方，一个去了南方福建。之后，HZ 师父还曾在深圳、潮汕等地参学，开始深切体会到老人对临终关怀的需要，以及临终关怀安抚人心的作用。2015-2017 年，HZ 师父在福州鼓山涌泉寺做了三年大知客。在这里，他对出家人也要养老有了更多的体会。HZ 师父告诉我，很多出家人的态度是小病从医，大病从死。出家人年轻的时候云游四方，不会考虑养老的问题。寺庙也不好为出家人办医保。因此，出家人很可怜，看病走新农合渠道，一个月只能报销 1200 元，看一次病，可以把全年的钱花光。特别是出家人老了以后，寺庙就不收了。此情此景，让 HZ 非常忧虑。因此，他出来担任福建省扶老济困服务协会顾问法师，这个协会前身是福建省僧伽医疗康复团，资金来自信众的捐赠。HZ 师父会代表协会，亲自去医院等场所探望生病的僧伽，对于住院师父，可以提供每人 5000-8000 元救济款。在涌泉寺的三年里，HZ 师父会另外找居士化缘，购买牛奶，探望生病住院的师父。HZ 师父说，这几年做寺庙养老的多起来了，但有的地方打着养老旗号，与资本勾结，导致宗教商业化。比如，有不良之徒，打着养老旗号，临终助念收费，卖墓地收费。自此，HZ 师父就开始思考如何按照自己的想法做一家佛教安养机构，留意自己创办一家佛教安养机构需要什么样的条件和资源。

（2）HZ 师父的寺庙养老实践

涌泉寺的大知客结束后，一个很偶然的机缘，HZ 师父来到一所快要荒废的小庙——福州仓山齐安 GY 寺担任主持。GY 寺位于福州南站附近，属于城乡接合部，只有一栋破败的二层小楼可以开辟出来用作养老用房，但旁边还有两处空间，可以建房。从 2018 年初开始，HZ 师父就开始做规划，招募义工，发动募捐。这个事情得到信众的热烈支持。曾经一周内募款 32 万元，用于购置面包车，专门用于服务老人。到年底，就开始正式接收居士入住，截止到 2019 年 6 月，已经入住了 11 位老人。由于种种复杂的原因，齐安 GY 寺暂时未能在福州市民族与宗教事务局登记注册，福满人间居士安养院目前也不能正式备案。安养院的运营不在政府的养老机构监管范围内，但可以从居士住院修行的角度进行管理。安养院不能注册社会组织法人，意味着安养院不能获得政府养老政策支持，但 HZ 师父告诉作者，安养院不收费，日常运营的费用靠目前的善款是足够的。

入住福满人间居士安养院的条件是：目前能自理，有信仰，子女也信仰。老人到了不能自理的时候，就需要家属过来配合，自己或者是请师父帮忙找护工。入住安养院是免费的，但安养院提供的养老条件是不可替代的。福满人间安养院的定位是做小规模寺庙养老，主要提供免费的临终关怀服务。现在安养院使用频率最高的就是助念、做临终关怀的小佛堂，这是让住在这里的老人们最安心的地方。

对有佛教信仰的老人来说，临终关怀、助念，是非常重要和有必要的。宗教养老以精神关怀为主，俗世的生活服务其次。师父到善众家里做临终关怀，是善众电话请师父来家里，不是师父自己要去。师父既关怀家属，也关怀病人；而对家属的关怀安抚更为重要。对亡者来说，最好就是念佛，给亡者信心、希望，给予精神的加持。师父讲这个话，与家属讲这个话，效果是不同的。（田野调查笔记-20190307-HZ 师傅的寺庙养老实践）

HZ 随笔之 No. 1：2019 年 6 月 16 日农历五月十四日

之前常住鼓山近三年，坚持每日写点随笔，承蒙诸位不嫌弃，掐指算来竟有千余篇。朝山之后北上齐鲁又南下返榕勤于建寺安僧，再无精力继续。

而今，一年半已过，经历过多，感慨万千，又有个别“好事者”希望师父继续写下去，了解师父日常动态。师父思前想后，提起“手机”之笔，希望在今后的日子里愿以文字来温暖余生光阴，以慈悲之心对待众生，在佛菩萨的智慧光明普照之下与诸位彼此关照，一起前行！

是日，也是伤心之日，一早听闻八十九岁老菩萨于寮房之中摔倒，急忙赶回寺中处理。

平日里老菩萨于寺内非常勤劳，可谓一点不能闲，我和常住义工劝老菩萨多休息，也许习惯如此，吾等好言相劝之下也别无他法。今日摔倒就医，经检查还蛮严重，疼痛让老菩萨受苦，师父勉励多念佛，好好休养。希望佛力加被老菩萨早日康复。

寺内缺少护工早已成为师父心中急需解决的问题，但又非常难得，所以师父希望有发心的佛教弟子能参与中来。

（来源：2019 年 6 月 16 日 HZ 师父微信朋友圈文字）

经常有人问师父：师父，您的养老院现在入住多少位老人？

师父答：当下师父有十一位老宝贝。

其中有一位出家师父，另有一位刘老菩萨回家养病，还有两位既是养老也是义工菩萨。

这是完全由出家师父开办的念佛安养院，只针对教内开放，费用全免。

也是目前福州唯一一家由出家师父自筹创办，以服务佛教教内的公益安养院，目前安养院提供具有免费养老房间十二间内含床位25张，重症监护室一间两张床位，往生堂、念佛堂等条件，开展以养老、念佛、重症护理、临终关怀、助念、送往生等一系列佛教公益服务。

佛教养老院的优势：

对国家和社会：不增加国家负担，无须国家资金补贴，完全自筹，风险自行承担。

对安养老人：以最欢喜的心态积极生活和修行，轻物质上的享受，重精神上的自在解脱，特别是对佛教人生无常、生老病死观的定义和认识，从而培养以院为家归属感和幸福感！

在爱国护教、知恩报恩、重孝修善、成就菩提的理念下，也是时代感召下的出家人和佛教徒应该切实弘扬佛菩萨的慈悲精神，更要实践慈悲精神，为社会、为教内担当一定的责任。

大家一同勉励前行！

（来源：2019年6月22日HZ师父的微信朋友圈文字：HZ随笔Day 7）

四　机构养老服务递送以福利功能为导向的社会政策意涵

基于对机构养老公共服务发展演变历史的分析，以及党的十八大以来作者在闽台的田野调查经验和养老机构个案调查分析，作者提出：在构建和完善社会养老服务体系过程中，机构养老服务递送机制的完善应坚持福利功能导向。这一思路体现在社会政策方面，应有以下三个方面的意涵。

（一）机构养老服务价格定价应遵循福利化导向

机构养老服务的福利功能导向，是指通过政府监管，将不同层次的机构养老服务收费差距控制在合理的区间内，即服务价格的福利化，不支持甚至反对民办养老机构在机构养老的旗号下以养老服务以外的收费获取暴利。机构养老服务福利功能导向目的是为社会成员养老安全提供稳定的预期。

养老机构是公办还是民办，只是养老机构在运营机制上的差异。养老机构民办并不意味着机构养老服务价格全面市场化，民办养老机构也可以提供福利服务。机构养老服务递送机制的完善坚持福利功能导向，并不是要否认现代服务业发展的市场规律。养老机构提供福利性质服务，一方面，不意味着养老机构要完全依靠政府财政资助生存，或要求服务收费维持低水平；另一方面，也不意味着机构养老服务的低水平、低质量。相反，不管是公办还是民办养老机构，都要通过运营管理能力和服务能力的竞争，不断提升机构养老服务供给水平和质量。

（二）政府对机构稳定发展承担支持责任，履行全面监管职责

政府部门历来是养老机构发展的重要支持者和推动者。在民政部门传统的养老工作格局中，相对而言更加重视对机构养老的投入和监管。比如，即使在20世纪80年代，国家开始推动社会福利事业改革，提出“社会福利社会办”的指导思想，城乡养老机构都是保证全额财政拨款。在福建省，对于没有家庭支持的城市孤寡老人和农村五保老人，由政府兴办的各类敬老院、光荣院或养老福利机构负责供养，统一由民政部门负责管理，经费由政府及各级财政全额拨付，进行福利性投入。这一时期，机构养老的服务对象限制在部分具备资格的老年人，而且服务内容也多以满足基本的生活照料为主，因此政府是通过支持养老机构的发展来实现养老兜底保障职能。

进入21世纪以后，政府加强了多层次机构养老服务体系建设，着力提升机构养老服务质量。主要是通过区分不同层次的老龄服务需求主体，用政府与市场分工合作的方式满足多样化需求。对无力自我供养的老龄人群，政府承担兜底责任，对入住养老机构的福利对象实行全额资助；对有一定自我供养能力的老龄人群，政府通过财政补贴的方式，鼓励老人入住民办养老机构，通过市场化购买获得相应服务，构建起部分福利化、部分市场化的机构养老服务递送机制；对有较高自我供养能力的老龄人群，政府通过政策支持发展高端养老机构，满足其个性化的服务需求。作者认为，这一思路是以机构养老服务的高端化（意味着服务收费的高端化），鼓励社会资本投资养老服务产业，但可能会带来市场失灵危险，使作为公共服务之一的机构养老服务难以企及。

今后一个阶段，政府应将支持养老机构发展的重点放在增强养老机构的经营管理与服务能力上。比如，建立专项培训基金和平台，集聚养老服务培训的优秀师资和案例。为有发展潜力的各类民营和公办养老机构提供常态化、制度化培训、学习机会，组织优秀机构院长、中高层管理人员定期赴省外、境外、国外考察参访。政策引导大中专毕业生在养老机构就业，支持养老机构护理人员持证上岗。鼓励有条件的国有企业投入发展养老服务产业，发挥国有企业特有的整合资源和经营管理优势，弘扬国有企业的社会企业精神，探索养老服务产业发展的国有企业模式。

加强对养老机构的全面监督管理。建立养老服务信息管理平台，为养老服务需求方和递送方提供互相选择的平台。建立养老机构第三方评估机制，以评促建，淘汰能力无法达标及没有服务信誉的机构，引导机构不断提高管理水平和服务质量。

（三）鼓励、支持养老机构延伸服务到居家社区领域

福利功能导向下的养老机构，如何产生不断提升服务质量的动力呢？作者认为，养老机构的激励机制来自其进入居家社区养老服务市场的优势和优先权。这一论断包含三个前提：一是居家社区养老服务领域有巨大的市场价值；二是政府建立了严格的居家社区养老服务市场准入机制和退出机制；三是政府优先鼓励和支持养老机构发展居家社区养老服务。养老服务越来越成为现代生活服务业的重要内容，现代社会养老服务消费必将成为拉动内需、促进经济健康发展的一支重要力量。2019 年 8 月 21 日，李克强总理召开国务院常务会议，部署扩大养老服务供给促进养老服务消费，提出“要依托社区发展以居家为基础的多样化养老服务，为老年人提供助餐、助医、助行、助洁等便捷服务”。[①] 居家社区养老是未来大多数人选择的养老方式，也是未来较长一段时间国家和福建省养老相关政策投放的重点。

鼓励和支持养老机构提供居家社区养老服务有现实基础。当前居家社区养老服务的主体多为各种类型社会组织，虽然名为专业化组织，但大多

---

① 李克强主持召开国务院常务会议［EB/OL］.（2019-08-21）［2019-10-01］. http://www.xinhuanet.com/2019-08/21/c_1124904594.htm.

并没有在养老服务领域的直接从业经验，存在专业服务能力不足的问题。养老机构在长期发展过程中，形塑出养老行业服务精神，锻炼出一定程度的专业养老服务能力，这些因素都有助于发展居家社区养老服务。

养老机构的激励机制包含的主要内容是：养老机构承担起养老服务行业人才培养和人力资源供给基地功能，鼓励养老机构将服务延伸到居家和社区，建立机构、社区、居家养老融合式服务供给体系。一方面，支持有资质的、有能力的养老机构，特别是民营养老机构，承接社区居家养老购买服务项目。另一方面，引导提供居家社区养老服务的专业化服务组织，积累养老机构内的服务经验。

第五章

居家社区养老服务的功能反思及其递送政策创新思考*

进入老龄化社会后，随着社会养老服务的发展，去机构化养老逐渐成为一种普遍需求。在社会福利多元化思潮影响下，英国率先推行社区照顾，① 社会福利社会化、社会福利社会办、福利供给社区化理念逐渐为各国接受，并在公共服务领域推行。社区和居家养老是对传统家庭养老方式的创新，能够整合资源，提高社会养老服务递送的效率。② 本章以近年来在福建省的社会养老服务田野调查经验和机构、组织个案研究为基础，以上海市、台湾地区的社区居家养老服务发展情况为参照系，聚焦社区居家养老服务递送机制的创新，对社会养老服务体系中的社区居家养老服务发展历程、服务内容、地位作用、递送方式、递送模式等进行具体剖析。

一　居家社区养老公共服务发展的历史演变

（一）居家社区养老概念解析

国际上，将养老服务分为机构照料（Residential Care）和居家照料

---

* 本章主要观点以《居家社区养老服务递送与政策创新探析——基于福建的田野调查和个案研究》为题，载于《中共福建省委党校（福建行政学院）学报》2021 年第 3 期上。

① 钱宁．以社区照顾为基础的中国老年人福利发展路径［J］．探索，2013（2）：46-50.

② 许义平，李慧凤．社区合作治理实证研究［M］．北京：中国社会出版社，2009；董红亚．养老机构的职能再造：基于社会养老服务体系协调发展的思考［J］．南京人口管理干部学院学报，2012（1）：14-18.

(Domiciliary Care) 两大类，并在20世纪80年代开始提出“就地安养”(Aging in Place) 理念，强调“老年人应尽可能在家里居住”和“老年人应该得到家庭和社区根据每个社会的文化价值体系而给予的照顾和保护”。[①] 中国自20世纪80年代产生社区养老服务理念，居家养老服务与社区养老服务也并没有严格区分；居家养老作为一种与机构养老、家庭养老不同的养老方式开始受到学者关注，被认为将逐渐成为未来主要的养老方式。[②] 但对于什么是居家养老，不同研究者的理解和观点存在较大差异，比如袁辑辉的场所论、[③] 陈大亚的主辅论、[④] 穆光宗和姚远的结合论、[⑤] 全国老龄办的服务论、[⑥] 洪国栋的发展论，[⑦] 张卫东的环境论。[⑧] 有的研究者把“家”的含义扩展到老年人所居住的社区这个更广义的家庭概念上来，据此将居家养老称为社区居家养老或社区养老。[⑨] 随着社会养老服务体系建设的深入，人们对居家养老、社区养老的服务性质、服务内容、服务方式等有了更多认识。比如，有研究者提出社区居家养老服务内容与机构养老及传统的家庭非正式养老相区别和补充，是在社区范围内，由市场、政府、第三部门以及社区居民等主体为提高老年人生活质量和增强社区成员归属感而提供的各种服务性产品和开展的各种服务性活动的总称。[⑩] 社区居家养老的模式分为“由社区照顾”(Care by the Community) 和“社区内照顾”(Care in the Community) 两种。[⑪]

---

① 国务院发展研究中心社会部课题组．养老服务体系发展的国际经验与中国实践［M］．北京：中国发展出版社，2019：9.

② 王伟主编．中日韩人口老龄化与老年人问题［M］．北京：中国社会科学出版社，2014：252-253.

③ 袁辑辉．养老的理论和实践［M］．北京：中国文联出版社，1997.

④ 陈大亚．家庭养老问题探讨［J］．航空工业管理，1998（9）：18-21.

⑤ 穆光宗，姚远．探索中国特色的综合解决老龄化问题的未来之路——“全国家庭养老与社会化养老服务研讨会”纪要［J］．人口与经济，1992（2）：58-59.

⑥ 参见2008年1月全国老龄委办公室等十部委联合下发的《关于全面推进居家养老服务工作的意见》。

⑦ 洪国栋．关于家庭养老和居家养老［M］//中国老年协会，中国老年学学会编．中国的养老之路．北京：中国劳动出版社，1998：63-67.

⑧ 张卫东．居家养老模式的理论探讨［J］．中国老年学杂志，2000（2）：120-122.

⑨ 祁峰．中国养老方式研究［M］．大连：大连海事大学出版社，2014：128-132.

⑩ 刘蕾．我国社区居家养老服务合作供给机制研究［M］．北京：中国社会出版社，2017：6.

⑪ 陈叔红．养老服务与产业发展［M］．长沙：湖南人民出版社，2007：97.

根据以上分析，在本研究中，作者使用“居家社区养老服务”这一概念。其内涵包括以下四个方面。

第一，“居家社区养老服务”的概念性应与其实用性相统一。2017年2月，国务院印发《“十三五”国家老龄事业发展和养老体系建设规划》。这一顶层设计性文件，不仅是未来中国社会养老服务体系建设的指导性文件，也是此前社会养老服务体系建设理论与实践经验的总结。文件中的社会养老服务体系框架由“居家社区养老服务”和“机构养老服务”两大部分构成。全国老龄工作委员会办公室编的《人口老龄化国情教育知识读本》中，以老年人服务需求为标准，将养老服务分为家庭养老、居家社区养老服务和机构养老服务三类，[①] 其中后两者属于社会养老服务。这是本研究统一使用“居家社区养老服务”概念的主要理由。

第二，就服务性质而言，“居家社区养老”是机构养老和家庭非正式养老（传统养老方式）的补充与创新；[②] 是符合国际主流与全体社会成员心理需求的现代社会主要养老方式。家庭养老与社会养老相对，其养老费用和生活照料主要由家庭成员义务提供或承担，是一种主要由家庭供养的养老形式。根据老人养老居住地点的不同，社会养老可以分为居家养老、社区养老和机构养老。不同的养老居住地点，不仅决定了不同的日常养老生活地理空间，更重要的是，也决定了在不同地理空间养老的老人生活在不同的社会关系之中，[③] 进而决定了养老服务递送方式的差异。居家社区养老的老人分散居住在自己家中或短期托顾在社区中，他们生活的地理空间和社会空间都没有发生大的改变，有一部分生活自主权；机构养老的老人则集中居住在社会养老机构，共同居住、共同生活，他们生活的地理空间和社会空间发生了巨大变化，且完全由养老机构负责他们的生活照料、精神慰藉等。

第三，就服务内容而言，“居家社区养老服务”涵盖居家养老服务和

---

① 全国老龄工作委员会办公室编．人口老龄化国情教育知识读本［M］．北京：华龄出版社，2018：88-96.

② 全国老龄工作委员会办公室编．人口老龄化国情教育知识读本［M］．北京：华龄出版社，2018：90.

③ 祁峰．中国养老方式研究［M］．大连：大连海事大学出版社，2014：138.

社区养老服务的所有内容。老年人分散在自己的家庭中养老，同有血缘、婚姻关系的人一起居住、生活，由自己或家庭子女自由地安排自己的生活，这一部分是家庭养老；除了子女照顾老人外，越来越多的社区公共服务项目提供以社区为依托的养老、助老服务，这一块是社区养老服务；对于需要照顾的半失能、失能、失智老人，则由各类市场组织、社会组织和社区居民提供以居家为基础的养老服务，包括生活照料、家政服务、康复护理、医疗保健、精神慰藉等方面，这一块是居家养老服务。

第四，就服务递送而言，“居家社区养老”服务主体多元，但服务模式本身目前尚不成熟。相对机构养老，“居家社区养老”服务递送显然要复杂得多。居家社区养老服务主体包括政府、非营利组织、市场组织、社区和家庭等，各自承担不同的功能（见表 5-1）。但由于居家养老服务需求的复杂性与个性化，居家社区养老服务的生产和供给能力都十分有限，不像机构养老服务那样，有一个可控性高的、清晰明确的模式，还存在服务递送成本高、服务项目单一、服务内容简单等问题。选择居家社区养老的老人，能否享受到居家社区养老服务，其服务需求能否得到满足，与当地政府和所居住社区能够提供的公共服务水平，与当地市场和社会组织能够提供的市场服务和志愿服务水平，与当地社区居民自组织程度都有关系。

表 5-1 居家社区养老服务主体及其角色职能

主体	角色职能
政府	1. 对居家养老提供资金支持和政策保障。 2. 培育与鼓励中介组织的参与，建立居家养老管理体制和发展养老服务组织。 3. 引进专业人才对提供服务的人员进行专业培训，建立以专职为骨干、兼职为主体，大量的志愿者为服务主体的服务队伍。 4. 建立服务的监督和评估系统
非营利组织和市场组织	1. 政府在社会福利领域的职能转移，非营利组织和市场组织能够弥补政府和市场的不足与失灵，为政府分担大量的社会公共事务。 2. 为老年人提供专业的服务，非营利组织和市场组织自身的特点、组织目标、行为基础动力与养老服务契合。 3. 承担居家养老的组织、管理、实施工作，为政府提供养老服务的购买，是居家养老中的被监督者，主要承担财务、业务、内容上的被监督

续表

主体	角色职能
社区	1. 能够有效地整合社区资源。首先，能够整合社区的基础养老设施；其次，能够整合社区内的民间组织资源。 2. 平衡老年人的养老需求与供给。社区能够了解到老年人的养老需求，然后在这个基础上建立老年人信息库，依托信息平台把服务网络与社区内的资源有效衔接。 3. 承担养老对象的申报工作，支持政府委托的居家养老服务机构、社区中介组织等开展工作。 4. 对居家养老政策的上传下达起着纽带作用。社区一方面对国家的养老政策进行宣传，另一方面把社区的居家养老实际反馈给相关部门
家庭	1. 家庭是老年人最重要的生活、居住场所。 2. 家庭成员是老年人最主要的依赖。家庭成员为老年人提供精神上和物质上的依靠，是老年人养老的重要依托

注：魏华林、金坚强认为居家社区养老服务的主体包括政府、非营利组织、社区和家庭。作者认为，其中由非营利组织承担的居家社区养老服务职能，现在越来越多的由非营利组织和市场组织共同承担。

资料来源：魏华林，金坚强．养老大趋势［M］．北京：中信出版社，2014：147.

（二）政策推动背景下，居家社区养老服务发展的历史演变

进入21世纪以来，居家社区养老服务迅速发展，逐渐成为未来养老服务体系建设的重点。据《2017年社会服务发展统计公报》，截至2017年底，全国共有各类社区服务机构和设施40.7万个，其中社区服务指导中心619个（其中农村16个），社区服务中心2.5万个（其中农村1.0万个），社区服务站14.3万个（其中农村7.5万个），其他社区服务设施11.3万个，社区服务中心（站）覆盖率25.5%，其中城市社区服务中心（站）覆盖率78.6%，农村社区服务中心（站）覆盖率15.3%。社区志愿服务组织9.6万个。这里的各类社区服务机构和设施有很大一块是面向老年人提供服务的。近年来，各地政府加强了专门提供社区养老服务的基础设施建设，包括居家社区养老服务照料中心、居家养老服务站、农村幸福院、农村居家养老服务站等。以福建省为例，据《2017年福建省老龄事业发展统计公报》，到2017年末，福建省已实现每个城市社区建立一个居家养老服务站；同时，在街道和中心城区乡镇建成196所居家社区养老服务照料中心、34个社区老年人日间照料中心，覆盖率38.6%。全省有农村居家养老

服务站、农村幸福院等养老服务设施6685所，农村养老服务设施覆盖率达到47%。全省所有县（市、区）均已落地居家社区养老服务专业化服务组织，约有160余家。据福建省民政厅提供的数据，到2018年底，全省建成街道和中心乡镇居家社区养老服务照料中心405所，覆盖率达到80.1%；已建成标准农村幸福院（含五保幸福园、慈善幸福院）5601所，农村居家养老服务站、日间照料室等3202所，建制村养老服务设施覆盖率达53%。到2020年底，全省建成街道和中心乡镇居家社区养老服务照料中心662所，实现街道和中心城区乡镇全覆盖。

不同时期，不同背景下，由社会福利政策、老龄事业发展规划政策、社区建设政策、社会养老服务体系建设政策等构成的政策体系，共同推动了居家社区养老服务的产生、发展，逐渐成为家庭养老、机构养老之外的又一种新型养老方式。据此，作者将居家社区养老服务的产生和发展划分为以下四个阶段。

1. 20世纪八九十年代，在推动社区建设和社区服务业发展的政策框架下，居家社区养老服务开始萌芽

20世纪80年代末期以来，中国政府开始推动社区建设，持续投入社区服务设施建设，为居家社区养老服务提供了物质基础。同时，政府开始倡导发展社区服务业，一方面，运用市场配置资源的方式解决“单位人”变成“社区人”后出现的大量社会管理和社会服务真空；另一方面，又将社区服务市场主体的服务严格控制在社会福利性质范围内，“服务价格必须优惠”。[①]

这一时期的居家社区养老服务有两个特征：一是与西方以专业组织为中心的递送模式不同，这一时期的居家社区养老服务递送，社区居委会对于社区老年服务的成功（甚至是存在）和递送具有实质性的作用；[②] 二是作为一种新型养老方式的居家社区养老开始萌芽，但发展缓慢。

---

① 1993年，《民政部、国家计委、国家体改委、国家教委、财政部、人事部、劳动部、建设部、卫生部、国家体委、国家计生委、中国人民银行、国家税务总局、中国老龄委关于加快发展社区服务业的意见》中的规定。

② Xu Q, Chow J C. Exploring the Community-based Delivery Model: Elderly Care in China [J]. International Social Work, 2011 (3): 374-387.

2.2000-2005 年，在社会福利社会化思路指导下，居家社区养老服务的“星光计划”模式出现

2000 年，民政部等 11 个部门在《关于加快实现社会福利社会化的意见》中，明确提出社会福利社会化的总体要求，即投资主体多元化、服务对象公众化、服务方式多样化和服务队伍专业化。这一方针、思路，不仅对机构养老服务产生巨大影响，政府办养老机构开始面向社会老人开放，社会办养老机构开始出现；居家社区养老服务呈现新气象，其中最重要的是“社区老年福利服务星光计划”[①] 的出台和执行，进而形成居家社区养老服务的“星光计划”模式。“星光计划”的执行，为社区养老服务搭建了坚实的平台，一批面向老人、方便实用、小型分散的老年人活动场所得以建设。但方案中设想的许多服务项目，如生活照料、送餐服务、陪护服务、紧急援助、日间照料、保健康复、文体娱乐等，并没有得到实现。其原因在于经营机制的僵化、资金的短缺、专业服务人员的缺失等。作者认为，这一时期，在“星光计划”推动下建立的各种社区老年活动场所是现在居家社区养老服务的 1.0 版本。

3.2006-2012 年，在社区服务体系建设政策框架下发展养老服务业；在老龄事业发展和经济社会发展规划政策框架下全面推进居家养老服务工作

2006 年，国务院办公厅转发全国老龄委办公室和国家发展改革委等部门《关于加快发展养老服务业意见的通知》，有学者认为自此中国正式提出建立和完善以居家养老服务为基础的养老服务体系。[②] 2008 年 1 月，全国老龄委办公室、国家发展改革委等 10 个部门联合下发的《关于全面推进居家养老服务工作的意见》提出，居家养老服务是指政府和社会力量依

---

① “社区老年福利服务星光计划”由民政部提出，具体内容是：从 2001 年起，在随后的两到三年内，从中央到地方，通过发行“福利彩票”筹集的福利金，绝大部分（约人民币 40 亿-50 亿元）用于资助城市社区的老年人福利服务设施、活动场所和农村乡镇敬老院的建设。这项工作被命名为“社区老年福利服务星光计划（简称“星光计划”），其政策目标是：以满足社区老年人的需求为出发点，以福利金的资助为手段，充分依靠区、县政府的组织领导，广泛动员社会参与，大力挖掘社区资源，建立和完善社区老年福利服务网络，为居家养老提供支持，为社区照料提供载体，为老年人活动提供场所。参见民政部《关于印发“社区老年福利服务星光计划实施方案”的通知》。

② 姚远．从宏观角度认识我国政府对居家养老方式的选择［J］．人口研究，2008（2）：98-101.

托社区，为居家的老年人提供生活照料、家政服务、康复护理和精神慰藉等方面服务的一种服务形式。它是对传统家庭养老模式的补充与更新，是我国发展社区服务，建立养老服务体系的一项重要内容。此外，2007 年 5 月，国家发展改革委、民政部《关于印发"十一五"社区服务体系发展规划的通知》中，将"完善社区老年服务体系"作为社区服务体系建设的一部分，"星光计划"仍是社区养老服务建设的抓手。可见，这一时期是在社区服务体系框架下发展以居家养老服务为基础的养老服务体系。

这一时期，居家养老服务的发展还获得了稳定的政策环境。以居家养老服务为基础的社会养老服务体系建设被纳入老龄事业发展五年计划、经济社会发展五年规划。自 2001 年起，国务院就批准颁布了《中国老龄事业发展"十五"计划纲要（2001-2005）》，以五年计划的方式推动社会养老服务体系建设。2006 年、2011 年，中国老龄事业发展的"十一五""十二五"规划陆续颁布。在 2011 年颁布的《中华人民共和国国民经济和社会发展第十二个五年规划纲要》中，从做好人口工作的角度提出"建立以居家为基础、社区为依托、机构为支撑的养老服务体系"。同时，依据这一纲要，先后制定了《社区服务体系建设规划（2011-2015 年）》和《社会养老服务体系建设规划（2011-2015 年）》。居家社区养老服务建设的目标更加细致明确，其中，居家养老服务涵盖生活照料、家政服务、康复护理、医疗保健、精神慰藉等，以上门服务为主要形式；社区养老服务是居家养老服务的重要支撑，具有社区日间照料和居家养老支持两类功能，主要面向家庭日间暂时无人或者无力照护的社区老年人提供服务。在城乡社区养老层面，重点建设老年人日间照料中心、托老所、老年人活动中心、互助式养老服务中心等社区养老设施。因此，研究者将这种居家社区养老的结构归纳为设施和服务，社区养老的基本设施包括老年人服务中心、老年公寓、老年人日间照料中心、老年浴室、老年活动室（星光老年之家）、老年学校等；社区居家养老服务主要项目主要是"六助"（即助餐、助浴、助洁、助行、助急、助医）。① 递送这些服务的主要是各类社会组织和少量市场组织（见表 5-2）。这一时期发展起来的日间照料服务是居家社区养老服务的 2.0 版本。

---

① 郅玉玲．和谐社会语境下的老龄问题研究［M］．杭州：浙江大学出版社，2011：72.

表 5-2 上海市民间组织与社会养老服务

组织名称	养老服务内容
居家养老服务中心	老年人日间上门服务
日间服务中心、民办养老机构	日托、住养、老年食堂等服务
民办医疗康复机构和社区医院	老年康复医疗、保健和心理咨询等专业服务
社区活动中心、老年协会、各老年社团	文体娱乐等服务项目
老年学校	外语、家政、书画、园艺、保健等课程
上海志愿者协会、上海社会工作者协会、上海老年基金会	老年志愿者服务、专业社会工作支持和资金资助

资料来源：李永敏．老年社会福利场域中的民间组织研究：以上海市政府购买民间组织养老服务为例［M］//卢汉龙、吴书松主编．时代性与社会学．上海：上海社会科学院出版社，2010：213-220.

4. 2013 年至今，在发展养老服务业政策框架下加快发展居家社区养老服务业

2013 年以后，以国务院《关于加快发展养老服务业的若干意见》为标志，养老服务业获得了独立的发展空间，以中央和地方出台的相关政策为发动机，居家社区养老服务获得了全方位的发展空间。下面以相关政策文本内容为线索，梳理居家社区养老服务发展情况。

（1）顶层设计养老服务业发展，开创居家社区养老服务良好发展环境

以上述政策为起点，一批顶层设计类的政策文件陆续出台，聚焦发展社会养老服务业的同时，居家社区养老服务发展的外部环境越来越好。

推动养老服务业发展的顶层设计类文件可以划分为两种类型。第一种类型是以老年福利和养老服务为主要内容的顶层设计。这类顶层设计政策，除了前述《关于加快发展养老服务业的若干意见》外，还有《国务院关于印发“十三五”国家老龄事业发展和养老体系建设规划的通知》《关于印发“十三五”健康老龄化规划的通知》《国务院办公厅关于制定和实施老年人照顾服务项目的意见》等。《中华人民共和国老年人权益保障法》经 2009 年第一次修正后，第二次修正在 2015 年获得全国人大常委会通过。2019 年 3 月，国务院办公厅《关于推进养老服务发展的意见》的颁布，为新时期养老服务业健康、快速发展指明了方向。第二种类型是包含养老服务的相关领域顶层设计。养老服务被纳入经济社会、现代服务业、护理服务业、健康中国等领域的发展规划中。如《中华人民共和国国民经济和社

会发展第十三个五年规划纲要》《国家发展改革委关于印发〈服务业创新发展大纲（2017-2025年）〉的通知》《国家卫生健康委员会、国家发展和改革委员会关于促进护理服务业改革与发展的指导意见》《国务院关于实施健康中国行动的意见》等政策。

（2）养老服务基础设施建设、政府购买养老服务、医养结合、开放养老产业市场等制度的发展完善，同时从需求端和供给端夯实居家社区养老服务的发展基础

2013年以来，从需求侧和供给侧推动社会养老服务发展的政策明显增多，居家养老服务发展的政策利好极大地刺激了社会力量进入养老服务领域的积极性。从需求侧和供给侧推动居家社区养老服务发展的政策主要体现在四个方面。一是加快养老服务基础设施建设的政策。比如住房城乡建设部、国土资源部、民政部、全国老龄工作委员会办公室《关于加强养老服务设施规划建设工作的通知》，民政部、国土资源部、财政部、住房城乡建设部《关于推进城镇养老服务设施建设工作的通知》。二是政府购买居家社区养老服务的政策。比如财政部、国家发展改革委、民政部、全国老龄办《关于做好政府购买养老服务工作的通知》，财政部、民政部、人力资源和社会保障部《关于运用政府和社会资本合作模式支持养老服务业发展的实施意见》。三是居家社区养老领域推进医养结合的政策。比如国务院办公厅转发国家卫生计生委等部门《关于推进医疗卫生与养老服务相结合指导意见的通知》、国家卫生健康委办公厅《关于印发社区医院基本标准和医疗质量安全核心制度要点（试行）的通知》。四是进一步开放国内外、境内外居家社区养老产业市场的政策。比如商务部《关于外商投资设立营利性养老机构有关事项的公告》《关于推动养老服务产业发展的指导意见》，民政部等十部门《关于鼓励民间资本参与养老服务业发展的实施意见》，国家发展改革委《关于印发〈服务业创新发展大纲（2017-2025年）〉的通知》，国家发展改革委、民政部、国家卫生健康委《关于印发〈城企联动普惠养老专项行动实施方案（试行）〉的通知》等。

（3）推动养老服务业规范化、标准化建设，完善养老工作管理和监督制度，着手构建社会养老服务业的服务管理体系

随着社会养老服务体系建设的深入和完善，服务管理体系建设的必要性在政府养老工作格局中日渐凸显。已有政策从两个方面着手建设服务管

理体系：一是推动养老服务业规范化、标准化建设，这是政府监管和养老服务业信用体系建设的基础。比如民政部、国家标准化管理委员会、商务部、国家质量监督检验检疫总局、全国老龄工作委员会办公室《关于加强养老服务标准化工作的指导意见》，民政部、国家标准委《关于印发〈养老服务标准体系建设指南〉的通知》，2017 年 12 月 29 日，国家标准委发布了《养老机构服务质量基本规范》（GB/T 35796—2017）。居家社区养老服务领域的规范化、标准化建设也开始起步。2018 年 5 月，民政部社会福利和慈善事业促进司就行业标准《居家老年人康复服务规范》《老年人助浴服务规范》向有关单位和各界人士公开征求意见。二是加强对养老各项工作的管理和监督。比如民政部办公厅《关于进一步做好养老服务领域防范和处置非法集资有关工作的通知》。2019 年 4 月，民政部办公厅《关于印发社会救助和养老服务领域基层政务公开标准指引的通知》要求公开养老服务领域基层政务事项，主要包括通用政策、业务办理、行业管理信息三类。

（4）聚焦居家社区养老服务业发展，有步骤、有重点推进改革

居家社区养老服务领域的政策投放和公共财政资金投放都有明显增长。2016 年 7 月 13 日，以民政部、财政部《关于中央财政支持开展居家和社区养老服务改革试点工作的通知》为起点，截至 2019 年 5 月，居家社区养老服务改革试点的申报已经开展到第四批；对居家和社区养老服务改革试点跟踪评估、工作绩效考核、考核结果通报也同步跟进。这些有针对性的政策，将极大推动居家社区养老服务向纵深发展，从而补足居家社区养老服务短板，有效回应人民群众对居家社区养老服务的更多、更高需求。

二 居家社区养老服务的功能反思及其递送政策创新思路

居家社区养老服务的发展经历了社区建设、社区服务体系建设框架下的发展阶段，成为社会养老服务体系建设的重要组成部分。如何将有限、分散的居家社区养老服务资源与社会成员日益增长、多元的居家社区养老服务需求相匹配，成为当前阶段居家社区养老服务发展亟须解决的实际问题。下面从服务递送视角，通过梳理居家社区养老服务供给能力不足的症

结，具体剖析居家社区养老服务创新的个案，探讨以居家社区养老服务递送机制创新，加快发展居家社区养老服务。

（一）居家社区养老服务递送存在的问题

1. 在递送制度设计上，以自上而下方式推广居家社区养老服务无法满足多元化服务需求

中国进入老龄化社会以后，一些有能力提高公共服务福利水平的地方政府开始推动有补充保障性质的政府购买居家社区养老服务。比如，上海早在2000年就在中国首次提出“居家养老服务”概念，由政府出资，推出居家养老服务券，为困难老人购买居家养老服务。[①] 居家社区养老服务政策沿用“自上而下”模式推广实施，即通过逐级发布文件通知，确定考核的指标任务，期末考核、验收。[②] 这种推广模式的优点是居家社区养老作为一种养老方式，很快得到广大老年群体的认可和欢迎，但服务供给与服务需求不匹配的问题随即出现，老年群体多元化服务需求无法得到满足，居家社区养老服务发展缓慢。具体表现在以下三个方面。

第一，“自上而下”政策实施的工作模式，容易导致地方政府将工作重点放在易考核、见效快的项目上，形成所谓“政绩工程”。居家社区养老基础设施建设、服务对象覆盖政府兜底和优抚对象等指标完成较快；人力资源队伍建设、服务对象适度普惠、服务内容专业化等工作则需要长期耕耘，老年人群的居家社区养老服务满意度更多地与这些因素相关。居家社区养老服务体系建设产生短期目标与长期目标之间的矛盾，使居家社区养老服务建设资源逐年增加投入，但老年群体的居家社区养老服务“可感度”还有待提高。

第二，居家社区养老服务使用率低。即使是福利性居家社区服务，老年人群使用率也不高。有研究者比较了影响中西方老年人使用社区服务的因素，发现西方老年人接受福利性质的服务会担心被标签化，但华人社会老年人习惯接受且没有这类担心；缺乏对服务内容的了解和不能获取服务

---

① 《大城养老》编委会编．大城养老——上海的实践样本［M］．上海：上海人民出版社，2017：20-21.

② 张晖，王萍．“居家养老服务”是服务输送还是补贴发放？——杭州的经验审视［J］．浙江学刊，2013（5）：219-224.

信息是阻碍中国老年人使用服务的重要因素，并且随着年龄增长，居家社区养老服务的知晓率呈下降趋势。[①] 另一个导致居家社区养老服务使用率低的原因是社区居委会功能作用不足。与西方不同，社区居委会是中国居家养社区老服务递送中的一个特殊主体，是居家养老服务和项目的执行人和合作人，在服务递送中扮演着实际转介者和资源链接者的关键角色。[②] 但作为递送居家养老服务关键角色的居委会，其递送服务却存在诸多不足，一是现有服务信息传统“运动式”传递，导致不同需求的老人得不到有用服务信息；二是老人对专业服务功能了解模糊，导致服务资源浪费；三是居委会提供的直接服务“蜻蜓点水”，社区老年居民更希望居委会作为资源与个人的连接，提供广泛的间接服务，更好地满足他们的需求。

第三，居家社区养老服务需求的满足率也不高。因老年人群体个人特征（如年龄、性别、文化程度等）、家庭特征（如婚姻状况、居住情况、经济来源、存活子女数等）、健康特征（如自理能力和患慢性病情况等）、地域经济社会整体发展水平的不同，老年人居家社区养老服务需求的个性化、多元化、阶段化、地域性特征十分突出。在自上而下的政策执行模式下，受制于有限的人力、物力、财力资源，在服务对象和服务项目两方面都无法做到明确化及精准施政，由此导致老年人居家社区养老服务满足率不高。具体表现为：在服务对象上，难以涵盖整个老年人群体并充分满足其服务需求；在服务项目上，以专业化层次较低的生活照料、家政服务为主，专业化水平较高的服务项目，比如上门看病、上门护理、法律援助、老年人服务热线以及康复治疗等服务的满足率非常低。[③]

2. 在递送主体培育上，递送居家社区养老服务的社会组织和市场组织发育不足，无法形成竞争性的居家社区养老服务供给市场

政府向社会组织购买居家社区养老服务是当前居家社区养老服务发展的重要推动机制，其实质是在政府与社会两部门之间引入市场因素和自由

---

① 林文亿．影响老年人社区服务的因素：相关理论及国内研究现状［J］．社会保障研究，2015（3）：105-111.

② 陈岩燕，陈虹霖．需求与使用的悬殊：对社区居家养老服务递送的反思［J］．浙江学刊，2017（2）：31-36.

③ 魏华林，金坚强．养老大趋势［M］．北京：中信出版社，2014：159.

竞争机制，其前提条件是居家社区养老服务生产组织的培育和成熟。经过近几年中央和地方大力推广购买公共服务实践，承接居家社区养老服务的生产组织（即服务递送主体）形态也几经变化，先后出现了依靠政府成立的准社会组织、独立于政府存在的社会组织、具有一定营利性质的市场组织、各类相关的社会服务机构。[①] 根据政府与承接购买服务组织性质与作用的不同，政府购买居家社区居家养老服务可以分为形式型、委托型和契约型三种，其中契约型购买服务的承接主体是具有市场参与能力的商业企业。

但与机构养老服务业的发展程度相比，居家社区养老服务供给能力明显滞后于社会需求。主要体现为：居家社区养老服务业市场化改革起步晚、服务生产分散，并没有形成规模化的私人服务产业。[②] 居家社区养老服务走向社会化与市场化的大背景是中国经济体制的市场化改革。当居家社区养老服务业还是一个既无利益又无利润的行业时，就很难吸引有生产能力的社会组织和商业组织涉足。有研究者提出，居家养老市场化的核心，不在于引入利益机制，而在于增加服务供给主体，引入竞争，提高效率。[③] 因此，递送居家社区养老服务的社会组织和市场组织发育不足，成为制约居家社区养老服务发展的重要因素。

（二）居家社区养老服务递送创新的个案分析

作者在田野调查中发现，福建 JJZH 养老产业发展有限公司（以下简称 JJZH，JJZH 采取的运营模式则简称为 JJZH 模式）在实践中摸索互联网+“三化三全”山区养老服务 110 模式。经过四次实地调研和对 JJZH 董事长 JLS（即 JJZH 居家社区养老服务模式的摸索、实践和提出者）的深度访谈，作者认为该模式在居家社区养老服务运营上较好地实现了经济效益与社会效益的平衡，其经验具有可复制的空间。下面以 JJZH 为例，具体解析居家社区养老服务递送模式创新实践过程和进展。在此基础上，归纳居

① 陈静，赵新光．从“购买”到“共治”：政府向社会组织购买居家养老服务模式创新研究——基于老龄社会治理的视角［J］．佳木斯大学社会科学学报，2018（2）：58-66.

② 郭竟成．居家养老研究：来自浙江的调查与思考［M］．北京：中国社会科学出版社，2016：39.

③ 郭竟成．居家养老研究：来自浙江的调查与思考［M］．北京：中国社会科学出版社，2016：2-4.

家社区养老服务递送机制的创新方向和路径。

1. JJZH 成立的背景

JJZH 是在福建省三明市大田县注册成立的。大田，别称“岩城”，位于福建省中部，戴云山脉西侧。全县土地面积 2294 平方公里，自然实体为“九山半水半分田”，海拔千米以上的山峰 175 座，是典型的山区县，辖 6 个乡、12 个镇，266 个行政村和 8 个居委会，总人口 42 万人。60 周岁以上老人有 5.39 万人，其中 4.95 万人居住在农村。2017 年，全县实现国民经济生产总值 198.22 亿元，城镇居民人均可支配收入 32532 元，农村居民人均可支配收入 15413 元。经济整体水平处于三明市中游，但农村老年人口基数大，农村交通相对不便，居住较为分散，青壮年劳动力大量外出务工，空巢老人逐年增多，农村养老形势十分严峻。

公司创始人与负责人 JLS，在大田县广平镇出生成长，按照现在的区划，广平镇是《二十四孝》作者郭居敬的家乡。2016 年前后，基于各种机缘，JLS 决心暂时放弃其他业务方向，专注于发展自己的养老事业，主要是在大田县复制他在安徽蚌埠摸索出的居家社区养老服务经验。2016 年 4 月，JJZH 在大田县正式成立，基于郭居敬故里孝文化传统，JLS 提出“以孝引航，爱传万家”服务宗旨，带领运营团队继续探索自己家乡——一个山区县城的居家社区养老服务模式。

2016 年 4 月，我决定把蚌埠的模式复制到大田，但当时县政府跟我说没有钱，只能给我提供办公场地，没钱给我，剩下要我自己去想办法。即使是这样，我也决心要在大田做居家养老服务。没想到过了几个月，福建省政府发布了一个支持居家养老发展的文件（注：2016 年 8 月 4 日发布，《福建省人民政府办公厅关于加快推进城乡社区居家养老专业化服务的通知》）。这个文件真是及时雨，我高兴极了，本来还在发愁钱的问题，等我（在大田的居家养老服务运营工作）准备得差不多的时候，文件出来了，钱就有了。这样一来，我们就成了福建省第一家县级社区居家养老服务中心。（深度访谈 006-20190727-JLS）

2. JJZH 的居家社区养老服务递送模式

经过 3 年多的运营，JJZH 的居家社区养老服务模式逐渐成熟。JLS 将自己的居家社区养老服务模式命名为“互联网+‘三化三全’山区养老服务 110 模式”。其中，“互联网+”指通过互联网平台，递送居家养老服务。JJZH 的服务中心相当于接警台，JJZH 的网格化分布点就是居家社区养老服务的线下网点，JJZH 的居家社区养老服务递送就是基于这种互联网和物联网实现的。“三化三全”，一是指在工作布局上，通过网格化分布，实现全地覆盖，这样无论老人在哪里，他所在村（居）都有 JJZH 的工作人员待命；二是指在服务项目上，通过多元化的供应，实现全方位供给；三是指在服务监督上，通过精细化管理，实现全过程监控。“110”指的是 JJZH 的服务就像公安的报警台，无论何时何地，人们只要拨打服务热线，总有服务人员能够在规定的时间到现场。

（1）“互联网+”在居家社区养老服务递送中的运用

“互联网+”的运用主要是通过服务中心实现的。服务中心有自主研发的智能化管理系统和质量管理体系。公司以中国科学技术大学、安徽大学、合肥工业大学等高校为技术支撑，自主研发的管理系统获得国家版权局著作权证书，专业从事养老服务软件研发、智能产品开发，养老服务及其他帮扶性等公众服务运营，使“就近调度、精准服务、全面满足”的服务体系有了技术支撑。公司的服务质量管理体系已通过 ISO9001 质量体系认证，并以此作为服务质量监管与评估的工具。

服务中心由紧急救援、呼叫中心、信息档案管理、健康管理、加盟商管理、养老服务人员（含养老志愿者）管理、在线支付结算、服务监督评价反馈、孝心 APP、O2O 商城等功能模块组成。服务中心开通了 24 小时服务热线，服务对象与家属只要一键呼叫或者拨打服务热线，或者通过手机 APP、O2O 商城下单，中心就会根据服务对象的需求，就近调度服务人员在 15 分钟内响应服务。因此，JJZH 的居家社区养老服务模式，是以互联网平台为载体、有 GPS 定位功能的智能化终端为纽带，将政府管理部门、村（居）、个人、家庭、服务机构、商家等资源进行有效对接和配置优化，目标是为居家的空巢老人、留守老人，失能、半失能人群提供全面细致的服务。JJZH 提出，只要是老人需要的服务，他们都要想办法去满足。

（2）“三化三全”居家社区养老服务递送模式

如前所述，“三化”指的是居家社区养老服务的工作布局网格化、服务项目多元化、服务监督精细化；“三全”指的是居家社区养老服务全地覆盖、全方位供给、全过程监督。

要做到“三化三全”，除了有一个建立在互联网和物联网技术上的服务中心作为技术支撑，还需要以下三种条件。

第一，建立一个覆盖全域、响应迅速的服务队伍。JJZH 的服务队伍主要由两部分构成，这两支队伍总人数超过 2000 人，JJZH 称之为孝老员（缘）。一支队伍叫“白大褂”，提供医疗卫生、健康管理和临时救护等服务。另一支队伍叫“红马甲”，提供日常生活照料和临时救助等服务。在服务机制上采取有偿、低偿为主，无偿志愿为辅的模式。有偿和低偿的服务主要由加盟商和 JJZH 培养的服务团队提供，涵盖各乡镇医疗、理发、水电等服务商家，同时通过就地培训护理、家政等服务人员，使能够提供上门服务的人员遍布全县 274 个村居。无偿志愿服务由县乡村三级志愿服务队提供。这支志愿队伍主要由 JJZH 来组织管理，建立“时间储蓄银行制度”，目前已经有超过 1000 名志愿者，在 JJZH 的居家社区养老服务体系中发挥不可取代的作用。

由“白大褂”和“红马甲”组成的服务队伍，就分布在服务对象所居住的村居附近。因此，服务中心提供的“一键通”一键呼叫功能就有了实现的基础，中心可以根据老人的需求就近调度服务人员上门提供服务。JJZH 提出的 15 分钟养老生活圈也就能够实实在在落地。也因为这一迅速响应服务需求的特性，JJZH 将之形象比喻为“110”服务模式。

第二，实现服务需求与服务供给的完全匹配。JJZH 强调以老人的需要为中心开展服务。接下来的问题就是要知道需要服务的老人在哪里，以及如何准确获得老人的服务需求。JJZH 建立了三种服务对象和服务需求信息的获取渠道。第一个渠道是与大田县各级政府、各个部门建立了良好的互动关系，整合为老服务公共资源。第二个渠道是与县内各养老公寓、社区日间照料中心、老体协、老年活动中心、乡镇敬老院、农村幸福院等积极对接，整合为老服务社会资源。第三个渠道是以分布在全县各乡镇的线下网点为依托，与老人及家属进行面对面的沟通交流，在此基础上提炼出服务项目。

JJZH 目前能提供的服务项目包括：送医送药上门、保健理疗、慢病管理、用药指导、用药提醒、健康体检等健康服务；行踪查找、代报匪警、代医疗求救、开锁换锁等应急服务；家政保洁、个人卫生保洁、维修等家政服务；邻里结对、相互关爱，陪伴出行、送餐上门、喂饭喂药等人文关怀服务；代缴水、电、气费，送水、送气，米、油代购等生活服务。这些服务项目主要涉及“养、医、乐”三个领域。“养”的服务主要由加盟商家、服务人员和志愿者就近上门为居家老人提供；“医”的服务主要由遍布乡镇的“白大褂”提供；“乐”的服务项目主要由 JJZH 来组织开发，目前包括各种培训、医养讲座、心理咨询、人文关怀以及全国旅养等服务。

第三，运用互联网技术，实现全程监督，确保服务质量。JJZH 建立了四种监管制度，由服务中心质检部门负责组织实施。通过对象反馈、上门回访、电话回访以及电子评价等形式，实现全过程监控，确保老人服务需求有效满足。JJZH 的服务监督过程是：服务完毕后，孝老员（缘）通过手机服务端把服务情况以照片和视频的方式实时上传至服务中心及民政主管部门监管系统。中心质检部门通过对象反馈、上门回访、电话回访以及电子评价等形式，对服务进行精细化管理，实现全过程监控，保障老年人权益。对服务质量得分落后的孝老员（缘），要求其重新服务或坚决给予淘汰，并及时扩充新的孝老员（缘）。

3. JJZH 的居家社区养老服务成效

JJZH 以居家社区养老服务为主要业务内容，按照社会化、市场化的方式运营，目前来看，JJZH 的居家社区养老服务模式实现了经济效益与社会效益的双丰收、互平衡。具体体现在四个方面。

（1）JJZH 实现了服务流程的便捷化

通过服务中心的“一键通”一键呼叫，老人的服务需求可以得到迅速响应。通过服务中心创建的二维码记账系统，服务机构或人员服务完毕后，即刻传输至县民政局管理系统、养老服务中心记账系统，保证服务的真实性。同时记账系统只是记录虚拟数据，避免现金交易，在服务质量有异议下，中心拒付服务费，要求重新服务，从而保障老人权益不受侵害。从接受服务的老人角度看，JJZH 的居家社区养老服务递送流程大大简化，但并不影响服务递送的效率。

（2）JJZH 实现了服务内容的精准化

如前所述，当前阶段居家社区养老服务递送存在两大问题，即多元化需求无法满足和作为服务递送主体的社会组织与市场组织发育不足。JJZH 模式对这两个问题都给出了较好的回答，最终体现为以精准服务赢得老人的认可。其中，打造一支响应迅速、能提供可持续服务的团队和组织是关键，这个组织以自上而下与自下而上相结合的方式推广居家社区养老服务。自上而下的动力体现在两个方面：一是大田县的政府购买居家养老服务主要由 JJZH 承接；二是大田县加强了对居家社区养老服务体系建设的支持力度。在 JJZH 的 2 万多名服务对象（会员）中，有近 8000 人是大田县政府购买服务对象。2018 年，大田县委县政府提出“至 2020 年，应急救助、医疗保健、康复护理、生活照料、商品代购、家政服务、精神慰藉等养老服务覆盖全县老年人，基本建成以居家养老服务为基础，社区养老为依托，机构养老为补充，医养相结合的养老服务体系。同时，将养老服务工作列入各乡（镇）党委政府、部门年终绩效考核内容，县财政每年至少预算 100 万元用于老年人居家养老的政府购买服务”。[①] 自下而上的动力则体现为 JJZH 是一个兼具公益性和商业性的组织，具有适应市场需求和市场变化的能力。

> （追问：公司注册是什么性质的?）我们是工商注册。目前养老行业多注册成民办非企业，属于社会组织。我还成立了“大田县泽惠养老服务中心”，就是民非注册，服务中心也是由（福建 JJZH 养老产业有限）公司出资注册成立的。（追问：为什么既有公司注册，又有民非注册？两者有何区别?）是工商，还是民非，跟税收没关系。（主要是看不同场合，使用不同的身份。）公司业务没有地域限制，但民非只能服务一个小区域；公司属于工商局监管，民非属于民政监管；两者的政治意义也不同，福建 JJZH 做的事情不能归于大田民政局，但大

① 参见中共大田县委、大田县人民政府印发《关于加快养老事业发展的实施意见》的通知。据大田县民政局介绍，购买居家养老服务预算 100 万元是根据福建省政府办公厅《关于加快推进居家社区养老服务十条措施的通知》要求，定出的最低要求预算。实际上，大田县符合购买服务标准的老年人数比较多，2018 年实际支出给 JJZH 的购买服务就有 309.69 万元。

田 ZH 做的事，就属于大田。对外拓展业务用公司名义；只要是县政府、民政局带去的人参访，都是以民非机构名义接待。搭建平台花了半年，到 2016 年 12 月，才成立民非机构，真正开始运营，向社会推广服务。

我的一个原则，一件事情不要看得太难。我把居家养老先看成一个简单的事情，（打个比方）就是在需求和供给之间搭建一座桥，甚至设置一个红绿灯，让供给有序运作。需求集成、供给集成以后，供给侧要做好向老人提供服务的准备，我们设好红绿灯、人行道，防止发生刮擦。有了这个思路，我从横向和纵向两个方面下功夫。一是横向到边，只要在县域范围内，不放过一位可以服务的老人；二是纵向到底，老人的所有需求，我们都挖出来满足他们。现在我是把重点放在纵向到底，这个（战略布局）自从去年底就开始了。就是纵向挖掘需求，所以才有后面的旅居、健康促进等（服务项目）。（深度访谈 006-20190727-JLS）

（3）JJZH 的服务方式得到消费者认可，实现微盈利

JJZH 在居家社区养老服务运营方面坚持的理念是：轻资产，重服务；轻形式，重实效。比如前述精准化服务供给，带来的直接效应就是消费者的认可（见表 5-3）。目前，JJZH 收取的服务费包括线上服务和线下服务两类，扣除各类成本费用，已经有了稳定的、无风险的收入盈余。

表 5-3　JJZH 模式与省内其他居家社区养老模式的比较

项目	JJZH	其他居家社区养老服务运营机构
服务平台	有自主研发团队，可实现随时优化升级，不断提升智能综合服务能力	有各自的互联网技术平台
服务模式	创新互联网+“三化三全”山区服务 110 模式，实现区域全覆盖	只在城区推广
服务项目	提供“养、医、乐”，全面实现老人日常生活照料、紧急救护（助）、精神慰藉、旅游生活等多元化服务，全面满足老人养老需求。通过全面优质的服务，以求跟老人及其家属产生强有力的服务黏性	推行“服务包”，老人对服务需求选择面窄，无法实现精准服务，满足服务需求

续表

项目	JJZH	其他居家社区养老服务运营机构
服务队伍	组建“白大褂”“红马甲”专兼职结合的孝老员队伍，分布在县、乡、村（居），人数多，队伍大，可实现就近调度，以最短的时间响应服务	组建属于自己的服务队，人数少，成本高，服务面有限
服务监管	公司的服务质量管理体系已通过 ISO9001 质量体系认证，具有较科学、完善的监管手段。更多充当的是裁判员的角色	缺少监管，既当运动员，又当裁判员，或者没有裁判员
志愿服务	组建县、乡、村三级服务网，实行“时间储蓄银行制度”，实现志愿服务良性循环，真正发挥志愿者助老作用	刻意组织志愿活动，无法形成助老扶老氛围
服务人群	通过智能服务平台，织密服务网等，实现为居家人群提供全方位的服务	符合政府购买服务的人群

资料来源：根据田野访谈记录自行整理。

（4）JJZH 服务成效获得政府部门和主流媒体的肯定

2017 年 10 月 13 日，JJZH 模式通过国家发改委的遴选，作为养老服务业典型案例编入《走进养老服务业发展新时代》一书，向全国推广。《人民日报》《焦点访谈》《东南卫视》《福建日报》《养老周刊》《三明日报》等多家媒体报道并肯定了 JJZH 的居家社区养老服务成效。截至 2019 年 7 月，JJZH 的居家养老服务对象总数达到 22237 位，其中包括 7452 位政府购买服务对象。实施线下服务 140247 人次，接听求助、咨询电话 311725 人次，开展志愿服务 12273 人次。孝老员（缘）合计超过 2000 人。

4. JJZH 的居家社区养老服务递送经验

2019 年，李克强总理在政府工作报告中提出，“要大力发展养老特别是社区养老服务业”，特别是鼓励社区提供日间照料、康复护理、助餐助行等服务，“让老年人拥有幸福的晚年，后来人就有可期的未来”。作为一家以提供居家社区养老服务为主要业务的机构，JJZH 模式的可贵之处是：在一个市场环境条件并不优越、政府福利服务压力较大的山区县城，实现了基本居家养老服务的全覆盖、快响应、可持续。作者认为，在探索具有中国特色的居家社区养老服务递送模式方面，JJZH 模式贡献了如下有益经验。

（1）政府的托底保障和陪伴成长是居家社区养老服务能够生根发芽的基础

居家养老服务市场的形成，关键是政府托底作用的有效发挥。建立居家养老服务市场，能发挥市场配置资源的巨大能量，从供给侧提高覆盖面最广的居家养老服务的可持续性水平；激励居家养老服务走向多元化与专业化，满足多层次居家养老服务需求。由于养老服务产业受限于土地供给、融资水平、人才资源等因素，目前还是一个弱势产业，需要政府托底保障培养有市场竞争能力的种子，同时精心陪护、陪伴成长。

大田县政府在JJZH的健康成长中起到的托底保障、陪伴作用主要体现在：一是整合全县范围内购买居家社区养老福利服务订单，由JJZH承接服务供给，这是政府托底保障作用最重要的体现，同时有效动员了社会力量参与居家社区养老服务；二是为JJZH无偿提供公司总部办公场所，无偿提供公司到基层培训的场地；三是无偿为公司经营范围打广告；四是为公司经营行为信用背书。在上述四个作用中，政府为社会养老服务组织提供信用背书尤为重要；同样重要的是，政府需要考虑选择支持什么样的社会服务组织。在生产居家社区养老服务方面，政府与JJZH实际上结成了伙伴关系，两者合作为老人提供服务。政府的信用背书看得见的方式表现为对JJZH的有效监管，看不见的信用背书方式则是政府为支持JJZH而提供的各种支持，接受服务的老人理所当然地认为JJZH是代表政府提供服务。比较有趣的是，JJZH负责人告诉作者，他们也非常需要政府的监管，这样才能有效整合和督促服务团队中的商家规范经营与服务行为。

> （追问：具体介绍下政府在哪些方面给了你有效的支持？）政府的支持包括，文件说要给政府兜底老人购买服务，我们力度不大，每个月50元，力度不大，但意思到位了，我很感谢；第二个，我们在外拓展业务时，县里会帮我扫除障碍，提供必要的帮助；第三，县里愿意把外面的人带来参观视察，对我们来说是一种促进，无形中给我们很大鼓励，也给我们很大压力，让我们不放弃；第四，县里做广告，也允许我们（的服务信息）在上面播，虽然播的次数不多，他们会想尽办法，能给我们的都给我们。（深度访谈006-20190727-JLS）

（2）培育具有市场生存和竞争能力的市场主体是居家社区养老服务能够开花结果的关键

在JJZH的起步阶段，政府各部门负责的托底保障人群购买服务订单成为公司开张运营的基础，这一部分投入到老人身上的社会福利资金实际上也全部都投入使用在老人身上。因此，光靠政府购买服务订单，JJZH无法维持服务团队的运营。他们想到的生存之道是，通过承接政府购买服务，建立起第一批接受服务的顾客对其服务的黏性。JJZH开始充分挖掘老人及其周围人群的服务需求，同时整合现有的市场服务部门（即能够满足老人服务需求的加盟服务商，如商超、理发店等），搭建起一条通畅的服务需求与服务供给桥梁，老人及其家属自费购买服务的习惯逐渐被培养起来。正是这部分自费服务收入提成，构成JJZH市场化运营收入的主要来源，有了源头活水的服务运营收入，JJZH的市场化生存和竞争能力才有了保障。

根据JLS的总结，JJZH摸索出的市场化居家社区养老服务模式，有如下优势：一是节省了运营成本。做到了“管理成本最小，服务团队最大，覆盖人群最广”。二是有效地盘活本地服务和产品资源。扩大了实体销售业的业务范围，增加了销售实体的客户群体，同时带动了农村剩余劳动力再就业。三是提高服务团队中的商家的生存能力和竞争能力。通过制定统一的服务标准规则，建立服务控制体系，督促服务团队中的商家加强自身内部管理，推动商家自觉让服务规范化、标准化。由此，服务团队中实现了标准化、科学化管理的商家与其他商家有了市场区分，形成独特市场优势。四是提升了老龄化浪潮下老人群体服务供给的覆盖面和有感度，特别是通过居家养老服务方式，有效提高失能、半失能、空巢老人的生活质量，让所有老人都能感受到来自政府和社会的关怀。

（3）创造性地把福利服务资源向市场化服务转化是居家社区养老服务形成市场化递送格局的核心

巨大的服务需求与相对较高的递送成本，是制约居家社区养老服务可持续供给的基本矛盾，JJZH则创造性地把福利服务资源向市场化服务转化，提出了一个可能的解决方案。

首先，把为老人服务向做老人子女孝老工作转化。这样做的好处是：老人子女出钱为老人购买居家生活服务，避免了子女单纯给钱，老人舍不得消费而导致实际生活质量得不到提高的现实。

其次，把居家养老服务向居家生活服务转化。JJZH 以老人所有生活需要为出发点开展服务，争取满足每一位老人提出的所有服务要求，真正让老人对居家服务有感、可感。

再次，把对居家社区养老服务质量的要我监督向我要监督转化。JJZH 通过标准化服务流程、标准化接单派单售后服务信息系统，让每一位老人提出的服务能得到迅速响应、有效监督。质量管控和监督从被动变为主动，就是市场竞争意识萌发的标志，也是市场化生存能力的基础。

最后，把外地人服务本地人向本地人服务本地人转化。养老服务行业人力资源匮乏是所有从事养老服务行业的管理运营者面对的共同难题。就福建省目前的养老服务行业情况看，大多数服务机构都是通过市场渠道聘用护工和其他工作人员，这些一线的服务人员又大多来自外地。在 JJZH 模式中，基本是本地人服务本地人，JJZH 自己培养的服务人员以及公司里的社工和后勤服务的人员、加盟公司的服务供应商、加入时间银行的志愿者队伍，所有这些参与服务递送的人力资源大部分都来自本地，JJZH 的创始人和负责人也是本地人。作者认为，在养老服务行业，本地人服务本地人，有两个基本内涵。一是一线提供服务者（主要指护工和上门服务提供者）来自本地，因为养老服务是一种面对面的服务，能够用当地语言沟通，有助于保证一定的服务质量。二是服务机构的管理中层来自本地。做好养老服务，需要链接当地各种服务资源，熟悉本地风土人情、在本地有一定经济社会地位的人，才能较好地承担资源连接者功能。本地人服务本地人，作为养老服务人力资源积累的策略，有助于提升居家社区养老服务运营机构的市场生存能力。同时，这个策略也可以融入养老服务企业的品牌化、连锁化运营中。

以上四个层面的转化，从培养消费习惯、拓展服务内容、创造消费对象、稳定服务团队、提升服务质量，实现了居家社区养老服务递送的市场化运作。由政府购买服务产生的福利服务，相当于 JJZH 服务团队运营的第一笔服务“订单”，但这笔“订单”资源无法维持公司生存。实现市场化转化后，JJZH 才有了更多的服务“订单”，才有了独立生存能力。

（三）居家社区养老服务的功能反思

如果机构养老服务承担的是满足社会成员养老安全预期的公共责任，那么居家社区养老服务的价值应定位于满足社会成员更高老年生活质量需求。从生活方式变迁的角度看，居家社区养老方式是过去生活方式的延续，机构养老方式则对老年人的生活环境有较大改变，需要老年人适当改变过去的生活习惯以适应新的集体生活。与过去生活方式不同的是，居家社区养老对上门服务和社区服务提出了更高要求，尤其是要适应老年人的服务需求。老年人的生活质量可能会随着社会交往能力的萎缩、身体机能的自然衰退、家庭生命周期的变动等因素而呈现不同幅度的下降趋势；老年人居家社区养老服务需求的有效满足，则有助于稳定和提升老年人生活质量。有效需求问题在经济学看来是成本与利润的结构和收入分配结构所决定的消费倾向之间的关系。[①] 表现在养老服务需求方面，有研究者将之分为潜在需求和有效需求。[②] 潜在需求是指老年人的老年生活中实际需要的养老服务项目，这些需求可能因为支付能力不足而无法满足；有效需求是指老年人切实需要的养老服务项目，这些需求老年人有支付能力去购买服务并真正享受到服务。简言之，有效需求的核心与消费支付能力有关。由此，满足老年人居家社区养老服务的有效需求，就成为提高老年生活质量的关键。有的研究者甚至认为居家养老服务需求是在养老和医疗基本需求得到满足后的更高层次的需求。[③]

（四）居家社区养老服务递送政策创新思路

1. 创新递送机制，化解居家社区养老服务需求供给之间的诸多矛盾

与机构养老服务需求相比，居家社区养老服务需求涵盖了最广泛的老龄人群，按照中国“9073”社会养老服务体系建设格局，97%的老年人将在家里和社区中接受养老服务。在家居住、在社区活动的特点，又决定了老年群体居家社区养老服务需求的分散化、个性化和多元化。居住的分散，决定了服务需求的分散化；居家的日常生活方式，决定了服务需求的个性化；老年人年龄的自然增长带来生理、心理的变化，决定了服务需求的变化性、多元性，从衣食住行生理需求到心理慰藉和精神文化需求，都

---

① 陈祥，靳卫萍．有效需求：马克思、凯恩斯与卡莱茨基经济学［J］．南开经济研究，2014（2）：51-57.

② 丁建定主编．中国养老服务发展研究报告（2018）［M］．武汉：华中科技大学出版社，2018：192.

③ 张国平，柏雪．居家养老服务产业化模式及其路径——基于公共产品视角［J］．现代经济探讨，2019（7）：35-39.

对服务供给者提出越来越多元化的要求。上述特征，带来巨大的服务需求与有限的服务供给之间的矛盾、有限的服务供给与服务需求不匹配之间的矛盾。从服务递送视角看，造成这些矛盾的根源，一是现有的资源配给机制无法将有限的、分散的居家社区养老服务资源与社会成员日益增长、多元的服务需求相匹配；二是包括社会组织和市场组织在内的各种递送主体发育不足，现有的服务递送能力、递送效率无法满足服务需求的要求。

2. 现有的多元化服务递送主体无法从根本上解决居家社区养老服务中的供需矛盾

居家社区养老服务需求与供给之间的矛盾本质上表现为巨大的服务需求、相对较低的支付能力与相对较高的递送成本之间的矛盾。有研究者认为，如不解决这一矛盾，将会出现“低水平均衡陷阱”。[①] 居家社区养老服务递送机制的创新，也应从这一基本判断出发寻求答案。居家社区养老服务供给主体多元化、递送方式社会化，是大多数研究者提出的方案。比如，闫金山、彭华民提出以家庭为核心的“一核三维”多元主体共治结构递送策略。[②] 这个递送策略遵循老年人的养老服务需求与服务递送主体所能提供的照料资源进行适恰性配对原则，国家、市场、志愿部门和家庭分别运用不同的手段、提供不同的服务内容（见表 5-4）。

表 5-4　居家社区养老服务需求与服务递送结构

服务需求类型及其具体内容		与家庭养老的关系	服务类型	递送主体	递送工具	递送类型
基本需求类服务	上门看病、法律援助和老年服务热线等	增强家庭养老服务能力，保障居家老年人经济供养需要	保障性照料服务	国家	政策设置	福利型递送
个性化服务	上门做家务及老年饭桌服务等	助力家庭满足居家老年人日常照顾需要	交换性、专业性照料服务	市场	市场交换	市场型递送
基本需求和情感类服务	上门看病、法律援助和老年服务热线等	助力家庭满足居家老年人日常照顾和精神慰藉需要	志愿性照料服务	志愿部门	志愿活动	福利型递送

① 林宝. 养老服务业“低水平均衡陷阱”与政策支持［J］. 新疆师范大学学报（哲学社会科学版），2017（1）：108-114.

② 闫金山，彭华民. 居家老人多元共治照料体系构建策略［J］. 中州学刊，2018（3）：71-77.

续表

服务需求类型及其具体内容		与家庭养老的关系	服务类型	递送主体	递送工具	递送类型
情感需求类服务	上门探访等	满足居家老年人经济供养、日常照顾和精神慰藉需要	非正式照料服务	家庭	伦理亲情	家庭型递送

资料来源：作者自行绘制。其中，社会养老服务需求具体内容来自 2014 年中国老年社会追踪调查（CLASS）。该追踪调查列举的社会养老服务项目包括上门探访、老年人口服务热线、陪同看病、帮助日常购物、法律援助、上门做家务、老年饭桌、日托站或托老所、心理咨询以及社区医疗服务（包括上门护理、上门看病和康复治疗）。

这个方案梳理了拥有不同服务资源的多元化主体，提出了服务需求与供给的具体搭配方式。但依然没有解决在居家社区养老服务场景中，具体服务递送如何执行的问题，或者说推动服务供给和递送者满足多元服务需求的动力机制问题。在服务需求者看来，服务递送者是谁也许并不是主要的，服务需求者更关心的是服务递送者提供的服务是他们需要的，他们需要的个性化服务是他们购买得起，也方便购买的。最终，社会成员会将不同类型的服务都归于国家和各级政府部门的作用。

3. 引导居家社区养老服务供应商满足有效需求，走产业化服务递送道路

发展和完善公共服务产业，是解决上述多元主体递送养老服务失灵问题的解决方案。公共服务产业是一种公共服务的供给和递送机制，与私人服务产业和垄断服务产业在结构上最大的不同是在供需关系上，公共服务产业是两个供给者（作为服务提供者的政府部门和作为服务生产者的市场和社会部门）为使用者服务；后两种服务都是一对一关系。①

应该在居家社区养老服务领域探索市场化、产业化发展道路，不断创新递送机制。以产业化为导向递送居家社区养老服务，并不是排斥其他递送主体，而是将国家、家庭、志愿部门的服务资源整合到市场递送组织手中去，由市场化组织或机构组织服务生产和递送，通过充分发展居家社区养老服务市场，实现服务递送的产业化。实际上，早在 2000 年，上海首开政府引导市场开展居家养老服务的先河，至今已经创造出以整合服务资源

① 郭竟成．居家养老研究：来自浙江的调查与思考［M］．北京：中国社会科学出版社，2016：38.

为目标的“社区养老服务合作社”、以精准服务为目标的个性化“养老服务菜单”、以市场化方式运作的“养老服务包”试点工作。[①] JJZH 则是创造性地把福利服务向市场化服务转化。一项对江苏省六市（区）政府购买居家养老服务的实证调查也显示，为解决兜底人群保障而购买的救助型服务，财政投入相对低，覆盖规模小，难以撬动居家养老服务市场，服务质量也难以保障；相反，对那些实施救助兼福利型购买政策的地区，政府不仅有较高的财政资金投入购买服务，还推出各种优惠政策，支持居家养老服务企业或机构降低运营成本，不仅老人得到了较高的服务质量，居家养老服务市场需求撬动起来，居家养老服务市场化水平也在不断提高。[②] 这些实践探索都是以市场化为导向递送居家社区养老服务。

三　社会组织成为居家社区养老服务递送的重要主体

政府向社会力量购买服务[③]或政府公共服务外包是社会组织成为居家社区养老服务递送重要主体的动力源。政府向社会组织购买服务是在各国政府探索行政改革的背景下形成的。[④] 学界对政府购买公共服务机制给予高度评价，认为政府购买服务本质上是决策与执行的分离，是构建现代服务型政府的必由之路，实现了总体性支配的治理模式向新型的社会治理模式的转变。[⑤] 政府购买服务机制的推广使社会服务的供给方式发生巨大变

---

① 《大城养老》编委会编．大城养老——上海的实践样本［M］. 上海：上海人民出版社，2017：20-21，31-34.

② 杨琪，黄健元．政府购买居家养老服务政策的类型及效果［J］. 城市问题，2018（1）：4-10.

③ 2013 年 9 月，国务院办公厅《关于政府向社会力量购买服务的指导意见》发布，指出：“政府向社会力量购买服务，就是通过发挥市场机制作用，把政府直接向社会公众提供的一部分公共服务事项，按照一定的方式和程序，交由具备条件的社会力量承担，并由政府根据服务数量和质量向其支付费用。”同时提出，“到 2020 年，在全国基本建立比较完善的政府向社会力量购买服务制度，形成与经济社会发展相适应、高效合理的公共服务资源配置体系和供给体系，公共服务水平和质量显著提高”。

④ 王浦劬，〔美〕莱斯特·M. 萨拉蒙等. 政府向社会组织购买公共服务研究：中国与全球经验分析［M］. 北京：北京大学出版社，2010：10.

⑤ 参见：颜素珍，蔡盟生．政府公共服务外包——慈善组织发展新选择［M］//彭华民，〔日〕平野隆之主编．福利社会理论、制度和实践. 中国社会科学出版社，2016：236；吴月．规范化形态、非正式运作与政策区隔——对一个政府购买服务项目的个案分析［J］. 天府新论，2018（5）：106-113；岳经纶，刘洪，黄锦文主编. 社会服务——从经济保障到服务保障［M］. 北京：中国社会出版社，2011：1-3.

化，给各类慈善组织和社区服务组织带来发展机遇，新兴的社会组织被纳入服务供给过程。在实践过程中，政府与社会组织建构起供给社会养老服务的“合作伙伴”（collaborative-partner）模式。[①] 政府与社会组织合作递送社会养老服务，有利于提高政府支出的有效性和公共服务能力，也有利于积累组织资源，涵养社会资本。

下面以作者在福建省的居家社区养老服务递送田野调查经验和个案研究为例，具体阐述在购买服务背景下发展起来的社会组织，参与居家社区养老服务递送情况及其作用。

（一）社会组织递送居家社区养老服务的个案分析

购买服务培育了大量的社会工作组织。下面以泉州地区为例，描述社工组织递送居家社区养老服务的情况与特点。

截至2018年10月底，泉州市登记的民办社工服务机构有59家（其中市本级13家），拥有持证社工1639人，社工机构与人才总量均居全省第二，仅次于厦门。自2015年以来，泉州市有16个社会组织参与省财政支持社会服务项目，包括扶老助残、救孤济困、社会公益服务、社会组织培训等项目，扶持资金共248万元。

根据泉州市民政局社会组织管理科提供的资料，为方便对比分析，作者以承接服务的社工机构为主要归类标准，对其承接的购买服务项目进行了梳理统计。表5-5显示了2012-2017年泉州市社工机构承接的所有政府购买居家社区养老服务项目情况。根据表5-5，泉州市社工组织递送居家社区养老服务呈现如下特点。

---

① Gidron，Kramer和Salamon提出了政府与社会组织合作供给养老服务的四种基本模式，即政府支配模式、民间组织支配模式、双重模式、合作模式，其中以“政府提供资金-民间组织提供服务”合作模式最常被引用。合作模式存在两种不同的形式，即“共销”（collaborative-vendor）模式和“合作伙伴”（collaborative-partner）模式，两者主要区别在于服务项目执行过程中自主性的大小。参见：Gidron B，Kramer P M，Salmon L M. Government and the Third Sector：Emerging Relationship in Welfare States［M］. San Francisco. CA.：Jossey-Bass Publishers，1992：18.

章晓懿通过对上海市购买养老服务的研究，发现政府购买社区居家养老服务表现出“共销”模式的特点；而政府购买机构养老服务则已具备“合作伙伴”模式的特点。当民间组织逐渐拥有了专业优势和资源，在与政府的合作中，就有了更强的独立性，这时政府购买服务合作模式就有了从“共销”模式走向“合作伙伴”模式的条件。参见：章晓懿. 政府购买养老服务模式研究：基于民间组织合作的视角［J］. 中国行政管理，2012（12）：48-51.

表 5-5 2012-2017 年泉州市社工机构承接政府购买居家社区养老服务项目统计

购买主体	项目名称	试点单位	承接机构	服务对象	经费（元）	级别
泉州市老龄工作委员会办公室	2016.06.01-2016.11.30 埭头社区居家养老服务项目	埭头社区	泉州市新家园社会工作服务中心	埭头社区长者	118000	市
福建省财政	2015.08-2015.11 社会空巢老人社会支持网络建设与支援项目	以泉州市空巢长者为主	泉州市新家园社会工作服务中心	泉州市范围内空巢长者	100000	省
安溪县民政局	“长者幸福家园”新型社区治理	安溪县城厢镇龙湖社区	安溪县起点社会工作服务中心	社区老人	100000	县
晋江市残疾人联合会	晋江市重度残疾人居家养老家政服务项目评估	晋江市残疾人联合会	晋江市鹏星社会工作与评估中心	晋江市重度残疾人居家养老家政服务项目评估	27974	县
晋江市民政局	晋江市民政局社区居家养老服务站项目	涉及池店镇、安海镇、东石镇、青阳街道等 20 个农村社区居家养老服务站	晋江市启航社工服务中心	社区老人	135000	县
晋江市罗山街道办事处	晋江市罗山街道社区居家养老服务提升社工服务项目	罗山街道 16 个居家养老服务站点	晋江市启航社工服务中心	社区老人	135000	县
民政部	“村改居”社区特殊困难老年人居家养老服务支持网络建构示范项目	晋江市罗山街道	晋江市启航社工服务中心	罗山街道 14 个村改居特困老人	190000	部
晋江市罗山街道办事处	“守护夕阳”社区特殊困难老年人社工服务项目	罗山街道	晋江市启航社工服务中心	以低保、五保、空巢、独居等社区特殊困难老年人为主，涵盖其他老年人群体	135000	县
晋江市民政局	大埔村农村社工试点项目	大埔村	晋江市启航社工服务中心	留守老人、儿童以及其他有服务需求的群体	110000	县

续表

购买主体	项目名称	试点单位	承接机构	服务对象	经费（元）	级别
晋江市民政局	“守护夕阳”特困老人居家安全倡导计划	罗山街道，辐射其他街道社区	晋江市启航社工服务中心	年满60周岁并符合条件的老年人，特别是居住环境存在安全隐患的居家养老的特殊困难老年人；老年人及老年人家属、社区护老者、社区居民	57000	县
晋江市民政局	晋江市村（社区）居家养老服务站提升示范点项目	青阳街道永福里社区，罗山街道华泰社区，安海镇庄头村，东石镇萧下村，磁灶镇洋宅村等5个（村）社区居家养老服务站	晋江市启航社工服务中心	社区老人	50000	县
晋江市老干局	晋江市基层老年协会规范化建设提升示范点购买社工服务项目	磁灶镇洋宅村、下官路村，东石镇萧下村等3个（村）社区老年协会	晋江市启航社工服务中心	3个基层老年协会	30000	县
晋江市永福里社区居委会	永福里社区居家养老服务站购买社工服务	永福里社区居家养老服务站	晋江市启航社工服务中心	社区长者	30000	县
晋江市民政局	“爱到家”特困老人居家安全促进项目	罗山街道、新塘街道	晋江市启航社工服务中心	年满60周岁并符合条件的老年人，特别是居住环境存在安全隐患的居家养老的特殊困难老年人；老年人及老年人家属、社区护老者、社区居民	70000	县
福建省民政厅 福建省社会组织管理局	2016社区特困老人居家改善计划项目	罗山街道	晋江市启航社工服务中心	社区中体弱/行动不便、低保、五保、独居、高龄等居家养老的特殊困难老年人	110000	省

续表

购买主体	项目名称	试点单位	承接机构	服务对象	经费（元）	级别
晋江市民政局	2016 晋江市携进社工事务所关爱老人公益项目	梅岭街道竹园社区居民委员	晋江市携进社工事务所	老年人员	68700	县
晋江市民政局	2016 晋江市村（社区）居家养老站提升示范点购买社工服务协议（梅庭）	梅庭社区奥林春天小区	晋江市亿家社工事务所	梅庭社区奥林春天居家养老服务站内老人	10000	县
晋江市民政局	2017 年晋江市民政局社区居家养老项目（2017.04－2017.12）	池店镇古福村；永和镇永和村、坂头村；英林镇沪厝垵村、钞井村；金井镇湖厝村、新市村；龙湖镇后溪村、后宅村、埔头村	晋江市益善社工服务中心	池店镇古福村；永和镇永和村、坂头村；英林镇沪厝垵村、钞井村；金井镇湖厝村、新市村；龙湖镇后溪村、后宅村、埔头村老年人	82500	县
晋江市民政局	2013 年晋江市民政局社区居家养老项目购买专业社工服务（2013.04－2013.12）	陈埭镇海尾村、西坂村、庵上村、梧埭村；龙湖镇枫林村、前港村；英林镇港塔村、三欧村；永和镇山前村、后埔村	晋江市益心社工服务中心	陈埭镇海尾村、西坂村、庵上村、梧埭村；龙湖镇枫林村、前港村；英林镇港塔村、三欧村；永和镇山前村、后埔村老年人	54000	县
晋江市民政局	2014 年度晋江市民政局社区居家养老项目购买专业社工服务（2014.04－2014.12）	磁灶镇官田村、新垵村、岭畔村；内坑镇上方村、黄塘村、吕厝村、内山尾村；龙湖镇龙埔村、西吴村；永和镇内厝村	晋江市益心社工服务中心	磁灶镇官田村、新垵村、岭畔村；内坑镇上方村、黄塘村、吕厝村、内山尾村；龙湖镇龙埔村、西吴村；永和镇内厝村老年人	60000	县

续表

购买主体	项目名称	试点单位	承接机构	服务对象	经费（元）	级别
晋江市民政局	2015 年度晋江市民政局社区居家养老项目购买专业社工服务（2015.04-2015.12）	梅岭街道桂山社区、三光天社区；磁灶镇洋尾村、湖头村；龙湖镇埭头村、瑶厝村、洪溪村、福林村；内坑镇长埔村、潘厝村	晋江市益心社工服务中心	梅岭街道桂山社区、三光天社区；磁灶镇洋尾村、湖头村；龙湖镇埭头村、瑶厝村、洪溪村、福林村；内坑镇长埔村、潘厝村老年人	75000	县
晋江市民政局	2016 年度晋江市民政局社区居家养老项目购买专业社工服务（2016.04-2016.12）	梅岭街道晋阳社区；金井镇坑口村、钞岱村；东石镇光渺村、白沙村；龙湖镇吴厝村、南庄村、杆柄村、鲁东村、陈店村	晋江市益心社工服务中心	梅岭街道晋阳社区；金井镇坑口村、钞岱村；东石镇光渺村、白沙村；龙湖镇吴厝村、南庄村、杆柄村、鲁东村、陈店村老年人	80000	县
晋江市民政局	晋江市村（社区）居家养老服务站提升示范点购买社工服务（2016.05-2017.05）	罗山街道兰峰社区	晋江市益心社工服务中心	罗山街道兰峰社区老年人	10000	县
民政部福利彩票公益金	2014 年民政福利彩票公益金特殊困难老年人社会服务	晋江市青阳街道	晋江市益心社工服务中心	晋江市青阳街道社区长者	190000	部
晋江市民政局	晋江市 2016 年度福彩公益金支持社会组织参与社会服务项目——普照社区独居长者支持网络建设项目	青阳街道普照社区	晋江市益心社工服务中心	普照社区长者	39900	县
晋江市民政局	晋江市 2016 年度福彩公益金支持社会组织参与社会服务项目——“耆乐融融·学路同行”社区长者学习计划	磁灶镇东山村	晋江市益心社工服务中心	东山村长者	42200	县

续表

购买主体	项目名称	试点单位	承接机构	服务对象	经费（元）	级别
福建省财政厅	福建省财政支持社会组织参与社会服务项目——“耆乐融融·安全伴行”独居长者居家安全社工服务项目	晋江市西园街道	晋江市益心社工服务中心	西园街道长者	120000	省
晋江市西园街道霞浯社区居委会	民生微实事项目——“耆乐融融·安全伴行”长者居家安全改造与倡导计划（2017.10-2018.09）	晋江市西园街道霞浯社区	晋江市益心社工服务中心	霞浯社区老年人	25300	县
民政部	民政部福利彩票公益金特殊困难老年人社会工作服务示范项目	晋江市青阳、新塘街道各社区	晋江市致和社工事务所	晋江市青阳、新塘街道各社区低保老人	190000	县
晋江市民政局	晋江市居家养老专业社会工作服务项目	各试点村社区	晋江市致和社工事务所	试点村的老人及其家庭	440000	县
石狮市委社会工作部	政府为特困失能老人购买信息化服务和实体护理服务项目评估委托	石狮市	石狮市致和社工事务所	石狮市特困失能老人	20000	县
石狮市老龄办	居家养老第三方考评（2016年）	石狮市各居家养老服务中心	石狮市众诚社工服务中心	老人	20000	县

资料来源：作者整理绘制。

（1）从购买服务主体看，晋江市民政局及晋江市部分街道、居委会购买居家社区养老服务项目和数额都是最多的。其次，民政部购买了三个项目、总额 57 万元的居家社区养老服务。

（2）从服务需求单位看，提出购买服务需求的大多为乡镇街道、村居及社区居家养老服务站。作者认为，乡镇街道、村居越来越多地将其原来的工作内容之一——养老服务单列出来，交给社工组织提供。

（3）从承接服务社工组织看，晋江市启航社工服务中心和晋江市益心社工服务中心是承接服务最多的两个组织。参与承接居家社区养老服务的社工组织共计 10 个。

（4）从项目级别看，部级、省级和市县级都有购买服务项目。其中绝大多数为市县级项目，经费在 10 万元以上的项目也有不少。

（二）承接居家社区养老购买服务的社工组织满足个性化养老服务需求的案例分析

与机构养老服务需求不同，居家社区养老服务需求有鲜明的个性化特征，具体体现在两个方面：一是需求的本土性，即社工要说本地话（如闽南语）、了解本地文化；二是需求的复杂性，即社工要有专业知识技巧及丰富经验来直接或间接满足老人在康复、照料、情感等多方面的丰富需求。当居家社区养老服务通过社工来递送时，这种养老服务就与家政类服务产生区别，服务需求的本土性和复杂性同时也对社工的专业能力提出较高要求，社工服务的专业性在个性化服务需求的满足中体现出来。

> 台湾社工实习在 XLH part N：一早，踏上居家照顾的个案家访，确认康复情况，舒适度改变的原因，慢性疼痛影响食欲，因失能引起孤立感，探索病前平日兴趣以及药物管理等。中午接着安抚住在护养院的一位长者耍脾气。稍做休息，下午接着办院区活动，晚上还要出报告。社工，真的是全能的！（来源：2019 年 7 月 22 日福州 XLH 爱心养护院院长、马尾镇社区居家照料服务中心主任 YZL 微信朋友圈文字）

下面分别以两个案例，具体分析社工组织如何满足个性化居家社区养老服务需求。

1. 案例一：公益创投大赛，推动居家社区养老服务提升专业化水平

2016年12月，福州市GL区举办了首届公益创投大赛，在27个参赛项目中，有7个项目直接或间接与社区养老服务有关（见表5-6）。从这些创投参赛项目的设计中不难看出，社工们从专业视角发现问题，运用专业手法提出解决方案的努力。一方面，挖掘居家社区生活场景中老年人各种服务需求，提炼出有利于提高老年人生活质量的服务项目；另一方面，设计专业化的服务递送思路，更好满足老年人个性化服务需求。

表5-6 福州市GL区首届公益创投大赛为老服务项目

项目名称	服务递送设计思路
“小铃铛”社区扶老助残项目	通过为低龄老人开展特定手工小组、文娱小组，鼓励低龄老人为高龄老人提供定期探访慰问，为GL区思儿亭社区的空巢老人、失独老人提供关怀，丰富他们的精神生活
“巧手伴夕阳”北江社区老年人互助项目	由北江社区中的手工达人发起，通过组织社区中的低龄老人开展各类型的丝网花、珠串等手工制作活动，充实老年人的日常业余生活，建立老年人之间的互助支持体系，同时通过爱心义卖等形式，筹集善款，服务社区中的高龄贫困孤寡老人
“情系祖孙，爱在传承”社会公益祖孙互动营	为GL区国光社区的祖孙关系提供服务。通过3个系列（文化传承、家庭和谐及生命安全教育），10次活动，促进祖孙关系和谐
爱心应急救助及定位服务	通过IT高科技及GPS定位技术，免费上门协助老人安装定位系统（“安享通”App或者其他装置），并登记老人的子女或者监护人资料到养老平台；如果子女或者监护人对老人的活动范围及定位有需求的，免费上门协助安装“孝情通”App。其目的是对患有老年痴呆症、健忘症等易走失老人进行定位；对出门在外的老人进行定位。子女对老人的位置信息不但可以实时获悉，老人的活动范围也可用App的电子围栏进行监控，一旦超出范围，App马上提示报警信息
帮老助老	主要通过上门拜访的形式切实了解老人实际困难，为老人提供本组织力所能及的物质、精神方面的帮助
闽都不老松	依托各社区组建5-8支武当养生太极示范队，由福建省搏击协会太极拳专家定点、定时开展相关培训，优秀队员组队参加相关比赛；举办各种有特色的健康沙龙和养生保健公益讲座，由本协会医疗保障专业委员会中的专业中医疼痛治疗专家负责老年人积年伤痛的治疗
听力健康进社区	通过每个月一次进街道为听力障碍和听力受损的小孩和老年人义诊，宣传爱耳、护耳知识

资料来源：作者田野调查中搜集的资料。

2. 案例二：泉州市社工组织在递送居家社区养老服务中的专业作用

晋江市 YS 社工服务中心成立于 2015 年 8 月，2017 年 4 月开始承接晋江市民政府购买服务和购买岗位项目，为池店镇古福村，永和镇永和村、坂头村，英林镇沪厝垵村、钞井村，金井镇湖厝村、新市村，龙湖镇后溪村、后宅村、埔头村 10 个新建的居家养老服务站提供专业社会工作服务。社工在递送居家社区养老服务中的专业作用①具体体现在以下五个方面。

（1）协助开展村（社区）居家养老服务站建设工作。在建成后，开展志愿服务、文体娱乐、精神慰藉等为老服务。

（2）协助运营村（社区）居家养老服务站。社工服务中心分片协助建立村（社区）老人档案，组建服务队伍，建立服务网络，开展服务宣传，保存和归档各项活动信息和资料。

（3）协助村（社区）开展志愿服务。招募志愿服务队伍，进行志愿服务培训，开展志愿服务活动。

（4）为居家老人提供直接的个案或小组社工专业服务。运用社工专业知识和技巧，帮助老年人建立互助体系，减少老年人孤独感，帮助老年人与自己、家庭和社区建立和谐关系。

（5）为重点老人群体提供专业社工服务。重点对低保、五保、空巢、独居、高龄、病残、失独等特殊困难居家老人群体开展专业服务，解决他们的实际困难。

YS 社工服务中心负责人认为，从事居家社区养老服务的社工组织应纵向深化服务内容，横向拓展服务领域，当前阶段社工机构专业服务能力、机构组织建设与管理能力不足，影响了社工组织的服务供给。

下面再以晋江 QH 社工服务中心开展的 2017 年省财政支持社会组织参与社会服务项目——“社区特困老人居家改善计划”为例，分析居家社区养老服务场景中，社工组织针对个性化服务需求，提供专业化服务的具体体现。晋江 QH 社工服务中心成立于 2013 年 8 月，由有近 9 年社会工作服务和管理经验的泉州籍资深社工创办，是晋江市首批具备承接政府职能转移和购买服务资质的社会组织，机构逐步探索具有闽南特色的本土化、专

---

① 依据 2017 年 11 月，晋江市益善社工服务中心提供《晋江市益善社工服务中心关于养老事业调研座谈的汇报材料》及座谈资料。

业化社工服务模式。该中心曾在2015年获得晋江市福彩公益基金支持，作为社会组织参与社会服务项目“守护夕阳”特困老人居家安全倡导计划，为罗山街道社区特困老人提供入户安全服务。2017年中标的“社区特困老人居家改善计划”项目，通过居家安全知识推广、“微爱”行动、居家环境改造计划、老年人防跌倡导等四位一体的服务体系，以居家上门服务的方式，让社区困难老人足不出户就能享受居家养老服务。项目服务对象是晋江市范围内年满60周岁的老人，特别是体弱、行动不便、低保、五保、独居、高龄等居家养老的特殊困难老年人。居家环境改造内容主要包括物品摆放、辅助装置安装和房屋修葺。

（三）再造传统社会组织在居家社区养老服务领域新功能：以红十字会组织为例[①]

红十字会是著名的国际组织，中国红十字会于1919年7月加入国际红十字会。新中国成立后，周恩来总理亲自对《中国红十字会章程》做出修改，[②] 中国红十字会还是新中国成立后首个被恢复国际合法地位的组织。习近平主席称赞红十字不仅是一种精神，更是一面旗帜。近年来，海峡两岸红十字会在交流过程中，[③] 都将注意力聚焦到老龄化社会背景下，两岸红十字会在社会养老服务领域的组织功能拓展。下面以红十字会组织为例，分析法律保障坚实、社会认可程度高、组织体系健全、实践经验丰富的传统社

---

① 作者应邀于2015年10月15日，在海峡两岸红十字会组织的“高龄化社会红十字会的角色与功能”圆桌会议上做题为“高龄化社会红十字会角色功能拓展：从急难救助型社会组织到现代人道服务枢纽型社会组织”的主题发言；2015年12月8日，在“海峡两岸第三届红十字社区共建交流活动”上做题为“发挥红十字会志愿服务在社区养老服务中的阿米巴效应”的主题发言；2018年6月6日，在2018年第十届“海峡论坛·海峡两岸红十字博爱论坛”上做题为“居家养老照护中的红十字会志愿服务”的主题发言。这部分内容系由以上发言整理而成。

② 廖仲启．官办社会组织功能转型与服务创新——以中国红十字会为例［D］．南京大学硕士学位论文，2014.

③ 1990年9月12日，海峡两岸红十字会组织在金门签订《海峡两岸红十字组织有关海上遣返协议》（简称“金门协议”）。这是1949年以来海峡两岸分别授权民间团体签订的第一个书面协议，由此直接促成海峡交流基金会（简称“海基会”）和海峡两岸关系协会（简称“海协会”）的诞生，并逐渐开启“两会商谈”的大门。到2011年，海峡两岸红十字博爱论坛被首次纳入第三届海峡论坛。可见，海峡两岸红十字会组织不仅在民间交流中，为“破冰”两岸关系发挥关键作用，还将为推动两岸关系和平发展持续发挥作用。

会组织[①]如何在居家社区养老服务领域拓展新的组织功能。

1. 居家社区养老服务领域是和平年代红十字会组织角色转换与功能完善的方向之一

作为国际性人道组织的红十字会，起源于近现代战争时期人道主义救援，是时代的产物，也是社会发展与进步的表现。当代社会，老龄化已经成为一个全球性的趋势和现实，老龄化深刻改变着人类社会的生活方式。在中国大陆，老龄化引起的诸多社会问题已经引发社会和政府的广泛关注讨论。包括台湾红十字会在内的中国红十字会有必要继续弘扬人道主义精神，参与两岸老龄化社会建设与治理，完成从紧急救助向日常生活救助的组织功能转换。红十字会的组织特性与当前居家社区养老服务需求高度契合，红十字会的组织能力和拥有的组织资源有助于开展居家社区为老志愿服务。由此，红十字会参与居家社区养老服务的时代条件已经成熟。

2. 以现代人道服务枢纽型社会组织建设为导向，推动红十字会组织积极参与居家社区养老服务递送

枢纽型社会组织是在同类型社会组织中发挥桥梁纽带和聚集服务功能的联合性社会组织。目前枢纽型社会组织主体多为党领导下的群众团体，其目标定位主要是国家和社会组织之间的桥梁纽带，主要职能是对社会组织进行聚集、管理和服务，通过项目化、社会化和专业化方式运作，形成枢纽型服务管理。红十字会系统无论是在政治地位、提供人道服务的历史与经验、专业性人才储备、各级组织体系建设等方面都拥有同类社会组织没有的优势，有能力、有条件参与居家社区养老服务递送，并发挥较大的社会影响力。

3. 红十字会组织参与居家社区养老服务递送的思路框架

（1）沿着红十字会扶贫济困传统服务路径，从社区关怀出发，建构老龄贫困群体救助信息平台，提升慈善服务质量。特别是在针对城乡失独贫困老人、空巢贫困老人及因病致贫贫困老人群体的救助方面，建立制度化、规范化救助与慈善服务流程，力争信息平台里所有的空巢老人在社区范围内实现100%结对关怀。

---

① 李程伟，罗鸿彦．资源动员与服务传递——试析红十字会组织在危机管理中的作用［J］．中国行政管理，2008（4）：75-77．

（2）沿着红十字会培训、志愿服务与国内外交流合作传统业务路径，加强各类社区居家养老服务专业人才培养，以社工带志工模式，不断积累社区居家养老服务人才、人力资源，为其他社区居家养老社会服务组织提供资源支撑。

（3）沿着红十字会品牌打造的组织发展路径，以活动策划和组织孵化为抓手，打造社区居家养老服务品牌。整合政府购买服务资源，爱心企业的资金和人力、管理资源，红十字会系统的专业人才资源，以项目活动为平台，走品牌发展路线，培育孵化一批专业化的社区居家养老社会组织，提高红十字会在社区居民中的知名度和信任度。

（4）沿着红十字会系统优势组织资源路径，按照枢纽型社会组织的未来发展趋势，布局第三方评估组织建设，发挥红十字会在社区居家养老服务组织、社区居家养老服务流程、服务标准建设等方面的评估和社会监督作用，同时在养老机构公建民营和医养结合改革方面，寻找合适的切入点。

（5）沿着两岸红十字会，尤其是闽台红十字会交流的历史路径，探索闽台红十字会合作递送居家社区养老服务路径。通过台湾红十字会，借鉴吸收台湾地区在社区治理、社会组织建设、居家养老、医疗保健养生等领域的先进理念、经验，先行先试探索闽台居家社区养老服务合作之路。

4. 红十字会递送居家社区养老服务的路径设计

（1）项目设计。围绕社区和居家养老服务，以人道救助为宗旨，以“按专业，分领域”、发挥专业特长为原则，以品牌打造为追求，设计一套系统的公益志愿服务项目群。

（2）团队打造。以社区为单位，按照统一的项目要求，结合社区经济发展和老龄人口结构的差异，设计个性化的实施方案。通过项目运作锻炼队伍，将每个社区的红十字会志愿服务团队打造成能独立运作、自主发展的“阿米巴”。[①]

① 阿米巴是一种可以重复进行分裂的细胞动物，每个细胞自成一体，独立生存。据此稻盛和夫首创了“阿米巴经营”理念及管理方式。“阿米巴经营”将企业划分为一个个阿米巴——小集体，每个小集体自行制订计划，独立核算，持续自主成长，这样集体里的每一位员工都能成为主角，“全员参与经营”，依靠全体员工的智慧和努力完成企业经营目标。

（3）跨界、融合、专业化服务递送。每个红十字会社区志愿服务小团队通过与社区政府、其他社会组织、社工、社区居民合作，通过公益性与营利性养老服务的融合供给，提高社区养老服务递送的专业性，满足多元居家社区养老服务需求。红十字会社区志愿服务小团队可以根据各自实施方案的目标，自行联合其他社会化、专业型的社会组织、社工，联合社区，为社区内的居民和机构提供更为人性、细致、专业的养老服务；也能通过参与社区内的养老机构和养老服务营利组织建设，开发养老产品，细分养老服务供给，兼顾养老服务的公益性和营利性。

（4）人道精神弘扬。红十字会社区养老志愿服务的对象应重点面对六类老年服务特殊人群：高龄老人、失能半失能老人、空巢老人、失独老人、贫困老人和农村老人。围绕着这六类有着绝对养老服务刚需的老龄人群，建构全覆盖的养老服务需求信息网络，设计服务供给方式，将红十字会的“人道”行为和“人道”价值观贯穿到日常的养老服务活动中去。

（5）寻求多元化志愿服务方式。红十字会社区养老志愿服务的方式可以多元化，比如以红十字会专业志愿服务队伍加社区志愿者队伍的方式培养社区养老服务专业人才；弘扬和培育志愿服务社区文化；培育专业化社区养老服务公益组织和营利组织；参与社区养老服务社会企业建设；参与社会养老服务体系标准化建设与第三方评估；推动国内外社区养老服务人才、项目交流、合作等等。

5. 联手打造两岸红十字会社区为老志愿服务品牌的路径

两岸红十字会之间的交流合作，聚焦两岸民生福祉，深入两岸社会基层，在两岸关系和平发展中扮演着独特而重要的角色。居家社区养老是两岸共同关注的社会热点问题，两岸联手打造社区为老志愿服务品牌，将有助于聚焦两岸红十字会推动两岸关系和平发展的独特作用，凸显其时代价值。

（1）加强红十字会为老志愿服务能力建设。打造社区为老志愿服务品牌对红十字会组织能力提出了一定要求。有一定专业要求的社区为老志愿服务，将对服务提供者的专业技术能力提出要求；志愿服务对参与者的觉悟程度有一定要求，对服务组织者的组织动员能力提出要求。两岸联手打造红十字会社区为老志愿服务品牌，有利于两岸优势互补。台湾在志工队伍培养、管理、活动开展方面有很专业、很细腻的实战经验，两岸可以社区为老志愿服务交流合作为主题，在大陆着力培育良好的志工文化氛围，在大陆最日常的社区生活过程中传播台湾的优秀志工文化，传播红十字精神。

（2）以健康宣教与保健康复护理知识技能传授为重点推展志愿服务。居家社区养老专业医护人员不足，社会力量参与不足，这是当前大陆居家社区养老服务的痛点，也是两岸红十字会服务社会，扩大影响力的机遇。以积极老龄化精神为指引，响应世界卫生组织《老年友好城市建设指南》，两岸红十字会整合专业资源，在社区中营造健康管理潮流，特别是加强对老年人中风、跌倒的预防和康复干预，倡导善待和支持社区中患有痴呆症和抑郁症的老年人，将预防，低成本的治疗、康复和有效的保健措施结合起来，努力让更多老年人健康度老年期。

（3）将志愿服务与市场服务、福利服务相结合，有效满足老年人群的居家社区养老服务需求。发挥红十字会枢纽型社会组织特长，通过整合组织资源和组织能力，构建一个能整合医疗服务与社会服务的多元服务供给体系，满足社区老年人在生活照料、健康照护与精神文化等不同领域的多元需求。探索将红十字会的志愿服务融入居家社区养老服务市场供给与福利供给渠道的途径。

四　居家社区养老服务递送以市场为导向的社会政策意涵

在社会养老服务体系建设的“9073”思路指导下，居家社区养老服务建设的政策投放量和社会关注度显著增加。政府购买居家社区养老服务已经覆盖所有省会城市、直辖市以及经济水平较高的地区；[①] 中央财政支持开展居家和社区养老服务改革试点的地区已经发展到第四批。[②] 2019 年 11 月，中共中央、国务院印发了《国家积极应对人口老龄化中长期规划》，将积极应对人口老龄化视为实现经济高质量发展的必要保障；针对居家社

---

① 韩艳．政府购买居家养老服务政策的发展演进及其未来方向——基于改革开放 40 年中央政策文本的分析［J］．学术探索，2019（6）：61-68.

② 参见《民政部、财政部关于确定第四批中央财政支持开展居家和社区养老服务改革试点地区的通知》。

区养老服务能力不足问题，《规划》提出要提升居家社区养老品质。[①] 作者认为，居家社区养老品质的提升要通过服务递送机制的创新来实现，通过走产业化发展道路，满足有效需求。这一思路体现在社会政策方面，应有以下三个方面的意涵。

（一）居家社区养老的服务价格及服务环节应主要由市场调控

居家社区养老服务的市场导向，是指主导居家社区养老服务递送的是市场主体，即各种类型的公司，服务内容、服务收费、服务方式等与服务生产相关的各个环节，由服务的消费者和提供服务的公司自主决定、自由选择。与此相关，目前在居家社区养老服务领域推行的政府购买服务机制，应嵌入这种市场导向的服务递送机制中；各种提供居家社区养老服务的非营利社会组织（以社工组织为典型），也应与市场化的公司主体建立互动合作关系。

下面通过与机构养老服务模式相比较，分析居家社区养老服务以市场为导向的理由。鼓励引导社会力量参与养老服务业，拓展了社会养老服务业发展的市场参与空间。机构养老服务与居家社区养老服务虽然都属于社会养老服务体系，但两者有不同的价值和功能定位，也遵循着不同的导向机制，实践不同的推进策略。在机构养老场景下，已经有相对比较清晰的市场运营模式和服务消费模式，单纯的机构养老服务行业不在暴利行业范围内。相应地，在居家社区养老服务场景下，清晰的、稳定的、可复制的市场运营模式还在探索中，有专业细分的、完整的居家社区养老服务消费市场也没有成形。居家社区养老服务的内容层次、个性化程度也比机构养老服务复杂得多，因此，作者提出应以市场为导向创新服务递送机制。

下面三则深度访谈资料分别来自居家社区养老服务公司负责人、地方民政主管部门以及社工机构负责人。他们分别从不同角度印证了以市场为导向推动居家社区养老服务的合理性，同时提出还需要对市场导向下推行

---

① 《国家积极应对人口老龄化中长期规划》将对近期至 2022 年，远期至 2050 年的社会养老服务体系建设和完善产生重要影响。此处引用的观点参见：坚持以人民为中心，积极应对人口老龄化——国家发展改革委负责人就《国家积极应对人口老龄化中长期规划》答记者问［EB/OL］.［2019 - 11 - 22］. http：//www.gov.cn/zhengce/2019 - 11/22/content_5454389.htm.

居家社区养老服务可能产生的问题，提出预防和修补方案。

我的想法是不局限于上门服务，只要是跟老年人需求有关的，我就尽可能提供，尽可能满足……我们把自己的养老公司当成一个普通公司，普通公司该做的事情，就是我们要做的事情。所以，政府出钱购买的养老服务，养老公司要做；政府没有购买（的服务），我们也要去做……我从横向和纵向两个方面下功夫。一是横向到边，只要在县域范围内，不放过一位可以服务的老人；二是纵向到底，老人的所有需求，我们都挖出来满足他们。现在我是把重点放在纵向到底……现在对我来说，只能成功，不能失败，因为我们身上背负太多责任，我们有 20 多个员工，她们是留守妇女，没有工作，如果做不下来，会断了她们的口粮，短期内影响到她们的家庭。自尊心也不允许我失败。（深度访谈 006-20190727-JLS）

在推进照料中心的过程中，我的想法跟别人是不同的。TJ 的经济别的区是比不了的。我们推的是政府主导下的推向市场模式。推向市场有个原则，就是经济实力和服务实力都有。新港苑那个项目是向全国招投标，时间 8 年，前 3 年免租。金太阳中标后，由金太阳自己装修。这个模式是我们先做的。GL 区的则是，自己装修。我们的优点是，我们的租期长。我给 3 年时间亏本，把周边的氛围营造起来。到现在经过 1 年，新港苑已经持平了。场所装修他们花了 600 万。有 8 年时间运营，他有底气投入，里面的装修都是适老化的。以后我们政府拿出来的场所，都是这个模式。政府的职能就是监督，运营过程中有没有违规。主要是有没有向老人家集资、卖保健品、虐待老人家。有实力的企业，就有信心运营好。我现在听到 GL 也采取我们的模式，用时间换空间，政府的钱省了，养老企业还能按自己的意愿去可持续经营。政府出场所是这样。如果是企业自己租场所，政府提供 10-20 元每平方补贴，一事一议解决。这是政府主导下的市场行为，好处就是政府除了出场地，一分钱没花，而且推动得非常漂亮，用有限的资金把市场撬动起来。经济实力，服务实力，两方面具备，就是我们最理想的招标对象。（深度访谈 005-20190712-LYS）

> 很多部门找我们去做，我们是不计成本去做，但我们的方式是不可持续的。我们的社工起薪低，所以流失很严重。企业也找过我们，比如做督导，这也是一个可行的办法，我拒绝了，因为这种专业的购买，没有很好的价格，形式大于实质意义，他们并不愿意按我们专业的方法去做，甚至想兼并我们的机构……从市场角度谈，养老服务确实更多由企业来做。应该来说，企业在人财物配置方面有优势，但是养老适合不适合产业化？是否需要（对公益养老服务组织）有保护性政策？这需要认真思考……在支持社工参与养老服务方面，需要一些精准的政策，来跟现在的产业化养老服务思路做配套。因为（社工机构和企业都是能够提供养老服务的主体）现在的问题是不公平竞争……企业间通过市场机制来分配资源和势力范围，那企业（能提供的服务）之外的其他（服务）领域呢？（如果由社工来提供服务）社工机构如何进来？民政部门又应该如何（提供有针对性的）扶持、支持？（深度访谈 006-20190725-KYP）

（二）政府对居家社区养老服务体系建设承担市场培育责任，履行维护公平有序市场环境职责

政府的主导作用在机构养老和居家社区养老服务领域中有所侧重。在机构养老服务中，政府侧重支持机构增强运营管理能力和服务质量监管。在居家社区养老服务中，政府的主导作用体现在以下四个方面。

1. 不断扩大城乡居家社区养老服务基础设施覆盖面

党的十八大以后，居家社区养老服务基础设施建设明显加强。2017 年 6 月 28 日，《福建省人民政府办公厅关于加快推进居家社区养老服务十条措施的通知》发布，其中规划至 2017 年底，专业化、市场化居家养老服务照料中心覆盖全省 60%以上街道和中心城区乡镇，2018 年达 80%以上，2020 年实现全覆盖。事实上，到 2018 年底，福建省城乡居家社区养老服务照料中心覆盖率就已经分别达到 80.1%和 53%。《福州市人民政府办公厅关于进一步推进居家社区养老服务照料中心建设工作的意见》中，则要求“严格按照《福建省社区居家养老服务照料中心星级评定标准（试行）》要求落实建设场所，鼓励各县（市）区按照五星级标

准建设”。

2. 培育能独立生存、具备竞争能力的市场主体

居家社区养老服务基础设施在布点覆盖数量和建设质量上的全面推进，为居家社区养老服务市场的培育奠定了物质基础。接下来要解决的是谁来运营这些居家社区服务照料中心的问题？毫无疑问，能独立生存、具备竞争能力的市场主体才是居家社区养老服务市场培育的重点。作者在泉州地区的田野调查中发现，主要有四类主体运营城乡居家社区照料服务中心，分别是老人会、居委会或村委会、养老机构和信息化社会组织。从可持续服务能力和满足多元化服务需求能力来看，养老机构运营居家社区养老服务照料中心的能力最佳。当前推动居家社区养老服务的政策工具，以政府购买服务和服务补贴、运营补贴为主。这些政策工具激发了社会力量参与居家社区养老服务业的热情，进一步扩大了居家社区养老服务的覆盖人群、服务项目种类，进一步规范了政府购买服务的方式和绩效评价，[①] 但关注点并没有放在能独立生存、具备竞争能力市场主体的培育上。有研究者指出，政府购买服务、社会组织承接运行的模式得到了快速发展并成为了目前居家养老服务运行的主要模式，但总体而言，目前居家养老服务市场培育效果甚微。

因此，在政府购买居家养老服务政策的完善上，要加入培育市场主体的维度，更好地激发市场主体积极性，响应老年人多元化的服务需求。

3. 建立服务供需信息平台，增加有效供给，释放有效需求

当前居家社区养老服务市场正在形成过程中，居家社区养老服务究竟是什么，由谁提供，谁需要服务，这些因素很大程度上影响了居家社区养老服务消费观念的形成。比如，老年人的居家社区养老服务需求是多样化、个性化、分散化的，但老年人能接受并不专业从事养老服务的住家保姆、钟点工，却不接受一些收费的专业养老服务项目。一些运营居家社区养老服务的机构苦于无从了解老人居家养老的有效需求（即有购买能力的服务需求），无从组织服务生产。有研究者发现，居委会组织在对接居家社区养老服务需求与供给之间发挥着重要作用，建议居委会社区工作者向

---

① 韩艳．政府购买居家养老服务政策的发展演进及其未来方向——基于改革开放 40 年中央政策文本的分析［J］．学术探索，2019（6）：61-68.

个案管理者角色转型，认为这种转型有助于最大限度落实各项养老政策在基层社区的执行，以及服务的实际递送。[①] 除此之外，“互联网+居家社区养老服务”也是连接需求与供给的桥梁。如今，“互联网+”已经成为智慧养老的重要工具，在居家社区养老服务体系中被广泛运用。互联网还是一种现代社会基础设施，将服务供需信息平台建设纳入“互联网+养老”，有助于有效供给与有效需求之间的有效对接，加快培育居家社区养老服务市场。

4. 建立市场主体信用管理机制

已有实证研究发现，大多数老人更愿意接受政府提供的服务，对市场化机构提供的服务认可程度不高。[②] 建立居家社区养老服务市场主体信用管理机制，是一体两面，既是履行政府部门市场监管职能，也是为市场主体授信。有效需求不足带来有效供给不足的问题，而居家社区养老服务消费观念缺乏又是引起有效需求不足的重要原因。以公平、公正的居家社区养老服务第三方评估为基础，形成对服务主体的奖惩及退出制度，建立服务供给市场主体信用管理机制，相对于单纯的宣传引导，有助于从深层次增强老年人的居家社区养老服务消费信心，形塑健康的服务消费观念，进而带动现代养老服务内需消费市场的形成。

（三）引导、支持居家社区养老服务供应商整合国家和政府、社会与家庭提供的服务资源

根据福利三角范式，国家、市场、家庭和社区，有时包括志愿部门（如自助互助组织、非营利机构、压力团体、小区组织等），都是居家社区养老服务的提供者，共同分担服务供给任务，并在各自出现服务供给不足问题时，互为补充。[③] 这一理论系统地描绘了社会养老服务供给主体的多元化特征，但仍需要进一步探索如何在不同情境中运用。比如，不同主体之间如何建立互动关系才能提高服务递送效率；多个主体提供服务，应以

① 陈岩燕，陈虹霖．需求与使用的悬殊：对社区居家养老服务递送的反思［J］．浙江学刊，2017（2）：31-36.

② 陆婧雯，李放．市场化居家养老服务利用现状及其满意度的实证研究——基于江苏省南部四市的调查［J］．社会福利，2018（5）：57-63.

③ 彭华民．福利三角：一个社会政策的分析范式［J］．社会学研究，2006（4）：157-168.

哪一个主体为主，或者多个服务递送主体之间是否有主次关系等。有研究者提出，在社会养老服务递送中，出现了政府与社会企业合作供给模式，社会企业的效率机制能更好地实现养老服务政策的效用最大化。[①] 这一观点将国家和市场视为社会养老服务中的平等主体。

以市场为导向递送居家社区养老服务，意味着在上述多个服务供给主体中，应以市场主体为主导，充分发挥市场主体在服务递送中的资源整合作用。作为一种产业，居家社区养老服务产业链长、涉及领域广；其产品大多属于纯劳务产品，服务收费低、利润薄，不适合规模化生产，更无从短期内获取暴利。[②] 如果不实行使用者付费，不以市场化供给机制为基础，国家、市场、家庭和社区都无力单独承担巨大的居家社区养老服务供给任务。同时，还必须将各主体掌握的服务资源进行整合，统一配送给服务需求者，以解决服务购买力不足与市场主体可持续运营能力不足的问题。在这方面，前述 JJZH 个案提供了成功的实践经验。

市场主体主导居家社区养老服务递送，有两大任务。一是发挥市场配置资源优势，提高服务供给效率和质量；二是发挥资源整合的组织者作用，进一步提升消费者服务满意度。由市场主体来组织政府、家庭和社会这三大部门分别掌握的养老服务资源的整合。政府掌握的服务资源来源于其通过政府购买居家养老服务实现的兜底保障和适度普惠型社会福利。家庭掌握的服务资源除了来源于传统的家庭照顾，自我养老、自助养老也都是家庭养老服务资源的来源。社会掌握的服务资源目前主要以为老志愿服务和“时间银行”的方式体现出来，尤其表现为互助养老模式。[③]

---

① 钟慧澜，章晓懿．激励相容与共同创业：养老服务中政府与社会企业合作供给模式研究［J］．上海行政学院学报，2015（9）：33．

② 张国平，柏雪．居家养老服务产业化模式及其路径——基于公共产品视角［J］．现代经济探讨，2019（7）：35-39．

③ 陈雪萍，郑生勇，唐浥云．互助养老服务理论与实践［M］．上海：上海交通大学出版社，2017：65；黄少宽．我国城市社区养老服务模式创新研究综述［J］．城市观察，2018（4）：101-113．

第六章

闽台社会养老服务业合作的意义、政策与模式*

本章从两岸关系和平发展和融合发展角度，基于人口老龄化是两岸经济社会发展都面临的共同问题，分析梳理当前阶段闽台社会养老服务交流合作的意义与模式。

一　两岸社会养老服务业合作的背景与意义

人口老龄化是两岸社会面对的共同问题，受到关注颇多。2014 年 6 月 26 日，时任国台办主任的张志军在新北市市长朱立伦陪同下，前往新北市土城顶埔公共托老中心参访。7 月 9 日，时任福建省委书记的尤权率团走访台湾，也重点考察了台湾养老事业发展情况。“加快推进健康和养老服务工程建设”“扩大闽台现代农业、先进制造业、战略性新兴产业、现代服务业的深度对接”“推动厦门加快建设两岸新兴产业和现代服务业合作示范区”被写入 2015 年福建省国民经济和社会发展计划。2015 年的福建

---

* 本章主要观点以《闽台社会养老服务产业合作问题研究——基于社会政策创新视角》为题，发表于《中共福建省委党校学报》2015 年第 12 期；以《融合发展再认识》为题发表于《中国评论月刊》2019 年 3 月号第 255 期。闽台养老产业合作政策与实践受两岸关系及大陆对台政策影响较大，对于原文中与现时不再适合的描述和观点，本章做了必要的修订、删减和补充。参见：闽台社会养老服务产业合作问题研究——基于社会政策创新视角［J］. 中共福建省委党校学报，2015（12）：59-64；融合发展再认识［J］. 中国评论，2019，3（255）：58 - 60. 另见网络版：http：//mag. crntt. com/crn - webapp/zpykpub/docDetail. jsp？ docid = 55922.

省人民政府工作报告，则首提“推动闽台融合发展”，“打造两岸高等教育、职业教育、医疗卫生和社会服务的合作先行区”。2019 年的福建省人民政府工作报告又指出，2018 年“实施进一步促进闽台经济文化交流合作 66 条措施并取得成效”，要“充分发挥福建自贸试验区、福州新区等平台作用，持续推进‘66 条实施意见’落深落细落实，继续出台深化闽台融合发展具体措施，加大力度为台湾同胞特别是台湾青年来闽学习、创业、就业、生活提供同等待遇”。当前，福建省社会养老服务体系初步建立，老年服务与消费市场初步形成。但从总体上看，福建省社会养老服务业及闽台合作都处在发展初期，养老服务和产品供给不足、市场发育不健全、扶持政策不完善、产业发展创新人才支撑不足等全国养老服务产业都面临的普遍问题在福建也广泛存在。台湾进入老龄化社会的时间比大陆早 10 年，社会养老服务政策探索与养老产业发展也比大陆早 10 年。台湾地区的社会养老服务政策及产业发展经验早期取经于日本、美国等先进国家，在 30 多年的发展过程中调整出适合中华文化的作业、经营之道。利用福建在与台湾交流合作方面拥有的先天与后发优势，引进台湾养老服务产业的先进人力资源、产品技术，借鉴台湾养老服务产业的先进管理经验、运营模式，是促进福建社会养老服务产业跨越现实瓶颈、健康快速发展的一条可行路径，具有较高的经济、政治与社会意义。

（一）两岸社会养老服务业交流合作具有促进两岸经济深度融合的经济意义

目前，两岸经贸合作已经实现“直接、双向”（以 2009 年大陆企业赴台投资正式启动和两岸正式开通空运定期航班为标志）、制度化（以 2010 年两岸签署《海峡两岸经济合作框架协议》为标志）、机制化（以“两岸经贸文化论坛”、2008 年以来的两岸两会协商谈判、2011 年设立的两岸经济合作委员会为主要内容）。同时也要看到，在两岸关系进入深水区和经济全球化的双重背景下，两岸经济交流合作的深层次矛盾也开始日益显现。此前，不少台商在大陆的经营缺乏与当地的经济连接，缺少深入当地的动机和机制，“过家门而不入”，难以在经济上深耕当地。习近平总书记在 2015 年提出的两岸经济融合理念，有别于此前两岸经济合作之说，指出了未来深化两岸经济交流互动的方向。两岸在养老服务业的合作尚处于起步阶段，能否不断拓展两岸社会养老服务业合作的广度、深度，不失为观察两岸经济融合程度的一个指标。这是由社会养老服务业的性质决定的。社会养老服务行业是个朝阳产业，拥有广阔的经济前景，但也是一个需要长期投资、深耕当地经营的服务性行业。与大陆台商以往擅长投资经营的领域不同，没有在地化经营的决心和耐心，没有对当地社会人情、风俗、习惯的深入了解和接受，难以维持投入产出的平衡，更难以长期经营下去。

（二）两岸社会养老服务业交流合作具有累积两岸交流正面经验，推动两岸关系和平发展的政治意义

有学者认为，在两岸关系的诸多层面中，两岸经济关系已进入实质的“融合”阶段，两岸社会关系尚处于“磨合”阶段，两岸政治关系则处于“竞合”阶段。[①] 笔者认为，两岸社会关系是当前阶段两岸关系中存在较多变数，也拥有较多发展空间的领域。当经济合作走到深水区，政治互动难以取得进展的时候，两岸在社会层面的交往与互动就能发挥润滑剂的作用，并由此实现“发挥自己的智慧，让政治因素在台湾起不了作用”。[②] 事实上，社会养老服务业作为服务性行业，尤为注重从业者与顾客之间的沟通、理解、互动；同时，两岸社会养老服务行业还连接着两岸中华孝文化。因此，两岸在社会养老服务业的合作，既是一个经济行为，又是一种社会交往，还是一种文化传承。两岸社会养老服务业合作是两岸在日常生活领域建构相互认同信任的切入点，两岸社会养老服务业合作的顺利推进，也体现着两岸交流正面经验的不断累积，以两岸社会关系的和平发展推动两岸关系的和平发展。

（三）两岸社会养老服务业交流合作具有探索两岸社会制度调适融合之路的社会意义

由于社会养老服务兼具公共服务属性，社会养老服务走向产业化更离不开政策引导与公共财政对社会资本的撬动。大陆对台商投资养老服务产

---

① 严安林．对当前和未来两岸关系和平发展态势的判断与思考［M］//严安林主编．两岸关系和平发展探索——台港澳研究系列之二．北京：九州出版社，2014：38-39.

② 萧万长．台湾为什么需要两岸服务贸易协议［N］.（台湾）联合报，2013-7-23，A4.

业的态度、政策，相较此前的两岸经济合作更需要突破诸多固有经济、政治制度障碍，以此引导台湾社会养老服务业优质人才、技术与管理经验进入大陆养老服务产业领域。台商在大陆投资经营社会养老服务业，尤其需要当地政府相关社会政策的配套。作者曾提出三个层次的社会政策体系，以发挥两岸相关职能部门在两岸社会关系和平发展中的能动作用。第一层次是积极推动两岸在社会制度、社会管理领域的交流合作。第二层次是搭建多层次的两岸社会交流平台。第三层次是营造有利于两岸社会交流的社会环境。[①] 据此，大陆可以从两方面制定政策，着力引导台湾社会养老服务行业的人才、经验、资本、信息顺畅流入大陆。一方面，台湾社会养老服务从业者将台湾的经营管理经验运用于大陆时，需要大陆提供法律法规、监管协调等方面的相关制度配套，以保障行业有序健康成长；另一方面，社会养老服务行业的健康发展还需要政府支持、推动成立涵盖两岸从业者的行业协会组织，搭建与政府沟通的桥梁纽带，促进行业内的信息沟通及自我管理、自我服务、自我监督。以台湾从业者在大陆从事社会养老服务业为主的两岸社会养老服务业的合作过程，是两岸在养老服务领域不断调适社会制度与社会管理，以相互适应的过程；两岸社会养老服务业合作是两岸社会制度相互调适融合的窗口。两岸在社会养老服务行业的交流合作，是新时期两岸关系融合发展的新领域，也是两岸在社会治理领域形成竞合关系的一个具体体现。应该引导、支持台湾地区在社会治理领域积累的丰富经验到大陆寻找更多的发挥空间，惠及更多的两岸民众，社会养老服务领域就是其中之一。[②]

二　台湾地区社会养老服务递送政策与实践对大陆的启示

尽管当前台湾地区的养老服务模式仍然存在诸多问题，两岸学者也对此进行了反思。[③] 但台湾地区自 20 世纪 80 年代开始，以“福利社区化”

---

① 严志兰．两岸社会关系和平发展：理论架构与实现路径［J］．台湾研究，2015（2）：9-18.

② 严志兰．融合发展再认识［J］．中国评论，2019，3（255）：58-60.

③ 吴淑琼，庄坤洋．在地老化：台湾二十一世纪长期照护的政策方向［J］．（台湾）台湾卫志，2001（3）：192-201；张英阵．社区照顾与非营利组织［J］．（台湾）社区发展季刊，2004（106）：60-67；吕学静．台湾老年保障制度体系的建立与改革［J］．社会保障研究，2009（2）：96-102.

为核心政策理念，特别是通过社区养老和居家养老落实“在地老化”的政策与养老服务产业发展实践，对大陆当前的养老问题及其政策制定有一定借鉴与启示意义。

（一）台湾地区社会养老服务递送政策探索启示

1. 以明确的价值理念导向，规划系统性的老人福利政策

老人福利政策也需要有顶层设计，它包括明确、稳定的价值理念和系统、全面的政策方案。台湾地区的社政部门在推动社区发展过程中，就有“社区照顾”的理念传统。20 世纪 90 年代以后，“福利社区化”成为社会福利领域施政的核心价值理念，也成为 20 多年来老人福利规章制度、政策制定、修改、完善、推行的政策导向。

目前，台湾地区老人福利政策的规划有两种策略倾向：一种是基础性老人福利政策，包括覆盖全体老人的“国民年金制度”，以保障所有的老人有基本的经济和生活保障；另一种是发展性和投资性的老人福利政策，以满足不同社会经济地位和健康状况老人的养老需要。后一种老人福利政策倾向于鼓励和支持民间力量参与老人福利服务，由此推动老人福利服务的民营化、市场化。

2. 呼应多元化的养老服务需求，建立政府主导的多元化老人福利体制

老人福利服务的民营化、市场化并非是将养老责任完全推向个人家庭、社会和市场，而是在保证政府主导地位的前提下，通过吸纳民间资源，运用市场化的力量，来满足日益增长和多元的养老服务需求。因此，多元化的老人福利体制既包括救助性、保障性的老年人福利政策，也包括福利服务开放民营的政策，以及规划实施有投资性和高经济价值的老人福利政策。早在 1997 年，台湾地区就开放民间登记养老院，把民间养老院合法化，到 2007 年已有 1400 多所，目前呈供过于求的状况。[①] 近年来，台湾地区已经在积极规划发展老人产业，吸引大企业投资高水平的老人安养、疗养和医疗机构，以及以养生、长寿为名的造镇计划。此外，台湾地区还考虑推动过去投资房地产的人寿保险体系与老人社区、老人住宅和老

---

① 杜江琳．两岸或可合作发展养老事业［EB/OL］．（2011-03-20）［2019-10-01］．http：//news. ifeng. com/taiwan/3/detail_2011_03/20/5256522_0. shtml.

人安养、疗养、医疗体系相结合，使更多老人能够借助保险体系提高养老品质。[①] 从 2013 年 3 月到 2017 年，台湾地区试行“以房养老”制度，也可视为推动老人产业以应对老人社会风险的积极举措。[②]

3. 健全家庭功能和社区功能，建构“在地老化”的支持性政策体系

“在地老化”的老人福利政策并非只限于倡导社区养老和居家养老，也不是将老人福利推给家庭和社区，更重要的是需要政府部门提出和实施相关支持性政策，使得“在地老化”的养老策略能够可持续运作。总的来说，台湾地区的“在地老化”老人福利政策以较完善的家庭政策、社区政策、社会保险政策以及医疗体系为辅，使得“在地老化”能真正落实执行，不致沦为一句口号。

其中，最为关键的是通过完善家庭政策健全家庭功能，使家庭能够承担起养老功能；通过社区发展策略健全社区养老功能，使老人能够在自己熟悉的家庭和社区中安度晚年。覆盖面广的各类养老金制度、三代同堂或邻近居住的住宅政策、倡导孝道文化、老人营养午餐、老人日托中心以及针对家庭照顾者的“喘息服务”等均可视为支持“在地老化”的家庭政策。而政府通过推动“福利社区化”，建立社区日托中心、社区老人活动中心、社区老人营养午餐，开展各种社区内老人福利服务工作，如老人运送服务、社区老人紧急救助、独居老人社区服务，推动机构养老社区化，建立社区或家庭式老人安养中心、社区老人护理中心等，均可视为支持“在地老化”的社区政策。

4. 人才培养与监督管理并重，为居家社区养老服务递送模式的可持续发展创造良好条件与外部环境

老人福利政策能够实施的前提和关键是要有与老人福利与服务相关的社会工作人才培养及专业教育，政府在这方面同样要担负重要职责。通过学校社会工作和老人护理专业人才教育，结合以政府推动社区发展的各类计划方案，台湾地区在居家社区养老服务方面培养了大量的专业和管理人才，为老服务的多样化、精细化、专业化水平不断提高。此外，台湾地区

① 社论·福利社区化及社区发展多元模式［J］.（台湾）社区发展季刊，2012（138）：1-3.

② 兰文：台湾“以房养老”三点启示 为养老新开了一扇门［EB/OL］.（2013-03-13）［2019-10-01］. 中国台湾网，http://www.taiwan.cn/twzlk/gejiakantaiwan/201303/t20130313_3894978.htm.

政府还通过各种专项统计调查，建立起养老服务的人才数据库、志愿者数据库，工作保障制度和人力管理机制等。

公私协力的老人福利供给体系，在为老人提供多元化服务的同时，也带来了公益性与市场性的冲突。因此，不断加强对各类性质的老人福利机构与服务的监督管理就成为政府推进老人福利政策的重要工作。

5. 将长期照护明确为公共服务内容，加大失能失智老人群体照顾服务政策创新力度

中国大陆现有的养老服务政策未能将针对失能失智老人的长期照护服务与养老服务做明确区分，导致失能失智老人照料严重不足，政策靶向不准，结构失能。[①] 杨团教授认为，以家庭为本、社区服务为基础建设社区长照体系，应该列入国家履行的公共服务范畴，也是当代社会政策创新的重要领域。[②] 台湾地区发展社区和居家养老服务的政策实践，尤其是聚焦失能失智老人服务的长期照护（简称“长照”）政策实践，都比大陆先行一步，在以下三个方面对大陆具有借鉴意义。

第一，通过政策机制与组织体制的调整更新，将长照制度设计精准定位刚需人群。不断发展中的养老服务需求人群中，以失能失智老人及其家属的服务需求最为迫切。长照制度以这一群体的需求满足为出发点，因地制宜探索合适的服务模式，使长照服务走向在地化、可近性、普及化、弹性、多元、连续且整合。作者在参访社区观察到，失智症筛查及初期干预、独居老人共餐、失能老人定期访视等服务项目已经得到普及。

政策机制与组织体制的调整更新是长照目标人群需求服务能够被精准递送的前提条件。上文已述长照政策体系发展，其中值得注意的是，长照制度的规范化过程。从老人福利有关规定到长照有关规定，再到审议中的“长照保险”有关规定，既是顶层制度设计的逐步完善过程，也为长照制度的健康发展提供了保障。

就组织体制调整而言，1997 年，台湾就成立“老人长期照护推动小组”；1998 年开始着手建立整合性的服务网络，成立长期照顾管理示范中心，强调单一窗口及个案管理；2004 年成立“长期照顾制度推动小组”，

---

① 杨团．中国长期照护的政策选择［J］．中国社会科学，2016（11）：87-111.

② 杨团．以家庭为本、社区服务为基础的长期照护政策探索［J］．学习与探索，2014（6）：82-92.

在行政管理机构社会福利推动委员会下，规划长期照顾政策相关具体内容；2006 年，将“照顾管理中心”及“长期照顾管理中心”合并为“长期照顾管理中心”，进一步整合服务资源；2013 年，更是将内政事务主管部门与“卫生署”合并改制为“卫生福利事务主管部门”，其中设立的“社会及家庭署”，整合包括老人福利在内的各类福利业务，试图建构以社区为基础，以家庭为中心的福利服务网络。

第二，以社区和家庭为中心，长期不间断投入长照服务体系化建设。从长照 1.0 到长照 2.0，社区在长照服务中的地位作用不断确认和加强。长照 1.0 时期，最重要的政策工具是“社区照顾关怀据点”。该政策是长照政策中相当重要的一环，最早出现于 2005 年内政事务主管部门提出的“建立社区照顾关怀据点实施计划”中，该计划提出 3 年规划设置 2000 个社区照顾关怀据点，到 2010 年实际完成 1677 个据点，据点经营者大多以“社区发展协会”为主。设立在社区的据点主要提供关怀访视、电话问安、咨询及转介服务、餐饮服务、健康促进等服务。社区关怀据点政策还成为 2005 年提出的“台湾健康社区六星计划”中发展社区照顾服务中的一环，后来又成为长照 1.0 计划中“规划并建立预防性照顾体系”的重要推动策略。这一政策改变了长照以机构式为主的格局，成为台湾地区社区式长照最成功的政策。长照 2.0 则以建立社区整体照顾模式为目标，从两个方面强化社区的服务功能。一是培训以社区为基础的健康与长期照顾团队，向前衔接预防失能、向后发展在宅临终安宁照顾，以期压缩失能期间，减少长期照顾需求。二是发展以社区为基础的整合型服务中心，以在地化原则，提供失能者综合照顾服务，并借由友善 App 信息系统及交通服务，降低服务使用障碍。2015 年核定的“长照服务能量提升计划”中，计划 3 年投入 300 亿元新台币，建构家庭、社区为中心，普及与整合的长照服务体系。

为支持家庭承担长照服务功能，一些有助于支持失能失智人群“在地老化”的家庭政策相继推出，比如覆盖面广的各类养老金制度、三代同堂或邻近居住的住宅政策、倡导孝道文化、老人营养午餐、老人日托中心以及针对家庭照顾者的“喘息服务”等。

通过长照服务体系化建设，政府整合分散的长照服务公共资源、服务资源、服务项目、长照需求者与照护服务员的资讯信息，同时以照顾管理系统的绩效提升，减轻长照服务的人力、财力资源紧张压力，提高长照服务效能。

第三，改进长照服务递送策略，同时向前端与后端延长服务内容，不断提升服务递送效率。台湾的长照制度发展，在服务递送上实现了服务效率的持续提升。首先，长照服务提供者，从原来的政府单一主导，转变为公私协力。政府鼓励民间参与，由关心老人长照议题的团体或社区发展协会自主提案，建立政府与社会合作提供长照服务的伙伴关系，形成能够自主提供长照的社区，促成在地化养老，这已经成为台湾地区服务递送模式的主流。[①] 其次，长照服务内容，同时向前端和后端延长，满足不断变化的服务需求。长照服务内容，前端从原来的只重视医疗导向，转为以生活照顾为主，医疗照护为辅，优化预防和保健服务；后端加强家庭和社区服务功能，减轻家庭照顾压力。2017 年，台湾地区“卫生福利部门”推出“预防及延缓失能照护方案研发与人才培训计划”。该计划提出，在长照服务体系建设计划里，向前延伸发展预防照护服务，向后衔接在宅医疗及居家安宁等整合式服务；规划“预防及延缓失能照护计划”，推动预防失能及延缓失智的创新服务，建置具连续性、整合性的社区整体预防照护模式。再次，长照服务组织管理资源整合，提高了服务递送效率。长照服务制度逐渐走向社会政策、卫生政策体系的整合，进而达到长照服务管理上的单一窗口功效，再通过这一窗口，汇集长照服务需求信息，处理长照服务供给信息，使得个性化的长照服务能在有限资源下得到适当满足。此外，长照人力资源培育发展、长照服务输送体系管理制度优化、长照经费核销制度改进、长照政策宣导等配套制度的推出，都将对提高服务递送效率产生正面影响。最后，社区志工文化在长照服务递送中发挥重要作用。社区是长照服务政策执行的重要主体，在志工文化盛行的台湾地区，社区的里长（或社区发展协会的理事长）对社区志工资源的动员与组织管理能力，也将与社区长照服务能力与服务成效密切相关。

（二）台湾地区养老服务产业发展经验启示

1. 社会养老服务走产学研一体化之路

台湾的养老服务供给终端是大大小小、功能特色不一的养老机构，如

---

① 王光旭．台湾地区老人社区福利服务输送公私伙伴关系之评估［J］．社会工作，2017（2）：26-35.

长庚养生文化村、双连安养中心、台北市至善老人安养护中心、康祯护理之家、万芳医院附设护理之家、朝阳科技大学日间托老服务实习中心等。很多养老机构不是独立运作的，它们多与高校、医院结成合作关系，有的甚至就是高校、医院的附属机构，高校、医院、养老机构构成了一个完整的养老产业链，[①] 为养老机构的人力资源、专业医护资源供给提供了完整系统的支持，使得养老机构的服务专业度得到有效保障，也为养老机构的快速成长发展提供了广阔空间。

2. 非营利组织成为社会养老服务供给的主体

台湾在发展养老服务产业的过程中，逐渐形成了政府、市场与社会的不同定位。目前在台湾有 1000 多家安养服务机构，一种是公办的安养机构，包括卫生署管的 300 多家和退伍军人服务委员会下属机构。目前按两种方式来运作：一是 OT，即政府新建，民间经营，几年以后归还政府重新招标（台湾地区有关制度规定经营期最高只能 9 年），目前这类老人机构在整个台湾有 14 家。二是 BOT，即政府提供一块地由民间来盖，盖了以后让你经营 30-50 年，以 50 年比较普遍。另一种就是非营利组织安养护机构，床位大都在 400 张以上，有一定经济规模，主要以强调优质、完整性、连续性、功能的方向来规划。[②]

大致而言，非营利组织（主要为财团法人）成为台湾养老服务的主要提供商。例如，恒安照护集团，它是一个不以盈利为目的的财团法人。为了保证非营利组织提供养老服务的可持续性，政府通过给予市场化养老服务提供商税收优惠等方式承认非营利组织参与养老服务盈利的合理性，非营利组织提供养老服务的盈利只是不给股东分红，将赚到的钱持续投入养老事业中。非营利组织盈利的部分主要来自需要更为优质养老服务的高收入人群，所得利润再用于补贴低收入人群的养老服务。

作者将福建与台湾两地长期照护需要费用细目进行了比较（见表 6-1）。在三大类费用支出中，一次性费用、长期性耗材费用以及社会养老服务机构——社区照顾和机构照顾服务所需的费用，闽台两地基本没有差别。差别较大的只有两点：一是台湾长照资源里有境外看护；二是台湾地

① 冯刚．台湾养老服务考察报告［J］．中国物业管理，2014（9）48-49.

② 穆随心．我国台湾地区基本养老保险制度改革最新动态及启示［J］．兰州学刊，2013（8）：115-119.

区家庭养老或自我养老费用明显高于福建，基本上，台湾地区居家长期照顾老人所需费用是福建所需费用的 2 倍。作者认为，台湾地区劳动力服务价格远高于福建，是造成台湾地区采用家庭养老或自我养老费用高于福建的主要原因。而社会养老服务差别不大，恰恰说明，台湾地区较高的劳动力服务价格并没有反映在社会养老服务价格上，因而台湾地区的社会养老服务有较为鲜明的非营利属性。

表 6-1　福建与台湾长期照护费用比较

单位：元

支出频率	支出项目	台湾费用	福建费用
一次性费用	特殊卫浴设备、轮椅、电动床、气垫	8840-44200	30000-50000
长期性看护费用	家人自行照顾	工作收入损失	4000-7000
	聘请本地看护（分日间、全天）	6630-15470	4000-7000
	聘请境外看护（仅指台湾地区）	约 5304	—
	社区照顾（日间照护，另有家人照护成本）	3315-4420	3000-5000
	机构照护（护理之家、长照机构、养护机构）	4420-8840	3500-8000
长期性耗材费用（每月）	营养食品、成人纸尿布、寝具、衣服、交通费、卫生医疗用品（湿纸巾、手套）…	884-1547	500-2000

注：1 新台币按 0.221 元折算成人民币。

资料来源：台湾地区费用来自台湾地区“卫生署”网站及媒体报道；福建省费用来自田野调查数据。

3. *社会养老服务递送体系化、专业化，覆盖所有不同照顾需求人群*

以有 20 年的运营经验的恒安照护集团为例，他们将照顾服务分为小区照顾、居家照顾、老人公寓、赡养机构、养护机构、长期照顾机构、护理之家、安宁疗护八类。其中，小区照顾、居家照顾、老人公寓的服务对象是健康老人，而赡养机构、养护机构、长期照顾机构、护理之家、安宁疗护的服务对象是半健康老人和失能老人。① 在台湾，一个养老专业运营团队要由医生、药剂师、护士、护理员、社工、心理辅导师、复健师、营养师、厨师、工务人员、财务人员、行政人员、律师共同组成。同时，在团

① 赵瑞希．台湾机构盯上成功样板 养老产业如何回归服务本色［EB/OL］.（2013-08-22）［2019-10-01］. http://finance.people.com.cn/n/2013/0822/c70846-22658719.html.

队软件建设上，注重作业规范、人力招募、品质监控和信息化平台建设。建立标准化、规范化的作业流程，有助于大幅提升服务质量和效率。总的来说，台湾养老服务产业的发展一方面不断细化市场，能兼顾健康老人与非健康老人、高收入老人与低收入老人的服务需求；另一方面，养老服务专业化程度越来越高，使养老服务供给的能力与水平有了可靠保障。

一位在福州负责民营养老服务机构和照料中心运营管理的台湾籍院长，曾为作者详细比较了两岸在社会养老服务递送方面的差异。

问：您认为福建与台湾在养老服务行业发展方面存在哪些差距？又有哪些相似之处？您认为台湾在养老产业发展方面有哪些经验是值得大陆学习的？如何在大陆推广台湾的优势（比如医护人员培训、精神关照等）？

答：台湾的优势第一是有一个（养老服务）信息处理中心。病人急性期在医院照顾时，医院出院准备服务处就会开始做准备，决定病人出院后是到社区还是机构，医院把这个信息释放到长期照管中心，这里又有业者所有的信息。（养老服务）供求信息在台湾是打通的，服务流程是有人跟踪的。这一点，大陆还没有做到。无论在平潭还是福州，都是家属自己找机构。

第二个，台湾有评等评级制度。台湾有个案管理师，他们来操作等级评估。不仅评估个案身体状况，还要评估社经状况，两者相结合来分配长照资源。在台湾，不同的失能等级，享受的长照资源等级不同，都是很正规的。为了保证公平，评估时限是一年，因此评估是有公信力的。做个管师，要接受专业训练，他开出的等级是要被认可的。未来（大陆）要做长照险，必须先做失能等级评估。台湾的（机构）评鉴标准这一块也值得学习。台湾的业者会主动学习标准，标准每年变动的也很少。入行者，都有标可循。

第三个，台湾养老服务行业收费差距不大。在台湾，自理长辈（比失能长辈）更难照顾，因为你要预防他们跌倒、乱开门，他们无聊的时候，要给他们安排组织很多娱乐活动，所以需要投入的服务人力是很大的。因此，在台湾，自理和失能是一样的，是一口价，平均下来每月人民币 6000 元以上，耗材另算，当然房型不同，也有略有不同的收费。台湾的养老服务机构，主要是两类，一类是养护中心，自理和半自理比较多，一般 4000-6000 元；另一类就是我刚才说的护理之家，对专业性照料要求更高了，费用也就高一些，平均在 6000 元以上。

第四个，对台湾有些护理制度，大陆可以借鉴。很多机构都需要管路，像鼻饲管和尿管、气切管，在台湾是健保可以给付更换的，每两个星期换一次，最长有一个月的。在大陆，民众在家里用到管路，家属不会换，要请假到医院排队换管。在这个方面，如果大陆也做管路的医保给付，上门服务和居家护理所就可以建立起来。在台湾，一个人就可以成立居家护理所。（追问：成立居家护理所有什么条件？）要求是，这个人有护士证，临床经验五年以上，有一个办公场所。每三个月，护理师和医师要回访个案。在台湾，2011 年以前有助产士、护士和护理师三类，现在只有考护理师，助产士和护士已经没有（再考）了。护理师的要求比护士高，主要是学历要求和科别难度比护士高，做护士长要有护理师证。护理师级别有 N1-4 四个级别。还有一个专科护理师，他们可以做简单的医嘱。要说明的是，在台湾换气管，是不会引起医疗纠纷的，从解剖学的角度看，换气管不会引起危险，这个在台湾地区、日本，护士和照顾的家属都可以自己换，但大陆只有医生有资格换，我觉得是因为两岸教育不同引起的。

第五个，台湾养老服务中的人文部分也是值得大陆学习的。比如，台湾的长照中心，会开办照顾者喘息班。照顾者有付出的心，但专业能力不够。只有好的照顾者，才有好的被照顾者，所以台湾的养老服务制度设计里，要考虑把照顾者先顾好。再比如，居家护理所的工作人员也会定期参加成长班，就是让这些长期承担照顾工作的人，有一个吐苦水的地方。做照顾者的心理建设，最主要是让照顾者了解自己，允许自己有错误、有失败。大陆医院有医务社工，他们在做团建（即团队建设），但并没有让照顾者吐出苦水。还有，我们进到个案家里，不仅关照到个案长辈本人，还会顾到家属，家属跟个案的关系都要注意，我们会写家属交办事项，目的是更好地服务到个案。（深度访谈 004-20190709-YZL）

三　大陆向台湾地区全面开放养老服务市场的政策实践

两岸社会制度的差异和市场准入限制，是影响闽台社会养老服务领域交流合作的主要障碍。2014 年以后，闽台社会养老服务领域的交流合作开始逐渐受到两岸各界关注，但几年来实际进展缓慢。这既与养老产业投资周期长、盈利相对较少、投融资效率低的产业特性有关，也与两岸养老服务市场相对封闭，两岸养老产业市场要素流动不畅有关。2016 年以后，大陆启动全面放开养老服务市场政策，意味着大陆单向拓宽了闽台社会养老服务交流合作的政策空间。2018 年以后，大陆推出了推动两岸融合发展的措施，不仅为台湾养老产业人才、资本向大陆流动开辟了绿色通道，更为两岸社会养老服务将来的深度交流合作积蓄能量。下面对相关政策进行具体解析。

（一）2016 年开始启动全面放开养老服务市场

以 2016 年 12 月《国务院办公厅关于全面放开养老服务市场提升养老服务质量的若干意见》的发布为标志，全面放开养老服务市场之路开启。根据文件内容，作者认为大陆提出的“全面放开”养老服务市场有两个方面的含义：一是在市场条件方面，全面放开市场准入，推动养老服务市场要素自由流动；二是在开放对象方面，向境外养老产业投资者放开境内市场。

（二）大陆推动两岸关系融合发展的系列政策体系，为全面放开养老服务市场注入新的内涵

“向境外养老产业投资者放开境内市场”这个层面的放开，始于 2018 年 2 月国台办、国家发展改革委等 29 个部门发布实施的《关于促进两岸经济文化交流合作的若干措施》（以下简称“31 条措施”）。此后各地各部门陆续推出贯彻“31 条措施”的地方性具体措施，至今以促进两岸经济社会文化交流合作，推动两岸融合发展为目标的各类政策仍在不断出台，这些政策措施将构成大陆涉台公共政策体系，[①] 成为深化闽台养老服务产业

---

① 张爽．郑振清答中评：陆涉台公共政策体系初步成型［EB/OL］．（2018-03-05）［2019-10-01］．http：//www.crntt.com/crn-webapp/mag/docDetail.jsp？coluid=0&docid=104994999&page=1.

合作的政策背景。2019 年 9 月 11 日，在国台办例行发布会上，发言人说，各地各部门持续落实“31 条措施”，不断取得新成效，迄今已有包括 28 个省区市在内的 99 个地方结合当地实际出台具体实施意见。[①] 福建省及省内各地市结合各地实际情况，分别提出了推动闽台养老服务产业交流合作的实施意见。

从福建省及各地市推出的具体措施来看，向台湾放开养老服务市场主要涉及以下三个方面。

1. 福建省从开办机构、人才招聘、社会保障待遇三方面提出推动闽台养老服务产业合作的具体措施。将建立一批特色闽台养老产业基地作为向境外投资者开放养老服务市场的目标。一是台湾投资者可在福建省内独资开办养老机构，与大陆同类企业享受同等税收优惠政策。二是鼓励省内养老机构招收台湾青年，并可给予财政补助；台湾医护人员、社工等与养老产业相关的专业人才可以来闽执业，政府提供岗位、给予财政补助等。三是在闽台胞与省内城乡居民同等享受养老及其他社会保障政策。2019 年 3 月，习近平总书记在参加十三届全国人大二次会议福建代表团审议时强调，“两岸要应通尽通，努力把福建建成台胞台企登陆的第一家园”。为此福建省出台了《关于探索海峡两岸融合发展新路的实施意见》，在“落实落细”闽台养老服务产业合作方面，提出“支持台湾医护人员来闽执业”和“推动台湾社工来闽参与基层社会事务”，推进“基本公共服务均等化、普惠化、便捷化”。福建省内各地市基本都为在闽台胞提供同等待遇的养老保障，其中福州市为在榕就业台湾青年提供社保补贴；厦门和漳州还为特困台胞入住养老机构提供补贴。这些政策对闽台养老服务产业交流合作都会产生深远影响。

2. 福建省内各地市根据中央和福建省政策精神，结合当地实际，各有侧重深化闽台养老产业合作。（1）厦门市重点是推动厦金养老产业深入合作和开放开办高端养老机构。（2）福州市全面贯彻福建省政策精神，重点是鼓励台湾青年到养老机构就业。（3）泉州市全面贯彻福建省政策精神，向台资企业开放政府购买养老服务项目，并给予其与其他投资主体同等待

---

① 国台办：各地各部门持续落实“31 条措施”不断取得新进展［EB/OL］.（2019-09-11）［2019-10-01］. http：//www.gwytb.gov.cn/31t/bjzl/201807/t20180703_11971181.html.

遇。（4）漳州市全面贯彻福建省政策精神，向台湾地区投资者同时开放营利或非营利性养老服务机构市场，开办非营利养老机构的给予与大陆投资者同等待遇。（5）南平市重点是鼓励45岁以下台胞参与养老机构的服务和管理工作。（6）宁德市重点是鼓励台湾企业人士到宁德投资或经营养老机构。

3. 全国各地各部门中有不少都提出了开放社会养老服务市场的相关措施。各地各部门落实"31条措施"的政策初步构建了大陆向台湾地区开放养老服务市场的制度框架。杭州①和昆山②在各自落实国台办、国家发展改革委《关于促进两岸经济文化交流合作的若干措施》的文件中，关于推动两岸社会养老服务业合作的条款各有三条，是各地出台养老服务合作相关政策较多的。杭州的政策框架与厦门类似，鼓励台胞独资开办高端养老机构，为在杭台胞提供养老保险，为在杭特困台胞入住养老机构提供补贴。昆山市也为入住本市养老机构的台胞和特困台胞提供同等待遇，同时，支持台资企业与本市国企在养老服务领域合作，鼓励台资在昆山开办养老机构。此外，浙江、山东、重庆、天津、广东等地也各自提出了有关两岸社会养老服务交流合作的措施。

四　当前阶段闽台养老服务产业合作的五种模式

本研究所指的闽台社会养老服务业交流合作，主要指台湾养老业界进入福建养老服务产业，或独立经营，或合股合作经营，或提供经营管理、咨询及养老相关专业技术服务，在福建省范围内拓展养老服务产业业务范围。受两岸关系发展阶段等因素影响，两岸社会养老服务业合作目前还处于起步阶段，台湾养老服务业从业者进入福建社会养老服务领域也只有零星案例可循，为捕捉未来闽台及两岸社会养老服务业合作的可能动向，作者梳理了2008年以来台胞、台企参与发展福建省养老产业，或者说福建省

---

① 杭州市人民政府办公厅关于进一步深化杭台经济文化交流合作的实施意见［EB/OL］.（2018-07-26）［2019-10-01］. http://drc.hangzhou.gov.cn/art/2018/7/26/art_1568665_26088731.html.

② 关于深化昆台经济社会文化交流合作的若干措施［EB/OL］.（2018-07-18）［2019-10-01］. http://www.gwytb.gov.cn/31t/bjzl/201807/t20180718_12037137.html.

养老服务产业发展引入台湾元素的五种模式。

（一）厦门长庚养老服务模式

厦门长庚医院延展医院功能，引进台湾模式，开设养老服务项目。[①] 厦门长庚医院是大陆第一所全台资医院，2014 年尝试设立厦门长庚护理院，将台湾长庚养生文化村的养老服务经验引进厦门，并根据实地情况，进行调整、改革和创新。台湾长庚养生文化村设立于 20 世纪 90 年代初，在医养结合、人身安全和心理健康保障等方面积累了经验，并已形成一套完整的护理模式。厦门长庚护理院主要面向中高端养老服务市场，相比大陆同等级机构收费差别不大，甚至更低。厦门长庚养老服务模式的主要内容是：第一，坚持医养结合，直接将长庚护理院设在医院楼上；第二，推动养老服务人才培养，台湾长庚医院派出数十位资深护理人员到厦门进行员工培训，厦门也派出本地优秀员工赴台交流学习；第三，引入台湾志工为老服务理念，组织宗教志工和社会志工到护理院与老人交流互动，保持老人与社会的联系。

（二）台湾养老服务管理机制嫁接到大陆养老机构的晋江模式

晋江龙湖镇尚善养老会所是一所受当地民间资本资助的农村养老机构，该会所引进了台湾“行义老人养护连锁机构”的管理机制，开展闽台养老服务合作。[②] 晋江模式的主要内容是：第一，借鉴台湾的行业标准，对护工进行管理考核，会所制定了护工行为准则，对卫生和护工行为进行标准化管理，比如要求护工做到“老人呼，马上应”；第二，定期接受台湾技术顾问的培训，目前，会所每个季度举办一期培训，内容为指导护工如何照护老人；第三，组织台湾慈济医院、泉州黎明大学等机构的志工定期与老人互动。

（三）台湾从事专业养老服务运营的市场资本与大陆企业开展连锁经营项目合作的扬运模式

2014 年 5 月 18 日，台湾扬运国际集团与福建省投资开发集团有限公

---

① 周思明．楼上养老楼下治病 台湾托老经验的在地化实践［EB/OL］．（2014－12－18）［2019－10－01］．http：//www.chinanews.com/tw/2014/12－18/6889924.shtml.

② 陈文经，李玲玲．晋江养老院引台湾管理机制 探索人性化养老［EB/OL］．（2014－04－15）［2019－10－01］．http：//www.chinanews.com/tw/2014/04－15/6065585.shtml.

司签订合作意向书，共同设立福建闽投扬运养老关怀科技有限责任公司，主要负责闽台两地的养老合作项目。[①] 扬运模式的主要内容是：第一，养老服务产业合作的主要方向是居家养老；第二，养老服务产业合作的基础是用扬运人才培养经验与技术，在福建培养养老产业服务与管理人才，争取两到三年后在福建建成养老服务产业示范基地；第三，养老服务产业合作的主要方式是连锁经营，争取用三到五年时间将养老服务产业网络覆盖福建省。

除了扬运集团，台湾中孝集团下属安心养老服务品牌也已经落户福州。[②] 福州安心护理院前身为洪山养老院，创办于 2003 年，是一所完全接受需要护理老人的养老机构，至今已经运营 10 多年。台湾中孝集团在大陆的养老服务产业拓展是通过辅导运营、公办民营、托管、代管、个人或机构加盟等方式走加盟连锁经营之路，至今在全国已经成立 6 家分支机构。

（四）闽台合作开展养老服务管理人员培训的基地模式

在福建省民政厅的组织推动下，由民政部授牌，在福建省老年人活动中心挂牌的“海峡养老康复护理技术培训交流基地”成立，2012 年以来，福建省举办各类养老护理人员、管理人员培训班 40 期，培训总人数 3547 人。2014 年以来邀请台湾知名养老培训机构的讲师，举办 10 期养老服务从业人员培训班，培训了 800 余人。[③] 2015 年拟再举办 5 期养老服务管理人员培训班，10 期养老护理员培训班。同时，推进两地养老护理员职业资格互认。培训班的上课地点设在马尾文澳老年公寓，该老年公寓与福建医科大学附属第一医院合作，成立了康复医院、护理中心，目前，康复医院与护理中心也有了 3 名自己的养老护理员培训师。基地模式的主要内容是：第一，由福建职能部门出面，推动闽台养老服务产业的基础性建设；第二，培训基地主要工作导向是通过护理员和管理人员培训，寻求突破当前制约养老服务产业发展的管理运营与服务队伍建设的瓶颈。目前培训基地

---

① 潘园园．闽台养老合作前景展望：拓宽领域打造朝阳产业［EB/OL］．（2014-12-23）［2019-10-01］．http：//fjnews. fjsen. com/2014-12/23/content_15439304_all. htm.

② 陈梦婕．一家台资养老院的海西故事［EB/OL］．（2014-07-10）［2019-10-01］．http：//www. fujian. gov. cn/ztzl/mty/xwdt/201407/t20140710_756270. htm.

③ 潘园园．我省举办首期闽台合作养老护理员培训［EB/OL］．（2014-07-11）［2019-10-01］．http：//edu. ifeng. com/gundong/detail_2014_07/11/37283971_0. shtml.

的受训对象主要集中于养老机构，还未建立市场化运作机制。

（五）闽台养老服务产业合作的萌芽形式

作者在近两年的田野调查中发现，台胞、台企对参与福建养老产业发展的兴趣越来越浓厚，虽然大多数仍在观望状态，但可预期，随着两岸关系发展进入稳定发展阶段后，闽台养老服务产业合作将会有一个大的跳跃式发展。台湾资本、人才投入福建养老产业的其他萌芽形式包括：（1）有护理和机构管理经验的台湾养老行业专业人才在福建民营养老服务机构中担任“职业经理人”，负责养老服务机构日常管理和运作。（2）台湾高级养老社工人才在福建养老服务机构中从事养老社工业务咨询服务工作。（3）台湾养老服务企业在福建以合股或独资形式，承接城市社区日间照料中心机构运营。

> 我最早在台南新楼医院加护病房做护士，2011 年转到社区医学部做社区长照。到社区时，接触到台湾的养老机构，他们需要我的护理背景，就转到私人机构做管理，我在台湾永春护理之家、宜福护理之家、怡安养护中心 3 家机构一共做了 8 年。在新楼医院做社区失智据点的时候，李院长带着团队到台南考察，那个时候她就认识了我，就邀请我过来，我没有来。因为那时手头有案子正在做。后来，我又去了护理之家做管理，有了机构管理的经验。2018 年，我在台湾的几个股东策划平潭乐天伦养老院项目，投资的要求就是一定要有一个台湾人现场管理，这样我就在平潭待了一年。2017 年底的一天，我在微信上发信息给平潭的同事，结果错发到李院长那里，所以李院长就知道我要到福州。这样，平潭一年的合同服务期满以后，我就转到福州 XLH 了。（深度访谈 004-20190709-YZL）

> 今年我们还准备把鳌峰街道的一个地块，大约有 26 亩，是私人用地，工业用地，准备变更成养老用地。我的理念是把 TJ 做成宜居宜养的地方。金太阳现在引进日本的人才合作，我们还想通过南良集团建立与台湾的合作关系。（深度访谈 005-20190712-LYS）

养老社工方面，两岸是有交集的，大陆养老服务是刚需，在台湾，居家养老服务社工是最普遍的，他们大多在日间照料中心服务。我也观察到，这两年，台湾的大型养老服务机构纷纷进驻大陆，两岸在养老领域其实是有竞争关系的。在我的经验里，感觉大陆是不喜欢用台湾的社工的，因为台湾的社工不好管，像迦南地本来既有大陆的社工，也有台湾的社工的，现在台湾的社工慢慢也没有了……我在福建只看到两家养老机构在运用社工。一家是 XLH，社工只是做陪伴，灵性服务还没有；另一家是 JF 集团投资的宏爱医院，他们引进了台湾资源，台籍的院长坚持要使用社工。2018 年 3 月，JF 集团在厦门开了三家医院，即：宏爱医院、宏爱护理院和宏爱康复医院。他们在护理院配了一位社工，这名社工不是来自台湾的，而是厦门的研究生，去台湾培训了两周，回来服务。（深度访谈 007-20190728-YHZ）

第七章

提升社会养老服务递送能力的社会政策思考*

社会养老服务递送是联结养老服务供给与养老服务需求满足的中间环节，本章仍从服务递送的视角，基于前文对大陆和台湾地区社会养老服务递送的实证研究及分析结论，思考提升社会养老服务递送能力的社会政策。

一　制约社会养老服务递送能力提升的因素分析

提升社会养老服务递送能力的基础是养老服务供给水平的持续增加。社会养老服务体系建设有助于发挥政府的主导作用，增加服务供给数量；养老服务产业发展有助于发挥市场配置资源作用，提升服务供给水平。应从下列影响社会养老服务体系建设和养老服务产业发展的因素出发，思考提高社会养老服务递送能力的社会政策。

---

* 本章部分观点和内容曾以《探索我省养老服务产业发展的新思路》为题，刊于《福建日报》2016年12月27日理论版；以《引导社会资本参与社会养老服务体系建设的思考与建议》为题，刊于福建省委政研室主编《调研内参》2018年1月7日第109期，获2018年省重点课题优秀调研成果优秀奖；以《发挥政府主导作用，促进老龄事业与老龄产业融合发展》为题，刊于福建省委政研室主编《调研内参》2018年1月25日第119期，获2018年省重点课题优秀调研成果三等奖。

（一）现阶段社会养老服务体系建设中的四大矛盾制约养老服务发展

1. 政策价值导向上，养老事业的福利性追求与养老产业的商品性追求之间的矛盾：社会养老服务体系的功能是消费还是生产

一方面，小康社会建设对社会养老服务提出公共资源持续投入的要求。养老关系民生，没有老有所养，就没有真正的小康社会。在剩余福利体制下，政府主导的养老事业起到兜底保障作用，需要稳定的财政投入。随着人口老龄化程度的加深，剩余型福利向适度普惠型福利转变，国家的养老保障和医疗社会保障支出将面临巨大的财务压力。[①] 根据人社部社保事业管理中心数据，从 2016 年开始，有 13 个省份的城镇职工养老保险基金可支付月数已经不足一年，黑龙江省的结余甚至是负数。从这个角度看，社会养老服务投入有消费公共资源的性质。

另一方面，发展养老服务产业有助于为经济社会持续稳定发展提供增长新动能。人口老龄化对国家的中长期的经济社会发展产生复杂而深刻的影响。[②] 从积极角度看，如果应对得当，人口老龄化可以推动中国经济高速增长的动力转化，即由人力资源增量资本驱使向人力资源存量资本驱使转变，可以倒逼经济结构调整和产业转型升级。在人口老龄化背景下，人口结构发生了巨大变化，全社会的消费特质和消费倾向也会发生相应变化，大量"银发社会"消费需求和就业机会呼之欲出。作为市场发挥主要作用的养老产业核心部分，养老服务产业对"兜住民生底线"有重要作用，同时它也是现代服务业体系中的战略性新兴产业。养老服务产业的潜在功能与我国当前大力实施的"调结构、惠民生、稳增长"经济转型战略相吻合。从这个角度看，发展社会养老服务产业有推动经济发展的生产作用。

由此，需要面对的现实问题出现。如何平衡养老事业的福利性特征与养老产业商品性特征矛盾？如何发挥政府的政策引导作用，培育养老服务

---

① 陆旸．从人口红利到改革红利：基于中国潜在增长率的模拟［J］．世界经济，2016（1）：41-51.

② 王辉，杨卿栩．新中国 70 年人口变迁与老龄化挑战：文献与政策研究综述［J］．宏观质量研究，2019（2）：30-54.

市场，满足所有老人群体有效需求？如何推动社会养老服务体系建设从消费向生产的功能转变？

2. 运作机制导向上，鼓励社会力量参与与防止政策寻租之间的矛盾：是提高购买服务门槛还是降低门槛

党的十八届三中全会以来，政府购买服务制度成为推动社会养老服务体系建设的重要机制。党的十八届三中全会通过的《中共中央关于全面深化改革若干重大问题的决定》，将推广购买服务制度作为加快政府职能转变的重要措施。2013 年 9 月，国务院办公厅公布了《关于政府向社会力量购买服务的指导意见》，明确到 2020 年基本建立比较完善的政府向社会力量购买服务制度。2016 年，民政部、财政部印发《关于中央财政支持开展居家和社区养老服务改革试点工作的通知》，开始重点推动居家和社区养老服务改革试点，支持通过购买服务、公建民营、民办公助、股权合作等方式，鼓励社会力量管理运营居家和社区养老服务设施，培育和打造一批品牌化、连锁化、规模化的龙头社会组织或机构、企业，使社会力量成为提供居家和社区养老服务的主体。同时，积极培育和发展第三方监管机构和组织，建立服务监管长效机制。截至 2019 年 5 月，居家社区养老服务改革试点的申报已经开展到第四批。2017 年，财政部印发《关于运用政府和社会资本合作模式支持养老服务业发展的实施意见》，支持政府将所辖区域内的社区养老服务打包，通过 PPP 模式交由社会资本方投资、建设或运营，实现区域内的社区养老服务项目统一标准、统一运营。可见，居家社区养老服务成为推行政府购买服务机制的主要领域。

一方面，为鼓励社会力量参与发展养老服务业，购买服务的条件应尽可能优越，以调动社会力量参与和社会资本投资的积极性。以购买居家养老服务为例，近年来，随着城乡居家社区养老服务基础设施投入的增加，以 PPP 方式运营居家社区养老服务照料的项目大量出现，是居家社区养老服务市场空间扩张的亮点。但社区居家养老服务照料中心的运营与养老机构的运营在商业模式上存在极大不同，开发居家社区养老服务市场并不是一件容易的事。首先，居家社区养老服务 PPP 项目普遍具有公益性质且投资周期长的特点，如果购买服务时间太短，投资方难以回收成本。其次，目前大部分老人及家属对“上门服务”形式仍有较大不信任感，单靠服务机构或企业推广服务，面临诸多阻碍。再次，居家社区养老服务属于高人

力成本投入的服务性行业，与制造业属性不同，没有一定规模的订单和现金流，没有相应的融资服务，无法维持稳定的服务团队，无法保证服务的可持续。最后，法规政策变更等制度性风险，也会对参与购买服务的企业发展带来不可预料的影响。因此，政府需要提供适合当地养老产业市场的配套政策和风险分担安排，调动有市场竞争能力的社会力量的参与积极性。

> 在推进照料中心的过程中，我的想法跟别人是不同的。TJ 的经济别的区是比不了的。我们推的是政府主导下的推向市场模式。推向市场有个原则，就是经济实力和服务实力都有。XG 苑那个项目是向全国招投标，时间 8 年，前 3 年免租。JTY 中标后，由 JTY 自己装修。这个模式是我们先做的。GL 区的则是，（政府）自己装修。我们的优点是，我们的租期长。我给 3 年时间亏本，把周边的氛围营造起来。到现在经过 1 年，XG 苑已经持平了。场所装修他们花了 600 万元。有 8 年时间运营，他有底气投入，里面的装修都是适老化的。以后我们政府拿出来的场所，都是这个模式。政府的职能就是监督，运营过程中有没有违规。主要是有没有向老人家集资、卖保健品、虐待老人家。（深度访谈 005-20190712-LYS）

另一方面，养老产业越来越成为资本关注的热点，附着多种公共资源的购买服务可能带来各种寻租风险。“寻租效应”与购买服务制度如影随形。权力寻租是世界各国的共性问题，指的是当国家公务人员具备一定的环境和条件之后，他们凭借手中所掌握的各种权力，向企业或个人出租权力，获取高额回扣，以达到中饱私囊、满足私欲、侵占社会资源的目的。寻租的具体形式多种多样，如贪污、贿赂、生活腐化、为特殊利益者提供优惠便利、徇私舞弊等。[①] 购买服务制度在社会养老服务领域推行，可能产生的寻租风险首先存在于发包服务的政府部门与承接购买服务的社会组织间。在缺乏有效制度约束和监管制度的情况下，发包的政府部门有设租

---

① 钱再见，金太军．公共政策执行主体与公共政策执行“中梗阻”现象［J］．中国行政管理，2002（2）：56-57.

动机，设租标的可能会是优惠和补贴标准，设租手段可能是通过特定的招标过程或规则实现向特定对象发包。在缺乏应有支持的情形下，社会组织在衡量其成本与收益后，可能进行寻租行为以赢取承包权。[①] 甚至一些单位为获取资源，在其内部成立所谓的“社会组织”，来承接政府的服务项目。[②] 其次，执行考核的第三方评估机构也可能会为取得评估购买服务而寻租，被考核的社会组织则可能会向评估机构寻租。最后，购买服务的潜在顾客之间也存在寻租风险。比如，公办养老机构一床难求现象背后，就存在这种寻租迹象。购买服务机制虽然刺激了社会养老服务市场的成长，但如果不正视其中的寻租风险，可能出现的没有竞争的市场会比没有市场更可怕。同时，还会造成政府购买行为雇主化、承接购买服务的社会组织异化、养老公共服务内卷化等问题。[③]

除了寻租风险，购买服务制度阻碍社会力量参与养老服务的因素还有两个方面。一是购买服务财政资金规模大小。政府购买服务投入力度过小，无助于缓解服务供给短缺问题；但政府购买服务投入足够大，也可能会引起“挤出效应”，比如政府的显性和隐性扶持政策创造了一个不平等的竞争环境，把社会兴建养老院的积极性和民间资本排挤出去。[④] 二是购买服务财政资金管理制度。在公共财政管理制度下，政府往往采用“预算制”方式操作购买服务。因此，承接购买服务的社会组织和企业在购买服务前，需要花费时间编制“合理”的预算；购买服务项目结束后，还要根据预算项目进行的严格审计。[⑤] 这里的“合理”，主要是指符合政府财政要求的形式合理。如果在审计时，遇到的是非专业领域的审计人员，就会产生许多额外的问题。

作为推动社会养老服务体系建设的重要机制，购买养老服务政策目标

---

① 丁社教，王成．居家养老服务：政府购买中的监管博弈［J］．财政管理，2017（9）：62-67.

② 崔光胜，汪超．理论逻辑与现实困境：政府购买社会组织服务的路径探究［J］．学术论坛，2015（6）：116-119.

③ 崔光胜，汪超．理论逻辑与现实困境：政府购买社会组织服务的路径探究［J］．学术论坛，2015（6）：116-119.

④ 周志忍，李海燕．购买服务：政府应做精明买主［J］．政府机构改革与管理，2014（8）：27-30.

⑤ 宗世法．对于北京市养老服务事业与产业协同推进的思考——政府推动养老服务业发展的经济类政策手段视角［J］．北京城市学院学报，2018（5）：1-8.

与实际执行中可能存在风险、出现矛盾，这提出了如何把握购买服务政策尺度，如何发挥购买服务机制在推动社会养老服务市场发展中的作用等问题。因此，需要不断完善购买服务制度，建立有效的监督机制，营建一个有竞争的养老服务市场环境。

3. 服务类型导向上，社会养老服务体系建设以服务项目为中心与以执行单位为中心之间的矛盾：是服务差异化、专业化还是服务一般性、综合化

作为推动社会养老服务体系建设重要机制的购买服务制度，在地方实践过程中以不同方式推行，产生了各种购买服务类型。根据管兵、夏瑛的研究发现，[①] 作者将现阶段政府购买养老服务的制度模式分为项目制和单位制两种，[②] 两种模式对服务人群、服务方式、服务专业性的不同要求，也对社会组织的培育和监督管理提出了不同要求。

一方面，项目制有明确的服务对象、服务内容，要求承接服务的社会组织有专业化服务能力，同时对政府监管提出较高专业要求，政府管理成本相对高。购买服务制度中，项目制运作的普遍特征是，“力图做到专项目标明确、资金分配平衡、预算结构清晰、过程管理严格、程序技术合理、审计监督规范”。[③] 凭单制是项目制的具体表现形式之一，具体操作方式是由政府出资，向对象群体发放代金券、消费券，或直接向各类社会组织购买，再向对象群体提供各种养老服务。在这种制度架构下，各类中小型、初创型社会组织得到经费支持，获得进入社会服务领域的发展空间。比如，实行项目制的上海，在 2002 年和 2008 年就有两次社会组织大发展的机会。政府从前一阶段直接成立社会组织转变到注重培育社会组织，给社会组织孵化提供制度和财政支持。项目制带来的问题是，社会组织缺乏提供购买服务清单外服务的积极性，也就很难以“消费者需求”为导向，调整服务内容。一位从事居家社区养老服务的民营企业负责人就曾向作者表示，他对严格规定了服务内容的招标项目不感兴趣。此外，项目制购买服务的监管

① 管兵，夏瑛．政府购买服务的制度选择及治理效果：项目制、单位制、混合制［J］．管理世界，2016（8）：58-72.

② 管兵、夏瑛将香港的社区公共服务供给模式定义为混合制模式，即兼顾单位制模式和项目制模式。本研究暂不论述混合制供给模式。

③ 渠敬东．项目制：一种新的国家治理体制［J］．中国社会科学，2012（05）：129.

需要依赖专业的社会组织进行，因此监管复杂，成本相对较高。

另一方面，单位制对服务内容有统一要求，对承接购买服务的社会组织也有较高的资质要求。单位制在机构养老和居家社区养老服务领域中都有实行，主要有两种表现形式：一是公私合作，指政府与社会组织和社会机构合作，各有分工，共同提供养老服务的形式；二是公办民营，指将公有制性质的养老机构交由民间组织或社会力量管理运作，或由政府出资，招标经办的服务供给合作方式。[①] 比如，实行单位制的广州，自 2007 年起，以街道办事处和乡镇为单位建立家庭综合服务中心（以下简称“服务中心”），截至 2014 年，广州市各个街道都成立了服务中心。服务中心的服务内容都涉及家庭、青少年、老年人、社区发展和义工这五个主要方面，因此，每个服务中心都提供基本相似的基础性、综合性服务。在这一背景下，广州市出现了社会组织发育薄弱和社会组织资质不足的问题。一大批依赖民间力量的社会组织纷纷成立，2011 年数量达到顶峰，这一年有 22 家社会组织成立。[②] 单位制下的购买服务制度要求社会组织有综合性服务提供能力，这是一道较高的门槛。同时又要求所有的单位都提供相似的服务，承接服务的社会组织将对更为专业的服务领域失去拓展动力。此外，“单位制”购买服务有相对明确的考核标准，易于监管。

由此，以服务项目为中心与以执行单位为中心的政府购买服务制度实践产生专业化服务与综合化服务两种完全不同的效果，对生产、递送服务的社会组织、企业等服务主体成长也会带来方向性影响。这是各地在探索购买服务制度具体落实方式时需要注意的。

4. 政策执行导向上，政策落实“最后一公里”与实践跟不上政策（理论）要求之间的矛盾：是社会养老服务政策要求过高还是政策执行主体能力不够

一方面，养老政策体系日渐完善，政策落实“最后一公里”的议题开始浮现。党的十八大以后，中央层面有关社会养老的政策数量开始爆发式

---

① 康蕊，吕学静．社会资本参与居家养老服务现状考察——以北京市为例［J］．城市问题，2018（3）：89-96.

② 管兵，夏瑛．政府购买服务的制度选择及治理效果：项目制、单位制、混合制［J］．管理世界，2016（8）：58-72.

增长，2000 年以后，中央政府及其部门颁布的养老政策文件超过 200 多份，[①] 由此带动地方有关社会养老的政策制定陆续跟进。社会养老政策数量显著增长的同时，养老政策发布的主体越来越多元，层级越来越高。习近平总书记多次亲自参与政策制定，对养老工作做出指示。[②] 李克强总理在政府工作报告中提及养老的部分越来越多。民政部门以外的其他政府部门，频繁参与养老政策制定。养老政策涉及的内容越来越丰富，涵盖老年社会保障、老年工作基础和规划实施、养老服务体系、老年消费市场建设、老年健康支持体系、老年宜居环境建设、老年精神文化生活、老年合法权益、老年社会参与，形成一个跨政府、跨组织、跨部门，多元利益主体的“养老政策网络”。[③] 养老政策导向越来越清晰，1949 年后的养老政策走过了一条从以保障政策为主到以福利政策为主再到以产业政策为主的政策投放路线。党的十八大以后，产业类养老政策供给力度明显增强，养老政策中与产业发展相关的政策内容包括：发展规划；土地、金融和税收政策；基础设施建设和人才培养政策；信息支持政策；政府购买服务政策；市场开放政策等。连续数年持续推出养老政策，养老成为市场和社会领域关注的焦点，应该说现阶段养老政策呼应了社会养老需求，在建立适应新时代经济社会发展需要的社会养老服务体系方面，发挥了积极的引领、推动作用。人民群众已经将对“老有所养”的政策预期融入“对美好生活的向往”中。

地方政府政策落实的压力随之加大。首先，在公共政策目标达成过程中，政策有效执行比政策方案制定面临更多的挑战，政策失败也常被认为

---

① 汪波，李坤．国家养老政策计量分析：主题、态势与发展［J］．中国行政管理，2018（4）：105-111.

② 2016 年 5 月 27 日，中共中央政治局就我国人口老龄化的形势和对策举行第三十二次集体学习。习近平强调，要着力发展养老服务业和老龄产业。我国老年群体数量庞大，老年人用品和服务需求巨大，老龄服务事业和产业发展空间十分广阔。要积极发展养老服务业，推进养老服务业制度、标准、设施、人才队伍建设，构建居家为基础、社区为依托、机构为补充、医养相结合的养老服务体系，更好满足老年人养老服务需求。要培育老龄产业新的增长点，完善相关规划和扶持政策。作者认为，此后几年来各政府部门出台的养老政策，都遵循这一讲话精神的指导。

③ 汪波，李坤．国家养老政策计量分析：主题、态势与发展［J］．中国行政管理，2018（4）：105-111.

是政策执行失败。[①] 其次，中国公共政策执行的独特结构，使得政策执行的结构化环境更加复杂。在以党为主导、高位推动的政策执行体制和央地两分的政策执行组织结构下，[②] 政策目标呈现多属性和层级性特点。多属性指中央制定的目标偏向笼统和原则层面，而地方细化后的目标指向可操作、可实现的本土层面；层级性指政策执行需要多职能部门的协同配合，因此政策目标往往是由多元目标构成的目标群。[③] 最后，作为准公共服务的养老服务走向市场化后，地方政府部门将面临更为复杂的治理考验。比如，政府购买服务原本旨在改善公共服务绩效和公共财政效率，[④] 结果有可能面临政府与市场关系失衡的风险，[⑤] 而导致政策执行出现梗阻。

面对增长中的政策执行压力，政府部门提出打通政策落实“最后一公里”策略，[⑥] 克服政策执行的难题。2017 年 6 月，福建省政府发布《关于加快推进居家社区养老服务十条措施的通知》和《关于进一步促进养老机构健康发展十条措施的通知》（简称“双十条”）。2017 年 8 月，福建省委十届三次全体会议把发展养老事业作为补齐民生事业短板重大举措进行研究部署。2018 年，福建省发改委在《关于福建省 2017 年国民经济和社会发展计划执行情况及 2018 年国民经济和社会发展计划草案的报告》中提出“全面推动养老服务业改革发展”。

另一方面，作为社会养老服务政策直接执行主体的养老服务组织和企业能力不足的问题也在凸显。随着购买服务制度的推广，政府越来越少直接参与递送社会养老服务，各类社会组织和企业成为承担机构及居家社区养老领域购买服务的主体。越来越多社会资本以全民营企业身份投入社会养老服务产业。由于专业养老服务社会组织本身存在发育不足的问题，为

---

① MENZEL, D. C. An Interorganizational Approach to Policy Implementation [J]. Public Administration Quarterly, 1987 (1): 3-16.

② 陈丽君，傅衍．我国公共政策执行逻辑研究述评［J］．北京行政学院学报，2016（5）：37-46.

③ 贺东航，孔繁斌．公共政策执行的中国经验［J］．中国社会科学，2011（5）：61-79.

④ 王浦劬，莱斯特·M. 萨拉蒙．政府向社会组织购买公共服务研究——中国与全球经验分析［M］．北京：北京大学出版社，2010：31-35.

⑤ 叶林，杨雅雯，张育琴．公共服务的“后市场化”道路——以广州环卫服务改革为例［J］．天津行政学院学报，2018（1）：3-13.

⑥ 齐中熙、赵晓辉、刘羊旸、杜宇、李延霞．打通政策落实的“最先和最后一公里”［EB/OL］．（2015-08-02）［2019-10-01］．人民网，http://politics.people.com.cn/n/2015/0802/c1001-27398353.html.

此，各地又通过建立社会组织孵化基地、设立公益创投项目等方式，加大社会组织培育力度。但承接政府购买服务的社会组织能力不足，迫切需要加强服务承接能力建设。社会组织能力不足突出表现在三大方面，一是购买服务中的社会组织准入资格不够，有不合法的风险；[①] 二是社会组织独立运作，提供专业化服务的能力不够，有成为“行政系统附庸”的风险；三是社会组织维护市场信用能力不够，难以做大做强。完全走市场化运营道路的各类养老服务企业，目前大部分都是中小微企业，能起到引领示范作用的龙头企业还需要政府培育。

由此，政府在社会养老服务体系建设中，是继续加大养老政策的供给，还是为政策执行主体赋能，成为制约社会养老服务发展的又一个结构性矛盾，需要在增加养老政策供给的同时，同步思考如何提升各类服务主体承接购买服务的能力和市场竞争的能力。

（二）现阶段养老服务产业发展中的五大问题影响服务水平提高

公共服务市场化是发展方向，这呈现了一个从行政化到社会化再到市场化的逻辑脉络，[②] 最后通过引入市场竞争机制提高服务效率。政府采取鼓励社会力量参与社会养老服务的政策导向，随着政府购买养老服务机制的建立和逐步完善，养老服务的社会化、市场化、产业化将不断推进、深化。下面从产业发展角度，进一步剖析影响养老服务市场化方向发展的因素。

1. 资源整合问题：养老服务产业发展资源分散化、碎片化，影响市场主体培育

在作为准公共服务产品的社会养老服务递送中，政府部门的供给责任已经发生了变化。新政治经济学的公共物品理论将公共物品分为纯公共物品与准公共物品两种类型，提供公共物品是现代政府的一项重要职能。其中，准公共物品可以有政府、企业、社区等多个提供主体。这是因为准公共服务的

① 曾维和，陈岩．我国社会组织承接政府购买服务能力体系构建［J］．社会主义研究，2014（3）：113-118.

② 郭竟成．居家养老研究：来自浙江的调查与思考［M］．北京：中国社会科学出版社，2016：38.

提供与生产可以分成两个不同环节，由不同主体承担。但是，出于提交生产效率与社会效益的考虑，政府需要不同程度的介入，或者直接补贴消费者，或者对生产企业承担规制责任。[①] 准公共产品引入市场机制供给，同时也意味着现代社会的福利类型开始由国家福利向社会福利转变,[②] 社会福利项目以商业投资项目的方式运作，让社会服务更加具体专业。

下面以 F 市为例，具体分析地方政府如何回应日益增长的社会养老服务需求，按照市场发展要求，持续投入政策，培育养老服务产业。本书附录六以 F 市养老服务政策落实牵头单位和相关责任单位为线索，具体梳理了每个部门相应的职责内容。地方政府及其各职能部门在推进地方养老服务工作，发展养老服务产业中的主导作用表现如下。

（1）市及下属各县（市）区委、政府在养老产业发展中发挥顶层设计和协调全局作用。

（2）市及下属各县（市）民政局、卫计委（卫健委）是地方养老服务工作的执行主体，发挥重要的推动作用。

（3）市及下属各县（市）发改委、财政局在地方养老服务产业工作中发挥重大项目供给和财政支持作用。

（4）市及下属各县（市）医保局、残联、老干局、教育局、老龄办、文广新局、体育局等职能部门在传统行政职能分工框架下，分别掌握与各自职能相关的养老公共资源。这些养老公共资源分配、递送方式因时变化，因地不同。

（5）市消防支队、建委、规划局、房管局、数字办、旅发委、科技局、经信委、地税局、国税局、物价局、供电公司、水务投资发展有限公司等部门，逐渐参与到养老服务产业发展中，发挥对土地、税收、水电、信息网络、科技服务等市场要素的供给作用。

从上述养老服务产业发展政策执行的描述中，不难看出在养老服务市场培育中存在资源碎片化风险与困境。具体表现在以下三个方面。

一是养老服务工作中的多头管理与多重约束。与养老服务相关的工作

---

① 罗晓华．公共物品及其提供方式的类型学分析——基于非排他性与非竞争性的程度以及互动集团的规模［J］．行政与法，2018（2）：35-41.

② 毕素华．中国特色社会福利项目的运行与反思：政府包揽抑或福利多元？［J］．河海大学学报：哲学社会科学版，2015（2）：48-52.

分散在各个职能部门中，且部门间缺乏有机衔接、统筹协调，导致养老政策执行各自为政，养老服务机构和企业不得不花大量精力应对分散的行政管理部门。①

二是养老服务市场培育中的制度分割与资源碎片化。养老服务的综合性性质与公共服务职能专业化分工发生冲突，如最核心的养老服务分别被民政制度和医疗卫生制度分割；培育养老服务市场需要的资源被财政制度、经济发展制度、教育行政制度分割。

三是养老服务发展中的区域分割与发展失衡。在不同区域不同的经济社会发展程度与人口结构背景下，养老服务需求、养老服务政策实施和执行等因素的差异，使养老服务发展“因地制宜”“因人而异”“因时而异”合理化的同时，也带来养老服务发展区域发展不平衡的问题。

2. 市场开放问题：养老服务产业发展供给侧增能的同时，出现需求侧乏力问题

现阶段社会养老服务政策在供给、需求、环境三个方面都提出了具体实施方案，对养老服务的市场化培育发挥着必要的推动、引导、规范作用，是养老产业发展的营养源之一。下面以福建省 F 市为例，分析 F 市的养老政策对养老服务市场培育的资源意义。

一是通过供给型政策，健全养老服务产业的市场要素供应。供给型政策的内容包括：（1）规划、组织养老服务基础设施建设。如居家社区养老服务照料中心的布局、不同类型养老机构的布局、养老服务信息平台建设等。（2）提供各类养老服务机构建设和运营补助资金。无论是养老机构，还是居家社区服务照料中心；不管是民办机构，还是公办机构，都享受同等补贴标准。（3）保障养老设施建设用地。F 市要求，各城区政府每年提供 1 幅养老设施建设用地；各县（市）政府每年至少提供 1 幅可建设不少于 200 张床位的养老设施建设用地。

二是通过环境型政策，营造养老服务产业发展的宽松市场空间。环境型政策内容包括：（1）取消养老机构设立许可，加强监管服务。2019 年 1 月，民政部已经下文，取消养老机构设立许可。F 市将重点放在全面排查

① 彭少峰，杨君．政府购买社会服务新型模式：核心理念与策略选择——基于上海的实践反思［J］．社会主义研究，2016（1）：91-97.

鉴定已建养老机构的安全达标情况方面。（2）支持专业化社会组织开展社区居家养老服务。专业化社会组织运营社区居家养老服务站的，无偿提供场所；运营社区居家养老服务照料中心的，3 年内无偿提供场所。获得各级荣誉的专业化居家养老服务组织，基于不同级别奖励。（3）支持养老服务业享受税费优惠政策。

三是通过需求型政策，拉动养老服务市场消费。支持养老服务机构实现医疗定点，2018 年 1 月起，在全省率先实行医药机构医保定点备案管理，医疗机构申请签约医保服务不再设置前置条件。截至 2019 年 3 月底，F 市 8 家养老机构内设医疗机构成为医保定点单位。探索建立老年长期照护保险制度，计划到 2018 年 12 月，试点覆盖四城区职工医疗保险人群，但这项工作目前仍处于探索阶段。此外，对 80 周岁以上高龄老人提高补贴标准，建立失能老年人护理补贴制度等，这些政策措施都有利于增加养老服务需求。

从开放养老服务市场角度分析，福建省及 F 市的养老服务政策，加快了养老服务市场要素的自由流动。特别是在财政补贴、税费减免、用地用房、投融资、人才培养等方面推出了很多扶持性政策，其中不少政策以同等条件向公办和民营养老服务机构和企业提供支持，有助于加快养老服务市场的全面开放和稳定成长。

总的来看，福建省养老服务产业供给侧政策增长明显，环境型政策逐步加强，需求侧政策偏少。福建省养老服务供给侧政策增长明显，供给侧短板主要表现为：养老服务市场化水平有待提高，专业化社会服务组织发育缓慢，社区居家和农村养老服务短缺，针对失能、半失能老年人的长期照顾服务能力不足，养老政策体系碎片化，有的领域还是空白，不少政策的落实存在“最后一里路”难题。

养老服务需求侧政策供给不足，导致养老服务市场消费需求乏力。据作者在福建省的田野调查经验，市场消费不足的主要原因是市场消费主体（即有养老服务需求的老年群体）没有养老服务市场消费习惯。据抽样调查数据，福建省目前仅有三分之一的老年人接受各类社会养老服务，而拥有可自主支配收入（包括离退休养老金和居民养老保障）的老年人口达到 67%，且整体购买水平较高，因而有可预期的增长空间。同时，为健康和亚健康老年人提供的多样化、人性化养老服务供给不足，巨大的服务需求和消费需求处于“潜伏”状态，需要用丰富的服务产品供给去唤起。市场消费能力不足抑制了养老服务消费市场的成长，也是一个比较普遍的问题。这一现象也被研究者称为有效需求满足不足，可以通过增加养老保险产品，提供政府消费补贴，如针对特定群体提供服务券等措施，缓解消费能力不足问题，释放市场消费需求。

此外，在引进境外养老服务资本、人才方面进展不大，还需要进一步全面开放养老服务市场，着力培育多元化、有竞争力的养老服务市场。

3. 服务质量问题：养老服务市场化发展中出现诸多商业“套路”，导致养老服务产业发展异化

养老服务供给低质量与服务需求高要求之间的差距长期存在是养老服务产业发展出现异化的根源。对于市场化养老服务，养老服务的消费者会用钞票投票，服务质量也就成为养老服务企业可持续发展的关键，并以“入住率”“现金流”等指标体现出来。有一些运营管理者，对养老服务行业兼具现代“服务业”商业属性和社会公益属性的双重特征理解不深，不顾养老服务企业社会责任与社会形象，单纯追求经济效益，将纯商业行业的“套路”用到养老服务行业上。

养老服务产业发展中出现的诸多“套路”，是养老服务产业发展异化的具体表现。最常见的就是为了提高“入住率”、增加“现金流”而在养老服务机构运营中发生的各种偏离现象。公办养老机构为了吸引更多社会老人入住，偏离其社会保障公共服务责任，常常拒收那些占用机构养老资源却又无法为其带来更高经济收益的“三无”“五保”“失能”老人。[①] 采用公建民营方式运营的社会福利中心尤其应该注意避免这种倾向。民营养老机构的收入来源主要来自老人所交费用，为了提高入住率或维持机构运营，常常以降低护工工资为代价，导致服务质量下降。为了提高“入住率”，各类养老服务机构千方百计做“营销”，就是不愿意把经费和精力放在提高服务质量这个核心竞争力上。“新开的机构大搞营销，运营中的机构精打计算”，这种现象在当前的养老服务行业中极为常见。居家社区养老服务机构运营的关注点则在“现金流”上，鉴于居家社区养老服务生产

① 董红亚．市场化进程中公办养老机构的改革及其发展［J］．浙江大学学报，2018（4）：14-26.

的高成本，打着居家社区养老服务旗号却提供不了服务的现象不少见。打着养老旗号卖地产、卖保险、卖各种商品，就是不卖服务，这样的“套路”在近年来养老产业发展乱象中屡见不鲜。还有的甚至直接打着养老的旗号行骗。比如中民安生的“以房养老”骗局，以熟人介绍为渠道，以兜售“以房养老”理财产品为名，骗取老人抵押房产。2018 年 12 月发生的南京爱晚系养老服务百亿骗局，则是以“爱福家”产品、提供养老服务为名，向数万名中老年群众非法收取资金过百亿元。在这之前暴露的南昌天地自然山庄返利骗局，同样也是打着理财返利和提供养老服务的旗号非法集资。另一种“老妈乐”骗局，同样打着养老旗号，以购卡返利返物、免费旅游为诱饵，骗取老人钱财。①

4. 管理运营问题：养老服务市场主体能力不足，直接阻碍养老服务产业成长

养老服务企业管理运营是与服务质量直接相关的另一个因素，运营管理人才是养老服务市场发育最重要的主体，主体能力的不足，将直接阻碍产业成长。现阶段养老服务产业的健康发展离不开以提质降费为核心的运营管理，但养老服务企业的运营管理人才没有现成的，只能在养老服务行业市场发展的实践中锻炼成长。有业界人士认为 2013 年是中国养老服务产业发展元年，② 刚刚起步的养老服务产业与高素质产业运营管理人才紧缺互为因果：产业发展急需高素质运营管理人才，高素质的运营管理人才又需要从市场实践中培养。近年来，开始有越来越多行业关注养老，养老产业发展在“养老+”和“+养老”两个方向同时展开。进入养老产业的管理运营人才开始多元化，很多原来离养老很远的传统行业，开始向养老靠近，比如房地产、家政、医疗、旅居、文化、教育、保险、金融、物业、酒店等。在其他行业有从业和管理经验的人才及人力资源进入养老服务产业后，对养老服务产业发展既有积极影响，也有消极影响。作者在福建的田野调查中发现，养老服务机构管理者中有企业工作经验的，就很自然地会将以前的职业经验进行改造，融入养老服务机构的日常运营方式探索中。这些实践都是着眼于提升服务质量，提高机构入住率。

---

① 聂虹．拒绝“银发收割”揭秘五大最新养老骗局［EB/OL］．（2019-08-15）［2019-10-01］．http：//www.nbd.com.cn/articles/2019-08-15/1363019.html.

② 魏华林，金坚强．养老大趋势［M］．北京：中信出版社，2014：前言 XVII.

越深入，我就开始细分客户。我是从运营者的角度，而不是从开发商的角度来思考养老。比如，经营成本、服务意识都要明确。怎么做好服务、做好产品？我们首先去学习，在开发商角度来看，这些模式都是成型的。对我们来说，这些却是从0到1的。包括了解市场、了解政策，定位产品，建立服务体系，吸纳招收团队，组建服务模式和服务体系，整个项目包装定位等等。（深度访谈002-20190701-ZYX）

做养老的，以前的职业经历会对机构的运营有影响。比如社工开的机构，老人的活动比较丰富。护理人员开的（机构），护理就做得比较到位。我原来是做企业的，接的是外单，所以管理要求比较规范。那现在做养老，整个机构日常的管理流程，就比较像企业模式。我很清楚地感觉到，我们机构的管理人员要跟企业的管理思想同步。（深度访谈010-20190816-ZYH）

作者曾考察了福建省内一家民营养老机构，机构运营负责人向作者具体分析了拥有灵活市场运作机制的民营养老机构所展现出来的市场活力。

我觉得，跟公办养老机构相比，民营机构的优势在于以下四点。

第一，出发点不同。公立养老机构拿着政府的钱办事，目的是实现社会兜底保障，他们不需要盈利，在机制上，做好做坏一个样，员工的积极性并不高。而民营养老机构要生存，就要挣钱，要看市场，不看市长。虽然国家出台很多补贴政策，但实际上，我们很难拿到，或者拿到的并不多。所以，我们的主要精力还是放在与市场对接上，研究目标人群、市场定位、服务体系，提高养老服务产品的吸引力和附加值，使目标人群主动投怀送抱。民营养老机构的发展，一定是在为社会提供优质服务的基础上，实现经济和社会效益最大化。

第二，决策机制不同。公立养老机构条条框框很多，从申报到审批往往久议不决，而民营养老机构由老板一个人说了算，决策简单快速，马上说马上做。我们赖总眼界很高，魄力很大，刚开始做养老的时候就提出：只要服务一流，就不怕没钱赚。在基础投入上，舍得花钱，在激励政策上舍得投入，使我们团队目标明确，干劲很足，运行效率更高，在短时间内干出像样的业绩。

第三，更注重品牌的塑造。民营机构很爱惜羽毛，更注重细节，把养老院办成温暖的家。这在公立机构是口号，在民营机构是真的落实。俗话说，金杯银杯不如患者的口碑。一方面，我们要把服务和细节做到极致，让我们的服务品质真正做到口口相传。比如，老人胃口不好，我们会自己掏钱上街买给他吃，想尽办法留住他，哪怕回家了，还要回访看望。所有老人去世，我院都要安排相关人员上门磕头，我自己一年都要送十几位老人。另一方面，更注重对外宣传。比如我们有自己的院刊、微信公众号、宣传折页；再比如，我们的每次重大活动，都会邀请媒体记者参与报道，弘扬孝爱正能量。这一方面增加了我们的媒体曝光，另一方面也树立了我们的品牌形象。

第四，更强调成本意识。我们养护院的发展经历了 3 个阶段。第一个阶段是 1 到 2 年，属于创业初期，投入与摸索经验时期，这一阶段老板舍得投入，并要求我们在实践中观察和掌握每个数据；第二个阶段是 2 到 3 年，为经济平衡时期，这段时间老板要求我们计算各个部分的成本，探索平衡成本的各项措施，并保证在提供优质服务的基础上，增收节支，实现总收入的平衡；第三阶段是 4 年以后，在实现保本微利的基础上，老板让财务科介入，分析养护院的全面运行情况，共同研究提升养护院在医疗、护理、养老三个方面的直接效益和边际效益。控制成本、实行成本核算，在养护院全过程运行中，始终都会成为每一个员工教育的重点，包括日常中节约每一度电，每一滴水。（深度访谈 011-20190818-CZ）

但是，像上述这样愿意进入养老服务行业深耕发展的高素质管理运营人才还很少。不少市场化行业骨子里瞧不起养老，对养老产业发展前途心存疑虑，这在当前养老服务产业发展中还是一种普遍存在的问题。

5. 体系健全问题：养老的家庭支持能力弱化，不利于养老服务产业健康成长

根据福利多元主义理论及福利三角范式，[①] 家庭、市场和国家都是社

① 彭华民．福利三角：一个社会政策的分析范式［J］．社会学研究，2006（4）：157-168；彭华民．论中国社会福利转型：迈向基于需要的组合式普惠［M］//彭华民，〔日〕平野隆之主编．福利社会理论、制度和实践．中国社会科学出版社，2016：23.

会养老这种社会福利生产和供给的来源。三种服务供给来源互为补充，互相支持。当市场服务和家庭出现问题的时候，由国家提供服务。中国在社会转型过程中，社会福利制度安排发生了深刻变化，尤其是作为传统养老资源的家庭在提供老人照顾方面的问题越来越突出。

当前阶段的社会养老服务递送结构呈现如下特征：福利型服务递送逐渐减少，市场型服务递送逐渐增多，家庭型服务递送暂时被忽视。发展养老服务产业，旨在发挥市场渠道优势，提高养老服务供给水平。同时，国家和家庭在服务体系中的作用和供给方式也发生了改变。国家在养老服务中的责任不是减弱了而是增加了，服务供给方式从以直接方式为主转变为以间接方式为主。现代社会家庭在养老服务中的作用，也在被动中发生改变，在中国较为普遍的“四二一”结构家庭中，养老照料资源稀缺，家庭养老能力弱化，存在巨大的家庭养老风险。① 一些需要长期照护老人的家庭，更是面临家庭养老的巨大压力。由此，一些试图替代家庭养老功能的养老方式出现，比如互助养老（或称抱团养老）、自助养老、自我养老等。

家庭养老功能的弱化不利于养老服务产业健康成长。这是因为，家庭是最天然、最安全、最基本的养老场所，② 家庭所能提供的养老服务始终是市场和国家提供的养老服务所无法取代的，是老人最为依赖的情感支撑。此外，家庭照料对家庭来说是更加有效且节约成本的，③ 也是可以减少国家公共长期护理支出的。④ 在东亚的福利体制传统中，家庭就扮演着重要角色。⑤ 新世纪东亚地区福利体制变迁也是以国家和家庭的责任调整为核心。⑥ 但是，中国当前社会养老服务公共政策对家庭养老产生挤出效

---

① 宋健．“四二一”结构家庭的养老能力与养老风险——兼论家庭安全与和谐社会构建［J］．中国人民大学学报，2013（5）：94-102.

② 刘亚娜．中美老龄者家庭长期照护比较与启示——基于美国“国家家庭照护者支持计划”的考察［J］．学习与实践，2016（8）：106-115.

③ Bonsang E. Does Informal Care from Children to Their Elderly Parents Substitute for Formal Care in Europe?［J］. Journal of Health Economics, 2009（1）：143-154.

④ Yoo B., Bhattacharya J., McDonald K. M., et al. Impacts of Informal Caregiver Availability on Long-term Care Expenditures in OECD Countries［J］. Health Services Research, 2004（6）：71-92.

⑤ Holliday, I. &Wilding, P. Welfare Capitalism in East Asia：Social Policy in Tiger Economics［M］. New York, NY：Palgrave Macmillan, 2003.

⑥ 楼苏萍，王佃利．老龄化背景下东亚家庭主义的变迁——以日韩老年人福利政策为例［J］. 公共行政评论，2016（4）：88-103.

应，政府购买的公共养老服务更多时候是取代或者弱化了家庭照料活动。进一步的研究发现，日常时期由家庭成员提供的照料活动与家政服务（指家庭自主从市场购买的专业服务）互为替代，只有在临终前的特殊时期，政府购买的专业居家照料养老服务才会与家庭照料活动形成互补关系。[①]这是更为细致的养老服务公共政策需要考虑的。家庭养老仍然是多元化养老方式中最基础的一种方式，家庭养老资源匮乏导致的家庭养老功能弱化，将削弱养老服务体系发展的基础。因此，家庭养老功能缺失，或与社会养老服务区隔，不但会加重家庭养老支出成本，也不利于养老服务产业健康成长。

二 沿着社会养老服务递送双核心结构思路，不断推进养老服务相关社会政策创新

根据福利多元主义理论，以养老服务供给主体为标准，大致可将社会养老服务划分为福利性服务和市场性服务两种类型，分别对应养老服务事业与养老服务产业，同时这两种类型有着不同的运作规律。政府与社会都参与发展养老服务事业，但政府担负主要职责，组织资源提供福利性养老服务。社会与政府都参与养老服务产业，鉴于养老产业的特殊性，政府不是养老服务产业的生产主体，但有责任营造公平健康的市场环境、培育养老服务产业市场主体，在培育市场主体方面发挥服务和监督作用。特别是政府要通过政策的引导作用和公共财政的杠杆作用，鼓励民众在养老服务领域（比如社区居家养老服务行业）创新创业，不断培育养老服务领域的新业态、新商业模式。因此，政府部门主要是通过各类政策工具的运营，在社会养老服务体系建设中发挥着主导作用，不断增加福利性和市场性养老服务供给，以满足多元化养老服务需求。近年来，在供给侧改革框架下，社会养老服务领域的政策供给数量和水平都在显著增加，基本养老公共服务供给侧改革起步，养老服务供需失衡问题逐步开始缓解。但长期以来，养老服务业中服务需求主体低支付能力和服务高供给成本现象仍同时

① 黄枫，傅伟．政府购买还是家庭照料？——基于家庭照料替代效应的实证分析［J］．南开经济研究，2017（1）：136-152.

存在，两者之间存的矛盾极易导致“低水平均衡陷阱”。[①]

在第四章、第五章具体论述的基础上，作者提出社会养老服务递送的双核心分析框架。该框架着眼于“服务递送”，以服务需求者的居住地点为核心，分析服务需求者在不同居住地点的服务供给，应该有怎样的服务递送思路及政策设计，才能跳出社会养老服务中普遍存在的“低水平均衡陷阱”。

（一）以创造福利价值为导向，不断提高机构养老服务递送质量

在机构养老服务递送模型中，不论养老机构是何种性质，其服务递送的价值使命是满足人民群众的养老安全预期。在机构养老服务递送模型中，服务需求者集中居住在养老机构，包括公办养老机构和民营养老机构。近年来，作为公共服务基础设施，各地都在推进福利中心建设，不断增加公办养老机构的硬件设施建设投入。但公办养老机构的运营越来越多地倾向于公建民营。社会力量兴办民办养老机构则得到比以前更多的政策鼓励和扶持。总的来看，党的十八大以来，养老机构数量大幅度增加，在运营上，则以民营和民办为主流。养老机构的功能在于满足人民群众养老安全预期，让每个社会成员不论贫困或富裕、健康或疾病，都有同等的“老有所养”社会权利。从这个意义看，养老机构创造的是社会福利价值，这一价值导向不因养老机构的运营性质而变化。

机构养老服务以福利功能为价值导向，最重要的表现是机构养老服务价格的福利化，即机构养老服务的收费上下限差距应控制在合理范围内，并受到政府的监管。

1. 以重要责任者地位，定位政府部门在机构养老服务递送中的作用

与居家社区养老服务递送方式相比，机构养老的发展历史要久远得多，[②] 而自古以来政府就在支持机构提供养老服务中承担最主要的责任。国家支持下的机构养老服务，经历了一个从社会救助，到国家保障，再到社会福利的性质变迁。进入老龄化社会以后，机构养老服务的地位将变得

---

① 林宝. 养老服务业“低水平均衡陷阱”与政策支持［J］. 新疆师范大学学报（哲学社会科学版），2017（1）：108-114.

② 王莉莉，杨晓奇，柴宇阳. 中国机构养老发展现状［M］//杜鹏主编. 回顾与展望：中国老人养老方式研究，北京：团结出版社，2016：59.

越来越重要。尤其是与改革开放前养老机构的运作和服务状况对比，不难发现，现在的养老机构在服务人群、服务环境和设施、从业人员素质、服务能力、机构内部专业分工、现代化运营等方面都正在发生着巨大的变化。机构养老服务依然是社会兜底保障服务的承接主体，但在服务性质上已经悄悄向社会福利性质迁移扩张。政府通过养老机构履行社会保障职能，也通过养老机构履行公共服务均等化职责。在公办的养老机构里，政府部门依然扮演直接的服务生产者角色。对更多的民办、民营养老机构而言，政府部门是机构发展壮大的重要支持力量。随着养老机构布局更加合理，养老机构数量增加，养老机构服务人群细分，政府的责任清单里，以提升和保障机构养老服务质量为核心的管理服务和监督职责将变得十分突出。

2. 以专业化服务介入为要求，支持社会组织参与机构养老服务递送

根据作者的田野调查经验，注册为民非的各种社会组织以及社工服务类组织，并没有独立运营养老机构的经验和能力。但社会组织提供的服务，与养老机构提供的常规服务构成互补关系。比如很多养老机构负责人认为像社工这类服务对机构的健康成长能发挥很大作用。在台湾地区的养老机构里，已经普遍形成专业分工，其中就有社工师专业介入机构养老服务过程。在泉州地区的公办养老机构里，有很多政府购买社会组织服务项目，是社会组织通过专业手法为养老机构提供某些特定服务。宗教社会组织为一部分有宗教信仰的老人提供的心灵慰藉和临终关怀服务，更是一种无可替代的专业性服务。现代社会养老机构正是有了各种专业社会组织的介入，其服务能力、服务水平、服务性质才发生了质的变化。

3. 以运营管理能力提升为目标，不断提高养老机构的发展水平

一个养老机构的正常运作，越来越需要机构负责人有完备的公司制管理经验，不仅对在机构内照顾老人这一核心业务有一定的从业经验，还要有完整的财务会计、法律税务、风险管控、内外沟通、融资营销等一般性市场运营知识。互联网+养老与医养结合两种养老服务模式得到政策鼓励，这对机构负责人的知识水平和管理能力又会提出新的要求。所以，人才培养是养老服务产业发展的基础和关键，除了服务一线的护理人才，最重要的人才应该是负责养老机构日常运营管理的人才。地方政府可以因地制宜、因人而异，为机构运营人才队伍的成长提供各种培训交流平台，提供

专项资金用于运营人才教育提升。同时，优先支持养老机构拓展服务到居家社区养老服务市场，形成鼓励养老机构持续提高服务和管理水平的外部激励机制。

（二）以创造市场价值为导向，不断提升社区居家养老服务的覆盖面

在居家社区养老服务递送模型中，服务递送的价值使命是满足人民群众更高的老年生活质量需求，服务需求者居住在自己家中，以所在社区为主要活动范围。居家社区养老服务成为社会养老服务体系建设中最重要的一个部分，还是最近几年的事情。根据国家养老政策的规定和规划，新建居民区必须配建养老服务基础设施，老旧居民区以置换等方式达到养老服务基础设施配建标准。在福州市的社会养老服务体系建设规划中，到2019年底实现全市街道、中心城区和重点乡镇居家社区养老服务照料中心100%覆盖，到2020年实现农村养老服务设施（农村幸福院）覆盖70%以上建制村。同时，通过购买服务、无偿提供服务场所、品牌奖励等方式，支持专业化养老服务组织发展。总的来看，党的十八大以来、居家社区养老服务基础设施建设发展迅速，居家社区养老服务照料中心的运营基本上以民营为主。在适度普惠型福利思想指导下，政府面向社区一般老年人群，向运营商提出基础性养老服务生产要求，同时鼓励运营商“上门服务”，不断满足社区内老年人个性化服务需求。从这个意义上看，居家社区养老服务创造的是市场价值。只是由于居家社区养老的服务消费市场还在形成中，运营商创造的价值还处于“潜在”状态。在居家社区养老服务的市场价值从“潜在”向“显现”转变的过程中，政府不能缺位。

居家社区养老服务以市场原则为价值导向，最重要的表现是居家社区养老服务价格的市场化，按照“谁使用谁付费”的原则递送服务。

1. 以辅助支持者地位，定位政府在社区居家养老服务递送中的作用

相对政府在机构养老服务递送中的重要责任者角色定位，政府在居家社区养老服务递送中的角色应定位为辅助支持者。居家社区养老服务是进入老龄化社会后，在回应日渐增长的社会需求中，逐渐形成和发展起来的一种新型社会养老服务方式。居家社区养老服务需求具有高度个性化、分散化、多元化、变化性特征，作为一种准公共服务，政府无法以直接生产

者身份提供服务。政府、市场组织、社会组织和家庭都以各种方式尝试参与服务递送。但是，在居家社区养老服务递送中，巨大的服务需求量与有限的服务供给量之间的矛盾、低水平的服务供给质量与高质量的服务需求要求之间不匹配产生的矛盾越来越突出。这就要求政府承担相应的责任。作者认为，在居家社区养老服务递送主体没有完全形成之前，政府主要承担辅助者责任。这一责任表现在以下四个方面：一是提供居家社区养老服务的基础设施；二是运用政策手段和财政支持，引导市场主体成长；三是提供居家社区养老服务供需信息平台，这也是居家社区养老市场发育必需的基础设施之一；四是承担监管职责，建设居家社区养老服务的信用体系。

2. 以独立生存为要求，支持社会组织成为居家社区养老服务递送的市场主体

与社会组织在机构养老服务递送中的辅助作用不同，目前各种社会服务类社会组织是居家社区养老服务递送的最主要主体，未来也将是居家社区养老服务递送的市场主体。居家社区养老服务机构的运营模式也与养老机构的运营有很大不同，两者在服务地点上的不同，决定了两者服务递送的模式在服务对象、服务内容、服务能力要求等方面存在很大不同，最终导致服务成本的巨大差异。根据作者在福建的田野调查经验，一个小型社工服务机构在社区内开展某一特定的服务项目，比运营一家养老机构要简单得多。但是依现阶段社工机构的发展水平，不依靠政府购买服务而独立生存，还难以做到。一个社工机构或从事居家社区养老服务的企业能否独立生存，可以从两个方面判断：一是是否能随时响应社区内老年群体的综合性服务需求，二是是否能提供市场化服务产品。因此，对于政府来说，培养居家社区养老服务机构运营人才的任务尤为迫切。

3. 以市场竞争力提升为目标，以社区为主要营销单位，不断提高居家社区养老服务企业的服务资源整合能力

居家社区养老服务企业是居家社区养老服务的递送主体和市场主体。随着社区在社会养老服务递送中的地位不断提高，社区将成为养老服务产业的主要营销单位，但现实问题是各种养老服务资源难以在社区层面得到有效整合，难以实现居家社区养老服务的有效供给。因此，居家社区养老服务企业还需要承担一些市场活动以外的责任，其中最重要的责任是作为

牵头人和组织者，整合由国家、社会、家庭、社区等单元所掌握的居家社区养老服务资源，尽力减少老年人居家社区养老服务消费支出，让这些分散的服务资源发挥最大经济效益和社会效益。这是因为，一方面，居家社区养老服务企业的成长和发展离不开政府所提供的公共资源，以及政府部门为其开拓的市场空间；另一方面，整合其他部门服务资源的能力应被视为居家社区养老服务企业服务能力、市场竞争能力的体现。这一认识具有一定的社会政策价值，比如，最早在上海诞生的时间银行制度，实际上是民间养老资源的自发凝结、自行运作，由于缺乏稳定的制度运作负责人，一直难以发展，可以考虑通过政府授信，由居家社区养老服务企业承担时间银行的运行职责。

三　沿着提高养老服务有效供给水平思路，持续鼓励养老服务商业模式创新

积极应对人口老龄化，从应对后人口红利时代负效应角度考虑，要做好从单纯的生产要素驱动型经济向复合型创新驱动型经济转变。具体讲，就是以“组织创新+技术创新+商业模式创新”为支撑，以培育“人力资本创新力”为经济增长新动能，形成以“新技术、新业态、新模式”为代表的“三新”经济产业发展新模式。[①]“三新”经济产业发展新模式表现在养老服务产业上，就是要以提高养老服务有效供给水平为导向，支持养老服务商业模式创新。养老服务商业模式创新，是着眼于服务生产和供给效率提高，在一个由国家、市场、家庭和志愿组织等组成的多元递送主体框架下规划的。同时，养老服务产业商业模式创新要避免产生新的公共服务供给不平等。

因此，作者提出，破解社会养老服务，尤其是农村养老服务供给难题，避免社会养老服务产业化后出现的市场失灵、服务供给不平衡等影响社会稳定运行和良性发展的问题，需要引入时代精神和现代技术，在此基础上实现商业模式创新。这个商业模式应有如下五种特征。

---

① 孙文亮，原新．后人口红利时代的中国新型发展战略——基于老龄化经济影响的视角［J］．河南社会科学，2018（4）：111-116.

（一）养老服务产业的商业模应是生态的

具体而言，就是建立一个养老产业生态系统，或者将养老服务体系纳入环境和产业生态系统中去。这样的养老产业生态系统运转起来，对政府财政补助的依赖就会大大减少，也能自我修复完全的服务市场化带来的种种社会问题。与此相对应的是，不要用孤立的、单点的思路解决养老服务问题。比如，结伴养老、抱团养老，建立很多不与当地产业和生活环境发生联系的养老设施等，都是这类思路。再举个例子，田园综合体的设想，是用众筹的方式，多元化筹集启动资金，用于环境优美的空心村适老化改造，吸引消费者（主要是老龄消费者）到这里候鸟式度假、休闲、旅游，给当地农民在改造过的综合体里提供就业机会和未来的养老服务福利。这样，农村的养老服务就被纳入美丽乡村建设、精准扶贫、乡村旅游等民生工程和产业体系中。

（二）养老服务产业的商业模式应是绿色、可持续的

所谓绿色，就是发展养老服务产业不污染环境，不破坏当地社会生态系统，不鼓励恶性竞争，促进市场主体之间形成良性竞合关系；所谓可持续，是建立在绿色基础上的，行业发展能自我造血，不依赖、不依靠政府财政支持。养老服务产业本质上是一个人力资本密集型行业，可以为千千万万普通人提供就业岗位。

（三）养老服务产业的商业模式应遵循以本地人服务本地人的原则

本地人服务本地人，要从两个层面去理解。一是建构和组织服务体系运营的，应该是本地人。他们是服务体系的中间管理层，负责与当地政府部门就养老服务相关资源进行沟通、协调和整合。二是实际从事一线养老服务的，也应该是本地人。他们是服务体系的基础层，熟悉当地老龄群体的语言、心理、生活习惯、风俗传统，能够与服务对象深度互动。

（四）在养老服务产业的商业模式创新中，仍应坚持政府的主导作用

政府的主导作用，体现在如下三个方面。一是负责机构和居家社区养老服务基础设施的配建和广覆盖。二是负责养老服务体系建设的顶层设计，包括基础设施点线面分布，养老服务体系运行规则（如公建民营、民办公助、PPP 模式等），养老服务保障兜底，养老产业发展规划等。三是负责为养老服务市场主体信用背书。这是发展养老服务商业模式中，政府为养老服务市场主体提供的最重要的帮助，也是将来政府主导作用最重要的体现。由此，养老工作相关部门要慎重选择合作的市场主体，重点关注合作对象的业务能力与市场信用；要加强监管，建立完善的行业标准和第三方评估制度，及时剔除不适合从事养老服务行业的机构和个人。

（五）养老服务产业的商业模式应是融合式发展的

所谓融合式发展，是指在社会养老服务体系上，养老服务事业与产业融合发展；在养老服务商业运作方式上，志愿服务、无偿服务、低偿服务、有偿服务融合设计；在养老服务对象上，社会福利对象与普通老龄群体融合供给；在养老服务供给和递送主体结构上，社会志愿者、政府相关部门工作人员、市场化服务主体、个人和家庭融合提供服务；在养老服务资源来源上，各种养老服务公共资源、家庭资源、社会资源、市场资源融合服务于老龄群体。从作者在福建省社会养老田野调查中所了解的情况看，目前融合式的养老服务产业发展，大体存在三个方面的问题：第一，运营主体需要依赖政府财政投入，如各类各级社会福利机构。第二，运营主体对养老服务行业的专业性、人文性特征理解不够，无法满足老龄群体不断升级的服务消费需求。如在养老服务行业中没有长期从业经历的各类机构或个人跨界运营养老服务机构或组织。第三，运营主体市场竞争能力亟待提升。如各类运营民营养老服务机构或组织的机构或个人，虽有在养老服务行业的长期从业经历，但其运营经验、能力不足，也无法有效满足养老服务消费群体多元化、个性化服务需求。

四 沿着探索中国特色社会养老服务道路，加大支持自我养老、互助养老与社会养老服务体系的有机融合

中国特色养老资源是我们推动社会养老服务体系发展的宝贵资源。如果社会养老服务体系建设重在涵养正式照顾资源，那么家庭、社区及各种志愿服务组织、社会公益组织提供的资源则构成主要的非正式照顾资源。其中，家庭及其承载的“孝道”文化是其中独具中国特色的养老资源。家庭政策越来越成为福利国家未来发展争论的核心，[①] 欧美发达福利国家已站在新的历史起点上迎接全球老龄化问题带来的家庭政策挑战。[②] 对于有家庭照顾传统，有独特孝道文化资源的中国而言，排除或忽略家庭在社会养老服务体系中的作用，是不可想象的。随着老龄化进程加速，家庭养老功能也在加速弱化，许多研究者呼吁加强家庭政策的研究，从家庭支持养老转到支持家庭养老。[③] 本研究对此问题，提出自己的思考。

首先，从传统社会到现代社会，作为照顾资源的“家庭”，其内涵已经发生了变化。因此，增强现代社会家庭的养老功能，不是简单地恢复家庭传统养老功能。正如需要对中华传统“孝道”文化进行符合现代文化精神的改造一样，对家庭养老功能及其展现也要进行重新定义和调整。一方面，现代社会里，“社区”成为“家庭”的延伸，开始承担养老功能。现代社会不同于传统社会之处在于，宗族、家族这类传统社会组织影响力减弱，更多人生活在社区中，在社区里建立“熟人”社会关系，这是国家支持社区照顾，和以社区为单位，支持发挥家庭养老功能的最直接原因。另一方面，从传统社会到现代社会，家庭养老功能展现的动力发生了变化。传统社会家庭养老基本是自发行为，现代社会养老功能需要国家家庭政策

① 简·米勒．第二十一章 社会政策和家庭政策［M］//〔英〕Pete Alcock Margaret May Karen Rowlingson 主编，彭华民主译．解析社会政策（上）：重要概念和主要理论．上海：华东理工大学出版社，2017：273.

② 刘继同．世界主要国家现代家庭福利政策的历史发展与经验规律［J］．中共中央党校学报，2016（8）：51-65.

③ 胡湛，彭希哲．应对中国人口老龄化的治理选择［J］．中国社会科学，2018（12）：134-156；陈社英．人口老化与社会政策：中国人的“家”与养老研究［J］．人口与社会，2017（1）：63-72；朱浩．西方发达国家老年人家庭照顾者政策支持的经验及对中国的启示［J］．社会保障研究，2014（4）：106-112.

的支持。进一步讲，就是需要国家通过家庭政策发挥引导作用，从养老服务的家庭支持转变为支持家庭更好地为老年人提供非正式照料服务。从这个意义上讲，“时间银行”这种现代社会政策制度设计有助于增强家庭养老功能。

其次，有关养老的社会政策设计应鼓励自我养老、互助养老等养老方式与社会养老服务的有机融合。作者观察到，有关抱团养老、互助养老的新闻颇能引起老年人共鸣，受到关注。抱团养老、互助养老的实践在城乡地区陆续开始尝试。比如，上海经过十多年探索，形成了较为成熟的“老年生活互利互助会”。陈雪萍等人将中国互助养老实践划分为四种模式，即结伴活动的互助养老模式、结伴而居的拼家互助养老模式、以社区志愿服务为基础的城市社区互助养老模式、农村互助养老的“幸福院”模式。[①]以养老服务资源来源为标准，作者认为自我养老，以及上述互助养老等养老方式，本质上都是以非正式照顾资源为主要养老服务资源，都很重视私人间人际关系在养老中的精神慰藉作用，与家庭养老的本质类似。与家庭养老方式一样，自我养老、互助养老方式有着同样深厚与广泛的群众认同基础，它们既降低了养老成本，又满足了老年人对有尊严和幸福的老年生活的追求心理。因此，在社会养老服务体系的顶层设计大致成型，正式照顾资源的体系框架开始建构之时，也要关注上述非正式照顾资源的潜在作用。

最后，事实上，民间自发的各种互助养老实践要顺利推广，也需要社会政策的支持。其一，自助、互助养老要以掌握自助、互助养老基本知识和基本技能为前提。比如在居家社区养老服务中，对照顾服务的专业知识和技能就有着越来越大的社会需求。社会政策可以考虑将之纳入基本公共服务范围。其二，需要相应社会政策支持自助、互助养老资源与社会养老服务资源形成互补关系，使其有机融入每个老人能获取的社会照顾服务体系中。比如，“时间银行”机制，如果只是一个独立的制度独自运行，就难以持续运作。作者在前文提出，由居家社区养老服务企业负责运营和维护“时间银行”，有助于家庭养老服务与社会养老服务的有机融合。其三，

---

① 陈雪萍，郑生勇，唐浥云．互助养老服务理论与实践［M］．上海：上海交通大学出版社，2017.

自助、互助养老服务还需要政府在法规、政策上的支持。比如，在法律规范上，现行的《老年人权益保障法》和《注册志愿者管理办法》都无法对互助养老提供充分的法律支持。作为一种有助于节约社会资源的养老方式，互助养老方式还需要得到经费保障支持，以及建立激励机制，表明政府的支持态度等。

五 沿着两岸关系和平发展与融合发展之路，促进闽台社会养老服务产业的深度交流合作

当前闽台社会养老服务产业合作还处在起步阶段，属于个案化的零星局部合作，尚未在全省全面铺开展开。其中既有市场发育不足等内在原因，也有体制机制政策创新缺乏等外在原因。下面从政府主动作为，引导市场发育的角度提出若干深化闽台社会养老服务产业合作的对策建议。

（一）全面推进闽台养老服务产业合作，打造完善的养老服务产业链

目前，闽台养老服务产业合作多集中在福建引进台湾管理经验、技术标准、理念流程等软件建设方面。事实上，养老服务产业链中还有很大一块是老年服务设施建设和用品生产。2014 年 1 月，福建省政府出台《关于加快发展养老服务业的实施意见》，首次提出“建设海峡两岸养老产业合作开发示范基地，康复辅具、日用保健、服装服饰、食品等老年用品用具和服务产品生产基地，以及山水休闲老年旅游和养生目的地”。可至今为止，闽台在养老服务产业硬件建设合作方面还没有出现较大的突破。

建议引导闽台有意愿、有资质的企业或机构，在有条件的养老机构及社区养老服务中心推广台湾地区及日本等国家先进、适用的为老、助老老年用品。建立闽台养老服务产品、设施研发基地和交易博览会，建构养老服务产品、设施一体化产学研平台，激发老年用品市场需求，满足不同层次老年人的老年用品需求。福建省民政厅康复辅具技术服务中心在康复辅具基础性研究、临床服务技术方面走在全省乃至全国前列，在转型后的职能定位上也承担着引领市场发展的职责，未来应充分发挥该中心的作用。

（二）建立两岸养老服务高端人才与亚洲养老服务人才、信息的交流流动平台

首先，尽快组织有意愿、有渠道的企业在福建自贸区设立亚洲养老服务人才储备交流中心，推动两岸养老服务高端人才无障碍流动。开展两岸健康养老服务人力资源培训与交流，推动养老服务人才的合理流动。

其次，广泛开展制度化的两岸养老职业技能培训和养老职业技术学校校际交流，互派学生学习、实习。如福州大学海洋学院与台湾中正大学、朝阳科技大学和台湾师范大学合作，联合招收养老专业学生。另外，可以考虑接受闽台企业委托，培养养老服务专业学生，培训结束后服务于委托企业。

最后，定期举办健康养老产业高端论坛。以论坛为载体，建立亚洲养老产品展示交易平台；以论坛为媒介，促进健康养老服务的产学研结合；以论坛为手段，深化两岸健康养老服务信息、人才、资金等的交流合作。

（三）营造有利于闽台养老服务产业合作的社会环境

在台湾地区，各类非营利组织在提供社会养老服务方面发挥突出作用。社会组织不仅越来越成为社会养老服务运营与服务的主体，在社会养老服务方面也发挥着重要的辅助作用。福建省可以尝试在自贸区建设台胞台企登陆第一家园，先行先试，着力打造闽台养老服务行业交流合作平台，以此加快两岸在社会工作、社区发展和公益慈善领域的深度合作，对标台湾养老服务产业发展和人才培养标准，不断打造更好的营商环境和社会环境，吸引台湾地区养老服务行业人才、资本深耕福建，谋求发展。

（四）联手打造两岸红十字社区为老志愿服务品牌

两岸都已经进入高龄化社会，社区居家养老不仅成为两岸公共服务政策投放的重点，也是被两岸老年人广泛接受的养老模式。面对上述发展居家养老服务的痛点，两岸联手打造红十字社区为老志愿服务品牌的可行性在于以下四点。

第一，红十字会的组织特性与当前社区居家养老服务需求高度契合。进入和平年代以来，红十字组织将工作重点转移到社会服务上来，社会服

务领域不仅局限于对弱势群体的物质救助，还致力于满足人们与日俱增的精神世界人道需求。红十字组织服务领域的拓展与社区老年人口的需求是吻合的。

第二，红十字会的组织能力和拥有的组织资源有助于开展社区居家为老志愿服务。红十字会是主要的人民团体组织之一，有完整的组织系统，有自己的基金会，有广大的基层组织和会员单位，在长期的社会服务实践中建立起自己的公信力和影响力。它的公信力不是靠它和政府的关系及其行政级别，而是来自它枢纽型现代社会组织的定位。红十字组织拥有能直达基层的资源动员与整合能力，拥有当前社区居家养老欠缺的医疗卫生专业服务能力，还拥有广泛的交流交往学习合作能力。红十字组织所拥有的这些资源与能力，能满足当前社区居家为老志愿服务的要求。红十字组织发展也要开展能力建设，培养各种专业人才，社区居家养老服务领域就是一个很合适的平台。

第三，近年来，福建红十字会陆续在全省开展了以老年人口为对象的志愿服务项目，为打造红十字社区为老服务品牌奠定了基础。据统计，目前全省已有各类为老志愿服务队 23 支，服务对象多集中在民政福利对象。然而，志愿服务的专业性不够，尤其是离老年人在社区得到常态化的医疗卫生保健服务的要求还有较大的差距，因此也还有较大的提升空间。

第四，两岸红十字组织在联手打造社区为老志愿服务品牌方面，也大有可为。以闽台为例，近年来闽台红十字组织之间的交流合作加强，不仅锻炼了能力，也深化了两岸民众的沟通理解。红十字会是一个中立的人道组织，闽台红十字会在两岸相互隔绝的大门打开后不久，就持续参与到推动两岸关系和平发展的伟大事业中去。近年来，闽台红十字会的交流合作呈现三大特点：（1）两岸性。闽台红十字组织在两岸关系框架下互动交流，为两岸关系和平发展服务。尤其是在推动两岸交流制度化，促进两岸青年交流两个方面作用突出。（2）时代性。秉承人道、博爱、奉献的传统组织精神，展现与时俱进的责任担当，着重发挥和平年代的社会服务功能。直面社会老龄化、社区治理现代化等难点、热点问题，闽台红十字组织开展了一些有针对性的交流合作项目。（3）实践性和专业性。闽台在防灾演练、照护技能演练、体验式生命教育等领域开展的交流合作，具有鲜明的实践性。在实践的基础上，红十字组织优势互补，又在防灾救援理论实践、公益组织运作与志愿服务开展、高龄老人照护等领域拓展交流合作空间，展现了红十字会组织独特的专业能力。

闽台红十字组织打造社区为老志愿服务品牌，是红十字组织在两岸关系和平发展中扮演独特而重要角色的体现，为了使这一合作主题能更加聚焦两岸民生福祉，深入两岸社会基层，可以从以下三个方面着力。

第一，加强闽台红十字组织在组织能力建设方面的合作。打造社区为老志愿服务品牌对红十字会组织能力提出了更高要求。社区为老服务专业性程度较高，对服务提供者的专业技术能力提出要求。志愿服务要求参与者觉悟程度高，对服务组织者的组织动员能力提出要求。闽台联手打造红十字社区为老志愿服务品牌，在这方面可以优势互补。台湾地区在志工队伍培养、管理、活动开展方面有很专业、很细腻的实战经验，闽台可以社区为老志愿服务交流合作为主题，在福建着力培育良好的志工文化氛围，在最日常的社区生活过程中传播台湾优秀的志工文化，传播红十字精神。

第二，以健康宣教与保健康复护理知识技能传授为重点推广志愿服务。社区居家养老专业医护人员不足，社会力量参与不足，这是当前社区居家养老服务的痛点，也是两岸红十字会服务社会，扩大影响力的机遇。以积极老龄化精神为指引，响应世界卫生组织《老年友好城市建设指南》，两岸红十字会整合专业资源，在社区中营造健康管理潮流，特别是加强对中风、跌倒老年人的预防和康复干预，倡导善待和支持社区中患有痴呆症和抑郁症的老年人，将预防、低成本的治疗、康复和有效的保健措施结合起来，努力让更多老年人健康状况度过老年期。

第三，将志愿服务与市场服务、福利服务相结合，以社区老年人口多元化服务需求为导向开展服务。发挥红十字会枢纽型社会组织特长，通过整合组织资源和组织能力，构建一个能整合医疗服务与社会服务的多元服务供给体系，满足社区老年人在生活照料、健康照护与精神文化等不同领域的多元需求。可以将志愿服务与市场服务、福利服务相结合，探索实现这一功能的途径。

参考文献

专著

陈叔红．养老服务与产业发展［M］．长沙：湖南人民出版社，2007.

陈功．我国养老方式研究［M］．北京：北京大学出版社，2003.

陈美兰，洪樱纯，黄琢嵩，吕文正．老人居家健康照顾理论与实务［M］．新北：扬智文化事业股份有限公司，2017.

陈雪萍，郑生勇，唐浥云．互助养老服务理论与实践［M］．上海：上海交通大学出版社，2017.

《大城养老》编委会编．大城养老——上海的实践样本［M］．上海：上海人民出版社，2017.

丁建定主编．中国养老服务发展研究报告（2018）［M］．武汉：华中科技大学出版社，2018.

杜鹏主编．回顾与展望：中国老人养老方式研究［M］．北京：团结出版社，2016.

郭竟成．居家养老研究：来自浙江的调查与思考［M］．北京：中国社会科学出版社，2016.

国务院发展研究中心社会部课题组．养老服务体系发展的国际经验与中国实践［M］．北京：中国发展出版社，2019.

简志文，廖又生，黄敏亮．老人政策与法规［M］．新北：全华图书股份有限公司，2014.

刘淑娟，林宜璁等．长期照顾跨专业团队整合暨案例分析［M］．新北：华杏出版股份有限公司，2017.

卢美秀，陈敏静．长期照护：跨专业综论［M］．台北市：华杏出版社，2014.

李本公．中国人口老龄化发展趋势百年预测（中方案）［M］．北京：华龄出版社，2007.

刘长茂主编．人口结构学［M］．北京：中国人口出版社，1991.

刘蕾．我国社区居家养老服务合作供给机制研究［M］．北京：中国社会出版社，2017.

卢汉龙、吴书松主编．时代性与社会学．上海：上海社会科学院出版社，2010.

罗国杰．罗国杰文集（第2卷）［M］．保定：河北大学出版社，2000.

〔英〕马丁·鲍威尔编，钟晓慧译．理解福利混合经济［M］．北京：北京大学出版社，2010.

民政部，全国老龄办养老服务体系建设领导小组办公室编．国外及港澳台地区养老服务情况汇编［M］．北京：中国社会出版社，2010.

穆光宗．银发中国：从全面二孩到成功老龄化［M］．北京：中国民主法制出版社，2016.

〔美〕诺思著，陈郁译．经济史中的结构与变迁［M］．上海：上海三联书店、上海人民出版社，1995.

〔美〕纳西姆·尼古拉斯·塔勒布（Nassim Nicholas Taleb）．《非对称风险》［M］．北京：中信出版集团，2019.

〔英〕Pete Alcock Margaret May Karen Rowlingson 主编，彭华民主译，黄叶青，彭华民等校．解析社会政策（下）：福利提供与福利治理［M］．上海：华东理工大学出版社，2017.

彭华民，〔日〕平野隆之主编．福利社会理论、制度和实践［M］．北京：中国社会科学出版社，2016.

彭希哲主编．六十年：人口与人口学［M］．上海：上海人民出版社，2009.

全国老龄工作委员会办公室编．人口老龄化国情教育知识读本［M］．北京：华龄出版社，2018.

祁峰．中国养老方式研究［M］．大连：大连海事大学出版社，2014.

〔加〕R. 米什拉著，郑秉文译．社会政策与福利政策［M］．北京：中国劳动社会保障出版社，2007.

〔美〕斯科特·佩奇著，贾拥民译．多样性红利：工作与生活中最有价值的认知工具［M］．浙江教育出版社，2018.

汤兆云．新中国人口政策研究［M］．北京：光明日报出版社，2015.

严安林主编．两岸关系和平发展探索——台港澳研究系列之二［M］．北京：九州出版社，2014.

杨燕绥主编．中国老龄社会与养老保障发展报告（2014）［M］．北京：清华大学出版社，2015.

岳经纶，刘洪，黄锦文主编．社会服务——从经济保障到服务保障［M]．北京：中国社会出版社，2011.

王浦劬，〔美〕莱斯特·M. 萨拉蒙等．政府向社会组织购买公共服务研究：中国与全球经验分析［M］．北京：北京大学出版社，2010.

陈燕祯．老人福利服务：理论与实务［M］．上海：华东理工大学出版社，2018.

王伟主编．中日韩人口老龄化与老年人问题［M］．北京：中国社会科学出版社，2014.

魏华林，金坚强．养老大趋势［M］．北京：中信出版社，2014.

吴玉韶，党俊武主编．中国老龄产业发展报告（2014）［M］．北京：社会科学文献出版社，2014

乌丹星．老年产业概论［M］．北京：中国纺织出版社，2015.

伍小兰，曲嘉瑶主编．台湾老年人的长期照护［M］．北京：中国社会出版社，2010.

许义平，李慧凤．社区合作治理实证研究［M］．北京：中国社会出版社，2009.

杨燕绥主编．中国老龄社会与养老保障发展报告（2014）［M］．北京：清华大学出版社，2015.

杨菊华，谢永飞编著．人口社会学［M］．北京：中国人民大学出版社，2015.

袁辑辉主编．老年学文集之六［M］．北京：中国文联出版社，1997.

岳经纶，刘洪，黄锦文主编．社会服务——从经济保障到服务保障[M].

北京：中国社会出版社，2011.

张晶主编 .80 后的养老事业 2.0：养老产业商业模式与跨界创新［M］. 北京：中国经济出版社，2018.

朱浩 . 城市社区养老服务递送机制研究：以杭州市为例［M］. 北京：中央编译出版社，2017.

中国老年协会，中国老年学学会编 . 中国的养老之路［M］. 北京：中国劳动出版社，1998.

郅玉玲 . 和谐社会语境下的老龄问题研究［M］. 杭州：浙江大学出版社，2011.

报纸和期刊

毕素华 . 中国特色社会福利项目的运行与反思：政府包揽抑或福利多元？［J］. 河海大学学报：哲学社会科学版，2015（2）：48-52.

蔡启源 . "我国"长期照顾服务之检视［J］.（台湾）社区发展季刊，2010（3）:410-425.

蔡秋杰，苏庆民 . 中医药在健康养老中的优势和策略探析［J］. 中医药管理杂志，2017（14）：1-2.

陈大亚 . 家庭养老问题探讨［J］. 航空工业管理，1998（9）：18-21.

陈芳，陈建兰 . 我国"自我养老"模式研究述评［J］. 学术论坛，2013（1）：90-95.

陈芳，庞书勤等 .321 名居家养老老人幸福度及影响因素分析［J］. 护理学报，2017（8）：59-62.

陈虹霖，吴晓薇 . 适老化科技的社会工作回应［J]. 社会工作，2019(1)：99-109.

陈静，赵新光 . 从"购买"到"共治"：政府向社会组织购买居家养老服务模式创新研究——基于老龄社会治理的视角［J］. 佳木斯大学社会科学学报，2018（2）：58-66.

陈莉，卢芹，乔菁菁 . 智慧社区养老服务体系构建研究［J］. 人口学刊，2016（3）：67-73.

陈丽君，傅衍 . 我国公共政策执行逻辑研究述评［J］. 北京行政学院学报，2016（5）：37-46.

陈赛权 . 中国养老模式研究综述［J］. 人口学刊，2000（3）：30-36.

陈社英．人口老化与社会政策：中国人的“家”与养老研究［J］．人口与社会，2017（1）：63-72.

陈卫．CGE模型在新常态下人口红利研究中的应用——兼对人口红利三种经济学分析架的比较［J］．人口与经济，2015（6）：32-47.

陈祥，靳卫萍．有效需求：马克思、凯恩斯与卡莱茨基经济学［J］．南开经济研究，2014（2）：51-57.

陈岩燕、陈虹霖．需求与使用的悬殊：对社区居家养老服务递送的反思［J］．浙江学刊，2017（2）：31-36.

陈燕祯．台湾民间百年老人福利组织的转变与市场化发展趋势［J］．（台湾）社区发展季刊，2011（133）：160-173.

陈肇第．社会服务传递视角下社会工作专业性研究——以武汉市H区青少年暑期托管工作为例［D］．华中师范大学硕士学位论文，2017：7.

崔光胜，汪超．理论逻辑与现实困境：政府购买社会组织服务的路径探究［J］．学术论坛，2015（6）：116-119.

崔恒展，刘雪．中国养老制度运行中的政府职责完善研究［J］．山东社会科学，2018（8）：73-82.

崔月琴，孙艺凌．转型期宗教慈善发展的困境及路径选择［J］．思想战线，2014（6）：72-77.

戴卫东．家庭养老的可持续性分析［J］．现代经济探讨，2010（2）：22-26.

单忠献．智慧居家养老服务的实践模式与发展对策——以青岛市为例[J].老龄科学研究，2016（8）：60-65.

邓国胜．宗教类NGO：宗教社会服务的新模式［J］．中国宗教，2007（8）：42-43.

邓敏，杨莉，陈娜．医养结合下老年人医疗消费行为影响因素分析——以南京市为例［J］．中国卫生政策研究，2017（1）：52-57.

邓锁．社会服务递送的网络逻辑与组织实践［J］．社会科学，2014（6）：84-92.

丁社教，王成．居家养老服务：政府购买中的监管博弈［J］．财政管理，2017（9）：62-67.

丁志宏．中国老年人经济生活来源变化：2005~2010［J］．人口学刊，2013（1）：69-77.

董红亚．非营利组织视角下养老机构管理研究［J］．海南大学学报（人文社会科学版），2011（2）：41-47.

董红亚．市场化进程中公办养老机构的改革及其发展［J］．浙江大学学报，2018（4）：14-26.

董红亚．养老机构的职能再造：基于社会养老服务体系协调发展的思考［J］．南京人口管理干部学院学报，2012（1）：14-18.

窦玉沛．加快推进社会养老服务体系建设［J］．社会福利，2011（12）：4-6.

范光中，许永河．台湾人口高龄化的社经冲击［J］．台湾老年医学暨老年学杂志，2010（3）：149-168.

范健．福利多元主义视角下的社区福利［J］．华东理工大学学报（社会科学版），2005（2）：19-22.

方黎明．养老护理人员供需矛盾的形成机制和开发策略研究［J］．老龄科学研究，2013（1）：56-64.

风笑天，江臻．机构养老与孝道：南京养老机构调查的初步分析［J］．哈尔滨工业大学学报（社会科学版），2014（5）：45-51.

冯刚．台湾养老服务考察报告［J］．中国物业管理，2014（9）48-49.

冯国芳，陈婧．论习近平系列重要讲话的集体主义思想［J］．邓小平研究，2017（1）．113-119.

付伯颖．人口老龄化背景下公共财政政策的选择［J］．地方财政研究，2008（10）：25-29.

付舒，韦兵．合理存在与认同危机：社区养老模式发展困境及出路［J］．社会科学战线，2018（7）：241-247.

傅文第．中医养老产业人才培养机制研究［J］．经济研究导刊，2017（35）：79-81.

高健，杨乃坤．论中国特色社会养老服务共同体的现实构建［J］．沈阳工业大学学报（社会科学版），2017（6）：559-564.

耿永志，王晓波．“互联网+”养老服务模式：机遇、困境与出路［J］．深圳大学学报（人文社会科学版），2017（4）：109-115.

顾梦洁．我国城市女性社会养老服务体系发展研究［J］．劳动保障世界（理论版），2013（1）：37-40.

管兵，夏瑛．政府购买服务的制度选择及治理效果：项目制、单位制、混合制［J］．管理世界，2016（8）：58-72.

郭艳茹，张琳．保姆换养老：收入、健康对中老年女性再婚的影响［J］．世界经济文汇，2013（1）：24-40.

韩艳．政府购买居家养老服务政策的发展演进及其未来方向——基于改革开放40年中央政策文本的分析［J］．学术探索，2019（6）：61-68.

何欢．美国家庭政策的经验与启示［J］．清华大学学报（哲学社会科学版）.2013（1）：147-156.

何振宇，白玫，朱庆华.2013-2017年我国养老政策量化研究［J］．信息资源管理学报，2019（1）：21-29.

贺东航，孔繁斌．公共政策执行的中国经验［J］．中国社会科学，2011（5）：61--79.

侯慧丽．社会养老服务类型化特征与福利提供者的责任定位［J］．中国人口科学，2018（5）：83-93.

胡湛，彭希哲．发展型福利模式下的中国养老制度安排［J］．公共管理学报，2012（3）：60-72.

胡湛，彭希哲．应对中国人口老龄化的治理选择［J］．中国社会科学，2018（12）：134-156.

黄萃，任弢，张剑．政策文献量化研究：公共政策研究的新方向［J］．公共管理学报，2015（2）：129-137.

黄枫，傅伟．政府购买还是家庭照料？——基于家庭照料替代效应的实证分析［J］．南开经济研究，2017（1）：136-152.

黄少宽．我国城市社区养老服务模式创新研究综述［J］．城市观察，2018（4）：101-113.

黄耀明．老龄化趋势下台湾机构养老模式的经验与启示［J］．台湾研究，2011（5）：34-38.

黄源协．台湾社区照顾的实施与冲击——福利多元主义的观点［J］．（台湾）台大社工学刊，2012（5）：53-101.

景军，高良敏．寺院养老：人间佛教从慈善走向公益之路［J］．思想战线，2018（3）：37-47.

康蕊，吕学静．社会资本参与居家养老服务现状考察——以北京市为例［J］．城市问题，2018（3）：89-96.

赖两阳．社区发展协会推动福利社区化的策略分析［J］．（台湾）社区发展季刊，2004（106）：68-79.

李程伟，罗鸿彦．资源动员与服务传递——试析红十字会组织在危机管理中的作用［J］．中国行政管理，2008（4）：75-77.

李国武，李璐．社会需求、资源供给、制度变迁与民间组织发展：基于中国省级经验的实证研究［J］．社会，2011（6）：74-102.

李江，刘源浩，黄萃，苏竣．用文献计量研究重塑政策文本数据分析[J].公共管理学报，2015（2）：138-144.

李婧，徐凤芹等．中医医养结合养老模式探索［J］．世界最新医学信息文摘，2019（60）：26-28.

李静．合作治理视域下社会企业介入社会服务的路径研究：逻辑、优势及选择［J］．人文杂志，2016（6）：120-125.

李沫．对宗教界参与养老服务的思考［J］．中国宗教，2015（2）：61-63.

李易骏．我国社区发展工作的沿革与发展［J］．（台湾）社区发展季刊，2011（133）：417-429.

李振纲，吕红平．中国的尊老敬老文化与养老［J］．人口学刊，2009（5）：27-31.

梁义柱．养老产业化的发展路径选择——从物质养老到精神养老[J].东岳论丛，2013（3）：186-189.

林宝．养老服务业“低水平均衡陷阱”与政策支持［J］．新疆师范大学学报（哲学社会科学版），2017（1）：108-114.

林宝．养老服务供给侧改革：重点任务与改革思路［J］．北京林业大学学报（社会科学版），2017（6）：11-16.

林宝．养老模式转变的基本趋势及我国养老模式的选择［J］．广西社会科学，2010（5）：124-127.

林文亿．影响老年人社区服务的因素：相关理论及国内研究现状[J].社会保障研究，2015（3）：105-111.

刘华美．论老人服务民营化——公私协力之行政［J］．（台湾）《社区发展季刊》，2005（108）：84.

刘继同．世界主要国家现代家庭福利政策的历史发展与经验规律[J]．中共中央党校学报，2016（8）：51-65.

刘书华，王红梅，王传凤等．中医护理环节质量评价体系的构建与应用［J］．护理学报，2014（6）：18-20.

刘晓梅．我国社会养老服务面临的形势及路径选择［J］．人口研究，2012（5）：104-112.

刘亚娜．中美老龄者家庭长期照护比较与启示——基于美国“国家家庭照护者支持计划”的考察［J］．学习与实践，2016（8）：106-115.

龙书芹，风笑天．城市居民的养老意愿及其影响因素——对江苏四城市老年生活状况的调查分析［J］．南京社会科学，2007（1）：98-105.

楼苏萍，王佃利．老龄化背景下东亚家庭主义的变迁——以日韩老年人福利政策为例［J］．公共行政评论，2016（4）：88-103.

陆婧雯，李放．市场化居家养老服务利用现状及其满意度的实证研究——基于江苏省南部四市的调查［J］．社会福利，2018（5）：57-63.

陆旸．从人口红利到改革红利：基于中国潜在增长率的模拟［J］．世界经济，2016（1）：41-51.

吕学静．台湾老年保障制度体系的建立与改革［J］．社会保障研究，2009（2）：96-102.

罗丹．城市独生子女家庭养老问题研究综述［J］．老龄科学研究，2013（5）：62-69.

罗芳，彭代彦．子女外出务工对农村“空巢”家庭养老影响的实证分析［J］．中国农村经济，2007（6）：21-27.

罗小茜，周艳，宋敏敏等．老老照护的研究现状及其干预对策［J］．护理学杂志，2015（9）：110-112.

罗晓华．公共物品及其提供方式的类型学分析——基于非排他性与非竞争性的程度以及互动集团的规模［J］．行政与法，2018（2）：35-41.

马俊．“互联网+”背景下养老产业发展的机遇与挑战［J］．市场周刊，2017（3）：50-52

梅锦萍，杨光飞．从公共服务民营化到政府购买公共服务——基于公共性视角的考察［J］. 江苏社会科学，2016（4）：140-148.

梅阳阳，庞书勤. 老年人自我养老能力测评指标体系的建立［J］. 中国全科医学杂志，2019（11）：1346-1350.

梅阳阳，庞书勤. 青年人养老志愿服务认知与服务时间意愿的调查分析［J］. 护理学报，2016（6）：1-4.

穆光宗，姚远. 探索中国特色的综合解决老龄化问题的未来之路——“全国家庭养老与社会化养老服务研讨会”纪要［J］. 人口与经济，1992（2）：58-59.

穆随心. 我国台湾地区基本养老保险制度改革最新动态及启示［J］. 兰州学刊，2013（8）：115-119.

潘大为. “二十四孝”中的病人、家庭与医生——一个患病相关行为的医学社会学考察［J］. 开放时代，2015（1）：109-117.

潘小娟. 社会企业初探［J］. 中国行政管理，2011（7）：20-23.

庞书勤，梅阳阳等. 老年人自我养老能力问卷的编制与信效度检验［J］. 护理学杂志，2018（7）：4-8.

庞书勤，赵红佳等. 中国老龄失能老人长期照护策略［J］. 中国老年学杂志，2016（19）：4928-4930.

裴育，史梦昱. 江苏省公共养老服务改善与财政可持续发展研究［J］. 南京审计大学学报，2017（3）：1-10.

彭华民. 福利三角：一个社会政策的分析范式［J］. 社会学研究，2006（4）：157-16.

彭少峰，杨君. 政府购买社会服务新型模式：核心理念与策略选择——基于上海的实践反思［J］. 社会主义研究，2016（1）：91-97.

彭希哲，郭德君. 孝伦理重构与老龄化的应对［J］. 国家行政学院学报，2016（5）：35-42.

彭希哲，胡湛. 公共政策视角下的中国人口老龄化［J］. 中国社会科学，2011（3）：121-138.

彭希哲. 应对人口老龄化要有中国思考［J］. 中国社会工作，2018（3）：27.

钱宁. 以社区照顾为基础的中国老年人福利发展路径［J］. 探索，2013（2）：46-50.

钱再见，金太军．公共政策执行主体与公共政策执行“中梗阻”现象[J]．中国行政管理，2002（2）：56-57.

邱汝娜，陈素春，黄雅铃．照顾服务社区化—当前老人及身心障碍者照顾服务之推动与整合规划［J］．（台湾）社区发展季刊，2004（106）：5-18.

渠敬东．项目制：一种新的国家治理体制［J］．中国社会科学，2012（05）：129.

撒切尔夫人的社会福利思想和政策评析［J］．人大复印资料·社会保障制度.2013（5）：封底．

上海市民政局社会福利处．上海市《社会养老服务体系建设规划（2011-2015）》实施情况报告［J］．社会福利，2013（8）：28-30.

社论·福利社区化及社区发展多元模式［J］．（台湾）社区发展季刊，2012（138）：1-3.

施丞贵、余金燕、郑惠珠、李声吼、林易蓁、黄韦仁．营造福利化社区——屏东归来平安幸福服务站的发展及运作模式之探讨［J］．（台湾）社区发展季刊，2008（121）：320-342.

施世骏．政治变迁中的养老金改革：对台湾经验的反省．公共行政评论，2010（6）：31-50.

石金群．中国当代家庭养老的困境与出路［J］．中央民族大学学报（哲学社会科学版），2013（4）：62-67.

石溪溪．中医护理技术融入居家养老移动服务模式中的构想［J］．护理研究，2017（19）：2364-2366.

司富春，宋雪杰等．我国中医“医养结合”养老模式探析［J］．中医研究，2016（8）：1-3.

宋健．“四二一”结构家庭的养老能力与养老风险——兼论家庭安全与和谐社会构建［J］．中国人民大学学报，2013（5）：94-102.

孙建娥，张志雄．“互联网+”养老服务模式及其发展路径研究[J]．湖南师范大学社会科学学报，2019（3）：47-54.

孙兰英，苏长好，侯光辉．政策工具视阈下中国养老政策分析与思考[J]．天津大学学报（社会科学版），2018（4）：289-295.

孙朦．浅析中医全科医学在居家养老服务中的作用［J］．中医药临床杂志，2019（1）：19-21.

孙文亮，原新．后人口红利时代的中国新型发展战略——基于老龄化经济影响的视角［J］．河南社会科学，2018（4）：111-116.

孙亚慧，谢兴伟．社区卫生服务机构在居家养老中服务方式的探讨[J]．中国医疗前沿，2012（9）：90.

孙正成．台湾地区长期护理体系概述及启示［J］．台湾研究集刊，2013（1）：31-37.

汤兆云．全面两孩政策对人口结构的影响——以福建省为分析对象［J］．社会科学家，2017（5）：12-18.

唐德龙．资源依赖、合作治理与公共服务递送——以深圳市阳光家庭综合服务中心项目运作为例［J］．华东理工大学学报（社会科学版），2014（3）：88-97.

唐钧．中国老年服务的现状、问题和发展前景［J］．国家行政学院学报，2015（3）：75-81.

唐咏，徐永德．中国社会福利变迁下养老服务中非营利民间组织的发展［J］．深圳大学学报（人文社会科学版），2010（1）：74-78.

唐咏．居家养老的国内外研究回顾［J］．社会工作，2007（2）：12-14.

唐芸霞．医疗服务递送机制中主体利益关系及扭曲矫正——基于政府职能的视角［J］．当代财经，2012（7）：31-40.

汪波，李坤．国家养老政策计量分析：主题、态势与发展［J］．中国行政管理，2018（4）：105-111.

王宝莲，庞书勤等．老年临终患者家属照护需求的执行研究［J］．解放军护理杂志，2016（33）：11-15.

王光旭．台湾地区老人社区福利服务输送公私伙伴关系之评估［J］．社会工作，2017（2）：26-35.

王辉，杨卿栩．新中国70年人口变迁与老龄化挑战：文献与政策研究综述［J］．宏观质量研究，2019（2）：30-54.

王莉莉．基于“服务链”理论的居家养老服务需求、供给与利用研究[J]．人口学刊，2013（2）：49-54.

王秋琴，黄芳．江苏省社区老年人对中医药健康养老服务的认知与需求调查［J］．江苏科技信息，2018（35）：78-80.

王胜今，舒莉．积极应对我国人口老龄化的战略思考［M］．吉林大学社会科学学报，2018（6）：5-15.

王诗宗，宋程成．独立抑或自主：中国社会组织特征问题重思［J］．中国社会科学，2013（5）：50-67.

王思斌．社会政策实施与社会工作的发展［J］．江苏社会科学，2006(2)：49-54.

王素英．中国社会养老服务体系建设现状及发展思路［J］．社会福利，2012（9）：2-7.

王一珉．中医适宜技术在社区“居家养老”中应用效果初探［J］．中国卫生产业，190-192.

王志宝，孙铁山，李国平．近20年来中国人口老龄化的区域差异及其演化［J］．人口研究，2013（1）：66-77.

乌媛．近年来国内灵性资本研究概述［J］．湘潭大学学报（哲学社会科学版），2013（4）：91-95.

吴宾，刘雯雯．中国养老服务业政策文本量化研究（1994-2016年）［J］．经济体制改革，2017（4）：20-26.

吴淑琼，庄坤洋．在地老化：台湾二十一世纪长期照护的政策方向［J］．（台湾）台湾卫志，2001（3）：192-201.

吴异兰，王晗，梅阳阳，庞书勤．福建地区老年人自我养老能力及其影响因素调查分析［J］．临床护理，2017（3）：222-225.

吴月．规范化形态、非正式运作与政策区隔——对一个政府购买服务项目的个案分析［J］．天府新论，2018（5）：106-113.

夏艳玲．老年社会福利制度：补缺模式和机制模式的比较——以美国和瑞典为例［J］．财经科学，2015（1）：125-127.

相焕伟．台湾地区老人福利法制及其借鉴［J］．法学论坛，2013（5）：49-55.

萧万长．台湾为什么需要两岸服务贸易协议［N］．（台湾）联合报，2013-7-23，A4.

徐昊楠．两岸养老政策的比较分析——以台湾与福建省为例［J］．黑龙江科学，2016（16）：148-152.

徐倩，熊振芳等．智慧社区”养老模式下中医养生保健服务的开展思路与方法［J］．湖北中医杂志，2018（2）：64-66.

徐延辉，黄云凌．社会服务体系：欧洲模式与中国方向［J］．人民论坛·学术前沿，2012（17）：64-73.

徐永祥，曹国慧．“三社联动”的历史实践与概念辨析［J］．云南师范大学学报（哲学社会科学版），2016（2）：54-62.

许佃兵，孙其昂．完善我国社会养老服务体系的深层思考——基于苏养老服务现状的考察分析［J］．学海，2011（6）：92-95.

闫金山，彭华民．居家老人多元共治照料体系构建策略［J］．中州学刊，2018（3）：71-77.

闫青春．社会组织是发展老龄事业和产业的生力军［J］．理论视野，2013（10）：76-77.

严志兰．两岸社会关系和平发展：理论架构与实现路径［J］．台湾研究，2015（2）：9-18.

严志兰．闽台社会养老服务产业合作问题研究——基于社会政策创新视角［J］．中共福建省委党校学报，2015（12）：59-64

严志兰．融合发展再认识［J］．中国评论，2019，3（255）：58-60.

严志兰．台湾社区长照服务的发展及其启示［N］．宁波日报，2017年5月18日第10版．

严志兰．台湾社区居家养老的政策、实践及其启示［J］．台湾研究，2013（5）：54-58.

严志兰．探索我省养老服务产业发展的新思路［N］．福建日报，2016年12月27日理论版．

杨莉莉，孙秋华，何桂娟．中医护理在医养结合养老模式中的应用优势与发展对策［J］．中医药管理杂志，2018（2）：9-11.

杨琪，黄健元．政府购买居家养老服务政策的类型及效果［J］．城市问题，2018（1）：4-10.

杨善华，贺常梅．责任伦理与城市居民的家庭养老——以“北京市老年人需求调查”为例［J］．北京大学学报（哲学社会科学版），2004（1）：71-81.

杨天威．浅析非营利性公益组织与基层政府职能转变——以中益老龄事业发展中心为例［J］．社会科学前沿，2017（6）：659-666.

杨团．以家庭为本、社区服务为基础的长期照护政策探索［J］．学习与探索，2014（6）：82-92.

杨团．中国长期照护的政策选择[J]．中国社会科学，2016（11）：87-111.

杨文杰．中国特色医养结合服务模式发展研究［J］．河北大学学报（哲学社会科学版），2017（5）：138-144.

姚俊．“多支柱”社会养老服务政策的理念与设计研究——基于服务递送的视角［J］．现代经济探讨，2015（7）：48-52.

姚远．从宏观角度认识我国政府对居家养老方式的选择［J］．人口研究，2008（2）：98-101.

姚远．中国家庭养老研究述评［J］．人口与经济，2001（1）：33-43.

叶林，杨雅雯，张育琴．公共服务的“后市场化”道路——以广州环卫服务改革为例［J］．天津行政学院学报，2018（1）：3-13.

余金燕，施丞贵，李声吼等．开发社区照顾人力资源，营造福利化社区——以屏东市平安幸福服务站为例［J］．（台湾）社区发展季刊，2009（126）：359-380.

余晓艳，赵银侠．以政策支持体系助推智慧居家养老服务发展——以西安市为例［J］．陕西行政学院学报，2018（1）：30-34.

袁景．传统养老文化视角下中国特色养老体系构建研究［J］．广西社会科学，2016（10）：159-161.

原新．积极应对人口老龄化是新时代的国家战略［J］．人口研究，2018（3）：3-8.

岳海玉，翟清华，刘倩等．社区居家养老医疗服务存在的问题及对策［J］．医学与社会，2013（9）：8-9.

岳经纶，郭英慧．社会服务购买中政府与 NGO 关系研究——福利多元主义视角［J］．东岳论丛，2013（7）：5-14.

曾维和，陈岩．我国社会组织承接政府购买服务能力体系构建［J］．社会主义研究，2014（3）：113-118.

詹洪春，刘志学．助力“健康中国”，让中医药完善养老服务模式——访全国政协委员、中国中医科学院广安门医院院长王阶教授［J］．中国医药导报，2016（8）：3-4.

张国平，柏雪．居家养老服务产业化模式及其路径——基于公共产品视角［J］．现代经济探讨，2019（7）：35-39.

张欢，蔡永芳，胡静．社区服务创新的制度性障碍及体制挑战［J］．四川大学学报（哲学社会科学版），2013（2）：103-111.

张晖，王萍．“居家养老服务”是服务输送还是补贴发放？——杭州的经验审视［J］．浙江学刊，2013（5）：219-224.

张雷，韩永乐．当前我国智慧养老的主要模式、存在问题与对策［J］．社会保障研究，2017（2）：30-36.

张素秋，周姣媚，陈丽丽等. 中医护理学科发展现状调研分析与思考［J］. 中国护理管理，2015（6）：642-645.

张卫东．居家养老模式的理论探讨［J］．中国老年学杂志，2000（2）：120-122.

张英阵．社区照顾与非营利组织［J］．（台湾）社区发展季刊，2004（106）：60-67.

章萍．政府和社会资本合作模式下社会企业介入养老服务路径研究［J］．现代管理科学，2017（6）：85-87.

章晓懿，沈崴奕．政府补贴对非营利养老机构发展影响研究——基于上海H区社会办和政府办养老机构运营状况比较［J］．中国第三部门研究，2013（1）：27-49.

章晓懿．政府购买养老服务模式研究：基于民间组织合作的视角［J］．中国行政管理，2012（12）：48.

赵继伦，陆志娟．城市家庭养老代际互助关系分析［J］．人口学刊，2013（6）：41-46.

赵向红．我国家庭养老方式变迁与功能优化［J］理论探讨，2012（5）：168-170.

钟波，楚尔鸣．性别差异与女性养老问题研究［J］求索，2015（7）：25-29.

钟洪亮，吴宏洛．佛教慈善组织养老服务递送能力的探索性研究［J］．中国农业大学学报（社会科学版），2013（4）：89-101.

钟慧澜，章晓懿．从国家福利到混合福利：瑞典、英国、澳大利亚养老服务市场化改革道路选择及启示［J］．经济体制改革，2016（5）：160-165.

钟慧澜，章晓懿．激励相容与共同创业：养老服务中政府与社会企业合作供给模式研究［J］．上海行政学院学报，2015（9）：31-40.

周德禄．农村独生子女家庭养老保障的弱势地位与对策研究——来自山东农村的调查［J］．人口学刊，2011（5）：74-82.

周海旺，沈妍．老龄化时代城市养老的时间储蓄与公益志愿——以上海为例［J］．上海城市管理．2013（1）：69-77.

周志忍，李海燕．购买服务：政府应做精明买主［J］．政府机构改革与管理，2014（8）：27-30.

朱浩．西方发达国家老年人家庭照顾者政策支持的经验及对中国的启示［J］．社会保障研究，2014（4）：106-112.

朱凌．合作网络与绩效管理：公共管理实证研究中的应用及理论展望［J］．公共管理与政策评论，2019（1）：3-19.

朱正刚，陈燕，蒋新军．社区居民对中医护理需求的调查分析［J］．护理实践与研究，2013（5）：1-3.

庄秀美．社区整合照顾与社会工作［J］．（台湾）社区发展季刊，2012（138）：152-165.

宗世法．对于北京市养老服务事业与产业协同推进的思考——政府推动养老服务业发展的经济类政策手段视角［J］．北京城市学院学报，2018（5）：1-8.

外文文献

Agranoff R, McGuire M. Collaborative Public Management: New Strategiesfor Local Governments [M]. Washington, DC: Georgetown University Press, 2003.

Bonsang E. Does Informal Care from Children to Their Elderly Parents Substitute for Formal Care in Europe? [J]. Journal of Health Economics, 2009 (1): 143-154.

Doyal, L. and Gough, I. A Theory of Human Need [M]. London: Macmillan, 1991.

Daly M. and Lewis J. The Concept of Social Care and the Analysis of Contemporary Welfare States [J]. British Journal of Sociology, 2000 (51): 281-298.

Dees. J. Gregory. New Definitions of Social Entrepreneurship: Free Eye Exams and Wheelchair [EB/OL]. (2003-03-04). http://www.fuqua.edu/admin/extaff/news/faculty/dees_ 2003. htm.

ESN. Social Services in Transition-towards a European Social Services in-Formation System [Z]. working paper from: http://citeseerx.ist.psu.edu/viewdoc/download? doi=10.1.1.462.4570&rep=rep1&type=pdf, 2002.

Evers, A. &I. Svetlik (eds.). Balancing Pluralism: New Welfare Mixeds in Care for the Elderly [M]. A ldershot: Avebury, 1993.

Evars, A. &H. Wintersberger (eds.), Shifts in the Welfare Mix: Their Impact on Work, Social Services and Welfare Policies [M]. Eurosocial, Vienna, 1988.

Feiock R. Metropolitan Governance and Institutional Collective Action [J]. Urban Affairs Review, 2009, 44 (3): 356-377.

Feiock R. The Institutional Collectiveaction Framework [J]. Policy Studies Journal, 2013, 41 (3): 397-424.

Feiock, Scholz J. Self-organizing Federalism: Collective Mechanisms to MitigatingInstitutional Collective Action Dilemmas [M]. New York, NY: Cambridge University Press, 2010.

Gross, A. M. Shifts in the Welfare Mix and Social Innovation in Welfare Polities: A Case Study in Israel [M] //In Evers, A. &I. Svetlik (eds.). Balancing Pluralism: New Welfare Mixeds in Care for the Elderly. A ldershot: Avebury, 1993.

Gidron B, Kramer P M, and Salmon L M. Government and the Third Sector: Emerging Relationship in Welfare States [M]. San Francisco. CA.: Jossey-Bass Publishers, 1992.

Holliday, I. &Wilding, P. Welfare Capitalism in East Asia: Social Policy in Tiger Economics [M]. New York, NY: Palgrave Macmillan, 2003.

Heise Arne and Lierse Hanna. Budget Consolidation and the European Social Model: The Effects of European Austerity Programmes on Social Security Systems [Z]. working paper from: library.fes.de/pdf-files/id/ipa/07891.pdf, 2011.

Isett K, Mergeli, Lerouxk, Michenp, Rethemeyer R. Networks in Public Administration Scholarship: Understanding Where We are and Where We Need to Go [J] . Journal of Public Administration Research and Theory, 2011 (21): i157-i173.

Johnson, N. Mixed Economies of Welfare: A Comparative Perspective [M] . London; New York: Prentice Hall Europe, 1999.

Johnson, N. The Welfare State in Transition: The Theory and Practice of Welfare Pluralism [M] . Brighton (England): Wheatsheaf, 1987.

Kramer, Ralph M. Voluntary Agencies and the Contract Culture: Dream or Nightmare? [J] . Social Service Review, 1994 (1): 33-60.

Lisenkova Katerina, Mc Quaid Ronald & Wright Robert E. Introduction: Economics of an Aging World [J] . 21st Century Society, 2010 (3): 229-231.

McGuire M. Collaborative Public Management: Assessing What We Know and How We Know about It [J] . Public Administration Review, 2006 (66, Special Issue): 33-43.

Donald C. Menzel An Interorganizational Approach to Policy Implementation [J] . Public Administration Quarterly, 1987 (1): 3-16.

N. Gilbert. Dimensions of Social Welfare Policy [M] . Allyn & Bacon, Inc. , 2004.

O'Toole L J R. Treating Networks Seriously: Practical and Research-based Agenda in Public Administration [J] . Public Administration Review, 1997 (57): 45-52.

Rhodes. R. A. The New Governance: Governing Without Government [J] . Political Studies, 1996 (44): 652-667.

Rose, R. Common Goals but Different Roles: The State's Contribution to the Welfare [M] // Mix. in Rose, R. &R. Shiratori, The Welfare State East and West. Oxford: Oxford University Press, 1986.

Rose, R. & R. Shiratori. The Welfare State East and West [M] . Oxford: Oxford University Press, 1986.

Rothwell R, Zegveld W. Reindusdalization and Technology [M] . London: Longman Group Limited, 1985.

United Nations. World Population Prospects: The 2017 Revision (Key fingdings & Advance tables) [EB/OL]. (2019-03-25) https://population. un. org/wpp/Publications/Files/WPP2017_ KeyFindings. pdf.

Van Slyke, D. M. The Public Management Challenges of Contracting with Nonprofits for Social Services [J]. International Journal of Public Administration, 2002 (4): 489-518.

Xu Q, Chow J C. .Exploring the Community-based Delivery Model: Elderly Care in China. International Social Work [J]. 2011 (3): 374-387.

Yoo B., Bhattacharya J., McDonald K. M., et al. Impacts of Informal Caregiver Availability on Long-term Care Expenditures in OECD Countries [J]. Health Services Research, 2004 (6): 1971-92.

学位论文

陈肇第．社会服务传递视角下社会工作专业性研究——以武汉市H区青少年暑期托管工作为例［D］．华中师范大学硕士学位论文，2017.

范成杰．代际失调论：对江汉平原农村家庭养老问题的一种解释［D］．华中科技大学博士学位论文，2009.

李鑫宇．女性在农村家庭养老中的角色转变研究：以长春市Z村为个案［D］．吉林大学硕士学位论文，2012.

廖仲启．官办社会组织功能转型与服务创新——以中国红十字会为例［D］．南京大学硕士学位论文，2014.

童欣．我国家庭养老方式的演变与选择［D］．吉林大学硕士学位论文，2006.

王玉桥．中国的社会养老与情感照料研究［D］．中共中央党校硕士学位论文，2010.

附录

附录一　福建省养老服务扶持政策措施清单（省级）

序号	政策类型	政策措施主要内容	扶持对象	政策依据	主管部门
1	财政补贴政策	中央预算内投资适当补助。采用补助的方式，按每张养老床位2万元的标准测算补助金额，原则上每个城市年度补助床位数不超过10000张，高于年度补助床位数上限的按10000张补助，或者分年度实施。建设任务跨年度的项目，可以分年度安排	城企联动养老服务企业	《福建省发展和改革委员会 福建省民政厅关于推荐城企联动普惠养老服务专项行动养老服务企业及储备项目的通知》（闽发改社会〔2019〕203号）	发改委、民政、财政部门
2	财政补贴政策	省级服务业发展引导资金支持健康养老领域重大项目：包括地方特色健康养生示范基地项目；支持医养融合服务、智能养老服务等项目。申报省级服务业发展引导资金的重大项目应是前期工作落实、在建或具备开工条件的项目，项目总投资原则上应在2000万元以上。23个享受省级扶贫开发重点县政策的项目总投资可适当放宽至1000万元以上，其他条件不变	健康养老领域重大项目	《福建省发展和改革委员会 福建省财政厅关于做好2019年第一批省级服务业发展引导资金项目申报工作的通知》	省发改委、财政厅

续表

序号	政策类型	政策措施主要内容	扶持对象	政策依据	主管部门
3	财政补贴政策	非营利性民办养老机构一次性开办补助：用房属自建、且核定床位50张及以上的，每张床位一次性补助10000元；用房属租房（租用期限5年以上）、且核定床位50张及以上的，每张床位补助5000元，分5年拨付。 非营利性民办养老机构运营补助：每张床位补助2000元	非营利性民办养老机构	《福建省人民政府关于加快发展养老服务业的实施意见》（闽政〔2014〕3号）	民政、财政部门
4	财政补贴政策	从2018年起，对上一年度投入运营的护理型床位补贴按以下标准执行。非营利性养老机构服务失能老年人的护理型床位运营补贴标准调整为每床2400元/年；营利性养老机构护理型床位达到30%以上的，以实际入住的失能老年人床位数按上述标准给予床位运营补贴。有条件的地方，可适当提高标准	营利性、非营利性民办养老机构	《福建省人民政府办公厅关于进一步促进养老机构健康发展十条措施的通知》（闽政办〔2017〕68号）	民政、财政部门
5	财政补贴政策	社区居家养老服务中心（站）运营补贴：当地政府对已建成的城市社区居家养老服务中心（站），给予每个每年不低于20000元的运营补贴；对农村社区居家养老服务中心（站）给予每个每年不低于5000元的运营补贴。经费由同级财政安排	居家养老服务照料中心	《福建省人民政府关于加快发展养老服务业的实施意见》（闽政〔2014〕3号）	民政、财政部门
6	财政补贴政策	各地应加强农村幸福院的绩效管理，运营良好的农村幸福院可比照农村社区居家养老服务中心（站）给予运营补贴	农村幸福院	《福建省人民政府办公厅关于印发“十三五”社区居家养老服务补短板实施方案的通知》（闽政办〔2016〕125号）	民政、财政部门

续表

序号	政策类型	政策措施主要内容	扶持对象	政策依据	主管部门
7	财政补贴政策	从2017年起，民办营利性与非营利性居家养老服务照料中心提供失能老年人照料服务的，以实际入住的失能老年人数统计，按年平均给予每年每床1200元护理补贴，其中省级财政承担50%。服务运营场所用电、用水、用气，按居民生活类价格执行	营利性、非营利性民办居家养老服务照料中心	《福建省人民政府办公厅关于加快推进居家社区养老服务十条措施的通知》（闽政办〔2017〕67号）	民政、财政部门
8	财政补贴政策	公建民营的乡镇敬老院享受民办非营利性养老机构床位运营补贴政策。对2017年底前，乡镇敬老院床位达到一定规模且使用率达到50%以上的县（市、区），省级财政按每所30万元分档给予一次性奖补；对2018年底前达到50%以上的，按每所20万元分档给予一次性奖补。经第三方评估达标后，奖补资金次年起分两年拨付。奖补资金由县（市、区）统筹用于当地敬老院建设改造和运营补助	乡镇敬老院	《福建省人民政府办公厅关于进一步促进养老机构健康发展十条措施的通知》（闽政办〔2017〕68号）	民政、财政部门
9	财政补贴政策	各级民政部门要对获得星级的养老服务机构组织予以政策支持和资金奖励	获得星级的养老服务机构组织	《福建省民政厅关于开展全省养老服务设施星级评定工作的通知》（闽民养老〔2018〕30号）	民政、财政部门
10	财政补贴政策	从2015年1月起，向全省80周岁以上低保老年人每人每月发放100元高龄补贴	80周岁以上低保老年人	《福建省民政厅 福建省财政厅关于做好全省80周岁以上低保老年人高龄补贴发放工作的通知》（闽民保〔2015〕70号）	民政、财政部门

续表

序号	政策类型	政策措施主要内容	扶持对象	政策依据	主管部门
11	财政补贴政策	从2017年起，对低保对象、计划生育特殊家庭中的完全失能老年人，按照每人每月不低于200元标准，以老年人服务券（卡）的方式发放护理补贴。所需资金非县级基本财力保障补助县由当地财政承担，县级基本财力保障补助县按省、市、县3∶3∶4比例承担	低保对象、计划生育特殊家庭中的完全失能老年人	《福建省人民政府办公厅关于加快推进居家社区养老服务十条措施的通知》（闽政办〔2017〕67号）	民政、卫健、财政部门
12	财政补贴政策	各地要以特困供养人员、低保对象、建档立卡的贫困人口、重点优抚对象、计划生育特殊家庭成员、重度残疾人中的老年人，以及80周岁以上老年人数为基数，按照每人每月不低于20元的标准，制定政府购买服务方案。鼓励各级政府通过政府购买服务，引进第三方机构开展养老服务需求评估、绩效评价等工作。“十三五”期间，各地应逐步提高政府购买服务标准，并进一步完善养老服务补贴制度	7类特殊困难老年人群体	《福建省人民政府办公厅关于加快推进城乡社区居家养老专业化服务的通知》（闽政办〔2016〕126号）	民政、财政部门
13	税费减免政策	对各类养老服务机构提供的育养服务免征营业税，提供的养老服务适当减免行政事业性收费；用电、用水、用气按居民生活类价格执行，并免收相应配套费；免收餐饮许可、卫生许可和卫生监测费；优惠或减免初次安装固定电话收取的一次性费用；优惠或减免收取通信费（国内固定电话）	各类养老服务机构	《福建省人民政府关于加快发展养老服务业的实施意见》（闽政〔2014〕3号）	税务部门

续表

序号	政策类型	政策措施主要内容	扶持对象	政策依据	主管部门
14	税费减免政策	对非营利性养老服务机构自用的房产、土地免征房产税、城镇土地使用税；符合财政部、国家税务总局《关于非营利性组织免税资格认定管理有关问题的通知》（财税〔2009〕123号）等规定的，经财税部门认定后，对其非营利性收入免征企业所得税。对企事业单位、社会团体和个人通过慈善总会等机构向非营利性养老服务机构的捐赠，符合相关规定的，准予在计算捐赠方应纳税所得额时按税法规定比例扣除	非营利性养老服务机构	《福建省人民政府关于加快发展养老服务业的实施意见》（闽政〔2014〕3号）	税务部门
15	税费减免政策	对非营利性养老服务机构建设要免征房屋所有权登记费、环境监测服务费、防洪费、无害化净化池工程材料费、排污费（按程序报批后免征）、垃圾和粪便清运费、市政公用设施建设费、申请卫生防疫部门验审相关设施设备时的费用等有关行政事业性收费。对非营利性养老服务机构有线（数字）电视“建设费”和基本收视维护费按物价部门制定的收费标准的50%收取，主终端基本型机顶盒按基准价的50%收取，优惠部分所需经费由当地政府承担	非营利性养老服务机构	《福建省人民政府关于加快发展养老服务业的实施意见》（闽政〔2014〕3号）	税务部门

续表

序号	政策类型	政策措施主要内容	扶持对象	政策依据	主管部门
16	税费减免政策	对营利性养老服务机构建设减半征收房屋所有权登记费、环境监测服务费、防洪费、无害化净化池工程材料费、排污费（按程序报批后减半征收）、垃圾和粪便清运费、市政公用设施建设费、申请卫生防疫部门验审相关设施设备时的费用等有关行政事业性收费。享受国家和我省扶持发展服务业的相关税费优惠政策	营利性养老服务机构	《福建省人民政府关于加快发展养老服务业的实施意见》（闽政〔2014〕3号）	税务部门
17	税费减免政策	PPP工程包项目依法依规享受税收优惠、行政事业性收费减免等政策	养老PPP工程包项目	《福建省民政厅 福建省财政厅关于印发〈关于鼓励社会资本投资养老服务PPP工程包的实施方案〉的通知》（闽民福〔2017〕39号）	税务部门
18	用地用房政策	各市、县（区）国土资源管理部门应充分考虑当地人口老年化情况，会同发展改革、规划（建设）主管部门、养老服务行业主管部门对用地需求做出科学合理预测，把各类养老服务机构建设用地纳入当地土地利用总体规划、土地利用年度计划和年度建设用地供应计划，并落实到具体项目和地块，经本级政府批准后公布实施，确保养老服务机构所需建设用地	养老服务机构	《福建省国土资源厅关于保障社会养老服务机构用地的通知》（闽国土资综〔2013〕195号）	国土部门

续表

序号	政策类型	政策措施主要内容	扶持对象	政策依据	主管部门
19	用地用房政策	多渠道保障养老服务机构项目用地。一是积极挖掘用地潜力，将清理出来的批而未用土地和闲置土地优先安排用于养老服务项目建设，对使用存量建设地的养老服务项目，优先予以办理供地手续。二是科学安排新增用地，统筹解决养老服务机构项目用地，允许在办理农转用和土地征收手续时单独组卷报批。三是对已经供应的建设用地，经有权机关审批，允许改变用途用于养老服务项目建设，以增加养老服务项目用地的供应。四是乡（镇）村兴办的公益性养老服务机构建设用地，经依法批准可以使用集体所有的土地；涉及使用农用地的，允许办理只转不征的农用地转用审批手续。五是出让经营性房地产用地，可设定条件要求开发商配建一定规模的公益性养老服务机构用房，并无偿移交当地政府安排使用	养老服务机构	《福建省国土资源厅关于保障社会养老服务机构用地的通知》（闽国土资综〔2013〕195号）	国土部门
20	用地用房政策	各地可采取划拨、出让、作价入股等多种方式供应养老服务机构用地。对非营利性养老服务设施用地，如福利院、养老院以及配套的非营利性医疗设施等符合《划拨用地目录》的项目用地，可以采取划拨方式供地。对营利性养老机构建设用地，可以采取出让方式供地；对属于工商管理部门注册登记、核发《工商营业执照》的养老服务机构用地，或者同一宗养老服务项目用地有两个	养老服务机构	《福建省国土资源厅关于保障社会养老服务机构用地的通知》（闽国土资综〔2013〕195号）	国土部门

续表

序号	政策类型	政策措施主要内容	扶持对象	政策依据	主管部门
20	用地用房政策	或两个以上意向用地者的，采取招标、拍卖或挂牌方式出让建设用地使用权，其土地用途可界定为“商服用地-其他商服用地（营利性老年公寓、托老所）”，为其以土地资产融资提供必要条件。各市、县（区）可探索采用政府以土地使用权作价入股、企业投资建设等方式鼓励社会资金投资建设养老服务机构，并在土地使用合同中明确约定双方权利和义务	养老服务机构	《福建省国土资源厅关于保障社会养老服务机构用地的通知》（闽国土资综〔2013〕195号）	国土部门
21	用地用房政策	对协议出让的养老服务机构用地，适当降低土地出让金收取标准。基准地价已覆盖的地区，可按不低于出让地块所在级别相同用途基准地价的70%确定土地出让底价；基准地价未覆盖的地区，按不低于新增建设用地的土地有偿使用费、征地（拆迁）补偿费用以及按照国家规定应当缴纳的有关税费之和确定土地出让底价。对征收集体所有的土地建设养老服务机构的，可以按照国家和我省的规定免收征地管理费、土地登记费等行政事业性收费。利用集体所有的山坡荒地或其他不影响城市规划建设用地建设并运营的民办非营利性养老机构，应当首先给予办理用地审批手续。对采取招标、拍卖或挂牌方式出让养老服务机构建设用地的，可通过双向竞价、综合评标等多种方式出让建设用地使用权，以合理控制地价水平	养老服务机构	《福建省国土资源厅关于保障社会养老服务机构用地的通知》（闽国土资综〔2013〕195号）	国土部门

续表

序号	政策类型	政策措施主要内容	扶持对象	政策依据	主管部门
22	用地用房政策	各级政府要在土地利用规划和城乡规划中统筹考虑医养结合机构发展需要，做好用地规划布局。对非营利性医养结合机构，可采取划拨方式，优先保障用地；对营利性医养结合机构，应以租赁、出让等有偿方式保障用地，养老机构设置医疗卫生机构，可将在项目中配套建设医疗服务设施相关要求作为土地出让条件，并明确不得分割转让。依法需招标拍卖挂牌出让土地的，应采取招标拍卖挂牌出让方式	医养结合机构	《福建省人民政府办公厅转发省卫计委等部门关于推进医疗卫生与养老服务相结合实施意见的通知》（闽政办〔2017〕10号）	国土、卫健、民政部门
23	用地用房政策	保障养老用地。经济型养老机构用地土地用途应确定为医卫慈善用地。经济型养老项目用地出让底价可参照工业用地基准地价确定	经济型养老机构	《福建省人民政府办公厅关于进一步促进养老机构健康发展十条措施的通知》（闽政办〔2017〕68号）	国土、住建、民政、物价部门
24	用地用房政策	各地政府要向养老专业化服务组织免费提供或协助其低价租赁服务场地。已经建成的社区居家养老服务中心（站），原则上应向养老专业化服务组织免费开放使用	养老专业化服务组织	《福建省人民政府办公厅关于加快推进城乡社区居家养老专业化服务的通知》（闽政办〔2016〕126号）	街道（乡镇）
25	用地用房政策	专业化服务组织运营居家养老服务站，由所在地政府无偿提供场所；运营居家养老服务照料中心，由所在地政府无偿提供场所3年。有条件的地方对专业化服务组织租赁场所或自建、购买场所开办居家养老服务照料中心的，予以场所租金补贴或建设补助	养老专业化服务组织	《福建省人民政府办公厅关于加快推进居家社区养老服务十条措施的通知》（闽政办〔2017〕67号）	街道（乡镇）

续表

序号	政策类型	政策措施主要内容	扶持对象	政策依据	主管部门
26	投融资政策	公办养老机构的保险费应当列入财政预算，专款专用。民办非营利性养老机构可从运营补贴中按不超过补贴费用的10%专项列支保险费	养老机构	福建省民政厅 福建保监局 福建省老龄办《关于推行养老机构责任保险的意见》（闽民福〔2014〕306号）	民政、财政部门
27	投融资政策	商业性担保机构为养老服务机构融资担保，享受省级融资担保风险补偿政策。各级政府出资建立的担保机构和担保中心要优先为养老服务机构提供贷款担保服务。探索开展社会养老服务机构信用等级评定工作，对信用等级评定高的养老服务机构加大支持力度，合理确定服务价格，降低养老服务机构融资成本	养老服务机构	《福建省人民政府关于加快发展养老服务业的实施意见》（闽政〔2014〕3号）	金融部门
28	投融资政策	支持处于成熟期的省内优质养老服务企业通过发行企业债、公司债、中期票据、短期融资券等方式，拓宽融资渠道，降低融资成本	养老服务企业	《福建省人民政府办公厅关于全面放开养老服务市场提升养老服务质量的实施意见》（闽政办〔2017〕78号）	金融部门
29	人才培养政策	提高养老护理员待遇。建立养老护理员最低工资保障制度，人力资源社会保障、民政部门联合定期向社会公布当地养老护理员的工资标准指导线。鼓励有条件的地区探索实行养老护理员特殊岗位补贴制度	养老护理员	《福建省人民政府关于加快发展养老服务业的实施意见》（闽政〔2014〕3号）	人社、民政部门
30	人才培养政策	提高社区居家养老服务从业人员服务能力。鼓励居家社区养老服务从业人员参加技能培训，对符合条件的给予职业培训补贴	养老服务从业人员	《福建省人民政府办公厅关于加快推进居家社区养老服务十条措施的通知》（闽政办〔2017〕67号）	人社部门

续表

序号	政策类型	政策措施主要内容	扶持对象	政策依据	主管部门
31	人才培养政策	养老机构设立的医疗机构及其医护人员纳入卫生计生行政部门统一管理，在资格认定、职称评定、技术准入和推荐评优等方面，与医疗机构医护人员同等对待。允许在职医护人员到养老机构设立的医疗机构开展多点执业	医护人员	《福建省民政厅 福建省卫生和计划生育委员会　福建省人力资源和社会保障厅关于加强养老机构医疗服务能力的意见》（闽民福〔2014〕435号）	人社、卫健、民政部门
32	人才培养政策	支持执业医师到养老机构内设医疗卫生机构多点执业，支持有相关专业特长的医师和专业人员在养老机构开展疾病预防、中医调理养生等非诊疗活动的健康服务，并在医务人员职称评定、继续教育和推荐评优、人员培训等方面给予适当倾斜	医护人员	《福建省人民政府办公厅转发省卫计委等部门关于推进医疗卫生与养老服务相结合实施意见的通知》（闽政办〔2017〕10号）	人社、卫健、民政部门

资料来源：福建省民政厅关于印发社会救助和养老服务领域基层政务公开标准指引的通知［EB/OL］.（2019-07-03）［2019-10-01］. http://mzt. fujian. gov. cn/xxgk/zfxxgk/xxgkmu/gfxwj/ylfw/201907/t20190703_ 4912103. htm.

附录二 2015-2019年主要的“互联网+养老”“智慧养老”政策内容

政策出处	政策主要内容
2015年4月，发改委、民政部、老龄委等部门在《关于进一步做好养老服务业发展有关工作的通知》（发改办社会〔2015〕992号）	要在养老领域推进“互联网+”行动，将信息技术、人工智能和互联网思维与居家养老服务机制建设相融合，对传统业态养老服务进行改造升级，通过搭建信息开放平台、开发适宜老年人的可穿戴设备等，不断发现和满足老年人需求，强化供需衔接，扩大服务范围，提供个性、高效的智能养老服务
2015年7月，国务院《关于积极推进“互联网+”行动的指导意见》（国发〔2015〕40号）	加快发展基于互联网的医疗、健康、养老、教育、旅游、社会保障等新兴服务。 促进智慧健康养老产业发展。支持智能健康产品创新和应用，推广全面量化健康生活新方式。鼓励健康服务机构利用云计算、大数据等技术搭建公共信息平台，提供长期跟踪、预测预警的个性化健康管理服务。发展第三方在线健康市场调查、咨询评价、预防管理等应用服务，提升规范化和专业化运营水平。依托现有互联网资源和社会力量，以社区为基础，搭建养老信息服务网络平台，提供护理看护、健康管理、康复照料等居家养老服务。鼓励养老服务机构应用基于移动互联网的便携式体检、紧急呼叫监控等设备，提高养老服务水平
2017年2月，工业和信息化部 民政部 国家卫生计生委关于印发《智慧健康养老产业发展行动计划（2017-2020年）》的通知（工信部联电子〔2017〕25号）	推动关键技术产品研发，突破核心关键技术，丰富智能健康养老服务产品供给。发展健康养老数据管理与服务系统。 推广智慧健康养老服务，培育智慧健康养老服务新业态，推进智慧健康养老商业模式创新。 加强公共服务平台建设，建设技术服务平台，建设信息共享服务平台，建设创新孵化平台。 建立智慧健康养老标准体系。 加强智慧健康养老服务网络建设和网络安全保障

续表

政策出处	政策主要内容
2017年2月，《国务院关于印发“十三五”国家老龄事业发展和养老体系建设规划的通知》（国发〔2017〕13号）	依托城乡社区公共服务综合信息平台，以失能、独居、空巢老年人为重点，整合建立居家社区养老服务信息平台、呼叫服务系统和应急救援服务机制。 实施“互联网+”养老工程。支持社区、养老服务机构、社会组织和企业利用物联网、移动互联网和云计算、大数据等信息技术，开发应用智能终端和居家社区养老服务智慧平台、信息系统、APP应用、微信公众号等，重点拓展远程提醒和控制、自动报警和处置、动态监测和记录等功能，规范数据接口，建设虚拟养老院。 鼓励金融、地产、互联网等企业进入养老服务产业。利用信息技术提升健康养老服务质量和效率。 推进信息化建设。落实促进大数据发展行动纲要，在切实保障数据安全的前提下，着力推动各有关部门涉及老年人的人口、保障、服务、信用、财产等基础信息分类分级互联共享，消除信息孤岛。在此基础上推动搭建全国互联、上下贯通的老龄工作信息化平台，加强涉老数据、信息的汇集整合和发掘运用，建立基于大数据的可信统计分析决策机制。支持各地积极推进为老服务综合信息平台在城市社区全覆盖、在农村地区扩大覆盖，推进信息惠民服务向老年人覆盖、数据资源向社会开放，更好地服务于保障改善老年人民生和大众创业、万众创新
2017年6月，国家发展改革委关于印发《服务业创新发展大纲（2017—2025年）》的通知（发改规划〔2017〕1116号）	生态、养老等服务业新领域也不断涌现。 发展基于互联网的教育、健康、养老、旅游、文化、物流等服务，积极依托物联网拓展服务领域、丰富服务内容。 养老服务。全面放开养老服务市场，丰富养老服务和产品供给，加快发展居家和社区养老服务，建立以企业和机构为主体、社区为纽带的养老服务网络。支持社会力量举办养老服务机构，重点支持兴办面向失能半失能、失智、高龄老年人的医养结合型养老机构，鼓励规范化、专业化、连锁化经营。推动养老服务向精神慰藉、康复护理、紧急救援、临终关怀等领域延伸。鼓励发展智慧养老。探索建立长期护理保险制度，加强与福利性护理补贴项目的整合衔接，发展商业长期护理保险等金融产品

续表

政策出处	政策主要内容
2019 年 3 月，国务院办公厅关于推进养老服务发展的意见（国办发〔2019〕5 号）	在全国建设一批“智慧养老院”，推广物联网和远程智能安防监控技术，实现 24 小时安全自动值守，降低老年人意外风险，改善服务体验。运用互联网和生物识别技术，探索建立老年人补贴远程申报审核机制。加快建设国家养老服务管理信息系统，推进与户籍、医疗、社会保险、社会救助等信息资源对接。加强老年人身份、生物识别等信息安全保护
2019 年 8 月，国家发展改革委民政部国家卫生健康委关于印发《普惠养老城企联动专项行动实施方案（2019 年修订版）》的通知（发改社会〔2019〕1422 号）	加强老年人产品应用推广。鼓励有条件的城市开展康复辅助器具、人工智能养老产品的研发、生产、适配和租赁服务。持续推动智慧健康与养老产业发展，加强人工智能、物联网、云计算、大数据等新一代信息技术和智能硬件产品在养老服务领域深度应用

资料来源：

1. 国家发展改革委办公厅 民政部办公厅 全国老龄办综合部《关于进一步做好养老服务业发展有关工作的通知》（发改办社会〔2015〕992 号）[EB/OL].（2015-04-22）[2019-10-01]. http：//www. ndrc. gov. cn/zcfb/zcfbtz/201504/t20150427_ 689472. html.

2. 国务院关于积极推进“互联网+”行动的指导意见（国发〔2015〕40 号）[EB/OL].（2015-07-04）[2019-10-01]. http：//www. gov. cn/zhengce/content/2015-07/04/content_ 10002. htm.

3. 工业和信息化部 民政部 国家卫生计生委关于印发《智慧健康养老产业发展行动计划（2017-2020 年）》的通知（工信部联电子〔2017〕25 号）[EB/OL].（2017-02-06）[2019-10-01]. http：//www. gov. cn/xinwen/2017-02/20/content_ 5169385. htm#allContent.

4. 国务院关于印发“十三五”国家老龄事业发展和养老体系建设规划的通知（国发〔2017〕13 号）[EB/OL].（2017-02-28）[2019-10-01]. http：//www. gov. cn/zhengce/content/2017-03/06/content_ 5173930. htm.

5. 国家发展改革委关于印发《服务业创新发展大纲（2017—2025 年）》的通知（发改规划〔2017〕1116 号）[EB/OL].（2017-06-13）[2019-10-01]. http：//www. ndrc. gov. cn/fzgggz/fzgh/zcfg/201706/t20170621_ 852012. html.

6. 国务院办公厅关于推进养老服务发展的意见（国办发〔2019〕5 号）[EB/OL].（2019-04-16）. http：//www. gov. cn/zhengce/content/2019-04/16/content_ 5383270. htm.

7. 国家发展改革委民政部国家卫生健康委关于印发《普惠养老城企联动专项行动实施方案（2019 年修订版）》的通知（发改社会〔2019〕1422 号）[EB/OL].（2019-08-27）[2019-10-01]. http：//zfxxgk. ndrc. gov. cn/web/iteminfo. jsp? id=16276.

附录三　2012-2017年泉州市社工机构承接各级政府购买养老服务项目统计

购买主体	项目名称	试点单位	承接机构	服务对象	经费（元）	级别
丰泽区民政局	2016.09.01 - 2018.01.31 丰泽区街道养老救助协理员岗位采购项目	东海、东湖、丰泽、泉秀四个街道	泉州市新家园社会工作服务中心	东海、东湖、丰泽、泉秀四个街道	198088	区
泉州市老龄工作委员会办公室	2016.06.01 - 2016.11.30 埭头社区居家养老服务项目	埭头社区	泉州市新家园社会工作服务中心	埭头社区长者	118000	市
福建省财政	2015.08-2015.11 社会空巢老人社会支持网络建设与支援项目	以泉州市空巢长者为主	泉州市新家园社会工作服务中心	泉州市范围内空巢长者	100000	省
丰泽区民政局	丰泽区新型社区治理项目-丰泽社区	丰泽社区	泉市启航社会工作服务中心	老人、儿童	129800	区
鲤城区民政局	鲤城区新型社区治理项目-刺桐社区	刺桐社区	泉市启航社会工作服务中心	老人、儿童	109800	区
丰泽区民政局	丰泽区新型社区治理试点东涂社区社会工作服务项目	东涂社区	泉市启航社会工作服务中心	老人、儿童、残疾人	129800	区
鲤城区民政局	2017年新型社区治理金峰社区项目	金峰社区	泉市启航社会工作服务中心	老人、儿童	129800	区

续表

购买主体	项目名称	试点单位	承接机构	服务对象	经费（元）	级别
丰泽区民政局	丰泽区丰泽街道源淮社区社会工作服务站的建设项目	源淮社区	泉州市尚和合社工中心	老年人和青少年	—	区
丰泽区民政局	“一定五化”新型社区建设（“咱厝·云谷”云谷社区居民融合社会工作服务）项目	云谷社区	泉州市尚和合社工中心	社区居民（老年人和青少年为主）	—	区
安溪县民政局	“长者幸福家园”新型社区治理	安溪县城厢镇龙湖社区	安溪县起点社会工作服务中心	社区老人	100000	县
泉州市、安溪县民政局	城乡社区社工站购买服务	安溪县虎邱镇石山村	安溪县起点社会工作服务中心	妇女、老人	100000	市、县
晋江市残疾人联合会	晋江市重度残疾人居家养老家政服务项目评估	晋江市残疾人联合会	晋江市鹏星社会工作与评估中心	晋江市重度残疾人居家养老家政服务项目评估	27974	县
晋江市民政局	晋江市民政局社区居家养老服务站项目	池店镇、安海镇、东石镇、青阳街道等20个农村社区居家养老服务站	晋江市启航社工服务中心	社区老人	135000	县
晋江市罗山街道办事处	晋江市罗山街道社区居家养老服务提升社工服务项目	罗山街道16个居家养老服务站点	晋江市启航社工服务中心	社区老人	135000	县

续表

购买主体	项目名称	试点单位	承接机构	服务对象	经费（元）	级别
晋江市民政局	晋江市民政局“桑榆晚情”养老机构社工服务项目	安海镇云水寺慈静敬老院、龙湖镇尚善养老院、磁灶镇大埔村敬老院	晋江市启航社工服务中心	敬/养老院的老人	134900	县
民政部	“村改居”社区特殊困难老年人居家养老服务支持网络建构示范项目	晋江市罗山街道	晋江市启航社工服务中心	罗山街道14个村改居特困老人	190000	部
晋江市罗山街道办事处	“守护夕阳”社区特殊困难老年人社工服务项目	罗山街道	晋江市启航社工服务中心	以低保、五保、空巢、独居等社区特殊困难老年人为主，涵盖其他老年人群体	135000	县
晋江市民政局	延泽社区社会工作服务项目	延泽社区	晋江市启航社工服务中心	社区妇女、儿童、长者以及其他有需要的群体	278110	县
晋江市民政局	大埔村农村社工试点项目	大埔村	晋江市启航社工服务中心	留守老人、儿童以及其他有服务需求的群体	110000	县
晋江市民政局	“守护夕阳”特困老人居家安全倡导计划	罗山街道，辐射其他街道社区	晋江市启航社工服务中心	年满60周岁并符合条件的老年人，特别是居住环境存在安全隐患的居家养老的特殊困难老年人；老年人及老年人家属、社区护老者、社区居民	57000	县

续表

购买主体	项目名称	试点单位	承接机构	服务对象	经费（元）	级别
晋江市民政局	晋江市村（社区）居家养老服务站提升示范点项目	青阳街道永福里社区，罗山街道华泰社区，安海镇庄头村，东石镇萧下村，磁灶镇洋宅村等5个（村）社区居家养老服务站	晋江市启航社工服务中心	社区老人	50000	县
晋江市民政局	晋江市民政局购买社会工作服务岗位（福利科）	福利科	晋江市启航社工服务中心	配合福利科开展居家养老服务站建设等工作	71500	县
晋江市老干局	晋江市基层老年协会规范化建设提升示范点购买社工服务项目	磁灶镇洋宅村、下官路村，东石镇萧下村等3个（村）社区老年协会	晋江市启航社工服务中心	3个基层老年协会	30000	县
晋江市永福里社区居委会	永福里社区居家养老服务站购买社工服务	永福里社区居家养老服务站	晋江市启航社工服务中心	社区长者	30000	县
晋江市民政局	“爱到家”特困老人居家安全促进项目	罗山街道、新塘街道	晋江市启航社工服务中心	年满60周岁并符合条件的老年人，特别是居住环境存在安全隐患的居家养老的特殊困难老年人；老年人及老年人家属、社区护老者、社区居民	70000	县

续表

购买主体	项目名称	试点单位	承接机构	服务对象	经费（元）	级别
晋江市福利院	晋江市福利院购买社会工作服务岗位	晋江市福利院	晋江市启航社工服务中心	配合福利院开展社会孤老、残疾人员等民政福利对象救助工作	22920	县
福建省民政厅 福建省社会组织管理局	2016社区特困老人居家改善计划项目	罗山街道	晋江市启航社工服务中心	社区中体弱/行动不便、低保、五保、独居、高龄等居家养老的特殊困难老年人	110000	省
晋江市民政局	2016晋江市民政局购买社会工作服务（养老救助协理员岗位服务）	东石镇、永和镇	晋江市携进社工事务所	老年人员	100000	县
晋江市民政局	2016晋江市携进社工事务所关爱老人公益项目	梅岭街道竹园社区居民委员	晋江市携进社工事务所	老年人员	68700	县
晋江市民政局	2016晋江市村（社区）居家养老站提升示范点购买社工服务协议（梅庭）	梅庭社区奥林春天小区	晋江市亿家社工事务所	梅庭社区奥林春天居家养老服务站内老人	10000	县
晋江市民政局	2017晋江市福彩公益金支持社会组织参与社会服务项目协议书（漂爸漂妈）	岭山社区	晋江市亿家社工事务所	岭山社区内流动老年人	45800	县

续表

购买主体	项目名称	试点单位	承接机构	服务对象	经费（元）	级别
晋江市民政局	2017晋江市民政局养老机构购买社工服务协议	蔡厝敬老院	晋江市亿家社工事务所	院内老年人	50000	县
晋江市民政局	晋江市民政局养老机构购买社工服务（2016.05-2017.05）	龙湖镇尚善养老院、金井镇天泉敬老院、英林镇南湾敬老院	晋江市益善社工服务中心	院内长者	200000	县
晋江市民政局	晋江市民政局购买养老救助协理员岗位（2017.01-2017.12）	金井镇、龙湖镇	晋江市益善社工服务中心	金井镇、龙湖镇村民	100000	县
晋江市民政局	2017年晋江市民政局社区居家养老项目（2017.04-2017.12）	池店镇古福村；永和镇永和村、坂头村；英林镇沪厝垵村、钞井村；金井镇湖厝村、新市村；龙湖镇后溪村、后宅村、埔头村	晋江市益善社工服务中心	池店镇古福村；永和镇永和村、坂头村；英林镇沪厝垵村、钞井村；金井镇湖厝村、新市村；龙湖镇后溪村、后宅村、埔头村老年人	82500	县
晋江市民政局	晋江市民政局养老机构购买社工服务（2017.05-2018.05）	晋江市金井镇天泉敬老院	晋江市益善社工服务中心	金井镇天泉敬老院院内长者	50000	县
晋江市民政局	晋江市民政局养老机构购买社工服务（2017.05-2018.05）	晋江市英林镇南湾敬老院	晋江市益善社工服务中心	英林镇南湾敬老院院内长者	50000	县

续表

购买主体	项目名称	试点单位	承接机构	服务对象	经费（元）	级别
晋江市民政局	晋江市民政局养老机构购买社工服务（2017.05-2018.05）	晋江市龙湖镇尚善养老院	晋江市益善社工服务中心	龙湖镇尚善养老院院内长者	50000	县
丰泽区民政局	丰泽区政府购买社会组织社工服务项目（2017.06-2018.06）	丰泽区东湖街道松林社区	晋江市益善社工服务中心	松林社区长者	129200	县
晋江市民政局	2013年晋江市民政局社区居家养老项目购买专业社工服务（2013.04-2013.12）	陈埭镇海尾村、西坂村、庵上村、梧埭村；龙湖镇枫林村、前港村；英林镇港塔村、三欧村；永和镇山前村、后埔村	晋江市益心社工服务中心	陈埭镇海尾村、西坂村、庵上村、梧埭村；龙湖镇枫林村、前港村；英林镇港塔村、三欧村；永和镇山前村、后埔村老年人	54000	县
晋江市民政局	2014年度晋江市民政局社区居家养老项目购买专业社工服务（2014.04-2014.12）	磁灶镇官田村、新垵村、岭畔村；内坑镇上方村、黄塘村、吕厝村、内山尾村；龙湖镇龙埔村、西吴村；永和镇内厝村	晋江市益心社工服务中心	磁灶镇官田村、新垵村、岭畔村；内坑镇上方村、黄塘村、吕厝村、内山尾村；龙湖镇龙埔村、西吴村；永和镇内厝村老年人	60000	县

续表

购买主体	项目名称	试点单位	承接机构	服务对象	经费（元）	级别
晋江市民政局	2015 年度晋江市民政局社区居家养老项目购买专业社工服务（2015.04-2015.12）	梅岭街道桂山社区、三光天社区；磁灶镇洋尾村、湖头村；龙湖镇埭头村、瑶厝村、洪溪村、福林村；内坑镇长埔村、潘厝村	晋江市益心社工服务中心	梅岭街道桂山社区、三光天社区；磁灶镇洋尾村、湖头村；龙湖镇埭头村、瑶厝村、洪溪村、福林村；内坑镇长埔村、潘厝村老年人	75000	县
晋江市民政局	2016 年度晋江市民政局社区居家养老项目购买专业社工服务（2016.04-2016.12）	梅岭街道晋阳社区；金井镇坑口村、钞岱村；东石镇光渺村、白沙村；龙湖镇吴厝村、南庄村、杆柄村、鲁东村、陈店村	晋江市益心社工服务中心	梅岭街道晋阳社区；金井镇坑口村、钞岱村；东石镇光渺村、白沙村；龙湖镇吴厝村、南庄村、杆柄村、鲁东村、陈店村老年人	80000	县
晋江市民政局	晋江市村（社区）居家养老服务站提升示范点购买社工服务（2016.05-2017.05）	罗山街道兰峰社区	晋江市益心社工服务中心	罗山街道兰峰社区老年人	10000	县
民政部福利彩票公益金	2014 年民政福利彩票公益金特殊困难老年人社会服务	晋江市青阳街道	晋江市益心社工服务中心	晋江市青阳街道社区长者	190000	部

续表

购买主体	项目名称	试点单位	承接机构	服务对象	经费（元）	级别
晋江市民政局	晋江市2016年度福彩公益金支持社会组织参与社会服务项目——普照社区独居长者支持网络建设项目	青阳街道普照社区	晋江市益心社工服务中心	普照社区长者	39900	县
晋江市民政局	晋江市2016年度福彩公益金支持社会组织参与社会服务项目——"耆乐融融·学路同行"社区长者学习计划	磁灶镇东山村	晋江市益心社工服务中心	东山村长者	42200	县
福建省财政局	福建省财政支持社会组织参与社会服务项目——"耆乐融融·安全伴行"独居长者居家安全社工服务项目	晋江市西园街道	晋江市益心社工服务中心	西园街道长者	120000	省
晋江市民政局	晋江市民政局养老机构购买社工服务（2017.05-2018.05）	青阳街道普照社区敬老院	晋江市益心社工服务中心	普照社区敬老院院内长者	50000	县
晋江市西园街道霞浯社区居委会	民生微实事项目——"耆乐融融·安全伴行"长者居家安全改造与倡导计划(2017.10-2018.09)	晋江市西园街道霞浯社区	晋江市益心社工服务中心	霞浯社区老年人	25300	县

续表

购买主体	项目名称	试点单位	承接机构	服务对象	经费（元）	级别
晋江市民政局	晋江市民政局购买养老救助协理员岗位（2016.04-2016.12）	英林镇、深沪镇	晋江市益心社工服务中心	英林镇、深沪镇村民	75000	县
晋江市民政局	晋江市民政局购买养老救助协理员岗位（2017.01-2017.12）	英林镇、深沪镇	晋江市益心社工服务中心	英林镇、深沪镇村民	100000	县
民政部	民政部福利彩票公益金特殊困难老年人社会工作服务示范项目	晋江市青阳、新塘街道各社区	晋江市致和社工事务所	晋江市青阳、新塘街道各社区低保老人	190000	县
晋江市民政局	晋江市居家养老专业社会工作服务项目	各试点村社区	晋江市致和社工事务所	试点村的老人及其家庭	440000	县
晋江市疾控中心	晋江市艾滋病防治暗娼人群宣传干预项目	全市低档暗娼活动区域	晋江市致和社工事务所	流动人口、暗娼、中老年群体	185000	县
石狮市委社会工作部	政府为特困失能老人购买信息化服务和实体护理服务项目评估委托	石狮市	石狮市致和社工事务所	石狮市特困失能老人	20000	县
石狮市祥芝镇卫生院	祥芝镇卫生院购买社工服务	祥芝镇卫生院	石狮市众诚社工服务中心	老人、妇女和儿童	45000	县
石狮市社会福利中心	石狮市社会福利中心购买社工服务	石狮市社会福利中心	石狮市众诚社工服务中心	老人	75000	县

续表

购买主体	项目名称	试点单位	承接机构	服务对象	经费（元）	级别
石狮市老龄办	居家养老第三方考评（2016年）	石狮市各居家养老服务中心	石狮市众诚社工服务中心	老人	20000	县

资料来源：泉州市民政局社会组织管理科提供。

附录四 居家社区养老公共服务政策体系的形成

政策发布时间	政策名称	与居家社区养老服务相关的主要政策内容
1993年	《民政部、国家计委、国家体改委、国家教委、财政部、人事部、劳动部、建设部、卫生部、国家体委、国家计生委、中国人民银行、国家税务总局、中国老龄委关于加快发展社区服务业的意见》	社区服务业是在改革开放中发展起来的新兴社会服务业。老年人服务是社区服务业的主要内容之一。到20世纪末，85%以上街道兴办一所社区服务中心，一所老年公寓（托老所）、一所残疾人收托所和一所以上托幼机构。通过大力创办社区服务实体，为老年人、残疾人、优抚对象提供社会福利服务。对老弱病残，服务价格必须优惠
2000年	中共中央办公厅国务院办公厅关于转发《民政部关于在全国推进城市社区建设的意见》的通知（中办发〔2000〕23号）	社区服务主要是开展面向老年人、儿童、残疾人、社会贫困户、优抚对象的社会救助和福利服务
2000年	《关于加快实现社会福利社会化的意见》（国办发〔2000〕19号）	提出居家为基础、社区为依托、社会福利机构为补充的社会养老服务发展方向
2001年	《“社区老年福利服务星光计划”实施方案》（民发〔2001〕145号）	提出尽早建设一大批立足社区、面向老人，小型分散、方便实用，星罗棋布、形成网络的老年福利服务设施和活动场所，建立健全社区老年福利服务体系
2005年	《关于开展养老服务社会化示范活动的通知》	有效发挥“星光老年之家”的作用，建立社区养老服务网络
2006年	《关于加快发展养老服务业意见的通知》（国办发〔2006〕6号）	要通过政策引导，鼓励社会资本投资兴办以老年人为对象的老年生活照顾、家政服务、心理咨询、康复服务、紧急救援等业务，向居住在社区（村镇）家庭的老年人提供养老服务，为他们营造良好的生活环境
2006年	《中国老龄事业发展“十一五”规划》（全国老龄委发〔2006〕7号）	在社区为老服务设施建设方面，要考虑老年人的需求差异，建设一批不同类型、不同层次的福利服务设施，缓解城市街居和农村乡镇老年人福利服务设施严重匮乏的矛盾，为居家养老提供支持，为老年人活动提供场所。 鼓励社会力量开展以社区为基础的养老服务，逐步形成为老年人提供生活照料、医疗保健、康复护理、家政服务、心理咨询、文化学习、体育健身、娱乐休闲等综合性的服务网络，为居家老人提供优质、便捷的服务

续表

政策发布时间	政策名称	与居家社区养老服务相关的主要政策内容
2006 年	《关于加强和改进社区服务工作的意见》（国发〔2006〕14 号）	推进社区社会保障服务。加强企业离退休人员社会化管理服务工作，加快老年公共服务设施和服务网络建设。具备条件的地方，可开展老年护理服务，兴建退休人员公寓
2007 年	《“十一五”社区服务体系发展规划》（发改社会〔2007〕975 号）	到 2010 年完善社区老年服务体系，即加快社区养老服务机构和设施建设，鼓励社会力量参与养老机构的建设和运营，继续实施“星光计划”，大力发展社区居家养老服务，重点发展面向老年人及其家庭的商品递送、医疗保健、日间照料、陪伴等服务，具备条件的地方，依托社区服务体系开展老年护理服务，尤其要做好针对“空巢老人”、高龄老人和生活不能自理老人的社区服务
2008 年	《关于全面推进居家养老服务工作的意见》	积极推动居家养老服务在城市社区普遍展开，同时积极向农村社区推进。力争“十一五”期间，全国城市社区基本建立起多种形式、广泛覆盖的居家养老服务网络，使社区居家养老服务设施不断充实，服务内容和形式不断丰富，专业化和志愿者相结合的居家养老服务队伍不断壮大，居家养老服务的组织管理体制和监督评估机制逐步建立、健全和完善。农村社区依托乡镇敬老院、村级组织活动场所等现有设施资源，力争 80%左右的乡镇拥有一处集院舍住养和社区照料、居家养老等多种服务功能于一体的综合性老年福利服务中心，1/3 左右的村委会和自然村拥有一所老年人文化活动和服务的站点
2011 年	《中华人民共和国国民经济和社会发展第十二个五年规划纲要》	建立以居家为基础、社区为依托、机构为支撑的养老服务体系。增加社区老年活动场所和便利化设施。以家庭为服务对象，以社区为重要依托，重点发展家政服务、养老服务和病患陪护等服务，鼓励发展残疾人居家服务，积极发展社区日间照料中心和专业化养老服务机构
2011 年	《国务院关于印发中国老龄事业发展“十二五”规划的通知》（国发〔2011〕28 号）	建立以居家为基础、社区为依托、机构为支撑的养老服务体系，居家养老和社区养老服务网络基本健全，全国每千名老年人拥有养老床位数达到 30 张。 重点发展居家养老服务。建立健全县（市、区）、乡镇（街道）和社区（村）三级服务网络，城市街道和社区基本实现居家养老服务网络全覆盖；80%以上的乡镇和 50%以上的农村

续表

政策发布时间	政策名称	与居家社区养老服务相关的主要政策内容
2011 年	《国务院关于印发中国老龄事业发展“十二五”规划的通知》（国发〔2011〕28 号）	社区建立包括老龄服务在内的社区综合服务设施和站点。加快居家养老服务信息系统建设，做好居家养老服务信息平台试点工作，并逐步扩大试点范围。培育发展居家养老服务中介组织，引导和支持社会力量开展居家养老服务。鼓励社会服务企业发挥自身优势，开发居家养老服务项目，创新服务模式。大力发展家庭服务业，并将养老服务特别是居家老年护理服务作为重点发展任务。积极拓展居家养老服务领域，实现从基本生活照料向医疗健康、辅具配置、精神慰藉、法律服务、紧急救援等方面延伸。 大力发展社区照料服务。把日间照料中心、托老所、星光老年之家、互助式社区养老服务中心等社区养老设施，纳入小区配套建设规划。本着就近、就便和实用的原则，开展全托、日托、临托等多种形式的老年社区照料服务
2011 年	《社会养老服务体系建设规划（2011－2015 年）》（国办发〔2011〕60 号）	到 2015 年，居家养老和社区养老服务网络基本健全。改善居家养老环境，健全居家养老服务支持体系。在居家养老层面，支持有需求的老年人实施家庭无障碍设施改造。扶持居家服务机构发展，进一步开发和完善服务内容和项目，为老年人居家养老提供便利服务。在城乡社区养老层面，重点建设老年人日间照料中心、托老所、老年人活动中心、互助式养老服务中心等社区养老设施，推进社区综合服务设施增强养老服务功能，使日间照料服务基本覆盖城市社区和半数以上的农村社区
2011 年	《社区服务体系建设规划（2011－2015）》（国办发〔2011〕61 号）	大力发展以家政服务、养老服务、社区照料服务和病患陪伴服务等为重点的家庭服务业，实施家庭服务业从业人员定向培训工程，继续开展农村社区服务试点，重点发展面向农村老年人等群体的照料、帮扶等服务
2013 年施行（2015 年修正，2018 年 12 月再次修正）	《中华人民共和国老年人权益保障法》（中华人民共和国主席令七十二号）	国家建立和完善以居家为基础、社区为依托、机构为支撑的社会养老服务体系。 地方各级人民政府和有关部门应当采取措施，发展城乡社区养老服务，鼓励、扶持专业服务机构及其他组织和个人，为居家的老年人提供生活照料、紧急救援、医疗护理、精神慰藉、心理咨询等多种形式的服务。 地方各级人民政府和有关部门、基层群众性自治组织，应当将养老服务设施纳入城乡社区配

续表

政策发布时间	政策名称	与居家社区养老服务相关的主要政策内容
2013 年施行（2015 年修正，2018 年 12 月再次修正）	《中华人民共和国老年人权益保障法》（中华人民共和国主席令七十二号）	套设施建设规划，建立适应老年人需要的生活服务、文化体育活动、日间照料、疾病护理与康复等服务设施和网点，就近为老年人提供服务。发扬邻里互助的传统，提倡邻里间关心、帮助有困难的老年人。鼓励慈善组织、志愿者为老年人服务。倡导老年人互助服务
2013 年	《国务院关于加快发展养老服务业的若干意见》（国发〔2013〕35 号）	加强社区服务设施建设。综合发挥多种设施作用。实施社区无障碍环境改造。发展居家养老便捷服务。发展老年人文体娱乐服务。发展居家网络信息服务
2013 年	《民政部关于加强全国社区管理和服务创新实验区工作的意见》（民发〔2013〕13 号）	推进社区综合服务设施建设，扩大社区服务设施网络覆盖，提高社区服务设施使用效率。推动基本公共服务项目对社区居民和农村进城务工人员全覆盖，推进社区志愿服务制度化和社区便民利民服务多样化，建立行政机制、志愿机制和市场机制互联互补的社区服务供给方式。推进社区信息化建设，建立以区（县）管理信息系统为中心，街道和社区综合信息平台为辐射，社区自助终端、个人服务终端为节点的信息网络
2013 年	《民政部办公厅、发展改革委办公厅关于开展养老服务业综合改革试点工作的通知》（民办发〔2013〕23 号）	试点地区可依据地方实际，加快养老服务体系规划建设，重点发展社区居家养老便捷服务、拓展养老服务项目。试点地区可结合城市规划修订工作，重点落实人均规划用地指标、严格配建新建城区和居住（小）区养老服务设施、加快完善老城区和已建成居住（小）区养老服务设施布局、切实发挥社区综合设施为老服务功能、实施无障碍设施改造、加强老年人宜居环境建设等
2014 年	《住房城乡建设部等部门关于加强养老服务设施规划建设工作的通知》（建标〔2014〕23 号）	对于单体建设的养老服务设施，应当将其所使用的土地单独划宗、单独办理供地手续并设置国有建设用地使用权。凡新建城区和新建居住（小）区，必须按照《城市公共设施规划规范》《城镇老年人设施规划规范》《城市居住区规划设计规范》等标准要求配套建设养老服务设施，并与住宅同步规划、同步建设
2014 年	《民政部、国土资源部、财政部、住房城乡建设部关于推进城镇养老服务设施建设工作的通知》（民发〔2014〕116 号）	新建居住（小）区要将居家和社区养老服务设施与住宅同步规划、同步建设、同步验收、同步交付使用。大型住宅开发项目的居家和社区养老服务设施可以适当分散布局，小型住宅开发项目可在相邻附近适当集中配置

续表

政策发布时间	政策名称	与居家社区养老服务相关的主要政策内容
2014年	《财政部发展改革委民政部全国老龄办关于做好政府购买养老服务工作的通知》（财社〔2014〕105号）	要根据养老服务的性质、对象、特点和地方实际情况，重点选取生活照料、康复护理和养老服务人员培养等方面开展政府购买服务工作。在购买居家养老服务方面，主要包括为符合政府资助条件的老年人购买助餐、助浴、助洁、助急、助医、护理等上门服务，以及养老服务网络信息建设；在购买社区养老服务方面，主要包括为老年人购买社区日间照料、老年康复文体活动等服务
2014年	《商务部关于推动养老服务产业发展的指导意见》（商服贸函〔2014〕899号）	探索多元化发展的居家养老服务体系，努力使城市居家养老服务网络实现全覆盖，服务设施不断充实，服务内容和形式不断丰富服务队伍不断扩大；建设运作规范的社区日间照料中心、老年人活动中心以及农村养老服务综合设施和站点
2015年	《国务院办公厅转发卫生计生委等部门关于推进医疗卫生与养老服务相结合指导意见的通知》（国办发〔2015〕84号）	对多数老年人，以社区和居家养老为主，通过医养有机融合，确保人人享有基本健康养老服务。推动医疗卫生服务延伸至社区、家庭。充分依托社区各类服务和信息网络平台，实现基层医疗卫生机构与社区养老服务机构的无缝对接。到2020年，基层医疗卫生机构为居家老年人提供上门服务的能力明显提升
2015年	《关于鼓励民间资本参与养老服务业发展的实施意见》（民发〔2015〕33号）	鼓励民间资本在城镇社区举办或运营老年人日间照料中心、老年人活动中心等养老服务设施。通过政府购买服务、协调指导、评估认证等方式，鼓励民间资本举办家政服务企业、居家养老服务专业机构或企业，上门为居家老年人提供助餐、助浴、助洁、助急、助医等定制服务。促进医疗卫生资源进入社区和居民家庭，加强居家和社区养老服务设施与基层医疗卫生机构的合作
2016年	《中华人民共和国国民经济和社会发展第十三个五年规划纲要》	以扩大服务消费为重点带动消费结构升级，支持信息、绿色、时尚、品质等新型消费，稳步促进住房、汽车和健康养老等大宗消费。加快教育培训、健康养老、文化娱乐、体育健身等领域发展。积极发展家庭服务业，促进专业化、规模化和网络化发展。 推动生活性服务业融合发展，鼓励发展针对个性化需求的定制服务。支持从业人员参加职业培训和技能鉴定考核，推进从业者职业化、专业化。实施生活性服务业放心行动计划，推广优质服务承诺标识与管理制度，培育知名服务

续表

政策发布时间	政策名称	与居家社区养老服务相关的主要政策内容
2016 年	《中华人民共和国国民经济和社会发展第十三个五年规划纲要》	以扩大服务消费为重点带动消费结构升级，支持信息、绿色、时尚、品质等新型消费，稳步促进住房、汽车和健康养老等大宗消费。加快教育培训、健康养老、文化娱乐、体育健身等领域发展。积极发展家庭服务业，促进专业化、规模化和网络化发展。 推动生活性服务业融合发展，鼓励发展针对个性化需求的定制服务。支持从业人员参加职业培训和技能鉴定考核，推进从业者职业化、专业化。实施生活性服务业放心行动计划，推广优质服务承诺标识与管理制度，培育知名服务品牌。清理各类歧视性规定，完善各类社会资本公平参与医疗、教育、托幼、养老、体育等领域发展的政策。积极推动医疗、养老、文化、体育等领域非基本公共服务加快发展，丰富服务产品，提高服务质量，提供个性化服务方案。 推动供给方式多元化，能由政府购买服务提供的，政府不再直接承办；能由政府和社会资本合作提供的，广泛吸引社会资本参与。制定发布购买公共服务目录，推行特许经营、定向委托、战略合作、竞争性评审等方式，引入竞争机制。创新从事公益服务事业单位体制机制，健全法人治理结构，推动从事生产经营活动事业单位转制为企业。 开展应对人口老龄化行动，加强顶层设计，构建以人口战略、生育政策、就业制度、养老服务、社保体系、健康保障、人才培养、环境支持、社会参与等为支撑的人口老龄化应对体系。建立以居家为基础、社区为依托、机构为补充的多层次养老服务体系。统筹规划建设公益性养老服务设施，支持面向失能老年人的老年养护院、社区日间照料中心等设施建设。全面建立针对经济困难高龄、失能老年人的补贴制度。加强老龄科学研究。实施养老护理人员培训计划，加强专业化养老服务护理人员和管理人才队伍建设。推动医疗卫生和养老服务相结合。完善与老龄化相适应的福利慈善体系。推进老年宜居环境建设。全面放开养老服务市场，通过购买服务、股权合作等方式支持各类市场主体增加养老服务和产品供给。加强老年人权益保护，弘扬敬老、养老、助老社会风尚

续表

政策发布时间	政策名称	与居家社区养老服务相关的主要政策内容
2016 年	《民政部财政部关于中央财政支持开展居家和社区养老服务改革试点工作的通知》（民函〔2016〕200 号）	支持通过购买服务、公建民营、民办公助、股权合作等方式，鼓励社会力量管理运营居家和社区养老服务设施，培育和打造一批品牌化、连锁化、规模化的龙头社会组织或机构、企业，使社会力量成为提供居家和社区养老服务的主体。 支持探索多种模式的“互联网+”居家和社区养老服务模式和智能养老技术应用，促进供需双方对接，为老年人提供质优价廉、形式多样的服务。 推动完善相关养老服务的标准化和规范化建设，通过购买服务方式，积极培育和发展第三方监管机构和组织，建立服务监管长效机制，保证居家和社区养老服务质量水平。 支持采取多种有效方式，积极推进医养结合，使老年人在居家和社区获得方便、快捷、适宜的医疗卫生服务
2016 年	关于印发《城乡社区服务体系建设规划（2016－2020 年）》的通知（民发〔2016〕191 号）	依托城乡社区综合服务设施，加快城乡社区日间照料机构建设，发展生活照料、保健康复、精神慰藉等服务，推动养老服务覆盖所有居家老年人。 探索并推进残疾人、失能老年人家庭照顾、社区照料、机构照护相互衔接的长期照护体系。 发展城乡社区家庭服务、健康服务、养老服务企业和机构，多方式提供看护护理、家政服务、美容美发、洗染、家电维修、餐饮、物流配送和再生资源回收等生活服务，支持有实力的企业运用连锁经营的方式到城乡社区设立超市、便利店、标准化菜店等零售网点
2017 年	《国务院关于印发“十三五”国家老龄事业发展和养老体系建设规划的通知》（国发〔2017〕13 号）	居家为基础、社区为依托、机构为补充、医养相结合的养老服务体系更加健全。养老服务供给能力大幅提高、质量明显改善、结构更加合理，多层次、多样化的养老服务更加方便可及，政府运营的养老床位数占当地养老床位总数的比例不超过 50%，护理型床位占当地养老床位总数的比例不低于 30%，65 岁以上老年人健康管理率达到 70%。 大力发展居家社区养老服务。逐步建立支持家庭养老的政策体系，支持成年子女与老年父母共同生活，履行赡养义务和承担照料责任。支持城乡社区定期上门巡访独居、空巢老年人家庭，帮助老年人解决实际困难。支持城乡社区发挥供需对接、服务引导等作用，加强居家养老服务信息汇集，引导社区日间照料中心等养

续表

政策发布时间	政策名称	与居家社区养老服务相关的主要政策内容
2017 年	《国务院关于印发“十三五”国家老龄事业发展和养老体系建设规划的通知》（国发〔2017〕13 号）	老服务机构依托社区综合服务设施和社区公共服务综合信息平台，创新服务模式，提升质量效率，为老年人提供精准化个性化专业化服务。鼓励老年人参加社区邻里互助养老。鼓励有条件的地方推动扶持残疾、失能、高龄等老年人家庭开展适应老年人生活特点和安全需要的家庭住宅装修、家具设施、辅助设备等建设、配备、改造工作，对其中的经济困难老年人家庭给予适当补助。大力推行政府购买服务，推动专业化居家社区养老机构发展。 加强社区养老服务设施建设。统筹规划发展城乡社区养老服务设施，新建城区和新建居住（小）区按要求配套建设养老服务设施，老城区和已建成居住（小）区无养老服务设施或现有设施未达到规划要求的，通过购置、置换、租赁等方式建设。加强社区养老服务设施与社区综合服务设施的整合利用。支持在社区养老服务设施配备康复护理设施设备和器材。鼓励有条件的地方通过委托管理等方式，将社区养老服务设施无偿或低偿交由专业化的居家社区养老服务项目团队运营
2017 年	《关于印发“十三五”健康老龄化规划的通知》（国卫家庭发［2017］12 号）	推进医疗卫生服务延伸至社区、家庭。推进基层医疗卫生机构和医务人员与居家老人建立签约服务关系，为老年人提供连续性的健康管理和医疗服务。提高基层医疗卫生机构为居家老人提供上门服务的能力。 推动居家老年人长期照护服务的发展。强化基层医疗卫生服务网络功能，积极推广家庭医生签约服务，为老年人提供综合、连续、协同、规范的基本医疗和公共卫生服务。充分利用社区卫生服务体系，培育社会护理人员队伍，为居家老年人提供长期照护服务，为家庭成员提供照护培训，探索建立从居家、社区到专业机构的比较健全的长期照护服务供给体系
2017 年	《国务院办公厅关于制定和实施老年人照顾服务项目的意见》（国办发〔2017〕52 号）	发展居家养老服务，为居家养老服务企业发展提供政策支持。鼓励与老年人日常生活密切相关的各类服务行业为老年人提供优先、便利、优惠服务。大力扶持专业服务机构并鼓励其他组织和个人为居家老年人提供生活照料、医疗护理、精神慰藉等服务。鼓励和支持城乡社区社会组织和相关机构为失能老年人提供临时或短期托养照顾服务

续表

政策发布时间	政策名称	与居家社区养老服务相关的主要政策内容
2017 年	《国务院办公厅关于制定和实施老年人照顾服务项目的意见》（国办发〔2017〕52 号）	推进老年宜居社区、老年友好城市建设。提倡在推进与老年人日常生活密切相关的公共设施改造中，适当配备老年人出行辅助器具。加强社区、家庭的适老化设施改造，优先支持老年人居住比例高的住宅加装电梯等。 鼓励有条件的医院为社区失能老年人设立家庭病床，建立巡诊制度。 支持兴办老年电视（互联网）大学，完善老年人社区学习网络
2017 年	《国家发展改革委关于印发〈服务业创新发展大纲（2017－2025 年）〉的通知》（发改规划〔2017〕1116 号）	全面放开养老服务市场，丰富养老服务和产品供给，加快发展居家和社区养老服务，建立以企业和机构为主体、社区为纽带的养老服务网络。 制修订家政、养老、健康、教育、文化、旅游等生活性服务领域标准，加快新兴服务领域标准研制
2017 年	《关于运用政府和社会资本合作模式支持养老服务业发展的实施意见》（财金〔2017〕86 号）	社区养老体系建设。 鼓励政府和社会资本在城乡社区内建设运营居家养老服务网点、社区综合服务设施，兴办或运营老年供餐、社区日间照料、老年精神文化生活等形式多样的养老服务。 支持政府将所辖区域内的社区养老服务打包，通过 PPP 模式交由社会资本方投资、建设或运营，实现区域内的社区养老服务项目统一标准、统一运营
2018 年	《国家卫生健康委员会 国家发展和改革委员会关于促进护理服务业改革与发展的指导意见》（国卫医发〔2018〕20 号）	创新护理服务模式。大力发展社区和居家护理服务。鼓励医联体内二级以上医院通过 建立护理联合团队、一对一传帮带、开展社区护士培训等形式，帮扶带动基层医疗机构提高护理服务能力。鼓励二级以上医院优质护理资源加入家庭医生签约团队，社区群众提供专 业化护理服务。支持护理院、护理中心以及基层医疗机构大力发展日间照护、家庭病床和居家护理服务，为长期卧床、晚期肿瘤患者、行动不便的老年人、残疾人以及其他适合在家庭条件下进行医疗护理的人群等提供居家护理服务。鼓励有资质的劳务派遣机构、家政服务机构等积极开展护理领域生活性服务，增加生活照料、挂号取药、陪伴就医、辅具租赁以及家庭照护等服务

续表

政策发布时间	政策名称	与居家社区养老服务相关的主要政策内容
2019 年	关于印发《加大力度推动社会领域公共服务补短板强弱项提质量 促进形成强大国内市场的行动方案》的通知（发改社会〔2019〕0160 号）	补强非基本公共服务弱项，着力增强人民群众公共服务供给。全面放开养老服务市场。到 2022 年，全面建成以居家为基础、社区为依托、机构为补充、医养相结合，功能完善、规模适度、覆盖城乡的养老服务体系，社区日间照料机构覆盖率大于 90%，居家社区养老紧急救援系统普遍建立，“一刻钟”居家养老服务圈基本建成。 推广城乡社区助餐服务。把社区助餐纳入国家积极应对人口老龄化中长期规划能力评价指标体系，着力解决空巢老人居家、社区养老的餐饮问题。建立健全社区助餐服务标准体系，不断提高服务效率，切实保障质量安全，丰富个性化产品，根据青年家庭、空巢老人家庭的饮食需要，推出定制化家政餐饮服务。提升餐饮企业社区助餐服务水平，鼓励餐饮企业通过电话送餐、互联网送餐等方式拓展服务范围，将服务下沉到社区，为社区居民提供生活便利
2019 年	《国务院办公厅关于推进养老服务发展的意见》（国办发〔2019〕5 号）	支持养老服务骨干网建设，发展集中管理运营的社区嵌入式、分布式、小型化、连锁化的养老服务设施和带护理型床位的日间照料中心，增加家庭服务功能模块，强化助餐、助洁、助行、助浴、助医等服务能力，夯实居家社区养老服务网络，增强养老服务网络的覆盖面和服务能力。 加强养老服务联合体机制建设。以专业化养老服务机构为核心，与养老服务骨干网组成“1+N”联合体，推行居家、社区和机构养老融合发展，强化技术指导、人员培训和对接转介，提升区域内养老服务整体水平。 加强社区居家基础设施适老化改造
2019 年	《国务院关于实施健康中国行动的意见》（国发〔2019〕13 号）	面向老年人普及膳食营养、体育锻炼、定期体检、健康管理、心理健康以及合理用药等知识。健全老年健康服务体系，完善居家和社区养老政策，推进医养结合，探索长期护理保险制度，打造老年宜居环境，实现健康老龄化。到 2022 年和 2030 年，65 至 74 岁老年人失能发生率有所下降，65 岁及以上人群老年期痴呆患病率增速下降

续表

政策发布时间	政策名称	与居家社区养老服务相关的主要政策内容
2019 年	《国家卫生健康委办公厅关于印发社区医院基本标准和医疗质量安全核心制度要点（试行）的通知》（国卫办医函〔2019〕518 号）	开展基本公共卫生服务，承担辖区的公共卫生管理和计划生育技术服务工作，能够提供健康管理、康复指导等个性化的签约服务。 实际开放床位数 ≥ 30 张，可按照服务人口 1.0-1.5 张/千人配置。主要以老年、康复、护理、安宁疗护床位为主

资料来源：作者根据相关政策文件内容整理。

附录五 大陆向台湾地区全面开放养老服务市场的政策措施

政策措施出处	政策措施主要内容
2016 年 12 月，国务院办公厅关于全面放开养老服务市场提升养老服务质量的若干意见（国办发〔2016〕91 号）	放宽外资准入。在鼓励境外投资者在华举办营利性养老机构的基础上，进一步放开市场，鼓励境外投资者设立非营利性养老机构，其设立的非营利性养老机构与境内投资者设立的非营利性养老机构享受同等优惠政策
2017 年 7 月，福建省人民政府办公厅关于全面放开养老服务市场提升养老服务质量的实施意见（闽政办〔2017〕78 号）	建设闽台合作、闽港澳合作、老年产品研发生产以及中医养生、旅居养老等一批富有特色的产业基地，满足老年人多层次养老服务需求
2018 年 6 月，福建省人民政府台湾事务办公室 福建省发展和改革委员会关于印发《福建省贯彻〈关于促进两岸经济文化交流合作的若干措施〉实施意见》的通知	30. 台湾地区服务提供者经批准可独资兴办养老机构和开设诊所、门诊部等。 38. 鼓励我省先进制造业、现代服务业和高新技术企业（含民营企业），以及行业协会、商会、养老机构等招收台湾青年，符合条件的，由财政分级给予用人单位补助。 61. 在闽工作的台湾同胞可按照规定参加“五险一金”，享受与当地居民同等劳动保障待遇。在闽台湾同胞缴交的住房公积金、基本养老保险个人账户储存额，在大陆离职时经个人申请可以依据相关规定一次性支取
2019 年 5 月，福建省《关于探索海峡两岸融合发展新路的实施意见》	在闽投资的台资养老机构用电、用水、用气按大陆同类企业标准执行，享受同等税收优惠政策。 提供更加符合台胞需求的社会保障。对在闽台胞参加“五险一金”实行分类管理、精准服务。在闽台胞凭台湾居民居住证，同等享受福建省城乡居民基本医疗保障。 支持台湾医护人员来闽执业。推动在闽台资医院因特殊手术必需的器械、耗材，经备案后可在医院内部使用。持台湾护士执业资格证书并已从业 1 年以上的台胞可来闽从事医疗相关活动。取得台湾护理专业学历的台胞，可以参加护士执业资格考试，考试合格后在福建省执业。 推动台湾社工来闽参与基层社会事务。提供社工岗位面向台胞招聘。扩大招聘台湾社工，按每人每年 4.8 万元补助。评定 10 家省级台湾社工就业示范基地，省财政给予每家 30 万元奖励

续表

政策措施出处	政策措施主要内容
2018 年 5 月，关于进一步深化厦台经济社会文化交流合作的若干措施	23. 持续推进厦金两地深入合作，支持两地在相互转诊、应急事件处置、公共防疫、养老医疗、医学教育与培训等方面开展合作。 30. 台资企业和台湾同胞在厦门可以独资民办非企业单位形式举办高端养老机构。 53. 台湾同胞在厦门居住期间参照厦门居民标准，可以个人身份参加职工基本养老保险或城乡居民养老保险。 55. 长期在厦门生活的特困台湾同胞入住养老机构的，参照厦门特困老人给予特定服务对象补贴
2018 年 8 月，福州市贯彻《关于促进两岸经济文化交流合作的若干措施》实施意见	31. 台湾地区服务提供者经批准可独资兴办养老机构和开设诊所、门诊部等。 40. 鼓励福州市电子信息、机械装备、石油化工、现代服务业等重点发展行业的规模以上企业和市里确定的重点企业，以及行业协会、商会、养老机构等招收台湾青年，符合条件的，由财政分级给予用人单位补助。 63. 在榕工作的台湾同胞可按照规定参加“五险一金”，享受与福州市居民同等劳动保障待遇。在榕台湾同胞缴交的住房公积金、基本养老保险个人账户储存额，在大陆离职时经个人申请可以依据相关规定一次性支取。来榕工作的台湾同胞，参加职工基本养老保险、医疗保险、失业保险的，按在岗平均工资为基数的个人缴费部分，予以不超过三年的社保补贴
2018 年 12 月，关于促进泉台经济文化交流合作的若干措施	11. 台资企业可参与我市特许经营项目，支持台资企业以公私合作（PPP）方式参与水利基础设施建设、泉州流域整治、城市公共停车场等市政设施以及养老服务、学前教育、旅游等项目建设，并在资金补助、贷款贴息等优惠政策上，与其他投资主体享有同等待遇。 44. 我市先进制造业、现代服务业和高新技术企业（含民营企业），以及行业协会、商会、养老机构等，自 2018 年 6 月 6 日起，新招收台湾青年就业，并与其签订 1 年及以上劳动合同，且实际用工满 1 年的，按每人每年 3 万元给予补助，累计不超过 3 年。 66. 来泉工作的台湾同胞可以按照规定参加“五险一金”，享受与当地居民同等劳动保障待遇。台湾同胞缴交的住房公积金、基本养老保险个人账户储存额，在大陆离职时经个人申请可以依据相关规定一次性支取

续表

政策措施出处	政策措施主要内容
2018 年 9 月，中共漳州市委办公室 漳州市人民政府办公室印发《关于促进漳台经济社会文化交流合作的实施意见》的通知（漳委办发〔2018〕16 号）	4. 鼓励支持台湾地区投资者在漳兴办营利或非营利性养老服务机构，其设立的非营利性养老服务机构与大陆投资者享受同等优惠政策。 51. 在漳工作的台湾同胞可按照规定参加“五险一金”，享受与当地居民同等劳动保障、购房及公积金使用待遇。在漳台湾同胞缴交的住房公积金、基本养老保险个人账户储存额，在大陆离职时经个人申请可以依据相关规定一次性支取。 54. 长期在漳州生活的特困台湾同胞，需要入住养老机构的，参照漳州市特困老人享有的待遇给予特定服务对象补贴
2018 年 4 月，莆田市人民政府办公室关于促进莆台经济文化交流合作的实施意见	27. 在莆创业及受聘的台湾青年给予社保补贴。用人单位招用台湾青年，与其签订 1 年以上期限劳动合同并按规定缴纳社会保险费的，按其为台湾青年实际缴纳的基本养老保险费、基本医疗保险费给予补贴，不包括台湾青年个人应缴纳社会保险费，以及用人单位和个人应缴纳的其他社会保险费。补贴期限 1 年。在莆自主创业的台湾青年，本人可同等享受用人单位招收台湾青年社会保险补贴政策
2018 年 12 月，南平市人民政府关于印发南平市促进南台经济文化交流合作的若干措施的通知（南政综〔2018〕254 号）	40. 鼓励台胞参与我市养老服务工作，对年龄在 45 周岁以下，普通高等院校、高等职业技术学校、职高、技工院校全日制相关专业毕业，经签订协议入职我市养老机构（纳入事业单位正式编制的人员除外），直接从事养老服务、康复护理和管理等工作，并通过相关专业培训取得人社部门颁发的《养老护理职业资格证书》或《福建省职业培训结业证书》的台湾青年，按照本科 3 万元、大专 2 万元、职高 1 万元标准予以入职奖补。 49. 台胞在南平居住期间，在用人单位就业的，持台湾居民居住证可参加企业职工基本养老保险
2019 年 3 月，宁德市人民政府关于进一步深化宁台经济文化交流合作的若干措施	21. 鼓励台湾企业人士到宁德以各种形式投资兴办养老机构；欢迎台湾富有养老经验人士到宁德经营养老机构开展养老服务，养老机构在同等条件下优先选用。 50. 在宁工作的台湾同胞可按照规定参加“五险一金”，享受与当地居民同等劳动保障待遇。在宁台湾同胞缴交的住房公积金、基本养老保险个人账户储存额和城镇职工基本医疗保险个人账户实际结余额，在大陆离职时经个人申请可以依据相关规定一次性支取

资料来源：

1. 国务院办公厅关于全面放开养老服务市场提升养老服务质量的若干意见（国办发〔2016〕91 号）［EB/OL］.（2016-12-23）［2019-10-01］. 中国政府网，http：//www.gov.cn/zhengce/content/2016-12/23/content_ 5151747. htm.

2. 福建省人民政府办公厅关于全面放开养老服务市场提升养老服务质量的实施意见（闽政办〔2017〕78 号）［EB/OL］.（2017-07-19）［2019-10-01］. 福建省人民政府网，http：//www.fujian.gov.cn/zc/zxwj/szfwj/201707/t20170719_ 1227047. htm.

3. 关于印发《福建省贯彻〈关于促进两岸经济文化交流合作的若干措施〉实施意见》的通知［EB/OL］.（2018-06-06）［2019-10-01］. http：//www.fjtb.gov.cn/tt/201806/t20180606_ 11962599. htm？from=singlemessage.

4. 福建省出台《关于探索海峡两岸融合发展新路的实施意见》［EB/OL］.（2019-05-29）［2019-10-01］. http：//www.mofcom.gov.cn/article/resume/n/201905/20190502867838. shtml.

5. 关于进一步深化厦台经济社会文化交流合作的若干措施［EB/OL］.（2018-05-10）［2019-10-01］. http：//www.xm.gov.cn/ts/stflfg/201805/t20180510_ 1877392. htm.

福州市贯彻《关于促进两岸经济文化交流合作的若干措施》实施意见［EB/OL］.（2018-10-08）［2019-10-01］. http：//www.fjtb.gov.cn/special/fj66t/201810/t20181008_ 12098617. htm.

6. 关于促进泉台经济文化交流合作的若干措施［EB/OL］.（2018-12-28）［2019-10-01］. 泉州市人民政府网，http：//www.quanzhou.gov.cn/zfb/xxgk/zfxxgkzl/zxwj/bmwj/201812/t20181228_ 970693. htm.

7. 中共漳州市委办公室 漳州市人民政府办公室印发《关于促进漳台经济社会文化交流合作的实施意见》的通知 漳委办发（2018）16 号［EB/OL］.（2019-08-14）［2019-10-01］. http：//czj.zhangzhou.gov.cn/cms/html/zzsczj/2019-08-14/1483207636. html.

莆田市人民政府办公室关于促进莆台经济文化交流合作的实施意见（全文）（莆政办〔2018〕45 号）［EB/OL］.（2019-02-20）［2019-10-01］. http：//www.fjtb.gov.cn/special/fj66t/201902/t20190221_ 12141428. htm.

8. 南平市人民政府关于印发南平市促进南台经济文化交流合作的若干措施的通知（南政综〔2018〕254 号）.［EB/OL］.（2019-01-04）［2019-10-01］. 南平市人民政府，http：//www.np.gov.cn/cms/html/npszf/2019-01-04/1915164770. html.

9. 关于进一步深化宁台经济文化交流合作的若干措施［EB/OL］.（2019-03-20）［2019-10-01］. 宁德市人民政府，http：//www.ningde.gov.cn/zwgk/zcfg/bmwj/201903/t20190320_958814. htm.

附录六 2019年F市政府职能部门与社会养老服务建设指标和政策落实职责

牵头单位与相关责任单位	涉老公共服务主要职责内容
各县（市）区委、政府	养老服务体系建设列入政府绩效考核和为民办实事项目。 扩大政府购买政府保障范围和保障标准。 推进《关于加快养老事业发展的实施方案》工作。 四级养老设施网络建设。盘活用好乡镇敬老院。确保2020年生活不能自理特困人员集中供养率达到60%以上。推进农村幸福院建设。到2020年农村养老服务设施覆盖70%以上建制村。 出台支持大型养老养生综合项目的政策措施，市场化运作提供高端养老服务
市民政局、下属各县（市）区民政局	统筹规划居家社区养老服务设施布局。打造“15分钟养老圈”，2019年底完成全市街道、中心城区和重点乡镇居家社区养老服务照料中心全覆盖。 支持专业化服务组织发展。支持专业化养老服务组织跨区域、规模化、连锁化运营。无偿提供服务场所。 按照“一市一县一中心”要求，实现两级公办养老机构全覆盖。 优化简化养老机构设立许可。2019年，民政部取消养老机构设立许可。 推行PPP模式。到2020年民营养老床位占比超过65%。 加强监管服务。开展养老机构质量建设专项行动，大力推行养老机构服务合同制度。 强化社会救助兜底。实现应保尽保。 保障基本养老服务。加快建立八类基本养老服务需求评估机制，精准对接服务
市财政局	根据居家社区养老服务照料中心星级奖补。 对获得各级荣誉的专业化居家养老服务组织实行品牌奖励。 全面提高民办、民营养老机构以一次性开办补助和床位运营补贴。提高护理型床位运营补贴。 对乡镇敬老院和农村幸福院建设进度实行奖补。奖补资金由各县（市）区统筹。 落实老年人补贴政策。逐步提高80周岁以上高龄老人、困难家庭老年人补贴标准。建立失能老年人护理补贴制度。 提高养老服务从业人员薪酬水平。建立养老从业人员薪酬待遇与职业技能等级挂钩制度

续表

牵头单位与相关责任单位	涉老公共服务主要职责内容
市卫计委	推进养老机构和医疗机构合作共建。到 2020 年，所有养老机构都能以不同形式为入住老年人提供医疗卫生服务，80%以上社区卫生服务中心、乡镇卫生院有能力向老年人提供康复服务。 加强居家养老医疗服务。到 2020 年，居家社区养老服务照料中心与医疗机构签约率服务达到 10%。辖区内 65 周岁以上老年人普遍建立健康档案，每年至少提供一次免费体格检查和健康指导。大力推进慢病管理进社区，探索家庭护理型床位管理
市建委、市规划局、市房管局、市民政局、市国土局、市不动产登记和交易中心	住宅区养老服务设施配建。新建住宅区标准为每百户不少于 20 平方米；已建住宅区标准为每百户不少于 15 平方米。 保证 2017-2020 年，每年提供 1 幅养老设施建设用地。到 2020 年，每个县（市）区新建 2 所医养结合护理型养老机构。 老旧小区加装电梯审批
市建委、市残联	加快推进坡道、公测等相关设施的无障碍改造，新建公共设施和养老场所的无障碍率达到 100%
市医保局	支持养老服务实现医保定点。2018 年，全省率先实行医药机构医保定点备案管理。 构建城乡老年人长期照护保障制度。探索建立老年人长期照护保险制度
市地税局、市国税局、市发改委（物价局）、供电公司、水务投资发展有限公司	落实支持养老服务业税费优惠政策。养老机构用水、用电、用气价格，按照相应居民收费价格标准执行
市消防支队	完成辖区养老机构消费安全达标和设立许可
市委宣传部、市委老干局、市教育局、市老龄办、市文广新局、市体育局	发展老年教育。到 2020 年，实现全市 100%乡镇（街道）、95%村（社区）建立老年学校（学习中心）。100%乡镇、村建立远程老年教育学习网点。 繁荣老年文化。推动公共文化服务设施向老年人免费或优惠开放，简称“城区 15 分钟、农村 30 分钟”公共文化服务圈。到 2020 年，实现每个县（市）区和乡镇均有 1 处较为规范的老年活动中心
市委宣传部、市委老干局、市教育局、市老龄办、市文广新局、市体育局	加强老年健身。构建城市社区 15 分钟健身圈，新建居住区和社区按照相关标准配套建设老年人体育健身设施。到 2020 年，老年人体育活动中心覆盖所有县（市）区等
市数字办	建设信息平台。到 2020 年，建成全市统一的“智慧健康养老服务平台建设”

续表

牵头单位与相关责任单位	涉老公共服务主要职责内容
市发改委，市旅发委、市科技局、市经信委	培育养老产业。鼓励开发老年用品产业；发展候鸟式养老、旅居养老、健康医疗养老、以房养老、农家养老、会员制养老等新兴业态；培育养老服务龙头企业，打造养老服务产业园区，引导全市养老服务企业向规模化、信息化、品牌化发展；鼓励、吸引国内外养老服务领域知名企业来榕发展
市教育局	建设养老服务队伍。加强专业教育，鼓励在榕院校设置养老服务管理和护理专业；加大培训力度，到 2020 年，全市每万名老年人拥有管理人员和养老护理员均超过全省平均水平

资料来源：表格内容主要根据 2017 年 9 月，中共 F 市委 F 市人民政府印发《关于加快养老事业发展的实施方案》（F 委发〔2017〕14 号），2019 年 4 月 1 日 F 市人大常委会办公厅《关于开展养老事业发展工作专题询问的通知（F 人常综〔2019〕16 号）》整理而成。

说明：一个政府职能部门往往只负责养老服务具体建设项目和政策落实的部分环节，本表格只对具体职能部门负责的最重要环节进行梳理。有些部门机构改革调整后发生了名称变更，本表仍以制定任务落实方案时的名称为准。

附录七 2013-2019年社会养老服务田野调查情况

调研时间	调研地点	调研内容	调研主题
2013.6.18	上海市浦东新区	实地调研位于峨山路613号A座515室的浦东新区社工协会，与秘书长访谈	了解做上海市从事社区养老服务的社工组织情况，对接上海浦东新区乐耆社工服务社（乐耆）
2013.6.20	上海市浦东新区	上午：实地调研位于博山东路78号5楼的“金杨社区为老服务中心”，访谈乐耆金杨社区项目负责人	了解社工在社区居家养老服务工作领域的成长过程，了解社工提供社区养老服务的专业性
		下午：实地调研位于巨野路191号3楼的“洋泾街道老年人生活服务馆”，访谈乐耆洋泾街道项目负责人	
2013.7.5	上海市浦东新区	上午：实地调研上南八村237弄26号“周家渡社区老人日托中心/周家渡社区食堂”，访谈乐耆周家渡项目负责人	了解提供社会养老服务的社会组织如何融入社区
2013.9.10	上海市杨浦区	上午：实地调研杨浦区殷行一村74号殷行街道老年人服务中心，访谈乐耆殷行街道项目负责人	了解提供社会养老服务的社会组织如何融入社区
2013.9.11	上海市浦东新区	上午：实地调研浦东新区高桥镇学后街39号高桥幸福敬老院，访谈乐耆高桥项目负责人	从事社区养老服务的社工群体的未来发展之路
2013.9.13	上海市浦东新区	上午：实地调研浦东新区康弘路481号康桥社区生活服务中心，访谈乐耆康桥项目负责人余华	了解社工在社区居家养老服务工作领域的成长过程
2013.12.23	上海市浦东新区	上午：访谈上海浦东新区乐耆社工服务社（乐耆）副主任	乐耆是如何开拓社区养老服务市场的？
2013.12.24	上海市杨浦区	上午：实地调研杨浦区思明街道敬老院，访谈敬老院ZL主任	民办养老院的困境与需求
2013.12.25	上海市浦东新区	上午：实地调研浦东洋泾街道老年生活馆，访谈乐耆洋泾街道项目负责人	专业社工能将社区养老服务做到什么程度

续表

调研时间	调研地点	调研内容	调研主题
2015.3.23-24	福州、泉州、厦门	3月23日上午省民盟会议室开座谈会，福州市与养老服务业相关的工商局、发改委、民政局、商务局等部门人员与会；下午调研福州市金太阳老年综合服务中心、马尾福建医大附一康复医院、护养中心 3月24日调研泉州禾康智慧养老服务中心、泉州江南老年颐乐园、晋江龙湖镇龙湖尚善养老会所 3月25日在厦门市民盟会议室座谈，厦门市与养老服务业相关的工商局、发改委、民政局、商务局等部门人员与会	福建省民盟牵头，“养老服务产业问题”调研。 4月19日作者负责完成稿件《闽台社会养老服务产业合作现状与对策建议》的写作，并提交给省民盟
2015.5.21-23	松溪	参加福建省农村幸福院建设现场推进会	5月25日完成稿件《关于推进加强我省农村幸福院建设的政策建议》
2015.10.14	厦门	民政部养老服务业发展政策落实情况督察组来闽督查 上午督查厦门市爱心护理院、厦门市福利院、厦门市市民养老服务中心； 下午在白鹭洲宾馆召开座谈会，听取一线从事养老服务工作的养老院长、街道社区老年社会服务中心主任等多位人员发言	参与民政部“福建省2015年养老服务业发展情况”督查活动
2015.10.15	福州	上午参加“海峡两岸高龄化社会红十字会的角色与功能”圆桌会议	会上做主旨发言，题为：《高龄化社会红十字会角色与功能的完善：从急难救助型社会组织到现代人道服务枢纽型社会组织》
2015.10.16-25	福州	评阅《民政部2015年度政策理论研究课题》福建省参选稿件	—
2015.10.22	福州	上午到福州仓山安心老人护理院，与院长助理YQ访谈，约访院长LWZ	护理人才队伍的培养问题
2015.10.27	福州	下午到豪柏大酒店与台湾PJY总经理与HMZ副总访谈，次日邮件交流	台商对投资福建养老业的观点、感受、建议。详细了解P总在福建投资高端养老行业的经历

续表

调研时间	调研地点	调研内容	调研主题
2015.10.29	福州	上午访谈安心园（养老产业）投资集团 LWZ 董事长	台湾安心在大陆的发展过程及经营管理体会
2015.11.4-6	泉州、厦门、龙岩	分别赴泉州市好平安老人照顾中心、厦门市海沧社会福利中心敬善养老院、LH 爱心护理院、海沧长庚医院、龙岩市社会福利中心同心圆（香港）护理院等 5 所护理及养老机构实地参观，并与负责人深度访谈。	了解近年来各类民办和公办养老机构，台资与港资养老机构在福建的发展情况
2015.11.1	厦门	在厦门大学参加两岸关系和平发展协同创新中心社会整合平台工作会议	讨论两岸民生领域交流和融合发展研究计划
2015.11.7	福州	在福州悦华酒店参加福建省闽台青年企业交流中心成立大会	了解台青在福建就业创业情况
2015.11.10	福州	参加省台办牵头“一带一路”高层次专家咨询座谈会	研讨两岸养老产业交流合作可行性
2015.11.18	福州	福建省委人才办落实闽委人才［2015］4、5、6、7 号文件第三次协调推进会；向省民政厅提交《民政部 2016 年度课题研究》申报表，题为《闽台社会养老服务业合作模式与机制研究》	推进闽台养老服务产业学术研究
2015.12.4-6	合肥	参加中国侨联组织的专家向十三五建言献策会议，主题：聚焦十三五专家建言献策大会	讨论闽台养老服务产业交流合作
2015.12.8-13	福州	参加中国红十字会与台湾红十字会主办，福建省红十字会协办的系列主题活动	在 12 月 8 日海峡两岸第三届红十字社区共建交流活动中，做主题发言，题为发挥红十字会志愿服务在社区养老服务中的阿米巴效应
2015.12.10-11	福州	参加福建省委党校，福建行政学院闽台关系研究中心“新时期闽台关系发展的机遇、挑战与展望”研讨会	讨论闽台养老服务产业交流合作
2015.12.17-19	广东汕头南澳	参加 2015 年南澳论坛：汕头与台湾文化交流合作研讨	提交论文：两岸社会关系和平发展背景下的社会政策创新研究：以闽台社会养老服务业合作为例
2015.12.23	福州	第 25 期青干班专题讲座：当前阶段台湾局势与闽台关系发展的机遇与挑战	与学员讨论两岸融合发展思路与路径

续表

调研时间	调研地点	调研内容	调研主题
2016. 1. 27	福州	陪同厦门 LH 护理院 LL 院长，实地参访金太阳老年公寓（GL 区社会福利中心）、西园老年公寓	了解福州市机构养老发展情况
2016. 10. 25	台北市	上午：实地调研松山区老人社会大学，访谈台湾老人教育协会（附设老人社会大学）JZW 秘书长	台北市社会组织发展老人教育的经验；台北市民间力量参与社区居家养老的途径、方式 台北市政府老人福利政策的制定与推广
		下午：在台北市议会访谈台北市社会局老人福利科 YJL 科长	
2016. 11. 10	台北市板桥区	下午：应邀去亚东技术学院讲座，与学院医务管理系师生座谈	医疗管理在长照产业中应用，及两岸长照产业合作途径
2016. 11. 28	台北市大同区	上午：实地调研宜记梦想之家，与 XZZ 部长交流	台湾地区民营居家养老服务机构的运营
2016. 11. 29	台北市	上午：实地调研位于中山区的台北市私立仁群·群仁养护所，访谈 ZWR 所长	台湾地区社会养老机构和组织运营情况
		下午：实地调研天主教耕莘医院公建民营的大龙老人住宅	
2016. 12. 9	台北市	晚上：与台湾老人教育协会（附设老人社会大学）JZW 秘书长、台湾政治大学 WRQ 老师餐叙交流	台北老人教育的组织形式
2016. 12. 21	台北市议会	下午：拜访台北市“议会”GZY 议员	民意代表（议员）在基层社会与政府部门之间发挥的沟通联结作用
2016. 12. 22	桃园市龟山区	上午：应邀去铭传大学桃园市校区讲座，与铭传大学师生交流	两岸社会养老服务发展的异同
2016. 12. 24	台北市南港展览馆	参观台北国际健康促进暨养生照护产业展	台湾养老产业发展情况
2017. 1. 9	台北市中正区	上午：实地调研台北中正区忠勤里社区，访谈 FHS 里长	台湾社区居家养老服务如何实施
2017. 1. 12	台北市、新北市	上午：实地调研台北市忠顺社区访谈 ZNY 里长	台湾社区管理与老人服务
		下午：访谈新北市香坡里社区 LWM 里长	

续表

调研时间	调研地点	调研内容	调研主题
2017. 2. 24	平潭综合实验区尚楼村	上午：访平潭综合实验区尚楼村执行主任 ZNY	台湾社区营造及社区养老服务经验如何在平潭落地
2017. 11. 7	福州市 GL 区社会组织孵化基地	上午：与 GL 区台办 ZR 主任、马尾致睿青少年事务服务中心 TJR 主任等人交流	台湾社工如何介入大陆社区养老服务工作
2017. 11. 24	泉州市石狮市	下午：实地调研石狮市鸿山镇敬老院、石狮市东埔三村敬老院	农村自助养老是如何形成的
2018. 11. 12	泉州市鲤城区开元街道	访谈开元街道 YS 养护院院长 ZYH	民营机构如何解决融资的问题？社区如何落地医养结合？民营机构发展现状面临的最大问题是什么
2018. 11. 13	泉州市鲤城区开元街道	上午：访谈开元街道卫生服务中心 ZZK 主任	街道卫生服务中心如何介入医养结合
		下午：参加晋江社会组织孵化基地现场教学	社工服务机构如何介入社会养老服务
2018. 11. 15	泉州市鲤城区鲤中街道	上午：访谈鲤城区政府院内访谈鲤城区老干局金建发局长，实地调研鲤中街道通政社区，访谈通政社区书记陈淑华	如何做好离退休老干的服务工作？以户籍为口径的社区管理模式下，特别是老城区社区如何解决人户分离人口的老年服务问题？如何整合社区资源，做好老城区社区老年服务
		晚上：实地查看石狮市社会福利中心，与石狮市委常委 CYS 对谈养老	如何解决农村社会福利中心床位空置问题
2018. 11. 16	泉州市鲤城区鲤中街道	上午：实地观察 YS 养护员入住老人与家属、护理员互动情况	设在老城区社区里的养护院如何向周边社区辐射服务

续表

调研时间	调研地点	调研内容	调研主题
2018. 11. 19	三明市大田县	上午：广平镇铭栋幸福院实地调研	农村幸福院在农村居家养老体系中的作用
		中午：五龙山孝文化生态基地实地参访 万湖村幸福院实地调研	农村幸福院在农村居家养老体系中的作用
		下午：大田县泽惠养老服务中心实地参访 泽惠养老服务中心会议室座谈（参加者：泽惠养老服务中心负责人 JLS、大田县民政局局长 HGZ、原县组织部 J 部长、原卫计局 Q 局长、法律顾问 Y 律师）	如何在县级市建设可持续的居家养老服务体系
2018. 11. 20	三明市大田县	大田县中医院康乐园（医养结合）实地调研 大田县闽中康养中心实地调研	县级市医养结合的发展情况。县级民营养老机构的发展情况
2018. 12. 10	厦门市思明区	上午：中华街道家庭综合服务配餐中心、思南社区居家养老服务站、中华街道居家社区养老服务照料中心、思明区居家社区养老服务照料中心（区级照料中心、中民养老、上海和佑联合运营、公建民营） 下午：莲前街道居家社区照料中心（德善堂运营、民办公助）	一线城市中心城区社区居家养老服务的运营模式、盈利模式。 配餐服务的运行模式
2018. 12. 13	三明市	上午：大田县泽惠养老服务中心座谈 下午：三明市台办座谈	闽台居家养老产业发展交流
2018. 12. 14	福州市	上午：福州高新区 ZL 老年之家	闽台居家养老产业发展交流
2018. 12. 17	泉州市丰泽区城东街道	下午：参访城东街道浔美社区居家照料点，与浔美社区书记 WYS、丰泽区民政局工作人员等座谈	如何选择合适的居家照料中心运营伙伴

续表

调研时间	调研地点	调研内容	调研主题
2018.12.18	泉州市晋江市青阳街道	上午：参访青阳街道普照社区养老服务日间照料中心，与普照社区老人会及蔡氏宗亲会理事长 CJH、CHP 等座谈。 下午：参访青阳街道青华社区养老服务照料中心，与青华社区 ZGQ 书记等人座谈	县级市社区居家照料中心运营模式
2018.12.19	泉州市晋江市磁灶镇	上午：参访晋江磁灶社区医护航家护理院，与泉州市伊护航家护理服务有限公司执行董事 CJF 等人座谈。 下午：参访磁灶镇大埔村敬老院，与大埔村吴清水副书记、敬老院 WJP 院长等人座谈	县级市村镇养老机构运营模式
2018.12.20	漳州市	上午：与福建聚芝林医药连锁有限公司、招商局漳州开发区中山医院、漳州卫生职业学院附属国医馆董事长、院长 WRM；漳州卫生职业学院纪委书记 SZH 等座谈。 下午：参访漳州市正兴 XLF 养护院，与正兴医院、正兴养护院 CZ 院长等座谈	民营养老机构医养结合中存在的具体问题与推展实践
2018.12.21	漳州市诏安县	上午：诏安县西潭镇敬老院调研，与诏安县副县长 YF、诏安县政府办 LDM 主任、西潭镇 SXQ 镇长等座谈。 下午：与诏安县民政局陈立生局长、诏安县福利院 LHW 院长、诏安县政府办 LDM 主任等座谈。 实地调研诏安县社会福利中心、红星乡敬老院（位于西埔村，是青梅之乡，青梅产业园）	经济欠发达县落实适度普惠型社会养老事业政策遇到的具体困难。
2018.12.29	上海市同济大学	参加第四届中国第三方评估论坛	就养老服务评估主题与与会专家学者交流
2019.1.1	福州高新区 ZL 老年之家	上午：与 SD 院长、大田县 JJZH 养老产业发展公司 JLS 董事长座谈	社区居家养老服务照料中心的运营模式
2019.1.5	三明市大田县	下午：实地参访大田县社区居家养老服务点	闽台居家养老服务交流

续表

调研时间	调研地点	调研内容	调研主题
2019.1.9-12	组织闽台养老服务业界赴福州、三明、泉州、漳州等地交流学习	1月9日下午参访福州高新区ZL老年之家，与中华文化经济交流促进会PJY理事长、ZL老年之家SD院长座谈	闽台居家养老服务交流；如何培养养老服务人才
		1月10日下午实地参访大田县社区居家养老服务点，与中华文化经济交流促进会PJY理事长、JJZH养老产业发展公司JLS董事长座谈	闽台居家养老服务交流；如何培养养老服务人才
		1月12日下午实地参访晋江磁灶社区医护航家护理院，与泉州市伊护航家护理服务有限公司CJF执行董事、中华文化经济交流促进会PJY理事长、JJZH养老产业发展公司JLS董事长等人座谈	闽台居家养老服务交流；社区居家养老服务照料中心的运营模式交流探讨
		1月13日与泉州市伊护航家护理服务有限公司CJF执行董事、中华文化经济交流促进会PJY理事长实地考察漳州市机构养老与社区居家养老发展情况；与福建聚芝林医药连锁有限公司、招商局漳州开发区中山医院、漳州卫生职业学院附属国医馆董事长、院长WRM、漳州卫生职业学院纪委书记SZH及PJY理事长、CJF执行董事等人座谈	闽台居家养老服务交流；公建民营养老院医养结合运营模式探讨
2019.2.14	福州市高新区和马尾区	上午：实地调研福州LH爱心养护院与马尾镇居家社区养老服务照料中心，访谈WHP院长	了解居家社区养老服务照料中心建设与运营过程
		下午：实地参访福州高新区ZL老年之家和福州高新区镇村居家社区养老服务照料中心	
2019.3.7	福州市仓山区	实地调研仓山齐安GY寺，访谈主持HZ师父	了解寺庙养老实践
2019.3.11	泉州	晚上：与泉州第二附属医院护理界人士WLX、HFF、CLK等人座谈	如何有效发挥专业护理人士在养老服务业界培训等方面的作用

续表

调研时间	调研地点	调研内容	调研主题
2019. 3. 12	泉州	上午：实地调研丰泽区开元街道社区居家照料中心及 YS 养护院，访谈 ZYH 院长	可持续发展的社区居家养老服务商业模式发展的方向
2019. 3. 12	漳州	下午：实地调研漳浦台创园区台康园，访谈 LSH 总经理	如何展开闽台养老养生产业合作
2019. 3. 13	三明市大田县	晚上：与 JJZH 养老产业发展公司 JLS 董事长、中华文化经济交流促进会 PJY 理事长、福州高新区 ZL 老年之家 SD 院长、漳州卫生职业学院附属国医馆董事长、院长 WRM 座谈	可持续发展的社区居家养老服务商业模式框架
2019. 3. 14	三明市大田县	参加“海峡两岸孝文化与健康养老交流会”，并做“发展中国特色社区居家养老服务业”的专题讲座	探索闽台社区居家养老服务业合作模式
2019. 3. 25	福州市福州高新区	上午：实地调研福州高新区村镇办社区居家照料服务中心 下午：与 ZL 老年之家 SD 院长、大田 JJZH 养老服务产业发展公司 JLS 董事长座谈	社区居家照料中心运营方式；养老机构精细化管理
2019. 4. 17	福州市TJ 区	下午：实地调研 TJ 区上海街道万颐·ZHF 嵌入式家园，与 TJ 区民政局 LYS 局长、万颐项目负责人 ZXY 座谈	民政局推动中心城区养老服务工作的思路和困难； 万科集团参与社区养老的思路和进展
2019. 4. 19	福州市TJ 区	下午：实地调研新港街道社区居家养老服务照料中心，与福建省福龄金太阳健康养老股份有限公司运营管理部总监 WSL、TJ 区民政局养老科 ZL 科长座谈	民政局如何在社区居家养老中发挥支持和监督作用；社区居家养老企业运营的特点和难处
2019. 4. 20	福州市仓山区	下午：福建修园堂中医康养服务有限公司专家委员会筹备会	如何从中医康养角度提供质优价廉的健康养老服务；实务运作的思路框架
2019. 5. 15	福州市GL 区	上午：为福州市人大做专题讲座，题目：社会养老服务：政策演进与实践进展	辅导人大代表做好 2019 年政府养老工作询问职能
2019. 5. 19	福州市晋安区	上午：参加“修园堂中医康养集团”（晋安）台创基地开业典礼	典礼致辞
2019. 5. 21	福建省民政厅	下午：省民政厅“推进养老服务发展征求意见座谈会”	推进养老服务业发展行动方案

续表

调研时间	调研地点	调研内容	调研主题
2019. 5. 24	泉州市养老服务组织孵化基地	下午：为泉州市养老服务组织孵化基地做专题讲座，题目：社会力量参与社会养老服务业：市场前景、政策趋势与商业模式创新	与机构负责人和社工代表现场交流
2019. 5. 31	福州市仓山区	实地调研仓山齐安 GY 寺，访谈浙江奉化佛教安养院 DD 师父、齐安 GY 寺主持 HZ 师父	佛教养老机构的发展与运营
2019. 6. 15	厦门大学	参加第三届孝道文化与健康养老高峰论坛，提交论文：中国特色社区居家养老服务体系建设的商业模式与实践探索	孝道文化与养老产业发展
2019. 6. 16	泉州晋江	参加福建电大泉州片区“乡村振兴人才培养计划”教学活动，做专题讲座：农村养老工作进展与塑造个人特色的基层工作方法	基层干部对农村养老工作的认知与基层养老工作方法
2019. 6. 17	平潭综合实验区	参加第八届共同家园论坛“两岸村里长交流”座谈会	两岸社区治理实践中的社区老年服务
2019. 6. 18	福州	与福建修园堂康养集团 WXW 董事长、福建电视台 DJ 编导座谈	中医中药健康知识生产平台建设
2019. 6. 24	福州	访谈 ZL 老年之家院长 SD	民办养老机构服务递送
2019. 6. 29	福州永泰	为福建省律师协会“第三期优秀青年律师入库人才研修班”做专题讲座	与省优秀青年律师讨论法律专业在社会养老产业中的应用前景
2019. 7. 6	泉州华侨大学	参加泉州市人口学会会员大会暨泉州市社科联学术活动——华侨大学公共管理研究生论坛：“人口生育转变与社会政策应对”学术研讨会，做大会主题发言	中国特色社会养老服务问题与养老产业商业模式创新
2019. 7. 11	福州市贵安溪山温泉酒店	上午：为福建省水利厅老干系统做专题讲座，题目：社会养老服务：政策演进与实践进展	为福建省水利厅老干工作系统干部队伍做业务培训讲座
2019. 7. 18	福州	上午：与福建电视台老年栏目 DJ 编导、福建省菲莱特信息技术有限公司 LFH董事长座谈	智慧家居产品在居家养老场景中的开发与应用
2019. 8. 17	泉州华侨大学	参加第二届中国公共管理论坛——公共治理现代化：理论与实践，做分组发言	发言题目：机构养老服务的递送机制：基于福建的田野调查和个案研究

附录八　社会养老服务递送研究深度访谈文字记录稿

2019 年社会养老服务递送研究深度访谈情况表

访谈时间	访谈对象	访谈地点	访谈主题	访谈编号
2019.6.24	福州市高新区 ZL 老年之家院长 SD	福州高新区 ZL 老年之家	机构养老服务递送	深度访谈 001-20190624-SD
2019.7.1/7.5	TJ 区上海街道万颐·ZHF 项目负责人 ZYX	TJ 区万颐·ZHF	机构养老服务递送	深度访谈 002-20190701-ZYX
2019.7.3	福州市社会福利院院长 HMQ	福州市社会福利院	机构养老服务递送	深度访谈 003-20190703-HMQ
2019.7.9	福州市 XLH 马尾区社区居家照料中心主任 YZL	马尾区社区居家照料中心	闽台社区居家养老服务递送理念差异	深度访谈 004-20190709-YZL
2019.7.12	福州市 TJ 区民政局局长 LYS	TJ 区万颐·ZHF	地方民政部门在推动养老产业发展中的作用	深度访谈 005-20190712-LYS
2019.7.25	福建师范大学公共管理学院社会工作系副教授 KYP 博士	启迪之星创业咖啡	社工在养老服务工作中的地位作用	深度访谈 006-20190725-KYP
2019.7.25	福建中医药大学护理学院 PSQ 博士、硕士生导师	福建中医药大学	自助养老、抱团养老的可行性（居家养老的特殊形式）	深度访谈 007-20190725-PSQ
2019.7.27	福建省大田县 JJZH 养老产业发展有限公司董事长 JLS	福州市高新区 ZL 老年之家	社区居家养老服务商业模式创新	深度访谈 008-20190727-JLS
2019.7.28	金门大学社工系助教 YHZ 博士	作者办公室	福建省养老机构中社工的作用	深度访谈 009-20190728-YHZ

续表

访谈时间	访谈对象	访谈地点	访谈主题	访谈编号
2019.8.16	泉州市YS养护院院长ZYH	泉州江南老年颐乐园	民办养老机构的成长与发展	深度访谈010-20190816-ZYH
2019.8.18	漳州市XLF养护院院长CZ	漳州市XLF养护院	民办养老机构管理体验与行业认知	深度访谈011-20190817-CZ
2019.8.19	福州市福满人间安养院HZ、HG师父	福州市福满人间安养院	寺庙养老的优势与困境	深度访谈012-20190819-HZHG

注：编码规则为访谈序号+访谈时间+访谈对象代号。

2019.6.24 福州市高新区ZL老年之家SD院长

访谈编号：深度访谈001-20190624-SD

访谈对象：福州市高新区ZL老年之家SD院长

访谈时间：2019年6月24日下午3点

访谈地点：ZL老年之家

访谈主题：机构养老服务递送

1. 全省养老助老行业协会会员单位中养老机构的基本构成。

（以书面材料提供）

2. 谈谈你从事养老服务行业的经历和感受。

偶然接触养老，性格比较适合做养老。天生觉得能接触老人，不怕经常面对老人去世，也不会害怕照顾老人大小便。所以觉得自己能做这个行业。

开始做的时候，比较盲目。只是觉得自己能干这事，但并没有从行业专业角度去看，摸着石头过河，盲目蛮干。2018年，我开了第一家养老院，即安心养老院，对养老的认识，应该说不够全面。觉得做养老是慈善性质，所以什么人都收。不管身体好坏，也不管钱多钱少，甚至弱势群体也都收。尤其是购买能力特别差的老人，好像更有收住的冲动。慢慢做着做着，对行业的认知，对管理也深入了，开始觉得需要改进了。

（追问：哪些感悟呢?）收住低收入群体，但毕竟还有一部分是市场化，都在同一个环境下生活。发现，如果没有过多的收入，两者混在一起，考虑到老人的心理，对待老人一视同仁，时间久了，经常发现，护工也干得很辛苦，觉得应该提升老人的生活品质，也应该减轻员工的工作负担，提高员工的收入，这些都需要收入。这就发现，这样的做慈善，未必是真慈善。看到员工辛苦，看到老人没有达到我预期的幸福指数，感觉自己是在作恶。我也对不起那些高收费的老人。

我对养老行业的认识也开始逐步深入，养老也分很多种。大家的定位不同，使命不同，服务对象也不同。比如，公办福利院，起到兜底作用，比如收入特困老人，这是政府应该做的，这不是民营小机构该做的。光荣院，收住退伍老军人；农村福利院，收住空巢孤寡老人；民营的机构，根据硬件配置条件，应该面向社会服务，市场化运营，是属于普惠型养老，我们应该把这部分做好。慢慢地，我就提高收费，不能渡所有人，在我的空间范围，把入住这里的老人服务好，把跟随我的员工照顾好。所以，慢慢地，低收费的老人就不收了，把自己该做的事情做好。

但是，还是有无力感出现。调整价格之后，整体服务水平有所改善，这个过程持续了大概两年左右，大约在2010-2011年。2011年时，机构相对稳定了，可以想想发展的事情，所以就跟股东商量，其他行业可以做连锁店，为什么养老院不能连锁？股东说，可以连锁，但没有人去做（就是没有运营团队的意思），我也想过了。那我就一起做吧。就这样，又成立了福州安心园投资咨询有限公司。招兵买马，做加盟拓展业务。2012年，公司成立后，碰到的第一单就是海峡颐乐园。我就过去当了一年的院长，我两边兼，海峡和安心园两家机构都是我在管理。第二个加盟辅导的机构是龙湖SS养老院。这样业务慢慢扩展了。业务向外省拓展的第一家是在河北，后来又扩展到安徽、武汉、山东、温州。我过去主要市场调研、机构定位、组织架构建设、规章制度和流程的建立、薪酬标准的建立、空间使用规划、采购指导、人员培训等。每一个加盟机构，至少去三趟，第一趟二趟三两天就够了，开业后要指导半个月。这样做了两三年。2014年，碰到公司发生股东变化，他们的定位跟我的追求不一样，我就退股了，彻底退出安心。

刚好协会成立，我在这里又做了一年半到两年。同时，我还想物色合适的场地、合作伙伴，开一家新的养老院。2015年协会开始筹备，2016年6月成立。2013年的时候，社区居家养老也慢慢起来了。这一年金太阳在GL区做了78个社区服务点。接着是海都公众、禾康智慧、智宇、三盛青鸟、威尚等纷纷进入社区居家养老领域，各级民政部门的养老院纷纷向外发包，公建民营。在协会工作的两年时间，接触了很多想进入养老行业的社会人士。有的是手中有地想做养老，有的是正在做养老，要找地扩张，有投资养老的，找机构并购的，还有做可穿戴设备和智能家居的，适老化改造的，各种护理设备，护理耗材，各式各样的人，接触非常多。在这些年当中，我发现当初不太好用的一些小工具，比如护理用的约束手套、约束带、翻身垫、握力球，以前没有这种东西，我们得自己去做。像约束手套，我们当初买不到好用的，就自己手工缝制，我们用大可乐瓶，剪一半，套上布袋，绑在手腕上，瓶身戳一些小洞洞，用来透气。都是用这种土发明、土作坊的方式来解决护理中遇到的小难题。我们还发明了一种巴掌大的软袋子，跟手套一样，用来约束手，防止拔管。我们在手套中间，在手心那一面用两层布，用一个硬纸板或塑料板塞进去，这样手就不能抓东西了。但是用了一段，发现板子都太硬，手容易压疮。后面才发明了可乐瓶的方式，但是可乐瓶约束带不好做、不好看。在协会工作了两年，护理的产品就慢慢有人做了。类似这些护理耗材，就冒出来了，甚至还有约束衣、护理服，老人穿上又束缚，又能起到防护作用。类似这样的东西，越来越多。各种各样行业的人，都想来做养老，找我咨询。通过前面这些年的经历，我碰到了一个契机，开始筹备 ZL。

ZL 综合了这么多年的从业经验，以及对行业的评估，决定定位中高端。一个是自己想做一个品质好的养老院，福州现在也缺中高端的项目，也是补市场的短板。一直做到今天。

3. 谈谈 ZL 老年之家成立一年多来的发展情况。

2018 年 5 月 ZL 试运营。开业一年多来，入住的速度比我预期的要慢，收费比我预期的高。原因是：我们比市场价高，我不愿意牺牲价格来降低品质，只有这样坚持走中高端路线，再加上附近的 GD 带来冲击，吸引了部分客源。按预计，现在应该有 70 人，现在才 50 人，20 床每月少了 10 万元的收入。4 楼和 5 楼因为资金不到位，不能收住，这些都造成成长速度慢。我可以坚持 4、5 个月，未来半年，如果能达到收支平衡的话，我一定不动价格。否则，就下调价格。

通过一年多的运营，我发现社会各界都很认同 ZL。政府部门、同行评价和家属反馈都不错。还有一个感受就是，比过去做安心水平高多了，反而比那时轻松很多，一个是有团队，再一个轻车熟路，所以比较轻松。

如果有实力，我想扩大后面两栋楼，当然这要根据市场情况来看。

从阶段性来看，除了资金的压力，入住率没有达标，请不到强的运营人才，把 ZL 做得更强大，更精致。缺对外的形象包装。还有一些问题，是需要等待，比如门口的路一直在修。从运营本身来讲，我不担心，对 ZL 的未来，我也是有信心的。还有就是，员工素质不强，又没有钱请很好的师资过来培训。

4. ZL老年之家运营情况：包括运营资金来源、构成；运营开支构成；运营收入构成。

资金自筹，投资部分1200万-1300万元。包括装修900万元，各种小件办公用品、耗材100万元，设备300万元（包括空调、电器、洗衣机、家具、护理床）。

一年来运营亏损200多万元。成本33万元/月，成本构成：房租11.5万元/月，工人工资15万元/月，伙食费3万-4万元/月，80多人吃饭。营业额28万元/月，收入构成：养护费5300元/月/人，护理耗材、医药费、福利费或过节费2万-3万元/月。

工资水平：不含五险一金，食宿和年终奖，平均工资6000元。其中，管理人员5000元，护工5000-7000元。

5. ZL老年之家的价格标准是如何确定的？

床位费、护理费和伙食费三项构成。按均价5300元/月/人，其中伙食费900元，护理费中自理500元，半护理1500元，全护理2000元，剩下的是床位费。

目前福州市综合平均在4200-4300元左右，我就根据这个标准定价更高一些。高在硬件、伙食标准、服务和人员配备。我有信心老人会买单。目前收费在4300-8000元之间。

6. ZL老年之家的员工（主要是护理人员和管理人员）是如何招募、训练培养的？

管理人员有5、6个，包括院长、总务、业务、财务、社工、行政、副院长（GL医院退休院长），这个团队10来年来一直跟着我。护理人员两个医生、两个护士。护工11个。老人50多个。

护工都是通过内部员工亲戚朋友介绍，都是来自外地。护工招募以后都是手把手实操，言传身教，老带新的教。护工首先要有爱心、耐心，聊几句就可以看出来了；护工有三个月试用期，除了面试筛选，就是试用期了。我们对护工的基本要求是干活麻利、干净清楚。护工培训主要以自己培养锻炼为主。协会和民政部门的培训质量不高，不实用。

7. ZL老年之家通过哪些渠道做推广和营销？成本和收益情况如何？

主要在百度推广，每月平均13000元。电梯灏景梯视广告，做了5000

个电梯广告，做了半个月，没效果，就没做了。报纸广告。省内有省老年报、海都报、东南报、福州日报、福州晚报。我没有做，因为纸媒看的人越来越少，就算有人看，也效果有限。电视广告。做不起，也没人看。网络推广渠道。除了百度，还有酷狗、搜狗、360。因为百度受众最多，效果也最好，所以就选择百度。从开业到现在都在百度上投入广告。70%-80%的老人都是这个渠道来的。剩下的就是熟人介绍的。老人介绍老人的，约占10%。亲戚朋友介绍10%。

3月份的时候，我们做了一个朋友圈集赞推广活动。3个月来，约有10几个老人参加了集赞活动，一条朋友圈集赞50个，就能得到100元奖金，抵扣老人当月费用，但每月每个老人拿到奖金的额度不超过300元。

根据我这么多年的经验，推广与入住率是反比关系。随着入住率的升高，早期70%都是营销，后期70%都是口碑介绍来的。越往后，推介的渠道就越靠口碑。

8. ZL老年之家入住的老人有什么特点？（包括身体状况、收入水平、性别、职业、子女情况、居住地点等）

我收住的都是失能失智老人，截至今天，失能一半，失智一半，失能失智占三分之一以上。入住老人以知识分子和退休公务员居多，收入水平约在每月5000元以上，70%以上都是用自己的退休金支付，平均一周一次看望老人的子女有30%，半个月一次的有20%，剩下的都是20天以上才来看一次。根据我多年的经验，入住ZL的老人与子女的互动算是偏高的。一个是子女在外地，忙，甚至在国外的，没有时间过来。我们给每个老人都建了一个家属群，老人有什么事，每天的动态、照片和视频家属都知道。也有四分之一的老人自己有手机，跟子女互动比较方便。鼓励老人和子女互动是我们提高服务质量的一种重要方式，效果也很明显。老人入住ZL，3-5天就能适应ZL的环境和作息习惯。如果是低端养老院，没有余力细致照顾老人，老人就得硬适应。在ZL，是帮助老人适应的，慢慢过渡。

附　ZL老年之家收费标准

收费标准

楼层	房型	房间描述	床位费（元）	伙食费（元）	服务护理费（元）			总计费用（元/月/人）					
					自理	半护理	全护理	自理	9折	半护理	9折	全护理	9折
2/3	双人套间315	高档中式装修、红木沙发、实木家具、45寸数字网络电视2台、ABS双摇护理床、无线WIFI、服务呼叫系统、紧急呼叫系统、消防自动报警及喷淋系统	6900	900	500	1500	2000	8300	7470	9300	8370	9800	8820
	双人套间201/301		6400	900	500	1500	2000	7800	7020	8800	7920	9300	8370
	双人套间314		5900	900	500	1500	2000	7300	6570	8300	7479	8800	7920
	双人标间		3200	900	500	1500	2000	4600	4160	5600	5040	6100	5490
	单人间（211-223）		4400	900	500	1500	2000	5800	5220	6800	6120	7300	6570
	单人间（224-225）		4100	900	500	1500	2000	5500	4950	6500	5860	7000	6300
	双人间（219）		3400	900	600	1500	2000	4800	4320	5800	5220	6300	5670

说明：

以上项目不包含的有：

1. 个人衣物、日用品、营养品、纸尿裤。医药费、各类耗材及个人代购品券；

2. 私人房间电费超出部分（每人每月保底30度，超出部分按照电业局收费标准计费）；

3. 外出就医或住院期间产生的医药费/交通费；

4. 选购项目：床寝费用1980元/套，包括：护理专用防水床笠1个、乳胶保健记忆枕1个、丝棉枕1个、冬季丝绒被1个、空调被1个、植绒床笠2个、植绒枕裹2个、植绒被裹2个、植绒中单2个，共13件。如有选购则上述物品归个人所有。

5. 特殊护理项目按如下标准加收特殊护理费：

尿管 300 元/月　　造瘘 600 元/月　　鼻胃管 600 元/月

骨折 800 元/月　　牵引 500 元/月　　褥　疮 500-1000 元/月

气节 1800 元/月　　植物人 1000 元/月

6. 节日福利费1000元（含：元旦、春节、元宵节、母亲节/父亲节、端午节、中秋节、重阳节、生日会、共8个节日，平均每个节日125元。）

优惠方案：

1. 前期优惠名额已满，第二个20名入住养护费可享9折优惠；

2. 在此基础上一次性交费一年，可再打9.5折（注：如未住满1年，按原价计费）。

2019.7.3　福州市社会福利院 HMQ 院长

福州市社会福利院最初设计床位 110 床。现在使用的新老年公寓是福州市政府投资 1500 万元建设的。设计了八层，建筑面积 8300 平方米，床位 260 张，2009 年 10 月正式投入使用。第二期老年公寓床位数 246 床，其中 3 楼、5 楼已经投入使用。福利院率先在全省设立专门收住失智症老人的护理专区。入住福利院的老人分成三个护理等级，包括自理老人、半护理老人和全护理老人。目前，福利院共计有床位数 616 床。

7 月 3 日下午 2 点 45 分，作者开车前往位于仓山区湖边村李厝山路南的福州市社会福利院，正碰上福利院下午上班时间，随 HMQ 院长例行查房后，到老年公寓二楼会议室参加有全体院内老人参加的民主生活会。这次民主生活会由副院长主持，首先由社工讲福州市正在推行的垃圾分类，接着是厨师就夏季养生汤的内容，征求大家意见。时间不长，不到 20 分钟就结束了。

与 HMQ 院长、书记的深度访谈是在老年公寓 8 楼接待室进行的，从 4 点一直聊到晚上 7 点半。5 点 30 分下楼到楼食堂跟老人们一起吃饭。

访谈编号：深度访谈 003-20190703-HMQ

访谈对象：福州市社会福利院 HMQ 院长

访谈地点：福州市社会福利院

访谈时间：2019 年 7 月 3 日下午 3 点到晚上 7 点半

访谈主题：机构养老服务递送

1. 谈谈您对全省机构养老的总体印象和基本评价。

政府对养老的规划、政策支持、人才培养，是相对滞后的。人才培养这块非常关键，人才包括管理人才、护理队伍、医疗团队，我们省都做得不够。硬件好投入，看到成效也很快。民政厅近三年有开办养老护理员培训班，第一期，留了几个人，第二期留下来 2 个，到第三期一个都没留住。对机构监管也不到位。相比较而言，我觉得我们临近省市，比如温州市的民政局在对人才的培训、对机构的监管方面，就做得比我们好。

2013年后，我感到国家要大力发展养老服务业，对管理的压力更大了。要起到标杆作用，要做的事情很多，要发挥公办养老机构的示范引领作用。

2. 谈谈您从事养老服务行业的经历和感受。谈谈您主持福州市社会福利院工作后，福利院的发展情况、阶段。在您的职业经历中，入住福利院的老人需求有变化吗？对管理能力的要求有变化吗？福利院每个发展阶段主要服务内容有变化吗？福利院护工服务的专业化程度如何？

2002年刚来（福州市社会福利院）的时候基础比较差，主要做政府供养对象，因为基础差，有点心灰意冷，自己是副团职，有点落差。工作3个月后，老人对我认可度就很高。我曾经有机会去省里，我老婆说，在哪里都做工作，这里老人这么喜欢你，那你就在这里做吧。今天想起来，我做的选择都是对的。我自己也感觉，人在哪里都要工作，自己感觉这里的工作还是很有意义的，于是开始扎根做工作。开始从硬件设施改善做起，让每个老人房间有空调、有电视。伙食也管理起来，老人吃得满意。福利院慢慢发生了变化，管理上去了，入住率慢慢提高了，职工队伍跟上来了，能跟我们步调一致。

到了2004年，两年时间里，院里110张床慢慢住满。2007年，建老年公寓1号楼，2009年10月投用246床，整个硬件上了新台阶。2009年3月开始做分级护理，把入院老人分为健康老人、半护理老人、全护理老人三类，然后在全院实行分区管理：全护理一个区，半护理一个区，失智专区。2011年5月，我们去北京一福院参观，我们护理员说他们做得还没我们好。到2011年上半年，知名度有了，出现了需要排队入住的情况，一直持续到现在。2013年我们参与了养老机构护理标准制定，我们把前几年的经验融进了地方标准，后来又参与了2个国家的标准化试点工作，我们的专业化水平得到提高，服务水平也得到提升。2008年我们福利院成为民政部社工人才建设试点单位，2012年成为省级标准化试点单位，2014年成为民政部养老服务标准化试点单位，2015年成为国家级公共服务和社会管理标准化试点单位。

我们对护理队伍人才的引进一直很重视，从省卫生职校引进专业护士，从民政学校养老护理员专业引进人才，使护理队伍的知识结构和年龄结构发生大的变化。我们从待遇上留人，有大专学历的每月工资比别的护工多300元，目前有1个大专，4个中专。

做养老院管理，首先要自己想去做，发现差距，一点点去做，拉近距离。利用学习培训考察的机会，学习别人的优点。2014年，去台湾，看到所有护理人员分菜分饭戴手套，我回来后马上就学了。硬件投入，环境设计，点滴学习复制。

我们福利院按照严格的层级制度管理，采取AB角制度。总体是人少事多，有时候开个会要等一周。党十八大前，我可以发值班费，之后，我就不能发了。院长要值班一周，每天8点半必须早班会，8小时外查岗每周不少于两次。特殊情况，如台风、极端恶劣天气，春节，重要节点，院领导在岗24小时待班。院里行政值班，5个部门，负责当天所有日常工作的处理。医务室24小时值班，随时处理老人病情。各个护理区，护理人员24小时值班，全护理半护理三班倒。自理老人区上正常工作班。2013-2014年，我的管理模式才成型，前后将近花了10年。直到2017年，我才开始有公休，之前都没有节假日。

在我手下培养出去的人才，输出到民政系统管理岗位的副院长就有5个，分别是福州市儿童福利院、福州市第二社会福利院去了2个、厦门市集美区卫生服务中心（医疗护理副高职称）、本院副院长1个。

3. 福利院的收费价格标准是如何确定的？

根据《福建省人民政府关于印发福建省定价目录的通知》（闽政〔2017〕56号）和《福建省物价局 福建省民政厅关于印发〈福建省养老机构服务收费管理暂行办法〉》的文件精神，向主管局申请转报福州市物价局定价。按照福州市物价局成本分局的要求提供包括基本信息、近三年经营状况、政府财政性资金投入情况及成本监审相关材料进行成本监审，物价局在开展成本监审的基础上，按照非营利原则，并充分考虑群众承受能力、市场供求状况、养老机构等级和护理等级等因素核定我院的收费标准，我院按照市物价局核定的收费标准进行收费。

4. 福利院运营情况：包括运营资金来源、构成；运营开支构成；运营收入构成。

我院是财政全额拨款事业单位，严格执行收支两条线，资金来源于一般公共预算拨款、基金预算拨款和财政专户拨款，主要用于人员支出、商品和服务支出、对个人和家庭的补助支出、资本性支出、固定资产折旧等。运营收入包括床位费、普通护理费、特别护理费、伙食费、杂支费、电费、护理用品、医疗收入等。

5. 福利院的员工（主要是护理人员和管理人员）是如何招募、训练培养的?

在编 25 人，入住老人 280 人。临聘 82 人，其中护理人员 56 人。其中事业编制的构成是：院长兼书记 1 人，行政副院长 1 人，业务副院长 1 人，下设办公室在编 5 人、财务室 2 人、食堂 4 人、护理部 2 人、医务室 4 人，一共 5 个部门。在编人员工资是事业单位全额拨款，工资平均 4500 元。临聘中，护理员按护理等级，收入分为 3500 元、4500 元、5500 元三等。临聘人员严格按照规定招聘，按照财政规定，健康老人 1∶9.5，失能 1∶4，半失能 1∶6。按照这个标准，每聘一个，财政提供工资，平均每人每月 3900 元。过去我还可以对临聘人员加工资，现在审计很严，都加不了。

我的护工主要来自海都报、民政学校和护理自己介绍的亲戚朋友。四川、重庆人为主，占 80%，好几对是夫妻一起来。我们的要求是有文化，值班记录能填好；每天早上 8 点半有早班会，口述能交班清楚。基本条件是对老人要有爱心。我们挑选比较好的跟班，以老带新，以好带新。跟班学习 3 个月，再根据各个时段开展业务培训。我们 2006 年去市二医院看老人住院，发现一对 80 后护工很好，我们把他们挖过来，他们来后带动了护理技术的提高。我们有护理出身的副院长，结合他们学校学的专业和养老需求，经过几年的积累，框架就建立起来了。

前几年省厅要求提高持证率。我们也会根据工作要求，定期不定期培训，开展技能竞赛，每年针对护理人员，护理部上下班半年分别开展笔试及实操考试和不定期培训等。参照事业单位，满三年，给一趟探亲假。每个月进行绩效考核，优等 500 元，考核过了才能拿到。每年评选一次优秀工作人员，获得优秀的人员，奖励 500-800 元。优秀的浮动工资，每月浮动 100-300 元不等。这里工作的夫妻护工，上班提供工作餐，需要住宿的，都提供住宿。以前都是周边村民来做护工，现在他们做不了。一是要有爱心，二是要有专业化服务，比如心理疏导，24 小时三班倒，值班记录和交接班口述，这些人都做不了。另外，这些人年龄大了，60 岁左左右，他们学不了，做不清楚。省里做了很多护理员培训，效果不太好。首先是教学师资，跟实际结合不深，有的把标准定得很低。有的为了通过率，为了拿证。送教上门的方式，就更没效果了，时间有限。我觉得培训要考级，比如初中高级，这样才能达到效果。一锅煮的方式，效果是不好的。

6. 入住福利院的老人有何条件？入住的老人有什么特点（包括身体状况、收入水平、性别、职业、子女情况、居住地点等）？

优先保障对象是城市特困老人；低保或低收入家庭中孤寡、失能、半失能、失独或高龄老人；享受市级以上劳模待遇；因公致残或见义勇为伤残人士中失能或高龄老人。按政府标准支付给养老机构，平均每月每人1500元左右。目前院里住了25人。

自费老人的条件是：60周岁以上，无精神病、无传染病、无严重皮肤病、中国户籍公民、有法定监护人，且自愿入住。

入住流程：按照《院入住评估与轮候管理办法》，（1）老人申请入住进入轮候等候；（2）等候轮候通知进行院前评估；（3）进行条件审核开展入住评估；（4）签订入住协议缴费入住；（5）分区入住进行护理观察。

根据福州市社会福利院提供的书面材料，收费标准计算如下。

最低收费：(40+13)×30+680+110=2380（元）。

最高收费：(92+80)×30+680+110=5950（元）。

《福州市社会福利院收费标准》详见福州市社会福利院微信公众号“福州市社会福利院”。

福州市社会福利院收费标准公示

资料来源：福州市社会福利院公众号，https：//mp. weixin. qq. com/s/hBPzs4VRhZyh86R_ NWIUrQ。

附件1　福州市社会福利院老年公寓1号楼基本床位费和护理费收费标准

单位：元/日/人

<table>
<tr><th rowspan="2">大楼</th><th rowspan="2">楼层</th><th rowspan="2">户型</th><th colspan="2">收费项目</th><th rowspan="2">合计</th></tr>
<tr><th>床位费</th><th>普通护理费</th></tr>
<tr><td rowspan="11">老年公寓
1号楼</td><td rowspan="2">二层</td><td>朝北双人间</td><td>30</td><td>16</td><td>46</td></tr>
<tr><td>朝南双人间</td><td>31</td><td>16</td><td>47</td></tr>
<tr><td rowspan="3">三层
四层</td><td>朝北双人间</td><td>31</td><td>16</td><td>47</td></tr>
<tr><td>朝南双人间</td><td>33</td><td>16</td><td>49</td></tr>
<tr><td>套间</td><td>66</td><td>16</td><td>82</td></tr>
<tr><td rowspan="3">五层
六层</td><td>朝北双人间</td><td>33</td><td>16</td><td>49</td></tr>
<tr><td>朝南双人间</td><td>35</td><td>16</td><td>51</td></tr>
<tr><td>套间</td><td>70</td><td>16</td><td>86</td></tr>
<tr><td rowspan="3">七层
八层</td><td>朝北双人间</td><td>36</td><td>16</td><td>52</td></tr>
<tr><td>朝南双人间</td><td>38</td><td>16</td><td>54</td></tr>
<tr><td>套间</td><td>76</td><td>16</td><td>92</td></tr>
<tr><td>备注</td><td colspan="5">1. 上述收费标准为基准价，可上下浮动10%。
2. 杂支费和伙食费按照非营利原则据实收取。
3. 包间床位费按设置床位收取，护理费加收空床位的60%</td></tr>
</table>

附件2　福州市社会福利院老年公寓2号楼基本床位费和护理费收费标准

单位：元/日/人

<table>
<tr><th rowspan="2">大楼</th><th rowspan="2">楼层</th><th rowspan="2">户型</th><th colspan="2">收费项目</th><th rowspan="2">合计</th></tr>
<tr><th>床位费</th><th>普通护理费</th></tr>
<tr><td rowspan="2">老年公寓
2号楼</td><td rowspan="2">二层</td><td>朝北双人间</td><td>30</td><td>16</td><td>46</td></tr>
<tr><td>朝南双人间</td><td>31</td><td>16</td><td>47</td></tr>
</table>

续表

大楼	楼层	户型	收费项目		合计
			床位费	普通护理费	
老年公寓2号楼	二层	朝北五人间	24	16	40
		朝南五人间	25	16	41
	三层 四层	朝北双人间	31	16	47
		朝南双人间	33	16	49
		朝北五人间	25	16	41
		朝南五人间	26	16	42
	五层 六层	朝北双人间	33	16	49
		朝南双人间	35	16	51
	七层	朝北双人间	36	16	52
		朝南双人间	38	16	54
备注	1. 上述收费标准为基准价，可上下浮动10%。 2. 杂支费和伙食费按照非营利原则据实收取				

附件3　福州市社会福利院特别护理收费标准

单位：元/日/人

序号	项目	金额	收费标准
1	特A级护理费	66	1. 老人入院后按《生活护理级别及相应服务内容确认表》评估确定护理级别，选择相应服务内容及特别护理费。 2. 特别护理费不含普通护理费
2	特B级护理费	60	
3	特C级护理费	50	
4	特D级护理费	40	
5	一级A级护理费	33	
6	一级B级护理费	26	
7	一级C级护理费	20	
8	二级护理费	13	

附件 4　福州市社会福利院失智老人特别护理收费标准

单位：元/日/人

序号	项目	金额	收费标准
1	半自理一级	20	1. 老人入院后按《老年人生活自理能力等级划分与评定表》评估确定护理级别，选择相应服务内容。 2. 失智老人特别护理费不含普通护理费
2	半自理二级	30	
3	基本不能自理	60	
4	完全不能自理	80	

以上福州市社会福利院收费标准 2018 年 9 月 1 日起执行。

福州市社会福利院关于修订《市社会福利院入住评估与轮候管理办法》的通知

根据《关于要求市社会福利院加快建立入住轮候制度的通知》文件精神，我院于 2017 年 7 月 20 制定《市社会福利院入住评估与轮候管理办法》并发布实施，实施过程中根据院内工作实际对部分内容进行修订，现将修订后版本发布并实施。

福州市社会福利院

2019 年 1 月 7 日

市社会福利院入住评估与轮候管理办法

第一章　总则

第一条　为保障公开、公平、公正地向老年人提供服务，按照《关于要求市社会福利院加快建立入住轮候制度的通知》（榕民〔2017〕558 号）文件精神，制定本办法。

第二条　市社会福利院作为公办养老机构，按照公开、公平、公正原则，提供轮候床位信息，对申请人进行资格审核，负责入住评估轮候日常事务性工作。

第三条　入住评估是指按自愿申请与分类保障原则，接受基本养老服务保障对象或其代理人提出的申请，对其进行入住资格审核和生活自理能力评估，根据审核和评估结果安排申请人入住的规范程序。

第四条　评估轮候是指申请入住社会福利院的老年人，经审核符合入住条件的，按规定进入轮候，通过评估后安排入住。

第五条　院方委托第三方机构或成立入住评估工作小组，依据我院《老年人生活自理能力等级划分与评定表》，负责对申请人开展入住评估工作，提供准确的轮候对象评估情况信息。

第六条　院方自行成立的入住评估工作小组由执业医生、执业护士、社会工作师等专业人员组成，成员 3 至 5 人，有医疗、康复、护理、社会工作等专业工作背景，以保证评估全面、准确、科学。

第二章　轮候

第七条　年龄 60 周岁及以上无精神病、无传染性疾病且自愿入住的老年人均可以申请轮候入住。

第八条　以下三类老年人为优先保障对象。

（一）政府供养保障对象：城市特困人员。

（二）困境家庭保障对象：包括低保或低收入家庭中孤寡、失能、半失能、失独或高龄的老年人。

（三）优待服务保障对象：包括享受市级及以上劳动模范待遇人员、因公致残人员或见义勇为伤残人士等为社会做出突出贡献人员中失能或高龄的老年人。

政府供养保障对象和困境家庭保障对象由区县民政部门认定。

以上三类优先保障对象如有配偶也要申请入住的，配偶也享有优先权。

第九条　符合本办法第七、八条规定条件的老年人申请入住，可自行来院填写《福州市社会福利院入住评估轮候申请表》。按提交申请时间先后顺序进入轮候。

第十条　在轮候过程中，申请人自身情况发生变化时应及时来院更新个人信息。

第三章　评估

第十一条　根据床位空置情况，院方自行组成评估小组，按照申报先后顺序通过电话、短信等方式通知审核合格的申请人在约定日期开展评估工作。

第十二条　申请人收到入住评估通知后，应在约定日期携带以下资料参加评估：

（一）申请人及其监护（担保）人的身份证和户口簿的原件和复印件；

（二）申请人接受评估时，应提供近一个月内，由福州市肺科医院出具的体格检查报告，如果近一个月在二级以上综合医院住院的可由该医院出具的体格检查报告。体检项目应包括肝功、乙肝两对半、胸部 CT、心电图、血糖、肾功能、艾滋病、梅毒等检测情况；近期住院的需提供本次出院病历、疾病诊断证明书及辅助检查报告原件或复印件、影像资料等相关资料；历史病历资料。

第十三条　评估小组依据我院《老年人生活自理能力等级划分与评定表》，内容应包括申请人健康状况、生活护理级别、认知能力、情绪行为、视觉能力，并根据评估结果将老年人能力划分为自理、半自理、基本不能自理、完全不能自理四类。

第四章　入住

第十四条　根据申请人的评估结果，按轮候先后顺序通知与空余床位类别一致的申请人入住。申请人在评估后 6 个月内安排入住的，无须重新评估。超过 6 个月，或虽未超过但申请人身体状况发生变化均需要重新评估。

第十五条　老人在接到入住通知并确认入住后，须在一周内来院办理入住手续，如遇到特殊情况及时告知我院，时间最长延迟到第 15 天，逾期将自动剔除出轮候序列，重新开始排序。

第十六条　申请人经评估合格，在接到入住公办养老机构通知后，应携带以下资料原件交审核：

（一）申请人及其担保人的身份证、户口簿的原件。

（二）入住老人半年内免冠一寸彩照 3 张。

（三）担保人 2 人，其中 1 人原则上要求年龄 65 周岁以下，福州本市户籍且长期在福州居住，身体健康有能力承担监护责任。如遇特殊情况，经院办公会讨论决定。

（四）属于优先保障对象三类老年人，另相应提供：

1. 政府供养保障对象：提供区县民政部门颁发的特困人员证明。

2. 困境家庭保障对象：提供区县民政部门的有关证明。

3. 优待服务保障对象：市级以上劳模或市级以上“见义勇为”称号获得者，应提供市政府批文或相应证明；其他经省、市政府有关部门认定的有突出贡献的相应证明。

第十七条 申请人填写《福州市社会福利院入住资格审核表》，连同有关资料复印件和评估后提供的《老年人生活自理能力等级划分与评定表》一并存档。

第十八条 在办理入住手续时，申请人应按照市物价部门核定的收费项目、收费标准交纳费用。

第十九条 院方根据老年人的行为能力评估结果，按分级分区原则，为入住老年人指定居住区域。

第二十条 入住后15天为试住期，发现申报情况与实际情况不符的，取消入住资格并清退。

入住期间，如果老年人身体状况发生变化，应对老年人进行再次评估，如评估结果不再适合在当前区域居住的，监护人必须服从要求对老年人进行居住区域调整。

第二十一条 申请人有下列情形之一的，视为无条件放弃本次入住评估轮候：

（一）未与评估机构或院评估小组协商且未按约定日期参加评估的；

（二）对床位安排不满意拒绝入住的；

（三）经评估机构或院评估小组电话、短信通知入住后，7个工作日内未办理入住手续的。

第五章 监督保障

第二十二条 院方定期在院网站和院内公示栏公示空余床位、申请入住排队轮候信息，但对申请人个人信息保密。

第二十三条 院方将剩余床位公开在院网站。申请人对资格审核或入住评估结果有异议的，可在5个工作日内向福州市社会福利院提出复核申请，如对复核结果仍不满意，可向市民政局提出仲裁要求。市民政局仲裁结果为最终评估结果，并电话、短信通知申请人。

第二十四条 申请人及其监护（担保）人对申请材料和申报信息的真

实性、准确性、合法性负责。发现提交的申请材料弄虚作假的，取消其入住资格。

第六章　附则

第二十五条　院方可以设置一定数量的应急床位，用于本院床位周转、应急和临时安置。

第二十六条　养老服务的收费标准由市发改委物价部门核定。

第二十七条　本办法自公布之日起施行。

2019.7.9 福州 XLH 马尾区社区居家照料中心 YZL 主任

访谈编号：深度访谈 004-20190709-YZL

访谈对象：福州马尾区社区居家照料中心主任 YZL

访谈时间：2019 年 7 月 9 日下午 2 点半到 5 点半

访谈地点：马尾区社区居家照料中心

访谈主题：闽台社区居家养老服务递送理念差异

1. 谈谈您的职业经历。是什么机缘让您进入养老行业？又是什么机缘让您来到 XLH？

我最早在台南新楼医院加护病房做护士，2011 年转到社区医学部做社区长照。到社区时，接触到台湾的养老机构，他们需要我的护理背景，就转到私人机构做管理，我在台湾永春护理之家、宜福护理之家、怡安养护中心，3 家机构一共做了 8 年。在新楼医院做社区失智据点的时候，李院长带着团队到台南考察，那个时候她就认识了我，就邀请我过来，我没有来。因为那时手头有案子正在做。后来，我又去了护理之家做管理，有了机构管理的经验。2018 年，我在台湾的几个股东策划平潭乐天伦养老院项目，投资的要求就是一定要有一个台湾人现场管理，这样我就在平潭待了一年。2017 年底的一天，我在微信上发讯息给平潭的同事，结果错发到李院长那里，所以李院长就知道我要到福州。这样，平潭一年的合同服务期满以后，我就转到福州 XLH 了，今年年初 1 月份到这里来。

（追问：为什么舍弃平潭的平台到 LH 来?）因为平台不同。平潭的股东是想复制台湾的模式，通过超收的模式来盈利。李院长这里不同。环评、消防、医生挂证都是按规矩做的，在她手下工作就比较安心。

2. 谈谈您参与管理和运营 XLH 养老工作的感受。您的这段经历让您对大陆养老服务产业产生了哪些新的认知？有没有一些经历颠覆了您以前

对大陆养老服务行业的认知？

我们在台湾做养老，就是单纯做养老，即便是医院的护理之家，都是医院跟养老分开。比如在台湾住院和门诊，就是说在台湾机构里只能刷门诊，在医院里刷的是健保卡。居家护理所，也可以在养老机构刷卡。但养老服务就不能刷卡。

两岸（养老服务行业）的区别，首先是人的不同。台湾去养老院的长辈，都是认可机构，才去机构的；在大陆，去机构的老人，是非自愿的，有悲情的想法。工作人员不同，大陆（在机构里服务的人）是摸着石头过河，在台湾是在学校养成的，是真的想从事这个行业的。在台湾，第一线照顾的承担者也包括外劳，但他们也是在医护人员的指导和监督下照顾，所以出错不多；另外，机构里的护理人员做养老服务的手法，跟医院是不同的，这些他们在学校都被教过了。在大陆，则完全不懂（养老服务跟医疗服务不同在哪里?）我们大陆的服务骨干，是用医院的模式和思维去做养老，这跟机构的要求会格格不入。比如，生命体征监测，医院要量两三次；在机构，要是量这么多次，就会困扰长辈。医院的家属，对医护人员是很尊重的；在养老机构，家属就觉得自己是雇主，因此在机构里工作，还需要学习跟家属互动、沟通的技巧。

其次是物的方面的不同。大陆的养老服务在空间、使用的器材（插问：主要是什么器材？答：比如气切管套管可以在淘宝上买到，但在台湾属于医疗器材，不能随便买）等方面来的比较多样。很多用于机构养老的用品，都可以在淘宝上买到。我认为虽然质量方面好坏差别很大，但毕竟方便了长辈，这是台湾不能相比的，就是要会辨别质量。

再来就是事的方面。对整个机构养老服务流程，台湾（的从业者）比较会心知肚明，自然而然去做；大陆就要讲流程规章，要求严格按流程走。比如，在大陆遇到长辈需要转送医院，就要先跟医院联系，还要通知家属到医院等，或者家属一起随车送医院，家属不在场，医生没有处置权。再来，医院不能写死亡病例，一定要转到养护院，因为会占用死亡率。在台湾，在机构和医院，可预期的死亡是不占死亡比例的。在台湾，无论民营还是医院或政府单位的救护车，随车人员的交办单，专业素养是够的，他们叫 EMT（紧急救护员），无论是紧急插管、除颤，都是可以的。在大陆，做这个动作的，只能是医生，连护理人员都不能插管。

然后是付费（方式）的不同。台湾是转账和收现金。大陆有刷卡，微信转账，收现金也可以，方式很多样，很方便。台湾的业者在收费的时候就比较累一点。

还有专业介入方面的不同。台湾（机构养老服务里）有各个专业的介入，我们叫“六师”，包括医师、护理师、营养师、药师、康复师、社工师。在大陆，专业的服务只有医生和护士来做，而且介入都很表浅。台湾的专师，他们会在固定的时间出现在机构里，这是由评鉴标准决定的。机构里出现频率最高的是护理人员，但他是非常smart的，他知道什么时候专业人员该出现，知道什么情况下要叫什么人来，向什么人咨询。在大陆，护理人员的专业性有限，只是技术的执行，相当于台湾的护工。在大陆，药物整合是一个非常陌生的事情，药师的养成教育很薄弱。老年的营养师很重要，但现在被取消了，变成了健康管理师，但偏重健康检查，就不是去注重日常生活管理。

两边行业生态环境也有不同。台湾从业者之间彼此尊重，遇到事情会互相支援，遇到长辈转介到同行的机构，还会交接长辈的资料。但大陆（从业者）自我保护意识很强，同业之间互相提防，不合作。

另外，两岸（养老产业发展的）政策也不同。台湾的（养老产业）政策现在越来越严苛，台湾要把从业者法人化，以前私人企业设立，土地房子都是私人的，现在成为法人，就要受监督，接受约束，有一些限制。大陆（产业）的弹性空间比较大，大陆的从业者不知道要什么，政府也不知道从业者要什么。

在平潭工作的时候，我印象比较深刻的一件事是，有个新疆来的医生，很多基本的医疗技术都不会做，比如气切套管，后来他告诉我他的医生执照是买来的。这样我就要兼任行政、护理和医生的事情。还有一个比较深刻的印象，如果家属跟个案本人知道我是台湾来的，我讲什么的，那他们都接受，不用我费多少口舌解释。你知道，在平潭有很多产业挂的是台资，但其实很少有真正的台湾人来经营。他们没有想到的是，真的有个台湾医生在这里。我到LH后也是这样。我们的台湾社工也感受到了长辈和他们的家属对我们服务的认可。我这里有一个临终的家属，他是在清楚状态的，他问台湾社工能带给我们什么？他真的是（对台湾社工的临终关怀服务）带着期待的，我们的社工在学校里就有过教育，他们是知道怎么一步一步做临终关怀的。在台湾，社工是很普遍的，所以他们不会珍惜。在这里，社工概念刚起步，民众对社工能做什么，并不清楚，但只要是有品质的陪伴，都能陪到他们心里去。同样的制度，执行的人不同，效果会很不一样。李院去了台湾很多趟，搬了很多规章制度，但是她有时并不知道具体使用这些制度背后的原因是什么，所以一定要有人在这里执行。

LH 的医养结合能到这么密切的程度，也是我没想到的。我在大陆看了很多养老机构，在 LH，长辈真的是幸福的。LH 重在重度护理的人群。大陆需要做分流，机构之间可以轮转交班。在台湾有个长期照管中心，老人在社区居家的情况开始，照管员都能上网查得到。这就回到诚信度的人，机构之间其实是共同来照顾老人的，机构之间各有不足，是可以互相支援的。LH 医院的经验是台湾要学的，台湾医院的护理之家，床位少之又少，根本挤不进去。

3. 您认为福建与台湾在养老服务行业发展方面存在哪些差距？又有哪些相似之处？您认为台湾在养老产业发展方面有哪些经验是值得大陆学习的？如何在大陆推广台湾的优势（比如医护人员培训、精神关照等）?

台湾的优势第一是有一个（养老服务）信息处理中心。病人急性期在医院照顾时，医院出院准备服务处就会开始做准备，决定病人出院后是到社区还是机构，医院把这个信息释放到长期照管中心，这里又有业者所有的信息。（养老服务）供求信息在台湾是打通的，服务流程是有人跟踪的。这一点，大陆还没有做到。无论在平潭还是福州，都是家属自己找机构。

第二个，台湾有评等评级制度。台湾有个案管理师，他们来操作等级评估。不仅评估个案身体状况，还要评估社经状况，两者相结合来分配长照资源。在台湾，不同的失能等级，享受的长照资源等级不同，都是很正规的。为了保证公平，评估时限是一年，因此评估是有公信力的。做个管师，要接受专业训练，他开出的等级是要被认可的。未来（大陆）要做长照险，必须先做失能等级评估。台湾的（机构）评鉴标准这一块也值得学习。台湾的从业者会主动学习标准，标准每年变动的也很少。入行者，都有标可循。

第三个，台湾养老服务行业收费差距不大。在台湾，自理长辈（比失能长辈）更难照顾，因为你要预防他们跌倒、乱开门，他们无聊的时候，要给他们安排组织很多娱乐活动，所以需要投入的服务人力是很大的。因此，在台湾，自理和失能是一样的，是一口价，平均下来大约每月人民币6000元以上，耗材另算，当然房型不同，也有略有不同的收费。台湾的养老服务机构，主要是两类，一类是养护中心，自理和半自理比较多，一般为4000-6000元不等；另一类就是我刚才说的护理之家，对专业性照料要求更高了，费用也就高一些，平均在6000元以上。

第四个，台湾有些护理制度大陆可以借鉴。很多机构都需要管路，像鼻饲管和尿管、气切管，在台湾是健保可以给付更换的，每两个星期换一次，最长有一个月的。在大陆，民众在家里用到管路，家属不会换，要请假到医院排队换管。在这个方面，如果大陆也做管路的医保给付，上门服务和居家护理所就可以建立起来。在台湾，一个人就可以成立居家护理所。（追问：成立居家护理所有什么条件?）要求是，这个人有护士证，临床经验五年以上，有一个办公场所。每三个月，护理师和医师要回访个案。在台湾，以前有助产士、护士和护理师三类，现在只有考护理师，助产士和护士已经没有（再考）了。护理师的要求比护士高，主要是学历要求和科别难度比护士高，做护士长要有护理师证。护理师级别有N1-4四个级别。还有一个专科护理师，他们可以做简单的医嘱。要说明的是，在台湾换气管，是不会引起医疗纠纷的，从解剖学的角度看，换气管不会引起危险，这个在台湾，护士和照顾的家属都可以自己换，但大陆只有医生有资格换，我觉得是因为两岸教育不同引起的。

第五个，台湾养老服务中的人文部分也是值得大陆学习的。比如，台湾的长照中心，会开办照顾者喘息班。照顾者有付出的心，但专业能力不够。只有好的照顾者，才有好的被照顾者，所以台湾的养老服务制度设计里，要考虑把照顾者先顾好。再比如，居家护理所的工作人员也会定期参加成长班，就是让这些长期承担照顾工作的人，有一个吐苦水的地方。做照顾者的心理建设，最主要是让照顾者了解自己，允许自己有错误、有失败。大陆医院有医务社工，他们在做团建（即团队建设），但并没有让照顾者吐出苦水。还有，我们进到个案家里，不仅关照到个案长辈本人，还会顾到家属，家属跟个案的关系都要注意，我们会写家属交办事项，目的是更好地服务到个案。

4. 您如何克服与本地社会联系不足的弱点，与当地政府、社区及老人建立联系，推展社区养老服务？

台湾的长照族群比较宽，不仅仅是老年人，还包括所有需要长期照顾的人群。我在平潭的时候，偶然听说有自闭症家长在找孩子18岁成年之后的安置机构，他们其实也是需要长期照顾的人群。我们认为这些孩子的名单应该在残联，就去拜访残联。残联说，他们有入户康复评估的项目，一直没有人做，也没有找到适当的机构承接。所以，我们就走招标的过程。刚好，暑假我们接待了台湾的实习社工，他们来自美和、实践、树德等各大学高校，福州有一个接待台湾社工实习的项目，福州每个学生补助5000元，我们就协助承接福州市的台湾社工实习项目。我们XLH7月份接待了9名，8月还将接待26名。我们就在这些社工的帮助下，通过入户评估，具体了解残疾人做康复的困难点在哪里，我们从其中挑选50个，做精准康复3个月，去评估效果。

一个偶然的机会，我们附近有个新港社区的居委会书记了解到本社区有很多医疗需求，就主动上门来对接。本来我们就准备去社区做义诊来了解社区服务需求。现在就变成了每周三晚上7点到8点，受邀去新港社区义诊，这是一个固定的常规活动，由此我们了解到新港社区居民的医疗需求。如果给到服务，我们跟社区商量后，要么派车接他们来LH医院就诊，要么上门医疗服务。我们的护理人员在班外时间上门是可以抽成的，（插问：XLH可以提供上门医疗服务吗？）目前我们的上门护理站已经申请下来了，就是不能院外刷卡，护理人员上门服务的积极性就有了。

我们也很愿意跟同行合作做好社区老人服务。在社区照料中心这块，社区养老和居家养老已经被三盛青鸟买走了。三盛青鸟有300个个案，有100多个是政府买单的，200多个是自费的。我们跟三盛青鸟的杨经理说，你们的医生一个月来一次不够用，我们的医生可以补足，你们的安宁临终部分，我们也可以一起做、协助做。三盛在管理方面也有很多地方是值得我们学习的。

我们现在做的社区居家服务包括医师上门巡诊、康复指导（一次收300元，后续微信跟踪不收钱），我期待个案管理不要只顾个案，要顾到整个家。还有更换管路、伤口护理，这些都是上门的。目前我们有3个居家上门的个案。

追问：您是如何推动机构、社区和居家养老服务融合发展的？

我到XLH这半年来，花了很多精力去做内部队伍建设。我们做的是人照顾人的工作，要做好这个工作，就要先调整好和思考好自己的做法。我一直在调整我们第一线的社工，技术可以慢慢学，但态度一定要对，半年来，我已开走了5个社工。我们的行政人员和护理人员观念的冲突。医院里，行政归行政，一线的辛苦他们看不见。医务社工就派上用场了。我在这里工作了半年，每个员工都要说请、谢谢、对不起，要大家打开心扉。现在我们的员工可以主动打招呼了，这是很大的进步了。我们的保安现在会主动问你要看哪一科。如果他们愿意把他们的家人送到这里来养老，他们自己也愿意在这里养老，我们的团队就算建好了。我们去做个案时，家属的情绪也很大，他们不知道自己能享受哪些补助。我们的社工能问出很多问题，而不是照着表单去问问题。

目前我们机构里有100个老人，自理的有3个，全护理的有59个，半护理的38个。只有15个是转住院在做治疗的。我们机构现在有医师、护士（护理师）、康复师、药师，社工师是护理人员兼职做的，现在还缺营养师跟心理师。临终的案子接了那么多，未来心理师一定要有。如果心理师不够，我们会鼓励社工师和护理师去考心理师。带活动的技巧，我们会教护理员。我们台湾的外劳，虽然不是社工，但带活动也很会做的。我跟护工做心理建设，告诉他们，台湾的照顾护理员可以最多照顾15个长辈，将来你们学到了技能，可以自己去做个案。

在平潭，护士和家属黏性很强；在LH，家属是跟护工黏性强的。我在乐天伦要求护士做全责，家属来了要上前看。这次LH的护理长离职了，带走了不少护工，我说这是管理的问题，不是护理长的问题。所以，我就让家属有问题直接打热线，谁当班谁负责接线。家属登记，护士上前，目前还做不到。我还开了家属会，告诉大家，我们是所有的护工为长辈服务，护工是要轮替的，让家属把视线转移到护士上来。同时，做护工培训，把专业的东西给他们，不要给家属不正确的东西。家属来缴费的时候，我们就让护士主动上前去对接。

2019.7.12　福州市TJ区民政局LYS局长

2019年7月12日下午，同时约了福州市TJ区民政局LYS局长、福建广播影视集团新闻频道新媒体发展部DJ副主任、福州市社会福利院HMQ院长到万颐ZHF交流。万颐ZHF负责人ZXY带着HMQ院长参观了院内的设施和人员配备情况。我和L局长、D编导首先开始了交流。L局长提到养老产业发展有两个瓶颈需要突破一个是宣传工作；二个是领导重视。宣传是养老产业发展的助推器；跟养老和产业发展相关的观念，有太多的误解。ZXY和H院长都谈到机构的风管管控。WK集团对养老项目非常重视安全问题，所以接受老人的时候，既要选择老人，也要选择家人。H院长说他做了17年的机构管理，合同协议措施都有，但不出事是不可能的。老人在机构里，因摔倒和噎食的要特别注意。ZXY对万颐ZHF的空间设计很有想法，这种围合式的空间设计风格有利于老人之间建立个人的联系；另外机构的工作人员也很注意引导老人之间交流。

访谈编号：深度访谈005-20190712-LYS
访谈对象：福州市TJ区民政局LYS局长
访谈时间：2019年7月12日下午3点到5点半
访谈地点：TJ区万颐·ZHF
访谈主题：地方民政部门在推动养老产业发展中的作用

1. 您从事民政工作多久了？按时间顺序，谈谈您推进TJ区养老工作方面做了哪些工作？您认为在这个过程中，您形成了哪些独特的工作思路和方法？

我真正从事养老是15年6月份，之前是在机关工作，后来在街道工作8年。我做民政工作是2007年，市里主要是做居家养老站点工作，当时全区有76个站点，提供老百姓打牌。2017年，市里推出照料中心，对站点的关注有所减弱。

2015年，我到街道民政局。2017年，我跟金太阳签的政府购买服务到期，当时对象是七种人：低保户中的困难老人、失独的困难老人、孤寡老人、优抚对象中的困难老人、残疾人中的困难老人、重点的建档立卡的困难群体，即所谓的困难边缘户，金太阳试点3年，试点结束后，全面推开，把站点和购买服务打包交给金太阳。这时候，我们发现了站点服务的局限性。站点为老人服务不够。我们就想找出一个新模式。2015年底，一个人大代表是省电视台记者，提出在福机新苑的架空层，做照料中心。这个过程非常复杂，老百姓很不理解，用了一年时间磨合，慢慢改变老百姓的观点，2016年底建成照料中心，花了100万。2017年1月份，对外开放，开放后反响很大，黄树贤部长还特意拐过来看，这是福州市第一个照料中心。GL区当时很重视社区居家养老，也建了照料中心，影响力超过了我们。但大家参观都去福机新苑那个点，至今人气都很旺。

养老关键在政府。政府引导，才有公信力。TJ区以后要设计自己的logo，这是政府背书。党委政府在养老事业发展中起着关键性作用，如果没有省委补短板文件出来，不可能有今天全省养老事业发展的局面。我热爱养老事业，长三角、珠三角，我们都干不过，我们唯一跑不了的就是清新福建，我们就利用这个打造幸福福州。宜居宜养做出来，才能留住人。

政府购买服务这块，有可能的话，引入平台，像超市一样，让七类人拿着服务券进去挑选服务。我规定购物券有免费的、也有付费的，用政府的一分钱撬动老百姓花两分钱。我要求区政府成立这样的平台，让企业在这个平台公平竞争。现在有一家企业，他们在石家庄已经运营成熟了，我准备引进。

政府对企业的帮助度如何把握？帮得太深，企业有依赖性，政府没法放手。把握扶持的力度，未来要做的事，就是通过第三方评估来决定如何扶持。

2. 您如何认识机构养老的作用？TJ区的机构养老工作有哪些特点和亮点？

TJ区到6月份户籍人口32万人，60岁以上8.2万人，60-69岁有4.45万人，70-79岁有2.2万人，80-89岁，1.22万人，90-100岁，2280人，百岁以上170人。照这个数据，我们的老龄化程度是25.2%。我区常住人口将近50万人，18平方公里有10万个60岁以上老人。GL区常住人口80万人，60岁以上15万人。GL区和TJ区是养老企业必争之地，这两个地方老人素质比较高，诉求高、觉醒快，能引领全省养老服务产业发展。这些老人家不愿意去外面的养老院，原因是养儿防老，在熟悉的环境里，朋友、亲戚、邻居，都是熟悉的。所以，我就迎合这样的需求，在家旁边建一个老人喘息的地方。

养老我分三步走，第一步，居家，第二步，社区养老，第三阶段，身体机能不行了，到机构去。健康活力老人，60-75 岁这个段，满足抱团养老需求。

省里要求 TJ 建立福利中心，设在排尾二十五中旁边，10 亩地，320 床。今年年底动工，明年年底封顶同步招投标。机构养老这一块，福利大楼建成后，准备公建民营。

今年我们还准备把鳌峰街道的一个地块大约有 26 亩，是私人用地，工业用地，准备变更成养老用地。我的理念是把 TJ 做成宜居宜养的地方。金太阳现在引进日本的人才合作，我们还想通过南良集团建立与台湾的合作关系。养老人才的培养很关键，快速扩张后人才跟不上，就是砸自己的牌子。另外，我还要整合东南妇幼大楼做养老。到现在为止，我按照省里补短板要求，10 个照料中心和福利中心都落实了。

3. 您如何认识社区居家养老工作的作用？TJ 区的社区居家养老工作有何特点和亮点？

2017 年 7 月份，省委全会研究民政补短板，这是一个里程碑意义的起点，这时福建省的养老才重视起来。要求全省每一个街道到 2020 年建立照料中心。我们福州要求在 2019 年完成每个街道建立照料中心。到现在为止，我们已经建成了 7 个照料中心，还有 3 个今年完成，这是省里为民办实事项目。7 个中，有 5 个是非常像样的。在新港苑的点，40 张床位已经住满了。还有 10 几张护理型床位，准备跟台湾南良集团合作运营。鳌港苑，预定了 39 张床位，地点非常好。苍霞的点，将近 1000 平方米，专门针对痴呆症，有 30 张床位进行康复理疗。福机新苑这个，是开放给老百姓的活动，再就是做有偿的康复理疗服务。另外两个依托社区居家照料站点或扩大。TJ 区站点非常有限。今年三个项目中，在群众路小学斜对面的，有 1300 平方米，准备做 40 张床位，康复运营。还有一个计划，在苍霞新城，我们请金太阳进去打造，把架空层都打造成照料中心。还有一个是在排尾，做老年用品市场的展示。到现在为止，我们的照料中心任务基本完成。

在推进照料中心的过程中，我的想法跟别人是不同的。TJ 的经济别的区是比不了的。我们推的是政府主导下的推向市场模式。推向市场有个原则，就是经济实力和服务实力都有。新港苑那个项目是向全国招投标，时间 8 年，前 3 年免租。金太阳中标后，由金太阳自己装修。这个模式是我们先做的。GL 区的则是（政府）自己装修。我们的优点是，我们的租期长。我给 3 年时间亏本，把周边的氛围营造起来。到现在经过 1 年，新港苑已经持平了。场所装修他们花了 600 万元。有 8 年时间运营，他有底气投入，里面的装修都是适老化的。以后我们政府拿出来的场所，都是这个模式。政府的职能就是监督，运营过程中有没有违规。主要是有没有向老人家集资、卖保健品、虐待老人家。有实力的企业，就有信心运营好。我现在听到 GL 区也采取我们的模式，用时间换空间，政府的钱省了，养老企业还能按自己的意愿去可持续经营。政府出场所是这样。如果是企业自己租场所，政府提供 10-20 元每平方米的补贴，一事一议解决。这是政府主导下的市场行为，好处就是政府除了出场地，一分钱没花，而且推动得非常漂亮，用有限的资金把市场撬动起来。经济实力，服务实力，两方面具备，就是我们最理想的招标对象。

4. 您认为 80 后、90 后能否在养老产业领域稳定就业？他们又能否在养老产业领域深耕发展？

社会组织孵化基地，社区慈善类组织某种程度上是为养老服务，他们是年轻人，帮助他们创业。我的平台里，还可以植入各种社会组织，他们可以在我们的平台里找到位置。第三个方向，就是 ZXY 这里，年轻人怎么引进来？年轻人进来后，还有一个淘汰机制，他们和老人之间互相选择。第四点，我们的产业链里，其他的链条里，也有年轻人，比如养老机器人，老人穿戴产品，都是年轻人在创业。核心的为老人服务的产业里，以后我们要建立职称等级，提供资助。去年我去香港参访，有个大学设立养老护理专业，学生不愁毕业没工作。养老高精尖人才没有培养出来，养老产业发展就没有未来。随着我们事业的发展，养老产业的分工一定会越来越细，年轻人就有机会了。比如 XY、LL、SS，他们都有自己的分工。

2019.7.25　福建师范大学公共管理学院社会工作系 KYP 副教授

访谈编号：深度访谈 006-20190725-KYP

访谈对象：福建师范大学公共管理学院社会工作系副教授，福建省启福社会工作服务中心、厦门市思明区启福社会工作服务中心理事长、副总监 KYP 博士

访谈时间：2019 年 7 月 25 日下午 2 点半到 5 点

访谈地点：启迪之星创业咖啡

访谈主题：社工在养老服务工作中的地位作用

福建省启福社会工作服务中心、厦门市思明区启福社会工作服务中心于 2014 年 6 月成立，扎根福建，提供专业的社会工作服务，倡导服务及政策改善，并携手社会各界人士发展公益，让人人过更美好的生活。

服务范围包括长者服务、青少年发展、家儿服务、妇女服务、身心障碍人士支援、志愿服务、家庭综合服务、社区营造与发展、组织孵化与培育、咨询与培训服务。

1. 谈谈您以社工身份从事养老服务的主要经历。

我硕博读的是社会保障专业，其中很大一块是养老和医疗，对社会发展很了解，但多停留在理论阶段。2014 年底，我在中山大学的博导，就是香港的罗观翠教授，开始进入福建创办机构，做政府购买服务。她在福建有几个硕博学生，希望我出来做这个事情。考虑到自己也很喜欢外出跑，希望自己在实践方面也有所成长，于是接受了老师的任务，成为一个社工机构的负责人。

福建当年购买的服务，大多偏社区的综合服务，并没有针对专门人群的。我们承接的是大类服务项目，根据自己的专长，形成服务重点的方向性。社区服务人群中，我们最容易接触到的是老年人群。2015 年开始做社区服务时，做得比较多的就是老年人和残疾人群体。

刚开始负责一个社工机构，虽有理论知识，但没有实务经验。花了 2

年时间，用于实务工作方面的成长，跟进了很多细致的工作。这是我成为社工机构负责人的第一个阶段，就是成长阶段。接着，我就开始考虑跳出实务视角，想更多从管理者角色来推进社工机构的发展。

（追问：什么是管理者视角?）不关注很细的工作是怎么做的，对很具体的个案，我不再跟进、指导。而是把更多的时间放在团队成长、项目发展、管理建构、甚至行业的问题。比如，会以机构负责人角色去从事一些工作，像机构的内部管理和外部联结。

我负责社工机构的第三个阶段，是从去年开始，就是评估者身份。16年前后省政府出台政策，加快推进居家社区养老和机构养老。我感觉17年开始做居家社区养老的都是企业。而社区居家养老购买服务工作的评估，都是找老师。做的人和评的人，都不是一路人，很难对话。18年我调整了一些精力去接触评估的事情，自己也参与了一些评估工作，希望能对这个行业有更深入的观察。19年上半年，我的机构申请成功了一个新的业务内容，就是评估。

（追问：能否讲讲做评估的细节?）我以个人身份做评估，首次是在厦门。厦门有几家可以做评估的机构，有企业成立的，还有高校老师成立的。厦门的做法是，由服务购买方选择评估机构，在评估标准方面，如果是评估社区社工服务，评估的标准就是通用的，即厦门市政府购买服务评估标准，参加这类评估，就不需要评估方或专家修订评估标准。如果是居家养老，因为没有通用标准或文件，就要由评估方去制定评估标准。评估机构往往会组织几个专家去拟评估标准，不同的评估机构就会有不同的评估标准。福建省2017年集中购买居家养老服务，2018年厦门启动了两轮评估，到2019年，就做到了第三轮评估。我感觉这样的评估往往不客观。比如受限于经费的多寡，不同的经费请的专家就不同，主观随机性很强。还有一个情况，福建只有厦大和集美有副高职称，厦大老师是不出来做事的，因为评职称很困难。集美大学比较活跃，问题是只有几个老师。不管有几家评估机构，最终可用的只有那几个老师。这是第一。第二是由执行方去找评估方，他们会找有利于他们的人（主持评估）。去年MH县做居家养老评估找到我，我做了方案后。他们就不停提出修改意见，比如访谈的次数、电访的次数等等。感觉这样的修改不会得出客观的评估结果，就果断放弃了。

在我的机构业务领域里，我增设了评估。我是向厦门民政局提出的申请，刚刚获得审批通过，但目前实际没有以机构的名义做评估。讲到做评估，我其实比较矛盾，因为社工是运动员身份，评估做的是裁判员工作，两个角色有冲突，很难客观。W 老师（K 老师同事，也有自己的社工机构）做评估比较多，但他最后也放弃了。因为整个市场比较混乱，评估招标是低价者得。比如一个评估工作需要 6 万元的成本，3 万元拿标，真正想做事情的人，是得不到标的。即使用低价策略拿到标，说实话，我不认为是专家的价值体现。再来，如果是高校老师做评估，相对来说有一定的专业性内容，会从专业角度制定评估标准和提出专业性建议。但社会评标的操作手法，通常是根据分数来的，没有以评促建，这样的评估就是简单的查资料核验。因此，真正想做评估，是没有市场的。

（追问：现在企业也开始成立社工机构，那专业社工的生存如何解决?）据我了解的情况，福州市社区办、民政系统的人会支持自己的人去成立社工机构；厦门这样的情况比较少，厦门比较多是做生意的成立社工机构，但没有很多的竞争力。

2. 您认为社工专业可以在养老服务领域承担哪些具体的工作?

从微观角度，要做好服务，需要对人群的特征、需求，有比较详细、客观的分析。但人群的细分，需求的评估，需要专业的功底。可以说，不管是企业做服务，还是社工做服务，都是要作用于人，这方面，肯定是社工会做得比企业好。这是社工的专业优势。企业的从业人员构成中，什么教育背景的都有，但社科出身的人肯定没有像社工专业人员那么多。还有一个，就是成本问题。我们自己做居家养老，要分析人群特征。企业也有数据分析能力，但他们未必会去做这个工作，这更多是出于利润的考虑。比如，厦门统一让助老员发放问卷，了解老年人群服务需求。像身体状况这类的数据，给企业看到了，就会想到根据老人不同身体状况，有针对性向他们卖什么药品、商品。而社工想的是，不同身体状况的老人，需要什么样的服务，这样会有助于他们的身体健康。比如，我们就做了 5000 位老人，用了 5 种颜色标注不同需要的服务。我们在做居家养老入户服务时发现，像有行动能力的老人，是想下楼来玩的，我们就设了睦邻点，让有社交需求、可以短途出来的老人有个活动的公共空间，这对老人的健康很有用。因此，做服务需求评估，是我们的专业优势。在专业服务里，社工服务手法，更关注整体视角。比如，一个人身心社灵的需要，比如说，一个生病的人，企业看到的只是人身体不好，需要医疗我就给你医疗支持；社工会看到其他需要，家属需要喘息，专业视角更广。这对老年群体是非常有作用。老人身体不好，身体需要照顾，但很多高龄老人，是亚健康状态，失智失能有一段过程，不需要当成疾病状态去照顾，这给医疗资源投入带来负担。如果用社工的投入，精神更愉悦，投入更少。我在广东读博士的时候，就了解到，广东的居家养老项目，是要求必须配专业社工。现在居家养老服务中的共餐、适老化改造我们都做过。适老化改造，早在2014-2015年，我们就在厦门尝试过了。当时是残联想做适老化改造。我们就在厦门思明区鹭江街道选择了100多个3-4级残疾人，帮他们申请做家居改造。当时给的总体预算有10万-20万元。我们对这100多位残疾人做了需求评估，在能改、愿意改的需求者中又筛选了10几个（帮助他们做了家居适老化改造）。可以说，适老化改造如果没有政府支持，是很难做的。而且这一块的经费受财政波动影响很大（不是一个常态性的公共服务支出项目）。像做社区共餐服务项目时，我专门去广东学习参观。

（追问：通过购买公益岗位服务方式，请专业出身的社工去做助老员，有针对性了解当地社区老人服务需求，这样做可行吗?）厦门尝试过，但很难招到合适的社工，因为要控制成本。根据老年人口数，配备助老员。打比方说，一个地方有1万老年人口，要配2个助老员。根据规定，一个助老员一年给6万元的人头总经费。助老员的工作、生活成本包括薪资、服务、学习、税收等所有费用，光这些都要4万多元，剩下的做不了多少工作。所以，这些助老员每天都在居委会上班，他们不下去。

很多部门找我们去做，我们是不计成本去做，但我们的方式是不可持续的。我们的社工起薪低，所以流失很严重。企业也找过我们，比如做督导，这也是一个可行的办法，我拒绝了，因为这种专业的购买，没有很好的价格，形式大于实质意义，他们并不愿意按我们专业的方法去做，甚至想兼并我们的机构。我认为在购买社区居家养老服务的时候，招投标可以设置一些条件，规定专业社工机构参与，因为他们会踏实去推服务，也是保护想做事的人。

（追问：让养老机构和社工机构联合招标可行吗?）现在是不行的，现在招标问题都是单一招标主体。

3. 据您的经验，福建省内充分发挥社工在养老服务领域中的作用存在哪些问题？

一是专业建设的问题。社会保障跟养老相关，社工、社保在福建有15年的历史，2004年首批招生，这个专业建设如今超过15年，毕业生也有10届了，因此专业毕业生的数量是相当可观的。师大、福大、医科大、江夏、闽江、闽江师专、幼高专、厦大、集美、闽南师大等高校都有社工专业，一年的毕业生超过500人。其中，闽江、江夏、闽南师大、集美大学、医科大，每年都有70-80个毕业生，其他高校约30人左右，但每年实际（在社工机构）从业的是个位数。另外，社工硕士属于高级人才，在香港、台湾等地区要求有工作经验，才能攻读硕士学位，毕业后是社工机构的管理者。社工硕士是很重要的管理人才。但我们现在培养的社工硕士，本科读英语、日语、市场营销这些专业，因为好考，所以过来读，毕业后也不从业。专业出身社工不在社工相关行业就业，跟薪资、行业发展不明朗等因素有关。学校建设也有短板，其中老师的专业构成是一个重要影响因素。老师纸上谈兵，是很难让学校看到就业前景的。高校老师需要付出，实打实做些事情，比如创办机构、做事情，经受锻炼，再反向回馈教学。可以说，今后要在养老领域形成专业积累，是对老师的实务和实操经验提出了更高要求。

二是养老服务市场化带来的问题。从市场角度谈，养老服务确实更多由企业来做。应该来说，企业在人财物配置方面有优势，但是养老适合不适合产业化？是否需要（对公益养老服务组织）有保护性政策？这需要认真思考。香港和台湾的大部分社区服务中心，或者是为特殊人群提供的服务，政府资金占到60%以上。（这个比例）我们做不到，但政府要不要管一部分？管多少？也需要考量一下。刚才提到的助老员问题，我认为助老员岗位是一个不太现实的政策设计。助老员岗位面对的是一个很复杂的世界，开展工作还需要经过督导的指导训练，才能适应和胜任工作。在专业机构里，社工引导助老员是没问题的。但现在的钱只能聘很年轻的没有经验的助老员，他们跟40-50岁的助老员一起工作，是很有挫败感的，很快就会离职。

（追问：在产业化发展路径里，政府怎么支持社工？）三是政府支持发展社工的力度还需要加强。在台湾地区，早在老龄化之前，政府就支持发展社工了。这样在有服务需要的时候，就有专业服务支持。我们的老龄化发展很快，准备明显不足。如何支持发展社工？先想好哪些方面需要扶持，就给钱、给政策激励等。再去想哪些方面需要给支持，支持的手段就包括搭台，基金会补充钱，机构对接。在支持社工参与养老服务方面，需要一些精准的政策，来跟现在的产业化养老服务思路做配套。因为（社工机构和企业都是能够提供养老服务的主体，）现在的问题是不公平竞争。比如按照现在的招标方式，明显除了企业，社工（机构）不可能中。闽南师大的 HYM 老师，他有自己的机构，长期也是做养老方向，他的专业开始细分，比如跟医院合作，机构养老医养结合，社工做养老服务实务，他很专业，当然他也做做评估工作。在一次会议上，我听到他抨击 ZZ 市的居家养老。我理解他的意思是，现在企业主体进来做居家养老，产生的问题非常多。我们看到问题了，我们有没有经得起考验的对策，现在又没有？现在企业大规模进来（社区居家养老服务行业），已经做了一年半。所有地方（政府购买社区居家养老服务）都是三年换一拨，各地政府配套一扶持、支持做居家社区养老服务的措施不同。三年后洗牌重来，其实是任由（做社区居家养老服务的）企业之间优胜劣汰。禾康智慧、三盛青鸟野蛮生长，企业间通过市场机制来分配资源和势力范围，那企业（能提供的服务）之外的其他（服务）领域呢？（如果由社工来提供服务，）社工机构如何进来？民政部门又应该如何（提供有针对性的）扶持、支持？

我也感觉到，在我们省，社会对社工的接受需要一个过程。我认为，越是高的政府层级，在岗年限相对比较短，他们根据个人观察体会，刚刚（对社工有所）了解就要调岗或退休了。未来有更多年轻一点的干部主政以后，希望（这批人）能对社工有比较专业的认知，从而有更多政策支持到整个社工领域的发展。我在厦门的经历就很明显。2014-2015 年陪我们（落地社工服务）的主官，现在成了区领导以后，就很支持发展社工，（我们在社工领域的）话语权就有了。

4. 更好发挥社工在养老服务领域中的作用，您有何思考和建议？

第一个，让有社工教育经验的人回来做养老。高校培养的（社工）人才，其实是够我们现在（社区居家养老服务企业），我们可以通过市场的力量，让（这十几年来培养的人才）回流（到养老服务领域），不需要投入新资源发展人才。新增 FZ 市民政局制定的社区社工人才激励政策，规定大专（学历的社工）起薪 2500－2800 元，这个工资水平起不到吸引作用。

第二个，要给专业人才提供发挥作用的领域。比如，（建立机制，推动）专业研究实时跟进（社区居家养老服务行业实践进展），（在企业不同发展阶段，提供）阶段性助力，（推动）行业（健康）发展。比如，购买社区居家养老服务已经一年半，是需要专业研究团队切入的，那什么时候需要好呢？这个需要研究。企业如果愿意聘请专业团队跟进当然更好。我们就曾跟一个基金会建议，聘请专业人士跟进社区居家养老服务企业的运营。

第三个，要有专业研究经费投入。在（养老服务）评估和研究方面要给一些经费，比如，（要更客观、科学地）了解共餐（政策成效），哪怕是 3 万元（的研究经费），高校也有人愿意做。需要研究的问题还有很多，比如，扶持（社工发展的）政策（要怎么有效），既涉及钱的问题，也涉及平台的问题。经费到底以什么比例配套、平台怎么搭建。比如，民政系统的慈善经费那么多，下一个投放的重点是什么？扶贫攻坚任务完成后，下一个投放的目标能不能跟养老结合？慈善总会现在似乎没有这个思路。

2019.7.27 福建省大田县JJZH养老产业发展有限公司JLS董事长

访谈编号：深度访谈006-20190727-JLS

访谈对象：福建JJZH养老产业发展有限公司董事长JLS

访谈时间：2019年7月27日下午1点到3点半

访谈地点：福州市高新区ZL老年之家

访谈主题：社区居家养老服务商业模式创新

1. 谈谈您的职业经历。

2001年我从三明师专毕业，本来要去当老师，三明高等专科学院留校，在初等教育系做辅导员，但是干了两年就出来了。出来的目的是为了生活。当时我感觉读书无用，跟我们一起长大的孩子，挖煤挖矿很有钱，我很受刺激，就辞职出来了，还不敢跟父母讲。出来后，不久做到了三明地区的医药销售经理，慢慢延伸到做医疗器械行业。这段经历对我很重要。做医疗器械有个阶段性，可能一段时间没成交量，雇的人就闲着没事干。到了2009年，我就想办法开始拓展做残疾人的辅助器械服务，由此接触了很多包括残疾人和老年人在内的弱势群体。在为他们做辅助器械服务的过程中，慢慢知道如何更好地为他们服务。可以说，到现在我都特别解残疾人的需求；不谦虚地说，在养老界，我应是最了解残疾人心理的。这个时期也是我心理上的过渡期。我们为残疾人做事情，他们会用他们的言行举止来感谢我们。这时，我的感觉很爽。这会改变我对职业的选择。我想，我所服务的老年群体对我的认可，是我能坚持做下去的根本原因。

我对金钱的看法也慢慢改变了。我开始认识到做养老，要做更长久一点打算，这也成了我后来挑选合作伙伴的一个标准。如果对金钱没有正确认识，就做不好（养老服务）这个事情。（追问：选择合作伙伴的标准具体是什么？）谈到我选择合作伙伴的原则和宗旨，我讲个故事。有个泉州的合作伙伴，他很有钱，但一直想做养老。我了解过他的经历，知道他钱来得太容易。我很排斥他。我有个很亲的亲戚，挖煤发了点财，曾经注入了点资金到我这里。后来发现，在我这里回资缓慢，就抽资了。我贱卖了自己医药器械的存货，三天内把钱还给他，这件事对我伤害很大。所以，我要求的合作伙伴，第一看经历，来钱特别容易，我就不选择，因为做养老来钱不容易；第二是不能被生活所迫，急于去赚钱，因为他对金钱没有很好的认识。

2. 是什么机缘让您进入养老行业？

我做残疾人服务的时候，发现智障残疾人没办法自己回家。我就给他带上手环。手环是委托广东的企业生产。因这块手表手环，我就进入了养老领域。2013 年的时候，厦门开了一个医疗器械展会，我的产品还拿去展示，全国各地有很多人过来参展。安徽蚌埠是第一个用我产品的，我为了叫安徽的王总推广手环，就让他在蚌埠成立一个服务中心，服务中心的作用除了推广我们的手环服务，还可以买其他残疾人用的东西，比如助行器、沐浴凳等等。我当时在全县开了十几个体验店，为他们试配手环。但是还有一部分残疾人，没办法上门，因此他们的需求怎么满足，我就开始想开微店，结果老年人不会玩。我就提供热线号码，做了一键通。残联也很支持我，帮我公示号码。因此只要有人打热线，我就送货上门，做售后服务。到了 2014 年，我发现管理（手环客户）不方便。（原来都是用手工的方式记录和管理，）没有（电子）管理系统，什么时候到了保修期都不知道。我就出钱找几个大学生，告诉他们（我的）理念，让他们为我开发（手环管理）软件。由这些大学生帮我做，我给他钱。我的（管理）软件系统在用的过程中一直改。2014 年，蚌埠开始做阳光家园计划，一年给残疾人 2000 元补助，实质提供居家托养服务。比如，残疾人需要康复服务、菜米油盐，这 2000 元用于支付残疾人的服务费和残疾人辅具用品。蚌埠是把 2000 元做成代金券。这是我接触的最早的居家养老服务的雏形。跟蚌埠不一样，我们福建省的阳光家园计划，是直接把钱拨付给残疾人。直接给现金造成的问题，就是残疾人把钱用到别的地方，真正的问题没地方解决。用代金券也有问题，比如洗没掉，再比如没办法找零。

为了解决这些问题，我又研发了记账系统。因为我跟残联系统关系很好，（现在的民政局）黄局长当时是残联理事长，那时我跟黄局长就认识了，我为整个三明的残联服务过，但她当时不知道我在蚌埠做居家养老的事。黄局长调任大田民政局局长后，我带她看我在蚌埠的点。黄局长看了以后很高兴，让我回来在家乡也做一个。2016年4月，我决定把蚌埠的模式复制到大田，但当时县政府跟我说没有钱，只能给我提供办公场地，没钱给我，剩下要我自己去想办法。即使是这样，我也决心要在大田做居家养老服务。没想到过了几个月，福建省政府发布了一个支持居家养老发展的文件（注：2016年8月4日发布，《福建省人民政府办公厅关于加快推进城乡社区居家养老专业化服务的通知》闽政办〔2016〕126号）。这个文件真是及时雨，我高兴极了，本来还在发愁钱的问题，等我（在大田的居家养老服务运营工作）准备得差不多的时候，文件出来了，钱就有了。这样一来，我们就成了福建省第一家县级社区居家养老服务中心。我早期的系统非常漂亮，花里胡哨，我以为这就是智慧养老，我对这些数据七分析八分析，最后发现都没用。所以，系统设计一直在修改，把没用的东西去掉，现在的系统很简单，但很有用。有需要，再添加功能。像服务质量监督，因为没办法买执法记录仪，我就做了服务人员手机APP，在每个上门服务人员手机上安全，他们接单后上门服务，服务前后的情况，自己拍照上传。我现有的系统就是这样发展变化而来的。有了泽惠养老服务端APP，老人子女放心，给钱的人也放心。

我的服务端系统还有一个目的是应对评估和审计。（居家服务需求）评估我自己一直想做，但没办法去做好；（老人居家服务）需求评估比较专业，我是凭自己的工作经历可以把评估做好，但我的员工教会他们很难。评估包括环境评估、生活状况评估和健康状况评估，生活状况评估又包括人际交往、一日三餐。（居家养老服务）需求评估，解决的是我的服务社会化拓展问题，但在大田，我没有专业人才来做这个事情。讲到这里，我越来越觉得要跳出三明，到外面来。

3. 谈谈您筹建及运营JJZH公司的过程。

大田政府知道我在安徽的实践，觉得可行，就引入到大田。2016年4月份，我在大田成立了“福建JJZH养老产业有限公司”。（追问：为什么公司叫这个名字?）我们的目标是定位于服务福建全省。养老产业是我的目标，居敬是企业文化，代表了孝文化，泽惠是我们的情怀，感恩大田县委县政府，感恩国家，这是国家发展到这个阶段给老百姓的恩泽，我们也希望能借着东风，满足自我心理的需求。我的想法是不局限于上门服务，只要是跟老年人需求有关的，我就尽可能提供，尽可能满足。

（追问：公司注册是什么性质的?）我们是工商注册。目前养老行业多注册成民办非企业，属于社会组织。我还成立了“大田县泽惠养老服务中心”，就是民非注册，服务中心也是由（福建JJZH养老产业有限）公司出资注册成立的。（追问：为什么既有公司注册，又有民非注册？两者有何区别?）是工商，还是民非，跟税收没关系。（主要是看不同场合，使用不同的身份。）公司业务没有地域限制，但民非只能服务一个小区域；公司属于工商局监管，民非属于民政监管；两者的政治意义也不同，福建JJZH做的事情不能归于大田民政局，但大田县泽惠做的事，就属于大田。对外拓展业务用公司名义；只要是县政府、民政局带去的人参访，都是以民非机构名义接待。搭建平台花了半年，到2016年12月，才成立民非机构，真正开始运营，向社会推广服务。到18年的时候，县委县政府突然发现我的办公地点太简陋了，就在万通大厦给了一个新的办公地点，有1300平方米。2016年省政府的那份文件（指《福建省人民政府办公厅关于加快推进城乡社区居家养老专业化服务的通知》），我越来越感觉有用。我拿着这份文件，跟民政部门打招呼，找乡镇要场地做培训，乡镇也很支持。我们把自己的养老公司当成一个普通公司，普通公司该做的事情，就是我们要做的事情。所以，政府出钱购买的养老服务，养老公司要做；政府没有购买（的服务），我们也要去做。自始至终，我都很感谢政府，提供了强有力的支持，提供了强有力保障。这就是我最大的感触。

（追问：具体介绍下政府在哪些方面给了你有效的支持?）政府的支持包括，文件说要给政府兜底老人购买服务，我们力度不大，每个月50元，力度不大，但意思到位了，我很感谢；第二个，我们在外拓展业务时，县里会帮我扫除障碍，提供必要的帮助；第三，县里愿意把外面的人带来参观视察，对我们来说是一种促进，无形中给我们很大鼓励，也给我们很大压力，让我们不放弃；第四，县里做广告，也允许我们（的服务信息）在上面播，虽然播的次数不多，他们会想尽办法，能给我们的都给我们。对养老这个事，我觉得部门领导很重要。政府要重视，部门的主要领导也要得力。我们也怕主管单位认识不到位。

我现在常常感受到，如果养老做不好，会被人家笑掉大牙。我自己有个医疗器械公司、家政公司的没有政府补贴，养老产业公司还有政府补助。我每天过得战战兢兢，我们服务的是老人，服务的人素质本身不高，上门服务，是微弱利润，赚的钱很少，风险却很大，所以我经常搞培训。我们在服务的过程中，就算没有过错，也会承受很大压力。比方说，我们上门给老人洗脚，过了两天老人在路上晕倒，老人的儿子就会找我们要赔。政府的态度，就是老百姓闹，让机构买单。我这根弦始终绷着。还有一个担心，就是我们的人员上门服务，如果发生意外，怎么办？往往也会倾向于公司来赔。还有，社会上有些有发言权的人，他们往往对一些事情以偏概全，乱下结论，以讹传讹。所以，我们很怕做有些小官员家属的工作，有时会做到心寒。现在对我来说，只能成功，不能失败，因为我们身上背负太多责任，我们有20多个员工，他们是留守妇女，没有工作，如果做不下来，会断了他们的口粮，短期内影响到他们的家庭。自尊心也不允许我失败。

4. 从过去运营JJZH的经历，您对居家养老产生了哪些认知和体会？有哪些认知和体会颠覆了你以前的观点？过去的职业经历对你做JJZH有帮助吗？

认知和体会：我的一个原则，一件事情不要看得太难。我把居家养老先看成一个简单的事情，（打个比方，）就是在需求和供给之间搭建一座桥，甚至设置一个红绿灯，让供给有序运作。需求集成、供给集成以后，供给侧要做好向老人提供服务的准备，我们设好红绿灯、人行道，防止发生刮擦。有了这个思路，我从横向和纵向两个方面下功夫。一是横向到边，只要在县域范围内，不放过一位可以服务的老人；二是纵向到底，老人的所有需求，我们都挖出来满足他们。现在我是把重点放在纵向到底，这个（战略布局）自从去年底就开始了。就是纵向挖掘需求，所以才有后面的旅居、健康促进等（服务项目）。（追问：具体服务方式是怎样的?）旅居养老服务方面，我们每周至少一次公益推广活动，每次30-50个老人，老人开心，解决了他们的心灵慰藉的问题，我们也以抢答方式，让老人了解我们可以做什么服务。我们的健康促进思路是这样的，我们用中医理论，以调理为主，持之以恒。我跟中医院合作，从老教师、离退休人员开始，以10人为一小组，以团购形式向中医院要价格，做体检服务，从主食到喝茶到运动，开出处方。我在我的场所开设中药柜，我们提供处方上的产品，后面我跟进健康管理师，一个人管20个老人。我开发孝酒，也是为了提醒子女尽孝。

在人与人接触过程中，老人对我们有无限的感激，我们反过来会更乐于为他们做事，情感上自我满足淡化了我们对金钱的追求。我走在我们单位的如意桥上，老人纷纷跟我打招呼，我就觉得很满足了。

5. 据您体会，年轻人是否愿意在养老行业稳定从业、就业？年轻人深耕养老行业，有可行性吗？

养老行业分很多种，如果是居家养老，直接面对老人，另一种是后勤人员，后一类没问题，他们愿意干。直接面对老人，做社工类服务，不以护理为主，年轻人没问题，但是，如果是护工，发生肢体接触的，年轻人基本不干，少数是专业出身的除外。临时培训出来做养老，以护理为主的很少。

年轻人都有创业的积极性，刚出来的年轻人，不适宜做机构养老创业，可以做居家养老创业。因为机构养老投入大，战线长。居家养老创业的要求，如果是广州的年轻人，他可以做，我都可以支持，他只要把队伍建立好，资源建立好，就可以做。做居家养老，我喜欢年轻人，因为年轻人愿意做公益，脑子活络。

2019.8.10 泉州市YS养护院ZYH院长

访谈编号：深度访谈010-20190816-ZYH

访谈对象：泉州市YS养护院、晋江市龙湖SS养护院院长ZYH

访谈时间：2019年8月16日下午4点到6点

访谈地点：泉州江南老年颐乐园

访谈主题：民办养老机构的成长与发展

ZYH是福建省SS养老管理有限公司业务负责人。2011年，福建省SS养老管理有限公司筹建，注册资金2500万元，发起人为中国青年五四奖章获奖者、省优秀青年企业家施性江先生及其本土富有爱心的企业家。2013年与晋江市政府联合创办龙湖镇养老院。2017年，在泉州市鲤城区创办YS养护中心。2018年，取得泉州市四家居家养老照料中心试运营权，分别是红梅社区、浔美社区、宝秀社区、铭湖社区。2019年6月，福建省SS养老管理有限公司中标江南老年颐乐园项目，7月入住江南颐乐园。泉州市江南老年颐乐园由泉州市慈善总会牵头，泉州市和鲤城区两级政府资助，2016年11月正式投用，是一家非营利性综合型养老机构。该机构总投资2亿元，占地85亩，建筑面积6.1万平方米，拥有14栋大楼，可容纳1200名健康老人入住。

1. 谈谈您的职业经历？是什么机缘让那您进入养老行业的？谈谈您从事养老服务行业的主要经历和感受。做养老的过程中，有哪些经历令您印象深刻，又有哪些体会颠覆了您以前的观点？

我原来是做企业管理，因为个人原因，从企业出来做养老。2013年，龙湖镇响应中央政策，做镇级养老院，政府与企业合作一起开办了龙湖SS养老院。从业9年来，我的感受有三点。

一是社会对机构养老的认知慢慢在发生变化。9年来，很多人对养老机构还停留在福利院印象上。养老院是一种生活方式，当地人原来接触的养老方式只有福利院。从2010年开始，慢慢有不同的养老机构的思维，随着各种模式的推广，政府层面的宣传，越来越多人认识到有不同的养老形式，可以针对需求选择机构。

二是还是有很多老人选择让子女赡养。很多人因为经济的压力，因为家庭架构的变化，不愿意把经济分摊到养老身上。老人（机构）养老的观念还没有建立。

三是老人自身也有消费的需求，但是消费习惯不愿意花钱，更愿意花在子女身上。

令我印象深刻的事情，就是子女对父母的态度是两个极端，孝顺的非常孝顺，天天过来看，不孝顺的子女，一年到头看不到人，老人送医情况下，都不愿意承担照顾，拒绝医治。这几年，志愿者团队、义工，愿意走进养老机构，关心老人，跟老人互动。跟高校、中小学做共建，各种形式越来越多的人愿意参与到老人照顾中来。所以，养老观念从小就应该建立。

颠覆我以前观念的方面有两个：一是原有的养老院对老人的日常生活、起居生活不重视，现在要求环境、伙食、服务。养老服务需求层次越来越高。二是失智老人越来越多，这个群体的照顾情况很严峻。这一块做得非常不够。台湾地区从预防就开始了，我们连治疗都不重视。

做养老的，以前的职业经历会对机构的运营有影响。比如社工开的机构，老人的活动比较丰富。护理人员开的（机构），护理就做得比较到位。我原来是做企业的，接的是外单，所以管理要求比较规范。那现在做养老，整个机构日常的管理流程，就比较像企业模式。我很清楚地感觉到，我们机构的管理人员要跟企业的管理思想同步。每次民政部门来视察，都是来看SS。以前的小（养老）机构是人管人的方式。我的企业管理方式，的确提高了管理效率，成本倒不一定降低。比如，每天要巡房，各种细节有做不到位的，我们就执行奖惩。放在小（养老）机构，就会抵触。我的护工不好用，因为我们的要求高。

（追问：SS的护工怎么招聘、培训？收费标准如何）我们的护工都是通过网站、第三方机构（招聘），入职起薪4200元，包吃住，一月休息两天。按照能力标准配置服务老人。经过一个月培训后，照顾半自理的；一个月后如果通过考核，可以独立照顾老人；3个月后如果通过考核，可以照顾失能老人；半年后，（通过考核）可以去照顾特护老人。我们的护工配比平均是1∶6-8。在收费方面，龙湖的机构，全护理的，每月收费

3500-4000元；泉州市4500元。我们公司的岗位很多，除了护工，还有前台接待、护士、医生、行政、卫生工、洗衣工、后勤人员，包括厨房、保安、消防、司机、维保，还有负责环境卫生、园区绿化的杂工。

我认为，服务标准不能一刀切。（追问：那评估怎么办？）标准有个大框架就可以，不同的区域，同样是五星级，是不是在不同的地区要求达到的分数可以不一样。龙湖（SS养老院）能维持下去，是因为做到了收费与服务标准成正比，入住率就非常重要。收费高的区域达到60%就能持平，农村收费低，入住率70%才能持平，在这个基础上，再进一步提高入住率。

（追问：您是如何增加入住率的？）不管在农村还是城市，就是找到服务需求。像颐乐园，精神文化需求就特别重要。红梅（社区的YS）养护院（的推广）是三步走：一是跟社区街道联系，跟居民宣传推广；二是跟医院联系，跟出院的住民对接，跟医院的护士、护工对接；三是地推。分传单、到社区做推广，跟银行等进社区做业务宣传的单位合作。我们选择影响力比较大，花费比较小的方式（去做推广），不会去做广告。在龙湖，我们增加入住率的方法，首先是找五保户，这个群体跟镇里联系，（请他们动员）让五保户入住；二是跑医院，让医跟养对接；三是居家服务，这个方面是跟村里联系，为每个村的困难群体、空巢老人，做助浴、助洁、助医等工作，我们主要是找村里的老人会。整个泉州市（居家养老服务市场环境不太好），（老人们）不愿意上门做服务，（比如）换管，他们觉得去医院更安全；慢病管理，去卫生院；助餐，就用美团外卖……

（追问：你们进入养老行业九年，没有经营压力吗？）我们是龙湖的企业家投资。我们的股东做实业，不要求分钱。他们只要求我收支平衡。我们的装修补助到现在都没拿到。乡村敬老院收费低，但劳工成本并不低，跟泉州一样，因此盈利点没有了。

2. 根据您的经验，您认为社工专业可以在养老服务领域承担哪些具体的工作？充分发挥社工在养老服务领域中的作用存在哪些问题？更好发挥社工在养老服务领域中的作用，您有何思考和建议？

社工可以在很多方面发挥作用，比如行政、老人服务、项目的区域规划、评估等。我们的社工是社会招聘的，但泉州的社工发挥的作用比较小。我对社工在养老院的作用，本来是抱有很大期望。但是用了之后，发现理论跟实际脱节。（开设社工专业的学校）实践的项目太少，所有的科系都要实践，就是没有养老跟老人（方面的社工专业实习）。社工在养老产业能发挥的作用非常大。我们成立过一个社工机构，（却发现）社工对养老（领域）比较陌生，他们的自主思维、项目创新（能力）比较缺乏。社工服务（面向）的是社会群体，所有的老年人遇到的问题，就是社会群体会遇到的问题。我们（企业需）要的东西，在社工所学的专业领域理论都能找得到。我看过他们的课程，每个版块在我们的机构都用得上，所以（社工专业）完全不用设立专门的养老管理服务（专业方向）。

3. 您认为 80 后、90 后能否在养老产业领域稳定就业？他们又能否在养老产业领域深耕发展？

我觉得可以。有问题的是心，就是爱心和耐心，这个要求跟护理人员是一样的。做这个行业，心要沉下来，愿意在这个产业打造出自己的一番天地。不能为跟风进入养老产业。必须（对这个行业）有深刻的认知，愿意从事这个行业。家长也不愿意孩子从事养老行业。（80 后、90 后进入）所有的行业（就业创业），都不存在问题，都可以做。关键不是年龄层的问题，而是心的问题。所有的行业、企业都有他的发展趋势。从入职的那一天，就要做好选择。一是选择行业，二是机构能否给平台、晋升空间。

（追问：你们公司有多少青年员工?）我们的管理层基本都是年轻人，员工 50 多个，都是 80、90 后。我们的护士都是 80 后，工资每月 3000 多元。（江南老年颐乐园）这个点有 20 多个人，管理人员 6 个，行政接待 4 个，11 个护士，其中 2 个康复技师。

2019.8.18　漳州市 XLF 养护院 CZ 院长

访谈编号：深度访谈 011-20190818-CZ

访谈对象：漳州市 XLF 养护院院长 CZ

访谈时间：2019 年 8 月 18 日晚上 8 点半到 10 点

访谈地点：漳州市 XLF 养护院

访谈主题：民办养老机构管理体验与行业认知

1. 谈谈您的职业经历？是什么机缘让您进入养老行业？刚开始都遇到什么困难？

我于 1985 年福建中医学院毕业，到龙岩市中医院做临床医生，干了一年多，然后调到市卫生局，给局长当秘书，3 年后又回到中医院任副院长。之后，又先后任广播电视局副局长、文明办副主任，最后到卫生局副局长。1998 年，通过竞聘到漳州市卫生局任副局长，一干就是 10 多年。

2013 年，正兴集团董事长赖建辉先生投资 7.5 亿元、按三甲标准兴建了漳州正兴医院，因为投资量很大，希望我过来帮忙，我就下海了。

正兴医院于 2013 年 12 月 26 日正式开张，直到 2014 年底，医院生意还是不好，医院有 800 张床，平时入住病人不超过 200 张，大量病床闲置。老板跟我商量怎么办？我说反正病房闲置，干脆把养老做起来。老板说："那行，你来做"。于是给了我 4 个护士，1 个实习医生。我带着这 5 个人，去厦门考察了 3 家养老院。（追问：哪三家？）厦门市爱心护理院、厦门莲花护理院，青阳养老院。回来后我们闭门研究了一周，思考（正兴做养老的）目标人群、市场定位和突破口在哪里？最后，我们把目标锁定在失能、半失能老人，市场定位放在中高端人群。因为：第一、正兴有强大的医疗背景，失能、半失能老人身体多病，一般养老院做不来，大医院又不愿意收，这是一个市场空缺，也是社会刚需；第二、定位为中高端，即主要面向离退休干部人群，公务员、医生、教师、企业家及其父母，价格在每月 4100-6600 元，房型以两人间、三人间为主，适当配比一些单间和套间。（追问：这个价格是如何得到的？）当时我们和闽南师范大学联合做了市场接受度调查及大量访谈。我计算的办法是，医院请一个护工每天150-220元，一个月就得4500-6600元。我们价格定位在这个区间，还包含住宿、餐饮、护理费用，价格非常亲民。后来经过市场检验，非常受欢迎，现在能做到一床难求，说明我们当时的定位还是比较准确的。

正兴XLF养护院起步阶段非常艰难。我总结当时是五个没有。

第一是没有服务对象。社会民众对民营医院本来有看法，医院都还没办好，养老能做吗？我到公园发传单，没人理，甚至动员我爸妈，他们都不来，他们说养老院就是等死的地方。我又跑到社区、居委会问，结果有很多老人需要，但是没有钱住养老机构。后来，通过区老龄办，我们找到社区助老组织，请他们过来开会，发放老人养老服务需求调查表，掌握社区老人的一手资料。再后来，我们又找到组织部和老干局，跟随他们上门慰问离休干部，512干部，顺带发放养护院资料。从一例两例做起，把他们当成自己的父母照顾，碰到问题解决问题。花了七个月，第一层住满。

第二个是没经验。我们做医院的，医疗没问题，但老人吃喝拉撒全是问题，有的老人一天洗澡三次，有的三个月不洗一次澡。吃饭众口难调。有个痴呆老人，当场在大厅拉大便；有的痴呆老人，住别人的床就不起来。紧急呼叫铃，老人没事当玩具玩，护士来回跑个半死；所以，刚开始的几个月，是很苦的，根本没有经验，不知道怎么处理。好不容易请来的老人，由于细节服务不到位，又跑回去了。老板脸臭臭的，把我狠训了一顿，要扣工资、扣绩效。我很难受，后来还是咬着牙坚持下去。

第三个，没实力。我就5条枪，都很年轻，没经验，碰到一点问题就慌张。有一次，一个老人半夜呕吐咖啡色物质，医生很紧张，跑去问邻区上级医生，但人家也在忙，他急得给我打电话。我让查一下红细胞，结果发现半个红细胞都没有。后来，发现是老人家晚餐吃了猪血。这种情况经常发生。另外，很多养老设施配备不到位，比如封闭式管理就没有。经常出现老人自行下电梯走失事件，搞得我们焦头烂额。当然，后来我们经验越来越丰富，一些设施和配备也逐渐完善起来了。

第四个，没有稳定的队伍。我就5个人，但没多久，护士长跟我哭，她自己年轻，性格着急，镇不住同事，指挥不动其他护士，而且缺乏跟别科护士的协调能力。另外，护士们都想做有技术含量的事情，比如打针换药。而做养老院的护士，要做很多生活护理，比如喂饭、洗澡、擦大便等。他们不愿意干。医生也跑来跟我说，我不干了，压力太大了，我就哄了这个哄那个，千方百计把队伍稳定下来。

第五个，没有执照。我们做养老是先上船，后补票。一边做，一边向民政局申请。但是因为种种问题（如消防等），前前后后，拖了一年才拿到证。因为无证运营，所以每次民政局来检查的时候，我们都很害怕，毕竟属于无证经营。

2. 您是如何突破这种困局的？

我的思考方向是把方便让给老人，宁可医护人员辛苦一点、麻烦一点，也要实现医康养一张床。也就是说，老人医疗、养老、康复三种模式，在同一张床实现无缝对接、无感切换。老人不动，系统自动切换。当老人处在养的时候，是属于自费系统的。当老人出现住院指征，需要医疗的时候，进入医疗系统，可以走医保支付。为了实现医养能够无感切换，我当时留了一个心眼，直接把养的床位费跟医院的床位费定成一样，方便医养转换的时候计费，坚决杜绝两头重复收费，减轻患者负担。

在养护院管理上，我总结了四个化，就是：医疗综合化、护理整体化、病房家庭化、管理智能化。

第一，医疗综合化。我院平均每个老人83.64岁，平均每个老人有8种基础病，少的3、4种，最多的有24种。这么多病，如果不懂得综合处置，就会出问题，所以需要特别加强老年病学科建设，按照老人的疾病特点和脏器功能情况，以及轻重缓急的原则，进行综合分析，综合调理治疗。所以，随着事业发展，我们先后在养护院设立了三个老年病科和一个神经内科。由于医疗实力的增强，使得很多病重患者在这里得到了非常有效的治疗和康复。2016年底，我到省政协去开会，向省政协主席张昌平汇报我们医养结合的成效时，跟他说："龙海的一位病人，也是老主任医师，当时带了四根管子（鼻饲管、导尿管、气切管、输液管）从ICU出来，到我们那住了一段时间，最后只剩一根管子，家属从内心里感到高兴。"张昌平主席幽默地说："你们这个医养结合太好了，你刚才讲的四根管子都插到我脑子里去了。"

第二，护理整体化。我过去做临床医生，一直强调护理整体化，实现无陪护病房，实际上一直都做不到。做养护院以后，我们特别强调老人只要进到我院，所有的医疗护理和生活护理，我们必须全面、全方位地承担起来。鼓励家属常来看老人，主要是防止老人有被抛弃的感觉，给老人精神上的慰藉，其余的护理工作还是要我们来做。在做好整体化护理的同时，我们还特别强调个性化护理。为此，我们还特意设计了《个性化护理方案表》，提出根据老人的家庭特点、精神性格特点、饮食特点、健康特点、用药特点制定出相应的个性化护理化方案。该表由责任护士在老人一周试住期内，进行跟踪了解，制定出来，由护士长签批后执行。此方案执行后，我们养护院的服务水平，明显上了一个档次，家属反映特别好。比如，一个早晨的个性化饮食就有十几种，有的老人一起床就要喝白开水，有的要喝酸奶，有的要喝蜂蜜，有的要喝参汤，有的要喝茶，现在我们都能让护工一一对应做到，家属特别感动。我要求护士每天做《生活护记》时，必须明确记录五大要素：吃得如何、睡得如何、二便如何、重大事件(比如子女来了，反而大哭大闹)、精神状况如何。刚开始每天都记，现在自理一周记一次；失能一周两次。

第三，病房家庭化。XLF 养护院病房严格按照医疗病房标准配置和管理，如配备医疗设备带（氧气、负压）、医疗护理床、抢救设备、呼叫铃等，并按照医院院感要求进行病房消毒、垃圾分类、衣物洗涤等。在此基础上，我院还加上家庭韵味的配套，比如中国结、生活照、老人习惯使用的生活用品、根据老人信仰悬挂的毛主席像、耶稣像等。同时，我们还在门口贴对联，墙上允许贴家庭照片，整个病房更温馨、更有家的味道。许多老人说，这里很舒服，我哪里也不去了，这就是我最后的家！

第四，管理智能化。现在大家都在谈智慧养老，但真正落实的并不多。我们却实实在在做了一些事。

1. 监控。XLF 养护院的监控，在充分保护老人隐私及征得家属同意的基础上，覆盖到每个房间，镜头与子女手机相连（智能化系统），子女可实时查看老人动态，监督工作人员服务。一旦出现纠纷，监控亦可为双方提供证据，起到保护作用。

2. 收费。养护院还提供多种缴费方式，比如微信、支付宝、对公转账、现金缴费等，给家属提供极大便利。

3. 提醒。由于我们的收费是按月缴纳，但因为子女繁忙等多种原因，往往出现忘记缴费或拖欠现象。为了解决这个问题，我们与信息科协商，设置欠费警戒线，在家属忘记缴费时，系统可自动生成信息，发送家属捆绑手机温馨提示，使欠费率大大下降，并减少了面对面催款的尴尬。

4. 服药。我们创新了养老状态下老人的给药模式，实行先给药，后付款。医养结合的老人，大都患有数种慢性病，需要长期服药。如果是住院状态，走医院大药房，非常便捷。但是，养老状态的用药，就复杂很多。我们养护院刚成立的时候，很多老人有自备药，药品的过期和管理问题复杂，安全隐患大。比如，有一次，有位患阿尔兹海默病的老人，一次吃了一盒（7粒）的络活喜（降压药），吓得我们马上送去洗胃。后来，我们又尝试取消自备药，让护士充当家属，去医院开药、缴费、取药，但这又浪费了护士大量时间。多番探讨实践后，我们设立了门诊药房——让老人虚拟住院，用电脑将医嘱开在养老病历上，由药师统一按餐配药，月末再打出用药清单，向老人亲属结算。这种创新性的“先给药后付费”制度，极大提高了护士的工作效率，并降低了差错率，为老人们一日数餐的用药做好充分保障。等于我们用2名药师，就解放了全院60多位护士，很划算。

下一步，我们将引进智慧养老信息系统，目前已经联系多家软件公司，正在进行谈判，相信在系统投入使用后，我院的智慧养老将会踏上一个全新的水平。

3. 您觉得民营养老机构跟公办养老机构，在运营机制、服务提供等方面有什么差异？

过去，我在行政机关工作，主要是抓政策的解读和执行，属于宏观管理层面，比较虚；现在，是具体实践，做的是面对面人的管理和具体事务落实，难度更大，更有挑战性，当然，做好了也更有成就感。

我觉得，跟公办养老机构相比，民营机构的优势在于四个方面。

第一，出发点不同。公立养老机构拿着政府的钱办事，目的是实现社会兜底保障，他们不需要盈利，在机制上，做好做坏一个样，员工的积极性并不高。而民营养老机构要生存，就要挣钱，要看市场，不看市长。虽然国家出台很多补贴政策，但实际上，我们很难拿到，或者拿到的并不多。所以，我们的主要精力还是放在与市场对接上，研究目标人群、市场定位、服务体系，提高养老服务产品的吸引力和附加值，使目标人群主动投怀送抱。民营养老机构的发展，一定是在为社会提供优质服务的基础上，实现经济和社会效益最大化。

第二，决策机制不同。公立养老机构条条框框很多，从申报到审批往往久议不决，而民营养老机构由老板一个人说了算，决策简单快速，马上说马上做。我们赖总眼界很高，魄力很大，刚开始做养老的时候就提出：只要服务一流，就不怕没钱赚。在基础投入上，舍得花钱，在激励政策上舍得投入，使我们团队目标明确，干劲很足，运行效率更高，在短时间内干出像样的业绩。

第三，更注重品牌的塑造。民营机构很爱惜羽毛，更注重细节，把养老院办成温暖的家。这在公立机构是口号，在民营机构是真的落实。俗话说，金杯银杯不如患者的口碑。一方面，我们要把服务和细节做到极致，让我们的服务品质真正做到口口相传。比如，老人胃口不好，我们会自己掏钱上街买给他吃，想尽办法留住他，哪怕回家了，还要回访看望。所有老人去世，我院都要安排相关人员上门磕头，我自己一年都要送十几位老人。另一方面，更注重对外宣传。比如我们有自己的院刊、微信公众号、宣传折页；再比如，我们的每次重大活动，都会邀请媒体记者参与报道，弘扬孝爱正能量。这一方面增加了我们的媒体曝光，另一方面也树立了我们的品牌形象。

第四，更强调成本意识。我们养护院的发展经历了3个阶段。第一个阶段是1到2年，属于创业初期，投入与摸索经验时期，这一阶段老板舍得投入，并要求我们在实践中观察和掌握每个数据；第二个阶段是2到3年，为经济平衡时期，这段时间老板要求我们计算各个部分的成本，探索平衡成本的各项措施，并保证在提供优质服务的基础上，增收节支，实现总收入的平衡；第三阶段是4年以后，在实现保本微利的基础上，老板让财务科介入，分析养护院的全面运行情况，共同研究提升养护院在医疗、护理、养老三个方面的直接效益和边际效益。控制成本、实行成本核算，在养护院全过程运行中，始终都会成为每一个员工教育的重点，包括日常中节约每一度电，每一滴水。

当然，跟公办养老机构相比，民营机构的劣势也很明显，第一，投入不公平。公办都是政府投，拿政府工资，成本低。民营需要我们真金白银付出。第二，政策支持不力。国家出台的政策很多很美，在我们看来很多都是墙上的饼，吃不到。第三，学习机会少，主渠道单位一年到头组织的学习很多，但提供给民营机构的就少很多。第四，主渠道宣传有区别。官方媒体对公立养老机构的报道理直气壮，但对民营机构就不太敢，有为民营机构做广告之嫌。第五，得不到主渠道的表彰荣誉。比如五一劳动奖章，巾帼英雄、十佳青年政府等。

4. 目前养护院的运营情况如何？

养护院的经营一定是一个从亏本到平衡，再到盈利的过程。据我所知，全国养老机构60%以上都处在亏本状态。我们养护院由于有强大的医疗资源做后盾，医养结合优势明显，再加上市场定位比较准确，同时提供了高品质的生活照料，使得我们的亏损期大大缩短。我们仅用了2年零3个月就实现收支平衡，现在已进入保本微利的良性运转状态，去年医养总收入3200万元，今年计划4000万元，应会超额完成。

在整个运营成本中，最贵的是人力成本，我们的人力成本占到40%多，医生、护士、护工工资都比较高。一个护工成本打底要6000多元（护工为12小时工作制），还很难招到人。在整个收入中，医疗收入占大头，为60%左右，医养收入比为6∶4。

5. 您对养老服务行业未来的发展有什么认知？正兴养老未来的发展规划是怎样的？

我对养老行业认识：

第一，从群雄逐鹿到大浪淘沙。现在手上有资本的，都纷纷进入，最后一定是集团化、连锁式的大型养老服务集团才能走得更远。这样的养老集团一定是把养老产品做细化处理，加上服务、教学、科研一条龙建设，形成自己的产业和管理链，对外塑造形象，形成品牌竞争力。在市场中，一定会更多地与各种金融产品相结合，刺激规模和实力的加速发展。规模小、实力差、服务不到位的散在养老机构，在未来的竞争中大多面临被淘汰的危险。

第二，市场细化、多元产品出现是一个必然趋势。现在养老市场细分成了机构养老、旅居养老、社区养老、居家养老等；在机构里还可以细分很多，像失智症照顾、临终关怀等。

第三个，智慧养老会成为一种趋势。利用信息化，减少人力开支。实际上，现在的智慧养老相当程度上不省钱，但有利于提高品质，做大做强。比如，长期卧床老人大多便秘，现在大都采用人工解便方法，这些事情子女都做不到。以后用高科技就不要人工了，我相信这些将来都会有的。

第四个，民生呼唤支付端的改变。我国养老现状与国外发达国家相比，最大的区别是支付端不同。发达国家的养老支付绝大多数由政府或保险支出，而我们国家大头都由个人支付。随着我国经济的发展和文明程度的提高，这方面一定会与国际相接轨，提高民众的幸福指数。当支付端以国家或保险为主时，养老机构又会出现一番新的景象，比如护工队伍的专业化，届时一定会由有知识、有文化的专业高校毕业生取代现在的大叔大妈。

未来发展规划方面：

第一，丰富养老产品。我们现在机构养老方面已经做得不错，在省内、国内都有一定知名度。接下来，我们将与当地政府合作，开辟社区养老服务，高标准建设10至20家高端社区服务中心，按照类似日本的“小规多机”模式去经营管理。同时，我们将打造自己的护工管理平台，推出多种模式的上门服务，为居家养老助力。

第二，涉足养老地产。我们正兴集团已在全国储备多块养老用地，我们将参考目前全国成功的养老地产模式，注入正兴养老经验，打造有安全、有健康、有快乐、有伙伴、有尊严的智慧养老服务社区。

第三，把经验向全国复制。我们期望把成功的正兴教育、医疗、养老模式在全国选择10多个城市进行拷贝复制，甚至到国外华人聚集区去布点。未来10年，正兴的养老实力一定会大大增强。

第四，资本上市。目前我们的养老事业还在打基础阶段，待未来条件成熟时，我们将整合资源，实现正兴养老板块上市目标，推动正兴养老产业加速发展。

2019.8.20 福州市福满人间安养院 HZ 师父、HG 师父

访谈编号：深度访谈 012-20190819-HZHG

访谈对象：福州市福满人间安养院 HG 师父、HZ 师父

访谈时间：2019 年 8 月 20 日上午 9 点到 11 点半

访谈地点：福州市福满人间安养院

访谈主题：寺庙养老的优势与困境

1. 您认为寺庙养老可以提供哪些服务？在社会养老服务体系中承担什么样的功能？寺庙养老的特殊性体现在哪些方面？

HZ 师父：我们已经进入老龄化社会，国家政治开明，（我认为）这是 200 年来中国最好的时候。国家太大，我们为国家解忧，为家庭解忧，顺应天时。（寺庙养老的作用，就是）按照佛教的仪轨引导佛教徒，如礼如法，从安养到往生。我们做的所有（寺庙养老的）事情符合宗教的教义和仪轨。佛教的清规戒律是高于法律的，其约束力在起心动念时，就起作用了。这就是起善心、行善事。

HG 师父：佛教教化人心两千年，寺庙做养老（也有很悠久的历史）。历朝历代老的出家人和居士都是在寺庙养老的，为什么佛要看老比丘，八功德中看病功德第一。八功德是言教、身教，包括四无量心，慈悲喜舍。寺院的自助养老，大家互相支持。四众弟子做寺庙养老，也是弘法利生，以出世的心办入世的事。

很多出家人想做养老，源头在哪里？（做寺庙养老）必须要有营运的资金，有些（做养老的寺庙）是师父大包大揽，寺庙以越来越多的人住为主。

佛教本土化的能力是非常强。汉传佛教是有传统的，一直有年老居士在寺庙安养，这些老年有（不做早课的）特权。僧团讲六和敬原则。第一，寺院内部弟子修六和敬；第二，修菩萨六度，这是大乘佛教的根本，度众生，慈悲喜舍，即是理论根据和行为根据。这是跟当时的风土人情结

合起来的。与社会主流价值观相符合。想法错，做的事就不对。我们的发心是想在当下积累善的力量。同时，也在思考在当代做一个出家人，应以什么面目出现在信众和社会面前。

佛教负面影响一直都有，但是从鸦片战争过后，整体中国民众的宗教素养是很差的，难免盲从，听信诽谤佛教的东西，造成不好的现象。在僧团，在当代的责任是什么？引发了我们到底要做什么？我们能做什么？我很赞同 HZ 师父的话，做我们能做的事情。穷人太多的，我们只做传达爱心的事情。

2. 您的寺庙养老实践遇到哪些困难？

寺庙养老缺乏专业、专职护工。目前，我们用社会上的资源解决护工问题。

3. 您将如何推动寺庙养老？

HZ 师父：我的理念是基于宗教和家国情怀，做当下能做，能利益众生的事情。将来想把寺庙养老与公益慈善结合。我们出家人做养老，人事和财务都要在阳光下。还有一个想法，就是弱化寺庙养老的宗教色彩，走文化养老之路。

HG 师父：还有一个我赞同 HZ 师父的，这个在理念上还没有确定，就是在（寺庙养老运作的）有理念，人财物、管理三个支撑体系。管理上，结合宗教和法律法规两个方面的约束，这就是中国化、本土化的过程，这是出世间法和世间法融合的过程。我们实践的是巧，不为安养入娑婆，救一个算一个，我们要做的是巧，善巧方便。很多人进养老院，等吃等喝等死。在佛教徒看来，死是另一个开始。资金上，我们不缺资金，包括管理资金也不缺。我们有个居士，是福州市第一人民医院的医生，在失智症照护方面有方法。我们寺庙养老的重点是往生堂和重症看护病房。通过传播善的种子，凝聚人心。

出家人做事跟在家人做事的区别，当代社会人与人之间的信任度很低，社会对出家人比较信任。现在做善事的人少了，不是没有善心了，人的善心是有的，而是善心越来越被约束了。我有个经历，有一次坐火车，我对面的一个小伙子肚子疼，我随身带了药，给小伙子，小伙子不敢接。这时，父亲对儿子说，师父给的药，你吃吧。（做寺庙养老）出家人是在做引导，结果不重要，重要的是在过程中一起成就。

致　谢

这本书的诞生过程有点漫长，我想用尽量简短的篇幅向帮助过我的人表达感谢！

首先，我要感谢我的父亲和母亲。父母的言传身教，是引领我走上养老研究坎途的最重要原因。2013 年，记得刚刚到复旦大学做博士后研究快一年多的时候，一向没什么大毛病的父亲突然住院开刀。我的父母都是有儿有女的空巢老人。经历了我的父亲深夜发病、住院和术后康复护理的漫长过程，也经历了我的母亲两次摔断腿，数次出门找不到回家的路的时日，我不仅对“老”有了切身体会和切肤之痛，也对自己能做什么产生了深深的迷茫。没有迷茫的是，无论什么时候，都是父母和家人无私的包容、接纳与关怀，让我淡忘了艰难困苦，始终走在自己选择的道路上。

其次，我要感谢的是我的博士生导师邓伟志先生，我的博士后合作导师彭希哲老师和王菊芬老师。重新回到上海学习，邓老师和师母给予我一如既往的关怀和教导。老师无视年龄对身体的挑战，行走不断，笔耕不辍，思考不停，我没有理由偷懒。老师说“读+走→写”是他的治学方程式，我在他身上看到了最生动的示范。在出站报告选题的时候，我向复旦大学公共管理与公共政策研究国家哲学社会科学创新基地博士后工作站的彭希哲老师和王菊芬老师提出做养老研究，很幸运，得到了两位老师的支持。彭老师帮我联系了浦东社工协会，王老师带着我跑社区，我的养老田野调查从上海起步，我对中国社会养老的第一印象和感性体会也由此建立起来。更幸运的是，还在复旦做博士后研究期间，我的城市社会养老服务递送主题研究获得国家社科基金项目立项。这对刚刚踏入这个研究领域的新手来说，无疑是个巨大的鼓励。

接下来，我要感谢的是我在做社会养老服务研究田野调查过程中，那些给予我鼓励和帮助的单位和个人。为了搜集第一手研究资料，获得鲜活的感性体验，在本人供职的中共福建省委党校（福建行政学院）校委领导和组织人事部门的大力支持下，我先后在福建省民政厅、泉州市委党校学习锻炼；得到福建省民政厅养老处（原福利慈善处）、泉州市民政局等部门领导和各位同仁的大力帮助、指导。我曾多次到省内较有代表性的民营和公办养老机构、街道社区养老服务照料中心、社区养老服务站实地调查，不少养老机构还是多次调研，在此过程中结识了许多热心养老事业的业界朋友。特别是在我计划暂时停止田野调查、着手书稿写作的后期，还因缘际会密集安排了十余场深度访谈，访谈对象涉及养老服务机构负责人、基层政府部门养老相关工作人士、高校和研究机构养老研究与养老社会工作学者。因篇幅限制，恕不一一列举名字。

最后，我要感谢的是翻阅这本书的读者。养老话题，老少皆可谈。养老研究，有着极鲜明的综合性与复杂性。养老问题，不未雨绸缪，将是亿万家庭不可承受之重。本书托出的是我对养老服务这个复杂问题简而化之的思考，希望你们原谅我在研究中的肤浅和无知，也希望你们能感受到我曾经付出的真诚和努力。

严志兰于福州

2021 年 8 月 20 日

图书在版编目(CIP)数据

城市社会养老服务递送：基于福建的田野调查 / 严志兰著. -- 北京：社会科学文献出版社，2021.9
（海西求是文库）
ISBN 978-7-5201-9032-9

Ⅰ.①城… Ⅱ.①严… Ⅲ.①养老-社会服务-研究-福建 Ⅳ.①D669.6

中国版本图书馆 CIP 数据核字(2021)第 187686 号

·海西求是文库·
城市社会养老服务递送
——基于福建的田野调查

著　　者 / 严志兰

出 版 人 / 王利民
责任编辑 / 江　山　崔晓璇
责任印制 / 王京美

出　　版 / 社会科学文献出版社·政法传媒分社（010）59367156
地址：北京市北三环中路甲 29 号院华龙大厦　邮编：100029
网址：www.ssap.com.cn
发　　行 / 市场营销中心（010）59367081　59367083
印　　装 / 三河市龙林印务有限公司

规　　格 / 开　本：787mm×1092mm　1/16
印　张：21.75　字　数：355 千字
版　　次 / 2021 年 9 月第 1 版　2021 年 9 月第 1 次印刷
书　　号 / ISBN 978-7-5201-9032-9
定　　价 / 98.00 元

本书如有印装质量问题，请与读者服务中心（010-59367028）联系